# NAPOLÉON
# UNE IMPOSTURE

Roger Caratini

# NAPOLÉON
# UNE IMPOSTURE

Voir page 26

Michel Lafon

103, boulevard Murat – 75016 Paris

# DU MÊME AUTEUR

*Aux éditions Seghers-Robert Laffont :*
HISTOIRE CRITIQUE DE LA PENSÉE SOCIALE
De la cité antique à l'État-nation

L'ANNÉE DE LA SCIENCE (1987-1990)

*Aux éditions Bordas :*
BORDAS ENCYCLOPÉDIE, en 23 volumes
Philosophie, Religions / Sciences sociales (2 vol.) / Mathématiques / Astronomie / Physique, chimie : les lois de la nature / Matière inerte, matière vivante / Botanique : la vie des plantes / Zoologie : la vie animale / Médecine / L'Art de l'ingénieur / La Locomotion : du chemin de fer... à la fusée / Agriculture, techniques, métiers / Beaux-Arts (2 vol.) / Jeux, divertissements, sports / L'Aventure littéraire de l'humanité (2 vol.) / Visages de la Terre / Histoire universelle (3 vol.).

*Collection « Voir l'Histoire » :*
HISTOIRE DE LA CORSE

*Aux éditions Fernand Nathan :*
HISTOIRE DU MONDE : L'époque contemporaine
CORSE

*Aux éditions Larousse :*
LA FORCE DES FAIBLES
Encyclopédie mondiale des minorités

DICTIONNAIRE DES NATIONALITÉS ET DES MINORITÉS EN URSS

*Aux Édition° 1 :*
TOUT EN UN
DICTIONNAIRE DES DÉCOUVERTES

*Aux éditions du Pré-aux-Clercs :*
DICTIONNAIRE DES PERSONNAGES DE LA RÉVOLUTION

*Aux éditions Michel Lafon :*
LE GÉNIE DE L'ISLAMISME
VENT DE PHILO
JULES CÉSAR
1. Rome, ville à vendre !
2. La symphonie gauloise
3. Le crépuscule du dieu

*Aux éditions Critérion :*
MAHOMET
HISTOIRE DU PEUPLE CORSE

*Aux éditions Belin :*
PANORAMA ENCYCLOPÉDIQUE DES SCIENCES

À Françoise ;
À mes enfants : Annabel, Patrice,
Sophie, Caroline, Françoise, Charles, Elsa ;
À la Corse, qui a tant souffert de ce Génois.

Ce livre a été en grande partie écrit à la Bibliothèque du Sénat, qui possède un remarquable « fonds Napoléon ». L'auteur tient à remercier ici MM. les Questeurs, qui ont eu la courtoisie de lui en autoriser l'accès, Monsieur le Directeur de la Bibliothèque qui l'y a accueilli et tout le personnel de la Bibliothèque qui a eu la patience et la courtoisie de lui fournir les documents et les ouvrages dont il avait besoin.

*Le patriotisme est une vertu, l'histoire est une science.*

Fustel de Coulanges

# Avant-propos

*Ce livre n'est ni une biographie partisane, ni un pamphlet contre Napoléon Bonaparte : il dénonce l'imposture qui a consisté à le dépeindre comme une des plus grandes gloires de l'histoire de France. C'est un réquisitoire contre la statue dorée que six générations d'historiens, de politiques, de militaires, d'écrivains et d'artistes lui ont élevée, et contre la prodigieuse mythologie qui enveloppe le personnage ; ce, au mépris d'une vérité historique que tous, cependant, connaissaient hier et connaissent encore mieux aujourd'hui.*

*Au moment où nous rédigeons cet Avant-propos, Napoléon est mort il y a environ 65 000 jours, et il a inspiré plus de 100 000 livres, écrits dans toutes les grandes langues du monde. Parmi leurs auteurs, il y a une grande majorité de « napoléophiles » et beaucoup moins de « napoléophobes », avec, dans les deux camps, des extrémistes qui ne voudront jamais en démordre (tels les hagiographes de la* Revue des Études napoléoniennes *ou, de l'autre côté, Guillemin, pamphlétaire féroce) et des modérés, plus ou moins convaincus.*

*Notre travail n'appartient ni à l'une, ni à l'autre de ces deux tendances, quelque peu passionnelles. Il est né d'une interrogation : pourquoi Napoléon, dont le rôle dans l'histoire de France se termine par l'apocalyptique retraite de Russie, par la débâcle diplomatique du Congrès de Vienne, et par la défaite définitive de Waterloo, peut-il encore avoir des admirateurs, voire des fanatiques ?*

*Quel est le bilan brut de l'ère napoléonienne, en entendant par là aussi bien la période du Consulat que celle de l'Empire, après le Congrès de*

*Vienne et Waterloo ? Sur le plan national, il fut terrible. La France a perdu 1 800 000 hommes (dont la moitié étaient peut-être des étrangers ou des émigrés, futurs Français), jeunes et vigoureux ; elle s'est écroulée économiquement (la taille des Français a diminué de deux centimètres entre 1791 et 1815, par suite de la malnutrition) ; son territoire, y compris Paris, a été occupé par environ un million de soldats ennemis, russes, prussiens, autrichiens, anglais et autres (Blücher voulait démolir la colonne Vendôme et les Prussiens déclaraient qu'ils ne quitteraient pas la France, «* qu'elle ne fût comme si le feu du ciel y avait passé *») et elle a perdu ses frontières naturelles, si chèrement acquises.*

*Sur le plan international, ce fut bien pire encore. L'Allemagne aux 360 petits États devenait une Confédération germanique de 39 États, présidée toujours par l'empereur d'Autriche, mais avec une Prusse agrandie et puissante, qui avait conquis une grande partie de la rive gauche du Rhin et qui allait devenir, de ce fait, le nouvel « ennemi héréditaire » de notre pays, d'où les trois guerres désastreuses (pour des raisons diverses) de 1870, 1914-1918 et 1939-1945. La France, occupée, surveillée, endettée, était mise au ban de l'Europe (elle y restera jusqu'à la guerre de Crimée, en 1854-1856) et se trouva écartée de la révolution industrielle, dont les premières bénéficiaires furent la Prusse et l'Angleterre. Jamais notre pays n'avait connu pareil naufrage.*

*La question se pose donc : pourquoi a-t-on voué un culte à l'homme qui a piétiné les acquis de la Révolution, les droits de l'homme et les droits des peuples, qui a instauré en France un régime totalitaire que les grands – si l'on peut dire – dictateurs du XX<sup>e</sup> siècle (par ordre d'entrée en scène : Mussolini, Hitler, Franco) ont repris et « amélioré » dans le sens de l'horreur, au belliciste acharné qui a plongé l'Europe dans plus de quinze années de guerres de conquêtes, qui a laissé dans les pays qu'il a traversés ou conquis le souvenir d'une France avide de sang (que l'on songe à Goya) ?*

*Il y a un quart de siècle, dans l'un des volumes de mon* Encyclopédie *consacrés à l'histoire, j'écrivais que, pendant les six années qu'il avait passées dans la « petite île » de Sainte-Hélène, entouré de ses derniers fidèles, dictant ses mémoires, Napoléon Bonaparte s'était posé en soldat de la Révolution, dont il prétendait répandre les idées à travers toute l'Europe, en libérateur des peuples, en pacificateur, et qu'avec une mauvaise foi historique exemplaire il oubliait qu'il avait été un tyran, un belliciste et, tout compte fait, un désastre national. C'est alors que je me suis posé la question : Pourquoi cette statue dorée ? Je tente d'y répondre aujourd'hui par ce livre.*

*Car, sauf à Sainte-Hélène où il travestit tout,* Napoléon n'a pas été un imposteur. *Il s'est toujours montré tel qu'il était : opportuniste, arriviste, insensible au sang, volontaire, ambitieux, et, peu à peu, paranoïaque et mégalomaniaque. En revanche, l'idole que ses thuriféraires ont sculptée et portée aux nues, en mentant sciemment, est une imposture. On a dit qu'il était Corse : c'est faux, il était né dans une famille de petits colons génois peu fortunés, installée dans le préside génois d'Ajaccio depuis 1492. On a dit que ses parents – Carlo Maria et Letizia – s'étaient mariés dans la cathédrale d'Ajaccio : c'est faux, Carlo et Maria n'ont jamais été mariés et ont simplement vécu en concubinage durant toute leur vie. On a dit qu'il étonnait ses professeurs à Brienne : c'est faux, il n'a eu qu'un prix en sept années de scolarité. On a dit qu'il avait fait ses premières prouesses à Toulon : c'est faux, il se trouvait là par hasard, Saliceti avait besoin d'un officier d'artillerie pour bombarder les vaisseaux anglais qui mouillaient dans la rade et Bonaparte a placé ses canons où on lui avait dit de les placer. On a chanté sa « géniale » campagne d'Italie : c'est faux, ce ne fut pas* sa *campagne mais celle de Carnot, Bonaparte n'a fait qu'obéir, scrupuleusement, aux ordres stratégiques que lui envoyaient chaque jour ce dernier et le Directoire. On l'a célébré comme l'homme qui a fait signer le traité de Campo-Formio à l'Autriche et mis fin aux guerres de la première coalition : c'est vrai, mais elles se continuèrent par celles de la deuxième coalition, sa réorganisation de l'Italie s'écroula et, tout compte fait, Campo-Formio fut un fiasco. Et ainsi de suite ; nous tentons de montrer, dans ce livre, que Napoléon a été un bien mauvais homme de guerre, et qu'on peut lui appliquer, en la renversant, la phrase de de Gaulle sur la défaite de la France, en 1940 : il a gagné (ou plus précisément ses généraux ont gagné) beaucoup de batailles, mais il a perdu toutes ses guerres : la campagne d'Égypte, la guerre d'Espagne, la campagne de Russie, la campagne de France.*

*Les napoléophiles brandissent alors un autre étendard : celui du législateur, qui a doté la France, entre autres choses, d'un merveilleux Code civil, et celui de l'administrateur, créateur des préfets et du Conseil d'État. C'est encore faux : il est vrai que le* Code civil des Français *est une grande chose... mais Napoléon n'y est à peu près pour rien, comme nous le montrons dans cet ouvrage ; quant à la réforme administrative sous le Consulat, elle a plus été l'œuvre de Sieyès ou de Daunou que de Bonaparte, qui s'est contenté d'en fixer le caractère centralisateur.*

*Alors que reste-t-il du personnage ? Un guerrier qui a gagné ses batailles et perdu ses guerres, un dictateur qui a tenté d'imposer sa dictature, par les armes, à toute l'Europe, ce que seul Hitler a tenté de faire, dans l'histoire de ce continent, et non pas l'idéal de la Révolution, comme il s'en vantera à Sainte-Hélène. Et, comme Hitler, Napoléon a échoué. Il a été l'homme qui a failli perdre la France.*

*
**

*Ce livre comporte trois parties. Dans la première, en nous appuyant sur les quelques témoignages qui nous sont restés, nous tentons de comprendre comment s'est formée la personnalité de Bonaparte, à Brienne, à l'École militaire de Paris, à Valence et à Auxonne ; nous insistons sur le fait qu'il a manqué de modèles auxquels il aurait pu s'identifier (manque d'une image du père, manque d'une image sociale, manque d'une image de la patrie, au sens affectif du terme). Nous tentons d'analyser ensuite comment ce jeune Génois, intelligent et volontaire, va utiliser cette personnalité imparfaite pour se tailler une place dans la société corse, à la faveur de la Révolution, et comment, ayant échoué dans cette quête, il va chercher fortune en France, où, grâce à ses talents, il conquiert Barras, qui lui met le pied à l'étrier en faisant de lui le « général Vendémiaire » et qui, maître du Directoire, le propulse vers la campagne d'Italie.*

*La deuxième partie correspond aux chapitres consacrés à la campagne d'Italie et à la campagne d'Égypte. Ils sont significatifs du passage de ce qu'on pourrait appeler l'adolescence politique de Bonaparte (en Italie) à sa maturité (en Égypte). En Italie, il n'est que le général qui obéit sans discuter aux ordres de Carnot, et qui triomphe ainsi des Autrichiens. Il prend alors conscience, comme il le dit, qu'il ne pouvait plus obéir et qu'il voulait être le maître ; mais, lorsqu'il décide d'agir par lui-même, à Leoben et à Campo-Formio, il échoue. De même, en Égypte : les préparatifs de la campagne ont été bâclés, il n'a plus personne pour le guider, et il échoue encore. Cette double expérience de l'échec lui fait sans doute comprendre qu'on ne peut réussir seul dans les grandes actions politiques ou militaires et que l'on a besoin pour cela d'être secondé, tout en restant le maître. C'est dans cet esprit qu'il prépare et réussit le coup d'État du 18 Brumaire.*

*Dans la troisième partie, nous analysons les méthodes du Dictateur et de celui que l'Europe appellera « l'ogre » : la falsification politique, la censure, la propagande et le culte de la personnalité, la police secrète, la coercition, la guerre ; nous tentons aussi d'en finir avec les mythes du grand législateur, du grand capitaine et de l'« enfant prodigue de la gloire » comme le surnomme un de ses anciens préfets à Montpellier, J. Costa, dans une chanson en forme d'hymne, assez naïve (pour ne pas dire plus), intitulée non pas* la Marseillaise, *mais* l'Ajaccienne (!) *et qui est dans le ton de* Maréchal, nous voilà. *Avec cependant une différence : dans l'hymne qui lui fut destiné, le maréchal sourd n'était que le « sauveur de la France », dans* l'Ajaccienne, *l'homme à la mèche et au petit chapeau est un nouveau Jésus-Christ.*

Ce fut ici [*à Ajaccio*], nouvelle Rome
Que le jour de l'Assomption
Une autre fois Dieu se fit homme,
Napoléon ! Napoléon !

*Pendant dix-huit ans, ce Dieu fait homme supprima toutes les libertés publiques, censura, emprisonna, massacra, fusilla, tortura, vola, fit la guerre à tous les peuples d'Europe, rétablit l'esclavage aux Antilles, énonça des lois racistes (anti-juives) : dans la petite armée des dictateurs français, il a droit à un grade bien supérieur à celui de Pétain, et dans celle des dictateurs européens, à compter le nombre de morts que leurs dictatures ont causés, il vient au second rang, juste après Hitler, avec l'horreur des camps en moins.*

# CHAPITRE PREMIER

## Ces Messieurs de la famille

*Napoléon n'a jamais été corse : il appartenait à une modeste famille de colons génois, installée en Corse depuis 1492, originaire du petit bourg (génois) de Sarzana près de La Spezia, et sans aucun rapport avec les Buonaparte de Toscane. – État politique de la Corse dans la deuxième moitié du XVIIIe siècle : la Corse indépendante de Paoli (1755-1769), la répression (sanglante) franco-génoise du nationalisme corse. – Les Buonaparte d'Ajaccio pactisent, comme tous les Génois, avec le parti français.*

Il était une fois un jeune homme pauvre, bien fait de sa personne, intelligent et beau parleur, qui s'appelait Carlo Maria, et une jeune fille un peu moins pauvre, que l'on disait la plus belle fille de son pays, du nom de Maria Letizia. Ils ne s'aimèrent peut-être pas, ils ne se marièrent point, mais ils eurent beaucoup d'enfants, qui devinrent princes et princesses, reines et rois, et même – quant à l'un d'eux – empereur. Ce dernier, lorsqu'il eut atteint l'âge des guerriers, piétina les droits de l'homme que la Révolution française venait à peine de proclamer, fit tuer des millions d'êtres humains, dévasta l'Europe jusqu'à Moscou, ruina la France – qui l'avait accueilli et instruit – pour un demi-siècle, avant d'aller finir ses jours sous les tropiques, dans une île lointaine, perdue au sein de l'océan Atlantique. Il avait les yeux bleus et les cheveux plats. Sa famille, d'origine génoise, vivait à Ajaccio, dans la belle île de Corse : il se nommait Buonaparte, Napoléone de son prénom.

## Les trois familles Buonaparte

D'où vient la famille de cet étrange personnage sur lequel on a écrit, jusqu'à ce jour, plus de cent mille livres de louanges ?

Plantons d'abord le décor. Notre histoire commence en Italie, au *Trecento,* le siècle de Dante, de Pétrarque, de Boccace et du Giotto. Le nord de la péninsule est morcelé en une multitude de petits États : duchés (de Savoie, de Toscane, de Milan, de Modène, de Ferrare, de Piombino), comtés, marquisats, républiques (de Pise, de Gênes, de Venise, de Florence, de Sienne, de Lucques ; Charles-Quint érigera Florence en duché en 1530) ; le Sud, la Sicile et la Sardaigne appartiennent aux Aragonais (au XVIIIe siècle, tout le sud de la botte italienne formera le royaume de Naples, tandis que la Sardaigne et la Sicile constitueront deux royaumes indépendants, celui du Piémont-Sardaigne et celui de Sicile). Entre les deux blocs du Nord et du Sud s'étendent les États de l'Église, avec Rome comme capitale et le pape comme souverain.

Jusqu'au XIVe siècle, deux « partis » politiques se sont déchirés en Italie : celui des partisans du pape, les *Guelfes,* et celui des partisans de l'Empereur germanique, les *Gibelins.* Chaque famille, naturellement, prétendait avoir fait le bon choix et être du « bon parti » (guelfe ou gibelin, selon les cas), de la « *buona parte* » comme on dit en italien, et l'expression était devenue, dans certains cas, un patronyme. Le nom de « Buonaparte » était donc courant dans le nord de la péninsule, à cette époque ; nous connaissons en particulier trois familles qui le portent.

La première est celle des Buonaparte de Florence, grande dynastie toscane qui s'est éteinte en 1570, avec un certain Giovanni Buonaparte, gentilhomme attaché à la noble famille romaine (guelfe) des Orsini ; le « bon parti », à Florence, était le parti guelfe. La deuxième est celle des Buonaparte de San Miniato, une minuscule République toscane protégée par l'Empereur allemand, donc gibeline ; elle avait été fondée par un certain capitaine Niccolo Buonaparte, un Gibelin expulsé de Florence en 1265, dont les descendants les plus remarquables furent : l'historien Jacopo Buonaparte de San Miniato (qui fut témoin du sac de Rome, en 1527, par les armées de Charles Quint, l'Empereur germanique), le juriste Niccolo Buonaparte de San Miniato (fin du XVIIe siècle), et le chanoine Filippo Buonaparte (fin du XVIIIe siècle), que nous rencontrerons bientôt dans cette histoire (voir p. 55). Appartenir à l'une de ces deux familles était plus qu'honorable et témoignait de la « noblesse » (au sens féodal) de celui qui en descendait.

La troisième famille Buonaparte est plus humble. Elle est originaire de la petite localité de Sarzana, en territoire ligure, près de La Spezia, qui dépendait de la République de Gênes, et elle n'a absolument rien à voir avec les Buonaparte de Toscane : il y a plus d'un âne qui s'appelle Martin ! Nous allons voir qu'elle est la souche des Buonaparte de Corse (Sarzana est aujourd'hui une ville d'environ 30 000 habitants, au cœur d'une région agricole ; elle possède une belle cathédrale médiévale, ce qui est le signe de son ancienne importance).

## La Corse génoise

Au large des côtes italiennes, à quelques heures de navigation (à voile) de Gênes, de La Spezia ou de Livourne, se prélasse l'île de Beauté, avec ses montages bleues, noires, rouges et jaunes, ses oliviers et ses châtaigniers, ses marins et ses vignerons du Cap Corse, ses bergers du Niolu et des monts de l'intérieur, ses agriculteurs établis dans les plaines côtières, en Balagne, le long des côtes orientale et méridionale de l'île, ses sérénades, un certain sens de l'honneur familial (la *vendetta*), ses maquis et l'accent rocailleux de son peuple, qui parle une langue issue du toscan.

Au regard du droit international, la Corse était, à l'époque qui nous intéresse, un territoire pontifical, en vertu d'une donation faite au pape Étienne II par Pépin le Bref, en 754, confirmée par Charlemagne au pape Adrien Ier en 794, puis par Louis Ier le Pieux, fils de Charlemagne, en 828. La gestion religieuse et le gouvernement de l'île furent confiés à l'archevêque de Pise (ville guelfe) par le pape Grégoire VII, en 1078, et les modalités de cette gestion furent définies par une bulle papale de 1091.

Deux siècles plus tard, Pise fut supplantée par Gênes : le 5 août 1284, dans les parages de la petite île de La Meloria, au large de Livourne, la flotte pisane est complètement anéantie par la marine génoise, dont la suprématie en Méditerranée occidentale est ainsi consacrée, et la Sérénissime République de Gênes (gibeline) impose son diktat à Pise vaincue. La République toscane doit renoncer à toutes les forteresses qu'elle possède en l'île de Corse, à tous ses domaines insulaires, à ses privilèges et aux liens de fidélité engagés envers elle par les seigneurs de l'île (ces derniers étaient les descendants d'aventuriers ligures et toscans, arrivés en Corse à la fin du IXe siècle et qui avaient fini par s'imposer comme *signori* aux populations autochtones par la seule force de leur épée : c'étaient des seigneurs sans suzerain). La Corse, malgré la protestation de principe du pape Boniface VIII, tout en restant théoriquement une terre papale, devenait terre génoise de fait.

La Sérénissime République de Gênes a poursuivi l'organisation administrative de la Corse commencée par Pise : partition de l'île en deux zones, l'*En-deçà* au nord et l'*Au-delà* au sud, correspondant à peu près aux deux départements actuels, séparées par une barrière montagneuse ; division du territoire en 66 unités cantonales appelées *pièvi*, dirigées par des *podestats* (d'abord nommés par Gênes, puis, à partir du XIVe siècle, élus) ; instauration dans chaque *piève* et dans chaque ville d'un conseil municipal composé de magistrats élus. Quant à la vie économique de l'île de Corse, elle fut gérée successivement par deux Compagnies commerciales privées, dont les membres étaient de riches et puissants Génois : la *Mahone* (de 1358 à 1407), puis l'*Office de Saint-Georges* (de 1407 à 1562). Au cours de la « Guerre des Français » (1553-1559), épisode du conflit qui opposait la Maison de France (François Ier, puis Henri II) à la Maison d'Autriche (Charles Quint), l'île fut envahie par les armées françaises (Gênes, cité gibeline, étant dans le camp de l'Empereur Charles Quint), puis, après les traités du Cateau-Cambrésis (1559), le statut antérieur de la Méditerranée fut rétabli et la Sérénissime reprit en main les affaires de Corse. Elle y instaura alors un gouverneur, qui siégeait à Bastia, et une administration publique locale, qui n'avait de compte à rendre qu'au sénat de Gênes.

Les premières cités corses (Bonifacio, Calvi, Corté), avec leurs citadelles imprenables, furent bâties sous les Pisans ; la Mahone se chargea d'édifier Bastia (en 1380) et l'Office de Saint-Georges fonda Ajaccio (vers 1492). Ces villes étaient administrées par un Conseil de magistrats élus, parmi lesquels étaient choisis, tous les ans ou tous les deux ans, trois, six ou huit édiles (leur nombre dépendait de l'importance de la ville), qui constituaient le Conseil des *Nobles Anziani* (les « Nobles Anciens » ; l'adjectif « nobles » étant pris au sens emphatique, sans référence à la notion de noblesse féodale telle que l'entendaient les monarchies européennes).

Ces villes étaient en principe interdites aux Corses, qui ne pouvaient y pénétrer que pour des raisons administratives ou commerciales, mais qui n'avaient pas le droit d'y résider ; toutes les charges publiques (magistrats municipaux, juges, notaires, etc.) y étaient assurées par des Génois. À l'extérieur de leurs murailles se formèrent, peu à peu, des « quartiers » corses, habités par des marchands, des marins et des « bourgeois » insulaires, qui collaboraient allégrement avec les occupants (ceux-ci n'ont jamais véritablement « opprimé » les autochtones, ni culturellement, ni économiquement : le peuple corse a tout ignoré des « corvées », et de la plupart des impôts qui écrasaient les paysans français sous l'Ancien Régime, par exemple, et il a été épargné par les guerres européennes, les épidémies et autres fléaux continentaux).

## Les ancêtres de Napoléon : d'honnêtes petites gens

C'est dans cette Corse génoise que nous allons voir s'installer la famille des Buonaparte de Sarzana.

Le premier d'entre eux dont il soit fait mention dans les archives de Gênes est un certain Giovanni (« Jean ») Buonaparte. Il accompagne à Bastia le Milanais Tommasino Campofrego, gouverneur de la Corse de 1479 à 1483 : il était chargé des problèmes de voirie de cette ville, mais nous ne savons rien de lui, sinon que son père se prénommait Cesare et qu'il eut un fils, Francesco, qu'on retrouve parmi les militaires qui montent la garde sur les remparts de la citadelle d'Ajaccio, en cours de construction, vers 1490-1492.

Le nom de ce Francesco Buonaparte figure sur les registres de paye génois. Il est, disent les documents, d'origine « patricienne » (c'est-à-dire ni paysan, ni issu d'une famille d'artisans) et sans doute noir de peau, ou du moins très « bronzé », car il a été surnommé *il Mauro*, « le Maure », comme le sera l'Othello de Shakespeare. Sans doute l'ADN de ses cellules contenait-il un gène issu d'un croisement plus ou moins lointain entre un navigateur génois et une captive mauresque, ou encore des amours cachées d'une belle Génoise et d'un pirate barbaresque, mais nul n'a jamais prétendu, ni montré que François le Maure avait des origines maghrébiennes et nous n'avons aucune raison de le penser.

Le soldat Francesco il Mauro, de Sarzana, est le premier ancêtre connu de notre Napoléon : avec lui, les Buonaparte s'installent modestement à Ajaccio, qui n'est alors qu'un gros bourg de 700 habitants environ, ce qui correspond à une quarantaine ou une cinquantaine de familles. Ces Ajacciens sont des petits bourgeois, propriétaires terriens, commerçants, juristes, administrateurs, notaires, médecins, religieux ; ils ont tous, ou presque tous, dans leur famille, un représentant qui siège ou qui a siégé parmi les six *anziani* de la province corse du Sud (il y en a douze dans celle du Nord). Après la « Guerre des Français » la ville se développe : sa population atteint

2 000 habitants en 1611, 3 504 en 1726, 3 600 en 1729, 3 024 en 1740, et 4 000 environ en 1758. Il n'y a toujours que six *anziani*, mais on retrouve souvent, parmi eux, un Buonaparte, ce qui nous permet de penser que cette famille est devenue une famille de petits notables.

Les Buonaparte sortent de l'anonymat après 1550, avec un certain Geronimo (Jérôme) Buonaparte, petit-fils de Francesco le Maure. On retrouve son nom parmi les six *anziani* ajacciens vers 1572 : c'est en leur nom qu'il présente alors différentes requêtes au sénat de Gênes, dont une en vue de la construction d'une cathédrale. Il aurait été aussi l'un des signataires d'un appel du conseil municipal d'Ajaccio à un édit génois, interdisant aux Corses de résider dans la ville. En hommage, sans doute, aux services rendus, la ville d'Ajaccio lui accorda, en 1584, la concession d'un terrain en bord de mer, sur l'emplacement d'un ancien marais salant et appelé, pour cette raison, les *Salines*, assortie d'une subvention pour l'entretenir ; Geronimo assécha l'étang, mit en valeur les terres alentour et y fit construire une tour de guet.

Après Geronimo, chaque génération de Bonaparte fournit un *anziani* à la cité ajaccienne, comme le rappelle le tableau p. 25. Toutefois, s'ils étaient « notables », les Bonaparte n'étaient pas très fortunés : leurs biens se limitaient, outre les Salines, à la *casa Buonaparte*, la maison familiale où naîtra Napoléon, et à quelques hectares de vignes, d'oliviers, de pâturages ou de maquis sur les collines voisines de la ville. Pour fixer les idées, vers 1750, l'homme le plus riche d'Ajaccio était un Génois du nom de Bacciochi, propriétaire terrien, dont la fortune était estimée à 100 000 livres génoises : elle était sans doute sept ou huit fois plus grande que celle des Buonaparte.

Ajoutons à ce tableau, qui décrit la modeste et tranquille ascension sociale des Buonaparte jusqu'en 1763, quelques mots sur les transformations de leur maison, la *casa Buonaparte*, à Ajaccio, dans la même période.

Les premiers Buonaparte (de Francesco le Maure à Geronimo) étaient sans doute petitement installés à proximité des remparts que surveillait Francesco. Leur maison fut démolie à l'époque de la « Guerre des Français », lorsque ceux-ci agrandirent la forteresse ajaccienne, et Geronimo dut déménager, mais on ignore où vécurent alors les Buonaparte. À la fin du XVIIe siècle (au temps de Carlo Maria, le fameux voleur de bétail), ils vivent dans une maison de six pièces, qu'ils louent à la famille Bozzi, dont la demeure – la *casa Bozzi* – est contiguë à la leur, dans l'actuelle rue Saint-Charles, à Ajaccio.

En 1682, Giuseppe Maria, l'arrière-arrière-grand-père de Napoléon, épouse la riche Maria Bozzi. À cette occasion, la *casa Bozzi* est divisée en deux parties (dans le sens de la hauteur), dont l'une fait partie de la dot de Maria : cette moitié de maison est contiguë à celle des Buonaparte, qui s'agrandit d'autant. Soixante ans plus tard, en 1742, Napoléone Buonaparte (frère du grand-père de notre Napoléon, donc son grand-oncle) épouse une autre Bozzi, Maria Rosa de son prénom, qui reçoit en dot la deuxième moitié de la *casa Bozzi* : dès lors les deux maisons ne font plus qu'une, et Luciano, l'autre grand-oncle de Napoléon, les réunit par une façade commune. Il fait d'ailleurs plus que les réunir, il la surélève d'un étage mansardé et l'ensemble devient la fameuse *casa Buonaparte,* où naîtra, en 1769, le futur empereur des Français.

## Les Buonaparte, les patriotes Corses et la France

La vie tranquille et monotone de ces petits bourgeois génois qu'étaient les Buonaparte – dont le nom commence à être prononcé « Bonaparte » – va être bouleversée, à partir de 1730, par une succession d'insurrections et de révolutions indépendantistes qui émeuvent l'opinion européenne. Les premières (de 1730 à 1755) ont été conduites par des notables et des ecclésiastiques corses ; elles se sont traduites par des heurts et des batailles entre les insurgés corses, qu'on appelle des patriotes (*patrioti*) et les forces génoises ou, plus précisément, les forces étrangères – principalement françaises – qui interviennent dans

## Ces « Messieurs » de la famille Buonaparte

| | |
|---|---|
| **Cesare**<br>(v. 1440) | Le plus ancien des Buonaparte connus ; il n'est pas allé en Corse et a épousé, à Sarzana, une certaine Apollonia, bâtarde de la famille Malaspina, dont il eut un fils, Giovanni. |
| **Giovanni**<br>(v. 1480) | Fils de Cesare et d'Apollonia ; accompagne à Bastia le Milanais Tommasino Campofrego, gouverneur de la Corse, comme agent de voirie. |
| **Francesco il Mauro**<br>(v. 1495) | Fils du précédent ; militaire, arrivé à Ajaccio peu après la construction des remparts qui cernaient la ville ; on ne sait rien de lui. |
| **Geronimo**<br>(v. 1570) | Petit-fils du précédent. Homme de loi ; procureur des *Nobles Anziani* de la ville d'Ajaccio ; concessionnaire du domaine des Salines, où il fera construire une tour. |
| **Francesco**<br>(† 1626) | Fils (?) du précédent ; capitaine, *anziani* de la ville d'Ajaccio. |
| **Sebastiano**<br>(v. 1630) | Fils du précédent ; *anziani* et greffier de la ville d'Ajaccio. |
| **Carlo Maria**<br>(1637-1692) | Fils du précédent, *anziani* de la ville d'Ajaccio ; épouse en 1657 Virginea Odone, fille de Pietro Odone, un propriétaire terrien aisé qui possédait notamment une maison dans la même rue que celle des Buonaparte et des terres en dehors de la ville, propices à la culture des oliviers (la propriété des *Milelli*). Commerçant, prêteur d'argent, il avait aussi la réputation d'être un voleur de bétail. Arrière-arrière-arrière-grand-père de Napoléon. |
| **Giuseppe Maria**<br>(1663-1703) | Fils du précédent ; *anziani* de la ville d'Ajaccio. Épouse, en 1682, une autochtone, Maria Bozzi, appartenant à une famille d'anciens seigneurs « féodaux » corses (une des rares familles corses autorisées à résider dans la ville génoise). Par ce mariage, il entre en possession de la moitié de la maison familiale des Bozzi (la *casa Bozzi*), mitoyenne de la casa Buonaparte. Arrière-arrière-grand-père de Napoléon. |
| **Sebastiano**<br>(1683-1760) | Fils du précédent ; *anziani* de la ville d'Ajaccio. Épouse Maria-Anna Tusoli. Arrière-grand-père de Napoléon. |
| **Giuseppe Maria**<br>(1713-1763) | Fils du précédent ; *anziani* de la ville d'Ajaccio. Épouse en 1741 Maria Saveria Paravisino. Grand-père de Napoléon. Il a eu deux frères : 1° Napoléone (1717-1767), *anziani*, commandant de la garnison génoise d'Ajaccio ; 2° Luciano (1718-1791), prêtre, archidiacre de la cathédrale d'Ajaccio. Napoléone épousa, en 1743, Maria Rosa Bozzi, qui était sa cousine germaine. |

l'île à la demande de Gênes. Puis, en 1755, apparaît la grande figure de Pascal Paoli, qui crée un « Royaume de Corse » indépendant, avec Corté comme capitale. Le prestige de ce personnage a été considérable en Europe (surtout en Angleterre, où il a fini ses jours), mais aussi parmi les insurgés d'Amérique (Jefferson, Washington l'ont admiré), et les Lumières (Rousseau, Voltaire) lui ont rendu hommage. Paoli a promulgué une constitution écrite (la première dans l'histoire de l'Europe), légiféré, fondé une université à Corté, et créé une armée, une marine et une ville nouvelle (L'Île-Rousse) ; il a tenu tête, politiquement et militairement, à la France qui, appelée par Gênes, a finalement écrasé l'armée paoliste à la bataille de Ponte-Nuovu (8 mai 1769). Conformément aux accords franco-génois (traité de Versailles, du 15 mai 1768), la France obtenait la concession de l'île jusqu'au total remboursement, par la Sérénissime République, des frais engagés par la monarchie française pour pacifier le territoire insulaire. Ainsi la Corse devenait un pays occupé et administré par la France (voir Annexe n° 1) ; l'île fut *annexée* vingt-deux ans plus tard en vertu du décret voté à l'unanimité par l'Assemblée nationale (la « Constituante ») et promulgué par le roi Louis XVI, qui n'y avait pas mis son *veto,* le 30 novembre 1790. La plupart des chancelleries d'Europe, et en particulier celle du pape, protestèrent contre ce viol des traités de Westphalie : il devait s'en produire bien d'autres durant les vingt-cinq années qui suivirent.

Trois mois après la défaite de Paoli, naissait à Ajaccio, le 15 août 1769, le petit Napoléon, deuxième enfant du couple illégitime (voir pp. 44 *sqq.*) que formaient Charles-Marie Bonaparte (en italien : Carlo Maria Buonaparte) et Letizia Ramolino.

Dans une lettre célèbre à Pascal Paoli, qu'il écrivit le 12 juin 1789 alors qu'il était en garnison à Auxonne, Napoléon, faisant allusion à la bataille de Ponte-Nuovu, prétend être né alors que « *sa patrie périssait* ». Mais quelle patrie ? La Corse ? Pirouette ! Napoléon n'a jamais été corse : il est né Génois, dans une famille génoise et il est aussi peu « Corse » que les colons français d'Algérie ou du Viêt-nam étaient algériens ou vietnamiens ! Certes son père avait de la sympathie pour les idées paolistes, tout comme certains intellectuels français des années 50 étaient partisans de l'indépendance de l'Algérie, mais de là à se prétendre « Corse », il y a loin ! Et cependant le mythe de Napoléon le Corse persiste encore puissamment, chez les historiens comme chez les littérateurs (*cf.* la fameuse apostrophe d'Auguste Barbier : « Ô Corse à cheveux plats !... ») ; mais il ne faut pas confondre « terre natale » et « patrie » et, quitte à choisir une autre patrie que Gênes, la famille Bonaparte a choisi la France, qui était l'alliée de la Sérénissime République dans les affaires de Corse.

Voyez plutôt comment cette alliance s'est constituée. Dans le cadre de la rivalité franco-anglaise en Méditerranée – où l'Angleterre occupe déjà Gibraltar et les Baléares – Chauvelin, secrétaire d'État aux Affaires étrangères dans le ministère que dirige le cardinal Fleury, cherche à installer la France en Corse. Mais comment ? Il ne pouvait être question d'une conquête franche et directe, qui aurait fait hurler toutes les chancelleries, soucieuses de faire respecter les traités de Westphalie qui garantissaient la paix en Europe. Il fallait donc faire en sorte que ce fût la République génoise elle-même qui appelât la France dans l'île. D'où la manipulation proposée par Chauvelin au représentant de la France à Gênes : 1° fomenter des soulèvements en Corse, comme il y en avait déjà eu en 1729 et 1730 ; 2° dans le même temps, agir discrètement et clandestinement sur l'opinion publique insulaire afin que les Corses se déclarent sous la protection de la France ; 3° faire savoir parallèlement à Gênes que la France était prête à intervenir pour l'aider à pacifier l'île.

DÉPÊCHE DE CHAUVELIN À CAMPREDON,
ENVOYÉ EXTRAORDINAIRE DE FRANCE À GÊNES

« *26 avril 1735*

Sa Majesté estime qu'il y aurait un grand inconvénient à laisser soupçonner nos vues sur cette île [...] ; qu'il ne peut pas d'ailleurs nous convenir d'enlever la Corse comme une usurpation sur les Génois ; cela exciterait les cris de toute l'Europe [...]. Cependant le Roi juge que cette acquisition est très importante pour le commerce des Français dans le Levant, et voici le seul système que Sa Majesté croit praticable [...].

Il faut dès aujourd'hui commencer à former sourdement un parti en Corse et tâcher que cela se mène sagement et bien secrètement. Appliquez-vous à inspirer (sans laisser deviner la France) aux meilleures têtes de la République [*de Gênes*] que l'île est à leur charge et que plutôt que de se la laisser enlever, ils devraient songer à s'en accommoder avec quelque puissance qui n'eût intérêt que de protéger les Génois.

Cependant, tâchons d'amener les choses au point en Corse que les habitants tout d'un coup se déclarent sous la protection de la France : alors et sur-le-champ, le Roi y enverrait quelques troupes et ce que les habitants demanderaient [...]. »

(Driault, *Recueil des instructions aux ambassadeurs,* t. XIX, p. 282.)

Le plan de Chauvelin se déroula comme prévu... avec deux ans d'avance. En 1733, une nouvelle insurrection éclata en Corse, dirigée par Hyacinthe Paoli (le père de Pascal Paoli), avec, en 1735, une *Déclaration d'indépendance* et la rédaction d'une *Constitution du Royaume de Corse* par l'avocat Sebastiano Costa (le premier projet de Constitution écrite qu'ait connu l'histoire de l'Europe et dont s'inspirera partiellement Pascal Paoli, vingt ans plus tard). En 1737, la France et Gênes signèrent la *Convention de Versailles*, garantissant l'aide militaire de la France à la République ligure, et la première intervention française eut lieu en 1738-1741 ; elle fut menée à bon terme par le comte de Boissieux, puis par le maréchal de Maillebois : les *patrioti* corses furent battus et leurs chefs (dont Giafferi et Hyacinthe Paoli) furent exilés à Naples. Une troisième insurrection naquit en 1743, menée par Gaffori, le seul chef corse d'envergure qui fût encore dans l'île ; elle entraîna une deuxième intervention française, conduite avec intelligence par le marquis de Cursay. Celui-ci resta neuf ans en Corse, puis, accusé de collusion avec les rebelles, il fut jeté en prison en 1752, tandis que Gaffori, élu Général de la Nation en 1751, était assassiné en 1753.

À Ajaccio, la famille Bonaparte, qui était génoise, avait pris fait et cause pour le parti français et elle pactisa avec de Cursay. En janvier 1749, Giuseppe Maria (le grand-père de Napoléon) représente la ville d'Ajaccio à la consulte nationale convoquée par ce dernier à Corté ; en février, il accueille de Cursay en visite officielle à Ajaccio, en compagnie de son beau-frère Paravisino, nommé consul de France dans cette ville. Et, dans la pensée de cet homme qui est parvenu au sommet de l'échelle sociale ajaccienne, qui découvre les comtes et les marquis français, un rêve prend corps : celui de posséder un titre de noblesse.

Ambitieux, avide d'honneurs, Giuseppe va tenter de fabriquer le premier « faux » de la famille Bonaparte, soutenu, en la circonstance, par son frère Luciano, le prêtre. Arguant de la similitude des patronymes, il multiplie les démarches auprès des Buonaparte de San Miniato, en Toscane, pour obtenir de ceux-ci qu'ils reconnaissent les Buonaparte de Sarzana (d'où sont issus ceux d'Ajaccio) comme une branche de leur famille, qui était noble. Les Buonaparte de San Miniato opposèrent à ses demandes un refus courtois, et tout ce que put obtenir Giuseppe ce fut une lettre aimable et polie en forme de non-recevoir. Les ambitieux ne sont jamais très intelligents : Giuseppe considéra cette réponse... comme une véritable reconnaissance de noblesse ! Nous verrons, au chapitre suivant, qu'en matière d'ambition sociale, Carlo Maria n'aura rien à envier à son père, et nous savons tous que l'un et l'autre seront surpassés, dans ce domaine, par leur petit-fils et fils, l'inénarrable Napoléon.

# CHAPITRE II

## Le bâtard

*Où l'on découvre que le mariage de Carlo Buonaparte et Letizia Ramolino s'est limité à la signature du contrat dotal, mais qu'il n'a jamais été ni célébré, ni transcrit, et comment Carlo a falsifié ultérieurement le registre municipal des mariages à la mairie d'Ajaccio, ce dont on peut conclure que Napoléon et tous ses frères et sœurs sont des bâtards nés hors mariage.*

De son mariage avec Maria Saveria Paravisino, Giuseppe Maria eut deux enfants : une fille, Geltruda (Gertrude) et un fils, Carlo Maria (Charles-Marie). Ce dernier, qui devait être le père de Napoléon Bonaparte, est né le 27 mars 1746, à Ajaccio, dans la maison familiale des Buonaparte ; il fut baptisé deux jours plus tard, le 29 mars 1746 et mourra le 20 février 1785, à Montpellier. Il va nous intéresser, ici, car il est à l'origine de la première imposture napoléonienne, une imposture tellement grossière qu'elle en est presque incroyable : contrairement à ce qu'affirment tous les biographes de Napoléon, Charles-Marie Bonaparte n'a jamais épousé Letizia Ramolino, et tous les enfants qu'il a eus d'elle, y compris le futur empereur, ont été illégitimes. De sorte qu'on peut affirmer (et démontrer) que Napoléon Bonaparte était un bâtard, comme tous ses frères et sœurs.

La chose, en soi, n'est pas nécessairement blâmable, et n'entacherait en rien ni la personnalité de Charles, ni la gloire de son fils, l'homme au petit chapeau... si ce n'est que Charles n'en a jamais rien dit, qu'il a fabriqué un faux acte de mariage lorsqu'il a dû fournir des documents aux autorités françaises afin que son appartenance à l'ordre de la noblesse fût officialisée et pour bénéficier d'une bourse d'études pour ses deux premiers enfants, Joseph et Napoléon, chez les jésuites du collège d'Autun d'abord, puis à l'école militaire de Brienne. Et ce qui est plus grave encore, c'est que le faux fut entériné par Napoléon lui-même, lorsqu'il fit établir son état civil officiel.

L'affaire mérite donc d'être éclaircie. Pour la comprendre, il faut connaître la personnalité, attrayante et complexe, de celui qui se fera appeler, plus tard, Charles Bonaparte, et que nous nommerons dorénavant Carlo, comme on le faisait à Ajaccio, en ce temps-là.

## Les premières amours de Carlo Maria Buonaparte

Carlo nous a laissé une précieuse autobiographie, rédigée en italien, écrite de sa main, d'une écriture fine et rapide, remarquablement lisible, que l'on peut consulter aux Archives Nationales. Elle est intitulée : *Raggionamento Istorico, o siano memorie domestiche della famiglia di Buonaparte di Ajaccio in Corsica scritte da me Carlo di Buonaparte quondam Giuseppe l'anno mille et settecento ottanta* (« Relation historique, ou mémoires domestiques de la famille di Buonaparte d'Ajaccio en Corse écrits par moi, Carlo di Buonaparte fils du dernier Giuseppe l'an mille sept cent quatre-vingts »).

Nous ferons d'abord deux remarques sur ce titre :

1. Carlo écrit « Buonaparte » et non pas « Bonaparte », respectant l'orthographe toscane de son nom, alors que l'orthographe en usage de son temps était « Bonaparte » ; cet archaïsme graphique, nous le montrons plus bas, n'est pas innocent ;

2. il fait usage de la particule nobiliaire « *di* », utilisée en Corse après la conquête française (1769) par les familles dont la « noblesse » avait été reconnue officiellement par le gouver-

nement royal : Carlo n'était pas peu fier d'y avoir été autorisé, nous verrons dans quelles circonstances.

Que dire de cette noblesse de pacotille ? Le premier à en rêver, dans la famille Buonaparte, fut Giuseppe Maria, le père de Carlo. La venue des Français dans l'île avait ouvert des horizons nouveaux à ce petit notable, *anziani* de la ville d'Ajaccio, *capitano* (commandant) de la garnison génoise, que nous avons vu, en 1749, accueillir le marquis de Cursay, se poser en grand partisan des Français, puis, dix ans plus tard, entreprendre un voyage en Italie, pour demander aux Buonaparte de San Miniato, dont la noblesse n'était pas discutée, de reconnaître les Buonaparte d'Ajaccio comme une branche de leur propre famille... et se faire élégamment éconduire. Son fils Carlo en rêvera à son tour, mais non point uniquement par vanité, comme son père : par calcul.

L'enfance du jeune homme fut celle d'un rejeton de bonne famille ; dans ses *Mémoires*, il écrit (1780) :

> « Jusqu'à l'âge de douze ans je fus éduqué par les Jésuites qui existaient [*à Ajaccio*] en ce temps-là, et je montrais une très grande inclination pour la poésie. On pourra lire en marges quelques sonnets et chansons dédiés pour la plupart au Dieu d'amour qui enflamme les jeunes gens imprudents, alors qu'ils ne savent se garder de ses trompeuses séductions. »

Fut-il un bon ou un mauvais élève de ces Jésuites ? On l'ignore. Comment se conduisait-il en famille, avec ses camarades ? On l'ignore tout autant. Ses allusions au dieu Amour qui enflamme les jeunes gens le concernent vraisemblablement, et il dut s'initier assez tôt à ses jeux, comme il se devait pour un garçon – par ailleurs très séduisant physiquement – dans un pays méditerranéen où il ne manquait pas de jolies filles peu farouches. Il eut d'ailleurs une aventure amoureuse – platonique ou sensuelle, on ne sait – avec une jeune Ajaccienne, de la famille des Forcioli, comme il le confesse lui-même dans ses *Mémoires* :

> « Ma première passion amoureuse fut pour une Forcioli, et bien qu'elle fût sans naissance et sans beauté [...] toute ma vie

> mon cœur ne connut d'autre flamme que celle que j'ai éprouvée pour elle, et sans la poigne ferme de mes oncles [*Luciano et Napoléone Buonaparte*] qui voyaient la chose avec les yeux de la raison, je me serais précipité dans un mariage qui aurait fait par la suite le désespoir de mes jours et contrecarré la fortune de ma famille. »

De quoi s'agit-il ? Carlo Maria s'est marié, écrit-il plus loin, à dix-huit ans, avec Letizia Ramolino ; l'aventure qu'il évoque a eu lieu alors qu'il était plus jeune et, comme il parle d'un mariage qui fut évité de justesse, cela nous conduit à penser qu'il devait avoir au moins quinze ans lorsqu'il tomba amoureux de cette Forcioli, événement qu'on peut donc situer entre 1761 et 1764.

Ce fut, nous dit-il, son premier amour : y en aurait-il eu d'autres qui suivirent, avant le mariage avec Letizia ? Les mœurs de Carlo étaient libres, voltairiennes, son sang était chaud, et tout porte à croire qu'il ne s'est pas ennuyé à Ajaccio entre quinze et dix-huit ans.

On peut aussi s'étonner que ce soient ses oncles (Napoléone et l'abbé Luciano), et non son père, qui le tancent et qui s'efforcent de le mettre sur le bon chemin d'un fils de famille ; mais Giuseppe Maria est préoccupé de politique, surtout depuis la consulte de 1749 à Corté, à laquelle le marquis de Cursay l'avait convoqué : il avait été impressionné par l'idéologie des insurgés corses, qui parlaient d'indépendance, de Constitution, de peuple corse, de patrie, autant de concepts qui, jusque-là, n'existaient que dans les livres des Lumières (qu'il ignorait).

Or, de l'autre côté des monts qui séparent la Corse du Sud de celle du Nord, la Révolution bat son plein. Au milieu des châtaigneraies d'Orezza, en 1751, l'indépendance de la Corse est à nouveau proclamée (elle l'avait été une première fois en 1735) et le « Royaume de Corse » (un royaume sans roi) est doté d'une Constitution prévoyant, pour gouverner l'île, un Général de la Nation assisté par une Cour Suprême élue. On ne parle plus, dans cette Corse en effervescence, que des héros politiques qui feront de l'île, du moins le pense-t-on, quelque chose qui n'existe nulle part ailleurs.

Il ne s'agit pas encore de nationalisme, et il n'est pas question de jeter les Génois à la mer : les chefs corses songent à un changement de régime, accompagné, peut-être, d'un changement de suzerain (le roi de France à la place de la République de Gênes, par exemple). Cela convient alors au père de Carlo Maria, qui a des ambitions et qui est bien vu des Français ; lorsque Pascal Paoli débarque en Corse, en 1755, Giuseppe devient un de ses chauds partisans, ce qui est assez original pour un notable génois, et il laisse donc ses deux frères s'occuper de son garnement de fils (lui-même mourra d'ailleurs en décembre 1763).

## Entrée en scène de la famille Ramolino

Luciano et Napoléone pensent que la solution idéale, pour éviter de voir s'envoler en fumée les quelques biens de la famille Bonaparte, est de marier Carlo Maria, avant qu'il ne fasse quelque bêtise ou qu'il ne s'attaque à quelque jeune fille corse et qu'il périsse dans une *vendetta*. Ils lui cherchent donc une compagne qui soit à la hauteur des ambitions des uns et des autres, qui possède quelques biens, et, surtout, qui soit jolie, condition *sine qua non* quand il s'agit de Carlo Maria, jolie à lui faire oublier la Forcioli.

Le jeune homme est d'ailleurs, sinon un beau parti, du moins un parti honorable. Carlo est l'héritier unique de la famille Bonaparte : son frère, Sebastiano, est mort en bas âge, et sa sœur, Geltruda, qui recevra une dot pour épouser son cousin germain, Niccolo Luigi Paravisino (fils du frère de sa mère), sera, de ce fait, exclue de la succession des Buonaparte, conformément à la loi génoise en vigueur en Corse. En outre, Carlo peut aussi espérer hériter de son oncle et tuteur Luciano, qui est prêtre, donc sans enfants, ainsi que de son autre oncle Napoléone, dont la fille unique, Isabella, épouse dotée du Corse Luciano Ornano (le mariage aura lieu le 16 janvier 1766), sera elle aussi hors succession.

Nous pouvons d'ailleurs nous faire une idée de l'étendue de ses biens d'après un recensement des propriétés appartenant à des citoyens ajacciens en 1775 (soit dix ou onze ans après le « mariage » de Carlo Maria) : en réunissant les propriétés de son père et celles de son oncle Luciano, et en traduisant les mesures agraires génoises de l'époque en unités modernes, on trouve environ 1,5 hectare de vignes, quelque 0,35 hectare de terres cultivables et 2,5 hectares de broussailles, de maquis et de pâturages ; il faut ajouter à ces modestes terres la maison familiale – la *casa Bonaparte* – composée de deux appartements de trois pièces superposés, au-dessus, sans doute, de « caves » voûtées, en rez-de-chaussée.

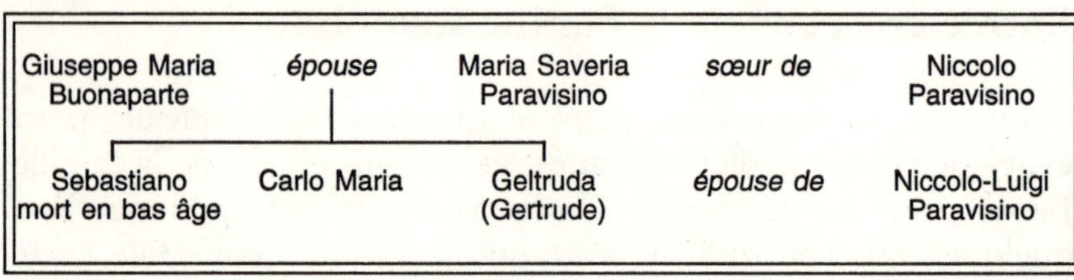


Voici donc les deux oncles en quête d'une épouse pour leur jeune et sémillant neveu. À cette époque, Ajaccio comptait environ 4 000 habitants, c'est-à-dire quelque 400 familles, dont une cinquantaine étaient du même niveau social et économique que les Bonaparte... et il n'y avait pas une jolie fille dans chaque famille ! Finalement, ils jettent leur dévolu sur la jeune Letizia Ramolino, qui n'avait alors que quatorze ans (ce qui n'a rien de choquant : il était alors de tradition de marier les jeunes filles très jeunes, aussi bien chez les Corses que chez les Génois).

Le destin des Ramolino ressemble à celui des Bonaparte. Comme eux, ils descendent d'un mercenaire génois, arrivé au début du XVI^e^ siècle à Ajaccio : un certain Morgante Ramolino, qui a terminé sa carrière comme responsable d'une tour de garde, en bord de mer, dans les environs d'Ajaccio. Puis, toujours comme les Bonaparte, ils deviennent de petits notables, et on retrouve leur nom sur les listes des conseillers municipaux et des *anziani* de la ville (un peu moins fréquemment, cependant, que celui de Bonaparte). Bien que leurs propriétés (vignes, pâturages) fussent peu étendues, ils semblent jouir d'une certaine aisance, due, sans doute, au grand-oncle de Letizia.

Comme les Bonaparte, les Ramolino aiment à jeter de la poudre aux yeux, et, de même que Giuseppe Maria Buonaparte prétendait descendre des ducs de Toscane, de même la famille de Letizia se disait issue d'un certain Gabriele Ramolino, un noble Florentin qui aurait été le fils d'un comte vénitien dont les aïeux remontaient... au IX^e^ siècle ! Les généalogistes qui se sont penchés sur la question n'ont eu aucune peine à démontrer qu'il n'en était rien et que les prétentions des Ramolino reposaient sur des faux, fabriqués pour les besoins de la cause.

Enfin, et sur ce point ils se séparent des Bonaparte dans les années 1750, les Ramolino sont du parti génois, alors que les premiers vont peu à peu devenir paolistes : Gênes nommera Giovan' Geronimo Ramolino, le père de Letizia, capitaine de l'infanterie et de la cavalerie de la garnison d'Ajaccio et, plus tard, inspecteur des ponts et des routes, puis chancelier de justice de la *pieve* de Bocognano (près d'Ajaccio) ; de même, son grand-père maternel, le notaire Giuseppe Maria Pietrasanta (1705-1773), sera membre de la Cour Suprême de Justice de Bastia, créée par Gênes en 1768.

Voici un petit tableau généalogique sur les Ramolino. Maria Letizia Ramolino est née en 1749 ou 1750 (les pages du registre municipal des naissances correspondant aux années 1741-1760, conservé à Ajaccio, ont été arrachées) ; on n'a pas retrouvé l'acte de mariage de ses parents : son père était le capitaine Giovan' Geronimo Ramolino (1723-1755), et sa mère Angela Maria Pietrasanta, fille du notaire Giuseppe Maria Pietrasanta (veuve en 1755, elle se remariera en 1757 avec un Suisse, un certain François Fesch, mort en 1770, dont elle aura un fils, Joseph Fesch, demi-frère de Letizia, qui deviendra cardinal et Grand Aumônier de l'Empire).

On notera la présence, dans ce petit tableau généalogique, du grand-oncle de Letizia, Giovan' Andrea Ramolino (frère de Giuseppe Maria Ramolino), qui avait mentionné dans son testament qu'il donnerait en dot à Letizia, quand elle se marierait, une petite vigne en un lieu-dit Torrevecchia, une autre en un lieu-dit Vittolu, un four à pain situé en dehors d'Ajaccio, comportant un petit logement occupé par la boulangerie, et un petit appartement proche des abattoirs, dot estimée à environ 7 000 livres génoises (ce qui n'était pas un pactole : Carlo Maria avait beaucoup de défauts, mais on ne peut dire qu'en épousant Letizia Ramolino il a agi en coureur de dots !).

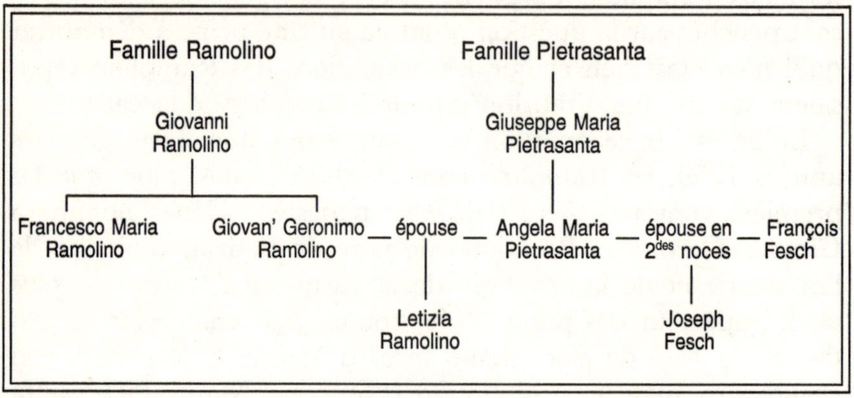


**Généalogie résumée de Letizia Ramolino**

La mère de Letizia, Anna Maria Ramolino, née Pietrasanta, était la fille du notaire Giuseppe Maria Pietrasanta ; devenue veuve, elle épousa François Fesch en 1757 : son fils, Joseph Fesch, était le demi-frère de Letizia et l'oncle maternel de Napoléon. Il devint archevêque de Lyon, puis cardinal et grand aumônier de France, mais surtout grand bénéficiaire des pillages et des rapines de Napoléon en Italie : à sa mort, il possédait ainsi plus de 3 300 tableaux volés (dont de nombreux primitifs italiens). Il en légua le tiers à la ville d'Ajaccio et les autres furent vendus, au profit de ses héritiers. Bien mal acquis profite souvent.

## 31 mai 1764 : le contrat de mariage

Il semble que le mariage fut difficile à conclure, du moins si l'on s'en rapporte à Carlo Maria, qui écrit dans ses *Mémoires* (voir ci-après, p. 42, le fac-similé de son manuscrit) :

> « Après diverses discussions et divers incidents inséparables d'un amour contrarié, je me rendis finalement à la raison et j'acceptai de prendre pour épouse Letizia Ramolino... »

De quelles « discussions » et « incidents » s'agit-il ? D'après le contexte, ils ont trait à un « amour contrarié » : est-ce celui de Carlo pour la Forcioli, dont il se souvient encore lorsqu'il écrit son autobiographie, vers 1781 ? Ou d'autres amours ? Le père de Carlo Maria avait sans doute commencé de raisonner son fils, qui ne pouvait oublier la Forcioli, mais il meurt en décembre 1763 ; ce sont donc les oncles « à poigne » qui se chargent de convaincre leur neveu. Celui-ci est réticent : il n'est pas désireux de se marier, il tient à rester libre, à écrire des poèmes, à vivre sa vie. Il semble que Carlo n'avait guère envie de se laisser mettre la corde au cou, comme on dit vulgairement : la suite de cette histoire le prouvera.

Quoi qu'il en fût, le mariage fut décidé : le beau et brillant Carlo Maria, qui était grand (ce qui était rare chez les Italiens), séduisant et poète allait épouser l'une des plus jolies filles d'Ajaccio, et l'une des mieux habillées (sa coquetterie était proverbiale)... du moins l'affirmera-t-on plus tard, quand son fils se sera autoproclamé empereur des Français : mais qui, alors, aurait osé prétendre le contraire ? De toute façon, en 1764, elle avait quatorze ou quinze ans, et elle ne pouvait être que fraîche et mignonne.

Il fallait aussi convaincre les Ramolino. Les oncles de Carlo se rendent donc chez le grand-père maternel de Letizia (dont le père est mort depuis neuf ans), le notaire Giuseppe Maria Pietrasanta. La *casa Ramolino* ressemble à la *casa Bonaparte* ; elle n'est ni plus riche, ni plus pauvre et l'on y boit le vin des vignes familiales. Les rapports sont un peu froids, car ces hommes ne sont pas du même parti (les Bonaparte ont un faible pour Paoli, les Ramolino sont fidèles à Gênes et à la France qui est son alliée) ; mais ils sont intelligents et, de plus, il y a un prêtre dans chaque camp : Luciano chez les Bonaparte, Francesco Maria, oncle de Letizia, chez les Ramolino.

Les arguments des demandeurs sont simples : Letizia n'a plus de père, sa mère s'est remariée, Carlo Maria est jeune et héritier unique des biens des Bonaparte, marions-les donc. Les Ramolino évoquent sans doute l'affaire de la Forcioli, les divergences politiques entre les deux familles, surtout depuis que Paoli a mis en application sa Constitution, acceptée dans le nord de l'île, et qu'il a appelé la Corse du Sud à rejoindre la Nation qu'il est en train de créer. Mais, finalement les deux familles décident de marier leurs deux enfants.

Eh bien ! sachez-le, et nous l'allons montrer, ce mariage n'eut jamais lieu et, du point de vue des règles de l'Église, les seules admises en la matière à cette époque, tant dans la République génoise que dans la France monarchique, les huit enfants vivants de Carlo Maria et de Letizia furent tous illégitimes, y compris le héros de cette histoire, Napoléon, qui entra (innocemment) dans la vie civile comme, plus tard (délibérément), dans la vie politique par un scandaleux coup de force.

Un mariage, dans le cadre de la loi génoise, était un acte civil qui ne prenait de valeur qu'après avoir été béni par l'Église, selon le rite prévu par le Concile de Trente. Il se faisait donc en deux temps : 1° un accord en bonne et due forme, qui était à la fois une promesse et un contrat de mariage, était signé par les futurs époux et leurs parents et contresigné par des témoins et par au moins un notaire ; on désignait cet acte par la formule latine *verba de futuro* (« accord à venir ») ; 2° une cérémonie religieuse devait suivre, soit dans la maison de la mariée ou du marié, soit à l'église, au cours de laquelle le prêtre, après avoir reçu le consentement de chacun des deux futurs époux, bénissait leur union et les déclarait solennellement unis par les liens du mariage jusqu'à la fin des temps, déclaration qu'on désignait par la formule *verba de praesente* (« accord présentement réalisé »).

Précipitons-nous donc sur les *Mémoires* de Carlo Maria Bonaparte, qui écrit, imperturbablement, après avoir rappelé les difficultés préliminaires :

> « ... et cela [*le mariage*] eut lieu le 3 juin 1764, environ un an après la mort de mon père [*Giuseppe Maria Buonaparte, mort le 13 décembre 1763*]. »

Cela signifie qu'il y a eu « contrat de mariage » (*verba de futuro*), contresigné par des témoins, puis « consécration du mariage » après consentement solennel (*verba de praesente*), selon les rites du concile de Trente, accomplis par un prêtre. Vérifions ces deux points.

Le contrat de mariage (*verba de futuro*), long de quatre pages, a bel et bien été rédigé et signé le 31 mai 1764 ; il est conservé aux Archives Nationales. On peut y lire que Carlo Maria Bonaparte épouse Letizia Ramolino et que celle-ci apporte, en dot, les biens que nous avons décrits plus haut (deux petites vignes, un four à pain, etc.) qui lui avaient été légués par son grand-oncle, Giovan' Andrea Ramolino. Bien entendu, l'entrée en vigueur de ce contrat était conditionnée par la sacralisation du mariage, qui devait avoir lieu le lendemain ou le surlendemain de sa signature. D'ordinaire, comme on l'a dit, cette cérémonie était célébrée par un prêtre, en présence de deux témoins, soit dans une église ou une chapelle, soit dans la demeure d'un des deux futurs époux. Le prêtre qui sanctifiait ainsi le mariage transcrivait ensuite cet événement sur les registres paroissiaux, qui servaient aussi de registres d'état civil.

Si l'on en croit les *Mémoires* de l'élégant Carlo Maria Bonaparte, c'est ce qui eut lieu ; il nous a déjà dit que « cela se fit le 3 juin 1764 » et il nous précise un peu plus loin :

> « Le dit mariage contracté et consommé, après quelques mois je partis pour Rome dans le but de poursuivre l'étude du Droit, et je laissai mon épouse enceinte d'une fille de moi. »

J'entends déjà hurler les féministes, mais n'oublions pas que nous sommes au XVIII^e^ siècle, et félicitons l'heureux papa qui va faire ses études de Droit en Italie.

N'oublions cependant pas de jeter un coup d'œil aux registres paroissiaux, pour le principe...

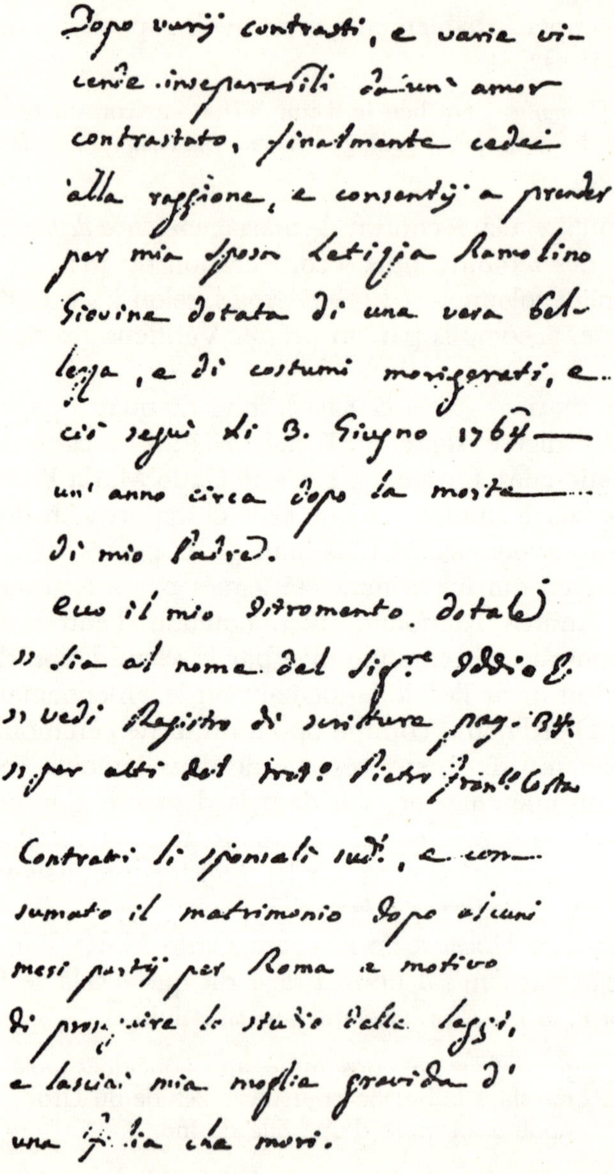

Dopo varij contrasti, e varie vicende inseparabili da un amor contrastato, finalmente cedei alla ragione, e consentij a prender per mia sposa Letizia Ramolino giovine dotata di una vera bellezza, e di costumi morigerati, e ciò seguì li 3. Giugno 1764 — un'anno circa dopo la morte di mio Padre.

Ecco il mio istromento dotale
» Sia al nome del Sig.re Iddio &
» vedi Registro di scritture pag. 134.
» per atti del Not.o Pietro Fran.co Costa

Contratti li sponsali sud.i, e consumato il matrimonio dopo alcuni mesi partij per Roma a motivo di proseguire lo studio delle leggi, e lasciai mia moglie gravida d'una figlia che morì.

voir p. 39

voir p. 41

*Extrait des* Mémoires *de Carlo Maria Bonaparte (fac-similé). On notera la finesse et la clarté de l'écriture du père de Napoléon, aisément reconnaissable.*

(Document conservé au Centre historique des Archives Nationales sous la cote 400 AP, 115).

## 3 juin 1764 : le mariage n'a pas eu lieu

Quelqu'un s'en est chargé, il y a près de quarante ans, un historien discret nommé Pierre Lamotte, et quelqu'un a fait connaître récemment le résultat de ses recherches au public britannique, Dorothy Carrington (*Napoleon and his parents,* Londres, 1988).

Lamotte a examiné le registre des mariages d'Ajaccio pour l'année 1764, à la disposition des milliers de touristes curieux qui vont chaque année faire le pèlerinage napoléonien comme d'autres vont à Lourdes et qui, s'ils avaient l'idée de faire une petite visite aux Archives communales d'Ajaccio, feraient une incroyable découverte, comme nous l'avons faite nous-même. On peut lire en effet, sur ce registre, après la liste des mariages célébrés en avril 1764, la note suivante :

> « 1764. *Maiu, Juniu, Juliu, vacante.* »

c'est-à-dire :

> « 1764. Mai, Juin, Juillet, pas de mariage. »

On se frotte les yeux, on pense s'être trompé d'année, mais nous avons bien lu : aucun mariage n'a été célébré à Ajaccio en mai, juin et juillet 1764. Pourtant, des centaines d'historiens ont tous consulté, aux Archives Nationales, le contrat du 30 mai 1764 et Carlo a bien écrit dans ses *Mémoires* qu'il est parti pour Rome après avoir « contracté » mariage et l'avoir « consommé », sans doute dans la nuit du 3 au 4 juin 1764. Le registre des mariages et des naissances de la mairie d'Ajaccio est formel : aucun mariage entre Carlo et Letizia n'y est enregistré.

Lisons de plus près : Carlo a écrit « contracté » (*contrato*), ce n'est pas la même chose que « célébré » : aurait-il donc simplement signé le contrat dotal, puis « consommé », c'est-à-dire, soyons clair, avoir eu des relations sexuelles avec Letizia avant que de passer à l'église ? Il s'en vante, d'ailleurs, puisqu'il précise : « Je partis pour Rome [...] et je laissai mon *épouse* enceinte d'une fille de moi ». Cela, il pouvait le savoir en 1780-81, lorsqu'il écrit ses mémoires, mais, lorsqu'il partit pour Rome, en 1764, il ignorait sans doute la grossesse de la jeune Letizia, et, de toute façon, il ne pouvait savoir qu'elle était enceinte d'une fille ! (au reste, la mémoire de Carlo est défaillante : le premier enfant de Letizia fut un garçon, Napoléon, né et mort en 1765 ; le second fut une fille, Marie-Anne, née et morte en 1767, à Corté ; le troisième fut Joseph, le frère aîné du futur empereur).

Ainsi donc, Carlo « consomme » son union avant qu'elle n'eût été bénite par l'Église : en 1764, dans un pays (la Corse est alors pays génois) où la loi religieuse était tout-puissante et respectée, c'est un péché passible de l'excommunication. D'autant qu'après avoir passé quelque temps à Rome, il revient à Ajaccio, et qu'il refait des enfants à celle qu'il nomme sa « femme » et qui est, pour tout le monde, dans la petite cité d'Ajaccio, « Madame Buonaparte ». Qu'est-ce que cela veut dire ?

## La falsification du registre d'état civil d'Ajaccio, première imposture des Buonaparte

Retournons au registre ajaccien. Il est encore en bon état, et peut être consulté par tout un chacun dans le moderne bâtiment des Archives municipales, au lieu dit « les Salines », à la sortie d'Ajaccio. La reliure est en carton fort, et elle a quelque peu souffert : certaines feuilles sont libres, mais la plupart sont encore reliées et chacune a grossièrement le format d'une feuille de papier machine 21 x 29 moderne. Le registre contient, dans cet ordre, les déclarations (en italien, bien entendu) de baptêmes, de décès et de mariages des Ajacciens, répertoriées année par année et mois par mois. Intéressons-nous à la section des *matrimonii*, des mariages (et munissons-nous d'une bonne loupe : les feuilles sont tachetées et difficiles à déchiffrer).

Les déclarations se suivent les unes les autres, sans interlignes. Dans la marge, à gauche, sont mentionnés les noms des époux ou simplement leurs prénoms (dans ce cas, les noms sont dans l'acte lui-même) par exemple : « *Agostino Guecco, M*$^{a}$ *Fran*$^{ca}$ (abréviation pour *Maria-Francesca*) *Guagno* », de sorte qu'on peut aisément repérer tel ou tel acte de mariage.

Ces actes sont toujours calligraphiés de la même façon et tiennent en huit ou neuf lignes, très serrées. Ils commencent régulièrement par la même formule officielle qu'on peut traduire, en français moderne, par « *Conformément à la forme prescrite par le sacré Concile de Trente* » (Concile œcuménique qui s'est tenu entre 1545 et 1563 dans la ville de Trente, sur l'Adige, au cours duquel furent notamment énoncés les décrets capitaux sur les sacrement de l'Église et sur leur formalisme). Cette « forme prescrite » exigeait que fût posée aux futurs époux, par un prêtre, la question solennelle « Acceptez-vous de prendre pour époux (ou pour épouse) Untel (ou Unetelle) », à laquelle les fiancés devaient répondre par « Oui », réponse qui constitue les *verba de praesente* enregistrés comme tels sur le registre.

Feuilletons-le une fois encore. Pas de mariage Bonaparte/Ramolino en 1764, pas de mariage Bonaparte/Ramolino en 1765, pas de mariage Bonaparte/Ramolino en 1766. Après le dernier mariage du mois d'avril 1766, le scribe paroissial passe à la ligne et note, au milieu de la page (voir le document de la p. 46, en haut) :

> « 1766. *Maiu e Juniu vacante* »,

ce qui signifie qu'il n'y a pas eu de mariage à Ajaccio en mai et juin 1766, puis, à la ligne suivante, il écrit :

> « *Juliu* 1766 (juillet 1766) »,

et suivent deux actes de mariage relatifs au mois de juillet, le premier de neuf lignes et le second de huit lignes, toujours avec la même formulation officielle.

Après ces deux actes de juillet 1766, Oh ! surprise, nous trouvons la mention de la célébration du mariage entre Carlo Maria et Letizia en la cathédrale d'Ajaccio. Ouf ! (comme on dit en Corse), ils étaient bien mariés. Voici la traduction de cet acte qui confirmerait qu'il y a bien eu administration du sacrement du mariage... s'il ne s'agissait pas d'un faux :

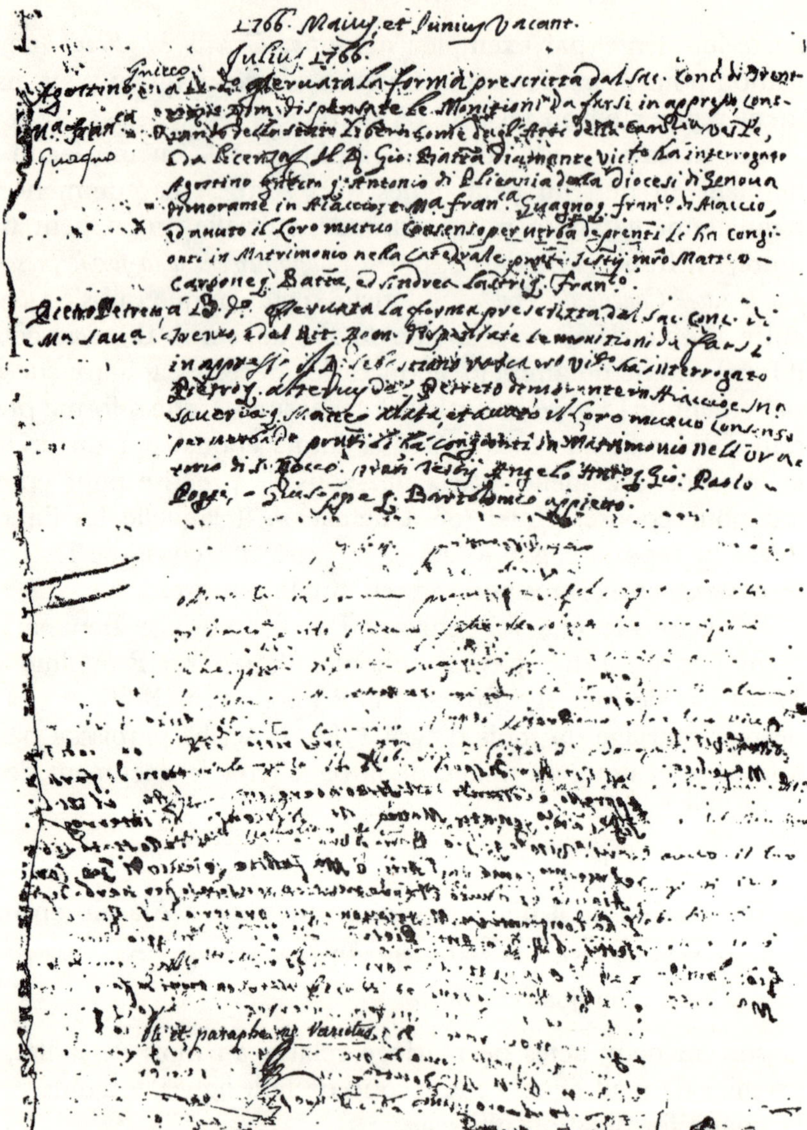

1766. Maiu et Juniu vacante.

Julius 1766.

Vu et paraphé ne varietur

**Le faux de Carlo Bonaparte**

*Bien que cette photocopie soit très mauvaise, on peut lire en haut (première ligne) : « 1766.* Maiu e Juniu vacante *» ; on aperçoit entre les actes calligraphiés quelques lignes (sur l'original, on reconnaît sans hésiter l'écriture cursive de Carlo) et, au bas de la page, à gauche, la mention* en français *:* « Vu et paraphé *ne varietur* ».

Le faux acte de mariage de « Carlo di Bonaparte » et de Letizia

*1764 premier Juin*

La forme prescrite par le Sacré Concile de Trente et le rite Romain ayant été observée, les trois admonitions traditionnelles ayant été faites au cours de trois jours de fête consécutifs en la Sainte Messe, et aucun obstacle canonique n'ayant été découvert, le Révérend Sebastiano Raschero vice-curé a interrogé le Nob. seigneur Carlo di Bonaparte, fils du Nob. seigneur Giuseppe di Bonaparte [*originaire*] de cette ville, et la Nob. Dame Maria Laetizia Ramolino, fille du Nob. seigneur Gio. Girolamo Ramolino, fils du Nob. seigneur Gio. Agostino Ramolino également [*originaire*] de cette ville, et après avoir obtenu leur mutuel consentement *per verba di presente,* les a unis par les liens du mariage dans la cathédrale, en présence des Nob. seigneurs le Très Révérend Luciano di Bonaparte et Andrea Ramolino, leurs oncles paternels.

Cette transcription est plus que bizarre, plus que suspecte. En effet :

1. Que vient faire cet acte du 1er juin 1764, intercalé entre deux actes matrimoniaux de l'année 1766 ?

2. L'acte est daté du 1er juin 1764, alors que, dans ses *Mémoires,* Carlo écrit qu'il s'est marié le 3 juin 1764 (voir plus haut).

3. L'écriture, hâtive et très cursive, est tout à fait différente de l'écriture calligraphique officielle des autres transcriptions d'actes de mariage ; en la comparant avec celle de Carlo, une écriture fine, petite, très élégante et très lisible, très régulière, il n'y a pas de doute possible : l'acte est de la main de Carlo Bonaparte.

4. Il n'y a pas que l'écriture qui soit différente, le texte de la mention est le même que celle des autres mentions, mais il est différemment disposé, par exemple :

a) la date (« *1764 primo Giugno* ») est placée au-dessus du texte, au milieu de la page, alors que, dans ce registre comme dans les autres, seul le mois (« Juin » par exemple) est placé ainsi en position centrale, la date du mariage étant inscrite dans le corps de la mention ;

b) les noms des époux (Carlo et Letizia) ne sont pas inscrits en marge, comme dans toutes les autres transcriptions ;

c) à part l'abréviation « *Nob.* » aucune autre abréviation usuelle n'est introduite dans le texte, alors qu'elles sont constantes dans les autres mentions de mariages.

5. Les membres de la famille Bonaparte qui sont cités (Carlo, Luciano, Giuseppe Maria) sont désignés par, « *di Bonaparte* », avec la particule nobiliaire « *di* » : or cette particule, d'importation française, n'apparaît dans les noms propres qu'après la conquête de la Corse par la France, c'est-à-dire après 1769, une fois les titres nobiliaires attribués par le roi de France à certains de ses nouveaux sujets (dont les Bonaparte, qui furent anoblis en septembre 1771).

6. Enfin, au bas de la page, on peut lire une mention *en français* (et non plus en italien), d'une écriture autre que celle de Carlo et signée d'un paraphe illisible : « Vu et paraphé *ne varietur* ».

Conclusion : cette transcription est un faux, une sorte de régularisation administrative après coup (après septembre 1771, date de l'attribution aux Bonaparte d'une particule nobiliaire), attestée par un officier ministériel français (ami de Carlo ?), auteur de la formule paraphée.

Mais pour quelles raisons ? Il n'est pas nécessaire de faire appel à Sherlock Holmes pour dénouer cette énigme, et nous allons l'analyser, document en main, avec Dorothy Carrington (*Napoleon and his parents,* Viking, London, 1988), en tentant de compléter ses intuitions.

1. Carlo Maria ne s'est pas marié avec Letizia après le contrat du 31 mai 1764 : de cela, nous sommes certains, puisque, à part le faux qui vient d'être cité, il n'est fait nulle part mention d'un quelconque mariage à son sujet. Mais il n'en a pas moins profité pour consommer le mariage, sans doute dans la *casa Bonaparte,* le jour même (et peut-être même avant le fameux contrat comme nous nous le demanderons plus loin) : il avait dix-huit ans, elle en avait un peu plus de quatorze et

elle était facile à convaincre, ils étaient jeunes, le mois de mai est déjà bien chaud à Ajaccio, etc. ; de cette (ou de ces) hâtive(s) nuit(s) de noces, Letizia s'est trouvée enceinte, par une de ces incertitudes glorieuses de la nature : que ceux qui n'ont jamais péché leur jettent la première pierre. L'enfant qui naîtra, une fille, mourra à sa naissance.

2. Carlo s'est enfui, plus qu'il n'est parti, vers Rome, ses plaisirs et ses aventures, les études juridiques n'étant qu'un prétexte (nous le montrerons plus loin) ; il est revenu à l'automne 1765, quelque dix-sept mois après son départ et nous le retrouvons alors à Corté, aux côtés de Paoli.

3. Letizia lui a sans doute pardonné, puisqu'elle va le rejoindre à Corté au printemps 1767... et que Joseph, son premier fils, naîtra en janvier 1768, à Corté ; à partir de ce moment, entre les deux jeunes gens, il s'installe des relations réellement amoureuses mais aussi une complicité dans l'ambition.

4. Après la fin dramatique de l'aventure paoliste (en mai 1769, à Ponte-Nuovu) à laquelle Carlo a tenté, en vain, de participer, la Corse devient française. Carlo, qui n'a pu être un grand Libérateur, va devenir un grand Profiteur du nouveau régime ; et il va briguer ce titre de noblesse après lequel couraient déjà son père et son grand-père.

5. Une fois anobli (en 1771), il peut changer son nom de Bonaparte en « di Bonaparte », et, le jour où il aura besoin de régulariser sa situation pseudo-conjugale, il commettra un faux : c'est pour lui chose aisée, car, à partir de 1772, il est juge assesseur de la juridiction d'Ajaccio, et, en tant que tel, chargé de contresigner le registre des naissances, des mariages et des décès. Il ne lui était donc pas difficile de profiter de la circonstance pour y introduire une fausse déclaration de mariage.

6. Quand et pourquoi a-t-il eu besoin de commettre ce faux ? Le *lapsus calami* qui lui fait utiliser la particule « *di* » devant le nom de Bonaparte permet de penser qu'il en avait pris l'habitude depuis un certain temps ; ce n'est donc pas dès 1771 ou 1772 qu'il a commis cette indélicatesse, mais peut-être un peu plus tard. Par ailleurs, Carlo ne pouvait le faire qu'après sa

nomination comme juge assesseur, c'est-à-dire après novembre 1772. De fait, en 1777, après avoir été désigné comme député de la noblesse aux États de Corse que Louis XVI réunit à Versailles, il va avoir une excellente raison de se fabriquer un faux certificat de mariage : au début de 1778, Marbeuf obtient de la Cour que Joseph et Napoléon reçoivent une bourse d'études. À cet effet, il va devoir produire à l'administration française un « certificat d'indigence » (qui lui fut effectivement établi par les autorités d'Ajaccio), un certificat de mariage et des actes de baptême concernant Joseph et Napoléon. La France est la « fille aînée de l'Église », ne l'oublions pas, et le concubinage patent est un crime ou, du moins, une tache impardonnable : on n'imagine pas les Jésuites du collège d'Autun admettant parmi leurs pensionnaires des enfants illégitimes, des enfants du péché ! Il y a donc de fortes chances pour que ce faux ait été commis par Carlo en 1777 ou 1778 : une analyse radiochronologique – qui n'a pas encore été proposée – permettrait certainement de le préciser.

Nous vous l'avions bien dit au début de ce livre : le jeune homme pauvre et la jolie jeune fille ne s'aimèrent pas, ne se marièrent pas et eurent beaucoup d'enfants qui, aux yeux de la loi, étaient illégitimes puisqu'il n'y avait pas eu mariage : Carlo Maria « di » Bonaparte a été le papa de huit « bâtards », prénommés Joseph (fait roi de Naples, puis d'Espagne), Napoléon (l'Ogre impérial), Lucien (fait prince de Canino), Élisa (faite princesse de Lucques et de Piombino, puis grande-duchesse de Toscane), Louis (fait roi de Hollande), Pauline (devenue princesse Borghèse), Caroline (faite reine de Naples) et Jérôme (fait roi de Westphalie).

## Chapitre III

# Papa

*Les frasques et les prétentions nobiliaires de Carlo Buonaparte, habité par le virus petit-bourgeois de la noblesse. – Où l'on divulgue que le père de Napoléon a été d'abord un agent double, espionnant Paoli (qui se méfiait de lui) pour le compte de Marbeuf, puis un combattant auprès de Paoli à la bataille de Ponte-Nuovu avant de retourner sa veste après la défaite du* Babbu, *de se faire attribuer un « doctorat » en droit frelaté à Pise et de passer dans le camp de la collaboration avec les Français, ce qui, d'ailleurs, était normal pour un Génois.*

Carlo Maria Buonaparte (1746-1785) – qui deviendra Charles-Marie de Bonaparte après son « anoblissement » par l'acte du Conseil supérieur de la Corse du 10 mai 1771 – a surtout brillé par son absence dans la vie de son fils Napoléon. Personnage vaniteux, libertin dans sa jeunesse, arriviste et truqueur, il a vécu en concubinage avec Letizia Ramolino jusqu'à sa mort, en 1785. Après de brèves et symboliques études de droit, il devint avocat au tribunal royal d'Ajaccio (10 mai 1771), puis juge assesseur de la juridiction royale d'Ajaccio (juin 1772), charge qu'il occupa jusqu'à sa mort (d'un cancer à l'estomac). Concubin complaisant, il ferma les yeux sur la liaison (platonique ou physique, on ne sait) de Letizia avec Monsieur de Marbeuf, commandant en chef des troupes françaises en Corse. Son père, Giuseppe Maria, étant mort en 1763, le chef énergique de la famille Bonaparte sera l'oncle de Carlo, l'abbé – puis archidiacre – Luciano Buonaparte (qui mourra en 1791, à soixante-treize ans ; l'autre frère du père de Napoléone Buonaparte, décédera en 1767).

## Les frasques de Carlo

Voici donc les deux jeunes gens « mariés », ou, du moins, liés par un contrat, en l'occurrence par l'acte dotal du 2 juin 1764 ; mais, nous venons de le voir, et contrairement à ce qu'affirme Carlo dans ses *Mémoires,* le mariage n'a pas été célébré. Pourquoi ? on l'ignore. Sans doute, au moment de s'engager solennellement, le jeune homme a-t-il reculé. Et pourtant, la cérémonie religieuse avait été prévue, plusieurs témoignages en font foi ; mais l'on ne saura jamais pour quelles raisons Carlo a refusé de prononcer le « oui » sacramentel qui aurait dû l'unir pour la vie à Letizia. Était-il encore obsédé par le souvenir de la Forcioli ? Ou bien avait-il était effrayé par la pesanteur des chaînes conjugales ? Quoi qu'il en soit, après avoir « consommé », comme il le dit peu élégamment dans ses *Mémoires,* il se déroba, malgré le scandale qui menaçait les deux familles, et aucun mariage ne fut célébré le 3 juin 1764.

Que faire, chez les Buonaparte ? Tout casser ? Renvoyer Letizia chez les Ramolino, obliger Carlo à restituer officiellement la dot et subir les médisances et les cancans des Ajacciens ? Ni l'oncle Napoléone, ni l'oncle Luciano ne pouvaient s'y résigner, compte tenu, en particulier, de la position sociale qu'ils avaient eu tant de mal à atteindre. Et chez les Ramolino ? Fallait-il attaquer Carlo et les Buonaparte en justice pour rupture de promesse de mariage, subornation et extorsion de dot ? L'acte dotal avait prévu le cas, puisqu'il comportait la clause suivante :

> « En cas de restitution [*de la dot*], ce qu'à Dieu ne plaise, Carlo et son oncle Luciano [*intervenant à titre de garant*] feraient en sorte qu'elle [*la dot*] fût intacte » (*Archives Nationales, « État civil »,* c. 11-12, n° 17).

Mais la famille Buonaparte ne renoncerait pas si facilement à la dot et intenter un procès à l'abbé Luciano, qui était passé maître dans l'art de les gagner, n'était pas une mince besogne. Mieux valait étouffer le scandale dans l'œuf et faire comme si le mariage avait été consacré en privé : après tout, la chose était courante à Ajaccio, et les amis et les voisins des Buonaparte et des Ramolino pouvaient fort bien penser que l'union des deux jeunes gens avait été bénie par l'abbé Luciano, ou par l'oncle de Letizia, Francesco Maria Ramolino, qui était prêtre lui aussi. Et puis... rien n'interdisait d'envisager une régularisation religieuse discrète par la suite, lorsque Carlo serait moins cabochard.

Bref, on en resta là et le secret fut bien gardé par les deux familles, celle du « marié » pour éviter le scandale, et celle de la « mariée » pour éviter la honte.

Carlo désirait la liberté ? Il l'aura : l'oncle Luciano y pourvoira en lui offrant un voyage à Rome et, trois ou quatre mois plus tard, le jeune Buonaparte partait pour l'Italie où il semble qu'il ait vécu un peu plus d'un an, en y menant la vie passablement scandaleuse d'un libertin sans scrupules.

Comment le savons-nous ? Grâce à deux précieux documents qui furent exploités tardivement (par J.-B. Marcaggi, *La Genèse de Napoléon*, Paris, 1902, et par Dorothy Carrington, *Napoleon and his parents*, Londres, 1988) : 1° une lettre d'un certain abbé Celli, adressée le 30 octobre 1765 au grand-père de Letizia, Giuseppe Maria Pietrasanta ; 2° un libelle anonyme, lancé par un Corse de Corté le 1er avril 1766, qui circula de main en main, tant à Corté qu'à Ajaccio, à l'époque, et dont le titre en dit long : *Lettera anonima contenente tutte l'eroiche virtu, azzioni ed imprese del Signor Carlo Bonaparte citaddino infame della cità d'Ajaccio in Corsica dell'anno di sua dimora in Roma 1764* (« Lettre anonyme décrivant l'héroïsme [*par ironie*], les actions et les écrits du Sieur Carlo Bonaparte, citoyen infâme de la ville d'Ajaccio en Corse durant l'année de son séjour à Rome, en 1764 »).

Selon Celli, Carlo se serait livré à toute une série de frasques et de débauches, et il aurait été obligé se s'enfuir précipitamment et nuitamment de Rome pour échapper au châtiment que lui destinait la famille d'une fille qu'il avait mise enceinte.

Le libelle anonyme est plus explicite et plus scandaleux. Selon son auteur, en débarquant à Livourne, Carlo aurait été accueilli dans une famille corse, les Costa, où il se serait montré odieux et prétentieux, dépensant sans compter le pécule de l'oncle Luciano, et courant après toutes les jeunes femmes de la ville en se faisant passer pour un célibataire à la recherche d'un parti. Puis il serait parti pour Rome, se présentant partout comme un Buonaparte apparenté à la noble famille des Buonaparte de Florence, propriétaire d'un fief dans la région d'Ajaccio. Sa faconde et sa jeune beauté (il avait dix-neuf ans) vinrent à bout de la vertu d'une femme mariée, avec laquelle il eut une liaison fort avantageuse, puisqu'il parvint à lui soutirer de quoi se payer des vêtements élégants, et tenir table ouverte aux frais de sa maîtresse. Lorsque celle-ci le renvoya, il emprunta aux uns et aux autres, et promit même le mariage à une jeune fille romaine qu'il aurait rendue enceinte.

Menacé par les parents de sa victime, il aurait alors demandé de l'argent à l'abbé Celli, qui lui aurait refusé son assistance et aurait écrit au grand-père de Letizia pour l'informer de la conduite infâme de Carlo. Ce dernier aurait finalement réussi à apitoyer un des médecins du pape, nommé Saliceti, qui lui aurait donné « cinquante couronnes », et il aurait quitté Rome en cachette, dans la nuit du 31 août 1765.

## Le geai qui voulait se parer des plumes du paon

Contrairement à ce que l'on pourrait penser, Carlo ne retourna pas immédiatement en Corse. Il nous dit, dans ses *Mémoires*, qu'il utilisa l'argent de Saliceti pour s'acheter de luxueux vêtements d'été, une nouvelle perruque « fort chère » et qu'il partit, ainsi équipé, pour Florence.

Attardons-nous quelque peu sur ce premier séjour à Florence du père de Napoléon, car il est le point de départ de la deuxième imposture des Buonaparte d'Ajaccio : leur ridicule prétention d'appartenir à la noblesse féodale européenne.

Florence était alors la capitale d'un grand État florentin constitué par les Médicis au XV$^{e}$ siècle, érigé par la suite en duché par Charles Quint en 1532 et en grand-duché par le pape Pie V en 1569 ; avant les Médicis, les territoires toscans avaient constitué successivement le duché lombard de Tuscie (entre 570 et 770 environ), puis, sous les Carolingiens, le comté de Lucques, devenu marquisat de Toscane au IX$^{e}$ siècle et territoire pontifical jusqu'à l'avènement des Médicis à Florence. La famille des grands-ducs de Toscane était donc de très haute noblesse, et la famille des Buonaparte de Florence, qui en constituait sinon une branche annexe, du moins une branche épisodique, pouvait s'en réclamer (en 1170, un certain Giovanni Buonaparte fut chargé par les habitants de Trévise d'une importante mission auprès des Padouans).

C'est dire si les démarches des descendants d'un obscur mercenaire de Sarzana à la solde de Gênes (il s'agit de Francesco le Maure) en vue de se faire reconnaître comme appartenant à la lignée des Buonaparte de Toscane sous le simple prétexte qu'ils avaient le même patronyme étaient dépourvues de fondement et pusillanimes : nous avons conté comment le père et l'oncle de Carlo avaient déjà tenté de se faire reconnaître officiellement comme apparentés aux Buonaparte de San Miniato et, par l'intermédiaire de cette parenté, aux ducs de Toscane et comment ils s'étaient fait courtoisement éconduire. Cela s'était passé en 1759, et leur interlocuteur avait été un certain Filippo Buonaparte, originaire de San Miniato, chanoine à la cathédrale de Prato, une petite ville de Toscane, proche de Florence.

Six ans plus tard, en 1765, Carlo, habité par le virus petit-bourgeois de la noblesse, fuyant la vindicte d'une famille romaine déshonorée, fait son entrée à Florence, avec ses beaux habits, sa belle perruque et l'insouciance de ses vingt ans. Son arrivée coïncide avec celle du nouveau grand-duc de Toscane, Pierre-Léopold I$^{er}$, l'un des fils de l'impératrice Marie-Thérèse d'Autriche (il est né en 1740) qui, d'ailleurs, lui succédera en 1790.

Sans perdre une minute, Carlo, qui ne doute de rien, décide d'assister à l'audience inaugurale du nouveau grand-duc. Il rend visite au chanoine de Prato, qu'il appelle « mon oncle », afin d'obtenir une vague reconnaissance de parenté qui lui permettrait de se présenter au palais ducal – le palais Pitti – avec une frêle attestation de noblesse. Ce fut peine perdue, semble-t-il (Filippo lui expliqua sans doute que les rapports de filiation entre les Buonaparte de Florence et ceux de San Miniato n'étaient pas prouvés), et Carlo dut se contenter d'assister au défilé du cortège grand-ducal à travers la ville, mêlé au petit peuple florentin, le 13 septembre 1765. Il parvint néanmoins à pénétrer clandestinement dans le palais Pitti, et, trois jours plus tard, le jeune homme écrit au consul de Corse à Livourne, le comte (génois) Rivarola, qu'il a pu apercevoir le grand-duc et la grande-duchesse dînant avec le comte et la comtesse de Thurn (respectivement grand chambellan et première dame d'honneur de la Cour toscane).

Quelle affaire ! Après avoir ainsi erré pendant quelques minutes dans les couloirs du palais ducal, Carlo prend pension dans une petite auberge de Florence, l'*Auberge du Centaure*, et, à court d'argent, finit par prendre le chemin du retour, probablement au début du mois d'octobre 1765.

D'après la *Lettera anonima*, Carlo embarqua à Livourne, accompagné d'un valet qui avait reçu comme instruction de l'appeler « Monsieur le comte », et il fit escale dans la petite île de Capraja (à quelques milles de la côte orientale du Cap Corse ; de nos jours, elle abrite un pénitencier italien). Là, notre « comte de Buonaparte » se serait présenté comme un noble toscan, venant châtier des vassaux corses qui avaient eu l'impudence de prendre son nom – *dixit*, évidemment, l'auteur de la venimeuse lettre anonyme – et qu'ils allaient voir ce qu'ils allaient voir.

L'équipée du jeune homme se termina à Bastia, où Carlo, toujours suivi de son valet, va encore défrayer la chronique, empruntant de l'argent à des notables bastiais et même à son propre domestique (pour jouer au billard avec des officiers), cherchant à éblouir son monde par l'évocation de sa vie soi-disant brillante à Rome et à Florence, et des relations qu'il s'y est faites. Tout cela n'est évidemment que vantardise et fabulation de la part d'un petit geai ajaccien qui se pare des plumes d'un paon florentin (si tant est que la *Lettera anonima* dise vrai).

## Carlo et Pascal Paoli

Toutefois, à Bastia, le personnage se transforme. Tout d'abord, il songe à retourner à Ajaccio, où l'attendent son oncle, le sévère Luciano, que les frasques de son neveu irritent de plus en plus, et la jeune Letizia, que tout Ajaccio considère comme son épouse et qui a mis au monde un garçon mort quelques jours après sa naissance (sans doute au printemps 1765), qui avait été prénommé Napoléone, comme l'un de ses oncles (rappelons que Carlo avait deux oncles : Luciano et Napoléone, voir p. 24). Ensuite, il prend conscience, peu à peu, de l'évolution de la situation politique en Corse (voir Annexe n° 1) : il comprend, comme bien d'autres Génois de Corse, que l'avenir de l'île est maintenant entre les mains de ses habitants, Corses ou Génois, et il adhère tout à la fois au parti français, prometteur d'ordre et de prospérité, et au parti paoliste, prometteur d'indépendance. Cela n'a rien de contradictoire : à cette époque, les rapports entre Paoli et la France sont bons, et l'idée d'une Corse unifiée, où l'élite insulaire côtoierait à rang égal les Génois, n'est pas faite pour lui déplaire.

Et puis Paoli ne vient-il pas de créer une Université à Corté ? N'est-ce pas là le meilleur moyen, pour Carlo, de monter d'un degré dans l'échelle sociale ajaccienne, de troquer son destin de petit propriétaire agricole notable contre celui, plus respectable encore, de juriste et qui sait, de devenir plus tard un administrateur, voire un ministre, et acquérir par ses actions futures la gloire et le droit à la noblesse qu'il pensait naïvement pouvoir obtenir à coups de « certificats » et de douteuses attestations.

Dans ses *Mémoires*, il explique *a posteriori* et non sans contradiction son revirement, invoquant à la fois le rejet de sa patrie

« historique » (Gênes) et l'amour de sa patrie « naturelle » (la Corse que Gênes occupe et, dans un certain sens, opprime, avec l'aide militaire des Français) :

> « Enflammé par l'amour de mon pays, qui luttait alors pour se libérer du joug des Génois [*il est lui-même Génois : sans doute oppose-t-il les Génois de l'île, dont il fait partie, et ceux de la métropole, en terre italienne, contre lesquels les Corses se sont soulevés*], et lorsque j'appris la création de l'Université de Corté, je pris la décision de retourner [*de Rome en Corse*]. C'est alors que je rencontrai le Seigneur Pasquale de Paoli, Général du Royaume de Corse, qui me reçut avec tant de bonté que je me mis en tête de poursuivre mes études dans la capitale [*c'est-à-dire à Corté, capitale paoliste de la Corse*]. »

Est-il sincère, lorsqu'il analyse ainsi rétrospectivement – à vingt-cinq ans de distance – les raisons de son changement de mode de vie ? Je ne le crois pas. Je pense plutôt que ses mésaventures lui avaient mis du plomb dans la tête (n'oublions pas qu'il n'a alors que dix-neuf ans), qu'il avait compris la vanité de son bluff tapageur, et que cela valait peut-être la peine de profiter de la révolution paoliste en mangeant aux deux râteliers, celui de Paoli et celui des Français, en d'autres termes de jouer le rôle d'un agent double.

Il avait fait la connaissance, à Bastia, d'un officier de Paoli, Jean-Baptiste Ristori, de Furiani, qui, séduit par son enthousiasme feint (à moins que ce ne soit pas son bagout), le recommande aux autorités de Corté : le jeune Carlo Buonaparte, écrit-il à Paoli, souhaite aider la nation corse, et il a besoin d'un logement et d'un cheval, pour se joindre aux patriotes corses, ce qui confirme le passage des *Mémoires* que nous avons cité ci-dessus.

Carlo n'a pas obtenu le cheval dont il rêvait : la Révolution paoliste était pauvre ; il est parti pour Corté à pied ou à dos de mulet, et il y est arrivé le 1er ou le 2 novembre. Il n'y a pas rencontré Paoli, qui était en déplacement, mais il a écrit une lettre à Marbeuf, commandant des troupes françaises d'occupation et qu'il ne connaissait pas, pour lui donner certains renseignements sur ce qui se passait dans les territoires sous le contrôle des rebelles. Nous n'avons pas cette lettre, mais nous possédons la réponse de Marbeuf à Carlo, datée du 5 novembre (*Archives Nationales,* série 400 AP, 115), dans laquelle il le remercie pour les renseignements fournis tout en repoussant ses offres de service. La réponse de Marbeuf est explicite et prouve que Carlo a joué un double jeu de mauvais aloi, celui d'un résistant se rendant auprès de son chef et fournissant dans le même temps des renseignements au commandant des forces d'occupation ! Inutile de dire que Carlo est revenu doublement bredouille de son voyage dans la Corse paoliste.

Il ne se décourage pas pour autant et, le 16 décembre, le voici de nouveau à Corté, muni d'une lettre de recommandation pour Paoli (écrite par son grand-père maternel Giuseppe Maria Pietrasanta, un autre maître du double jeu). Il séduit sans doute le Général, puisque celui-ci l'inscrit sur-le-champ à l'Université, et il renonce, semble-t-il, à jouer à l'espion pour le compte des Français.

Une chose est certaine : Carlo, comme il le dit dans ses *Mémoires,* avait bien l'intention de faire ses études, et il les a faites à Corté. Il en est résulté un mémoire de dix pages, en latin ; c'est un texte assez banal, qui résume les idées des Lumières, devenues monnaie courante dans le dernier tiers du siècle, sur la supériorité du droit naturel (on retrouvera ce même emballement chez Napoléon, jeune, voir p. 99). Une autre chose est certaine aussi : il a sans doute fait une incursion à Ajaccio dans le courant de l'année 1766 (sans doute au printemps), car, au début de l'année 1767, Letizia se trouva à nouveau enceinte et mit au monde une fille – Maria Anna – qui mourut dans la même année.

Curieux destin que celui de la jeune Letizia. Abandonnée par Carlo environ trois mois après la signature de l'acte dotal de juin 1764, elle ne l'a revu que deux ans plus tard, et il n'a pas manqué de mauvaises langues pour lui rapporter les débordements de celui que l'on croyait son mari. Elle réagit à ses malheurs en dépensant des sommes folles – toutes proportions gardées – pour ses toilettes : robes, mantilles, chaussures, jupons, corsages ne cessaient d'être livrés à la *casa Buonaparte,* et l'abbé

Luciano, responsable de la dot, ne cessait de payer les factures. Il s'en plaignit au grand-père de Letizia, Giuseppe Pietrasanta, dans une lettre qui nous est restée (elle date du 16 mars 1767 ; *cf. Archives Nationales*, série 400 AP, 115).

La vie du jeune couple allait d'ailleurs changer. L'ambition de Paoli était de créer un État corse indépendant, sans les Français, dans lequel Corses et Génois de Corse ne feraient plus qu'un seul peuple. Dans ce but, il cherchait à attirer à Corté les familles de notables génois qui vivaient dans les villes côtières du Sud, à l'abri de leurs murailles, et il poussa Carlo à faire venir sa femme auprès de lui. Carlo, qui avait jeté sa gourme à Rome et à Florence, et qui avait foi en l'aventure paoliste, n'hésita pas un seul instant, d'autant que Paoli mettait à sa disposition une demeure confortable, qui appartenait à un notable local, Giovan' Tommaseo Arrighi. C'est dans cette maison que naquit le troisième enfant de Letizia Ramolino et de Carlo Buonaparte (et le premier à avoir survécu), le 7 janvier 1768 : Giuseppe Nabulione, en d'autres termes Joseph Bonaparte, le frère aîné du futur Napoléon, le premier « bâtard » du couple illégitime qu'ils formaient.

Dans l'acte de baptême de Joseph, il est mentionné que Carlo Buonaparte demeurait à Corté *ratione studiorum*, c'est-à-dire « pour raison d'études » : il continuait, en effet, à suivre des cours à l'Université. Mais il rendait aussi de menus services au « Général », à savoir à Paoli, qui avait confiance en lui et, comme l'étudiant Buonaparte avait une écriture régulière, étonnamment lisible pour l'époque, il est possible qu'il ait fait office de secrétaire auprès du grand patriote, de manière épisodique. Soulignons que là se limita son rôle, et les thuriféraires napoléoniens qui affirment, parfois, qu'il fut « ministre » ou « secrétaire d'État » de Paoli, prennent leurs désirs pour des réalités : les Archives napoléoniennes ne contiennent pas un seul document ni un seul témoignage qui pourrait le prouver, et Carlo n'aurait pas manqué de le souligner dans ses *Mémoires*, où il rappelle orgueilleusement ses activités patriotiques.

En fait, selon les rapports de police que le commissaire Jadart faisait à Marbeuf sur le comportement des quelques Ajacciens vivant à Corté, Carlo était utilisé par Paoli comme espion ou comme agent de propagande. En voici deux exemples, publiés dans le *Bulletin de la Société des Sciences Historiques et Naturelles de la Corse*, 1881-1882 (p. 482 pour le premier, p. 576 pour le second) :

RAPPORT DU 11 SEPTEMBRE 1767

« Il y a dans cette ville [*Ajaccio*] des écrivains favorables au général Paoli et je soupçonne fort Monsieur Buonaparte, frère de Madame la Consulesse [*Gertrude, sœur de Carlo, était l'épouse de Niccolo Paravisino, consul de France*], qui est établi à Corté avec sa femme, et qui ne reste ici que comme espion. »

RAPPORT DU 23 OCTOBRE 1767

« Je ne puis que me louer de beaucoup des habitants des faubourgs [*en dehors des murailles d'Ajaccio*] et de tout ce qui est peuple. Mais en revanche, j'ay ici en ville plusieurs personnes du pays, comme M. Ottavio Colonna, Charles Buonaparte et un Pompeani, qui n'osaient y paraître du temps de M. de Poulariès. Ces trois personnages font tourner la tête à plusieurs de ses habitants, étant toujours à tenir des conseils dont j'ignore le contenu ; mais j'en scais assez pour vous dire, mon Général, que ce n'est que pour leur intérêt particulier, et non pour le bien général. Je crois qu'il serait bon que ces personnages sortissent de la ville, ou au moins de ne se mêler d'aucun parti : cette ville devrait être regardée comme neutre. »

Cette fois-ci, Carlo a l'air de vraiment faire son chemin. Sans être un rouage du gouvernement paoliste, il est admis dans le cénacle et semble ne pas manquer d'argent : les aménagements qu'il entreprend dans la maison Arrighi le montrent. En fait, il s'agit d'investissements, car on reçoit beaucoup, chez les Buonaparte. Letizia n'est plus la petite fiancée de quatorze ans abandonnée trois mois après ses noces ; elle a maintenant dix-huit ans passés, et sa beauté est renommée. Sa conversation, ses bonnes manières, ses toilettes attirent les hommages des hommes et le qu'en-dira-t-on lui attribuera, plus tard, une liaison avec Marbeuf. Paoli lui préférait Gertrude, la sœur de Carlo, cavalière accomplie qui s'était séparée de son mari, le consul, et qui était une femme de caractère.

L'attrait politique et stratégique qu'avait la Corse pour les grandes puissances européennes a pour effet, vers 1767, le passage à Corté d'un nombre considérable de personnalités française ou étrangères plus ou moins importantes, et Paoli doit se départir de sa frugalité naturelle. Il demeure et travaille dans la résidence des anciens gouverneurs génois, un édifice relativement modeste (l'actuel *Palais National*) qu'il décore avec un certain luxe, faisant venir d'Italie des lustres, des miroirs, des tentures, des meubles et notamment des fauteuils énormes, ornés de dorures et recouverts de drap cramoisi.

De son *palazzo*, Paoli gouverne. En juin 1766, il envoie Matthieu de Buttafuoco en ambassade auprès de Choiseul, qui tente de jouer les médiateurs entre Gênes et le gouvernement de Corté, mais son émissaire le trahira, et poussera la France à la conquête militaire de la Corse. En 1766-1769, il entre en relation avec de nombreux « voyageurs » britanniques, ce qui inquiète Choiseul : l'Angleterre aurait-elle des vues sur l'île ? En mai 1767, Achille Murati, le commandant de la petite flotte corse, s'empare de l'île génoise de Capraja (proche de Bastia) : Gênes se tourne une fois de plus vers la France, à laquelle elle propose, en échange de son aide militaire, la concession et l'administration de l'île à titre provisoire, jusqu'au complet remboursement, par la Sérénissime République, des frais occasionnés par cette aide.

Nul ne s'y trompa. Gênes était ruinée et ne pourrait jamais rembourser son alliée : le traité qui fut signé à Versailles le 15 mai 1768 était une vente déguisée de la Corse et de son peuple au roi de France et Voltaire put écrire :

> « C'était en effet céder à jamais la Corse, car il n'était pas probable que les Génois fussent en état de racheter ce royaume [...]. Il restait à savoir si les hommes ont le droit de vendre d'autres hommes ; mais c'est une question qu'on n'examinera jamais dans aucun traité.» (*Précis du siècle de Louis XIV,* 1769).

Paoli convoque à Corté les représentants des 66 *pièvi* de Corse à une consulte solennelle, pour le 22 mai 1768. La question posée est simple : faut-il s'incliner devant le traité de Versailles ou déclarer la guerre à la France ? La consulte se prononça pour la guerre, qui devait durer près d'une année et qui se termina par la défaite des Corses à Ponte-Nuovu (voir Annexe n° 1), le 8 mai 1769. Pascal Paoli partit avec quelques fidèles dans la direction de Porto-Vecchio, où l'attendait une frégate anglaise qui devait le conduire en Angleterre. Dans ses *Mémoires*, Carlo déclare être resté avec lui jusqu'à ce qu'il s'embarque, le 13 juin 1769, et que le Général vaincu l'avait enjoint de retourner à Ajaccio avec sa famille : après que la frégate se fut éloignée, il ne lui restait donc plus qu'à retourner à Corté, y prendre Letizia, alors enceinte de sept mois, le petit Joseph, et à les ramener à Ajaccio, dans la *casa Buonaparte*, loin du bruit et de la fureur de la révolution corse.

Le jeune couple arriva à Ajaccio, épuisé, mais vivant, vers la fin du mois de juin 1769. Le 15 août, jour de l'Assomption, Letizia se rendit à la messe, comme tous les Ajacciens, pour célébrer la fête de la Vierge, et, à son retour de la cathédrale, elle eut à peine le temps de se jeter sur un divan pour accoucher d'un petit garçon qui fut mis au monde par la vieille servante de la famille, Catarina, qu'on appelait familièrement « *mammucia* ». Le nouveau-né reçut le prénom de Napoléon.

Nous savons, par un acte que Carlo expédia à l'École de Brienne, lorsqu'il y inscrivit son fils, que l'enfant ne fut baptisé que deux ans plus tard, le 21 juillet 1771, par son grand-oncle, l'archidiacre Luciano. Le baptême eut lieu dans la *casa Buonaparte*, et non pas dans la cathédrale d'Ajaccio, comme on ne cesse de le dire ; le parrain fut Lorenzo Gubieca, de Calvi, procureur du roi, et la marraine sa tante, Gertrude Paravisino (voir l'acte de baptême à l'Annexe n° 2). Le même jour fut baptisée la première sœur de Napoléon, Maria Anna, née le 4 juillet 1771, morte cinq mois plus tard.

## Après la bataille : Carlo retourne sa veste

Les patriotes corses étaient vaincus et bien vaincus. Les plus ardents d'entre eux, les bergers et les paysans du Niolo, du Boziu (zone de moyennes montagnes, proche de Corté, dans la direction d'Aléria), de la Castagniccia et des montagnes de l'intérieur, prirent le maquis et continuèrent un combat de *desperados* contre les Français, qui les qualifiaient de « brigands » ou de « bandits » (les troubles dureront jusqu'en 1811 et la répression fut sanguinaire et terrible). Les chefs de la rébellion s'exilèrent (comme Paoli) ou firent allégeance aux Français (comme Gaffori). Quant aux Génois de Corse, même s'ils avaient eu quelque sympathie pour les patriotes paolistes et s'ils avaient rêvé d'une Corse indépendante dont ils auraient été les maîtres, ils s'accommodaient fort bien à l'idée de devenir Français : la France n'était-elle pas l'un des royaumes les plus riches et les plus puissants du monde ?

Restait le clergé corse. L'île comptait environ 350 paroisses et elle était couverte d'églises, de chapelles et de couvents franciscains (il y en avait soixante-trois, abritant plus d'un millier de Franciscains, et le clergé séculier comptait quelque deux mille prêtres, soit plus de trois mille religieux pour une population masculine de cinquante mille hommes, enfants compris). Le clergé dépendait du pape, et l'annexion de la Corse – terre pontificale de par les traités internationaux – par la France ne fut pas admise par Rome. De sorte que la résistance insulaire à la conquête fut largement entretenue par les moines et par les curés qui prêchaient en chaire la résistance à l'envahisseur et la guérilla, tandis qu'armes et munitions étaient entassées dans les couvents et à l'abri des grands autels.

Et Carlo ? Quel parti va-t-il prendre ? Il est resté aux côtés de Paoli jusqu'au dernier moment, mais il n'a jamais eu, semble-t-il, le désir de le suivre dans son exil et il prend allégrement le parti des Français. En bon arriviste qu'il est, il n'oublie pas qu'il a été reçu par Marbeuf, lorsque celui-ci était le commandant suprême et qu'il avait même échangé quelques lettres avec lui (voir ci-dessus, p. 58). Mais l'étoile de Marbeuf a momentanément pâli : en avril 1769, le commandant en chef des troupes françaises, c'est maintenant le comte de Vaux, le vainqueur de Ponte-Nuovu, et le commandant militaire d'Ajaccio est le comte de Narbonne-Pelet.

Le programme de Carlo est donc de se faire bien voir des nouveaux maîtres. Déjà, d'ailleurs, avant Ponte-Nuovu, le 18 avril 1769, il avait fait partie d'une députation de la ville d'Ajaccio qui avait prêté serment de fidélité à Louis XV... et il était parti ensuite pour Corté ! Cette fois-ci, dès son retour au bercail ajaccien, à la fin du mois de juin ou au début du mois de juillet, il court déposer ses hommages aux pieds de Narbonne et il écrit au notaire Pietrasanta (le grand-père de Letizia) :

> « Hier j'ai dîné avec le comte de Narbonne. Je lui rendrai visite aussi souvent que nécessaire pour lui témoigner ma gratitude et mon dévouement... » (*Lettre du 8 juillet 1769, Archives Nationales,* série 400 AP, 115).

Quel beau retournement de veste, chez ce Génois qui, quinze jours plus tôt, insistait pour accompagner Paoli jusqu'à Porto-Vecchio : Carlo est décidément très bien, dans son rôle de collaborateur arriviste. Mais il a compris que le bon temps de Marbeuf, celui des illusions est terminé et que, dorénavant, il n'y aura de bons « postes » en Corse que pour les Français : les autres, Génois de Corse ou Corses autochtones, n'avaient plus qu'à travailler pour vivre, soit en cultivant leurs propriétés terriennes (qui n'avaient rien d'immense en ce qui le concernait), soit en tenant un commerce (ce qui était considéré comme dégradant), soit en choisissant d'exercer une profession libérale.

## Docteur en droit en trois jours !

C'est ce que fit Carlo. En septembre 1769, il parvint à décrocher une petite charge juridique, celle de procureur du roi. Malgré l'appellation, ce n'était pas une charge très honorifique : elle consistait à conseiller les plaideurs et à leur indiquer la marche à suivre pour tenter de gagner leurs procès ; mais, en aucun cas, un procureur du roi n'avait le droit de plaider devant la cour de justice. Carlo fit donc office de petit conseiller juridique auprès des personnes de sa famille : il aida en particulier sa mère, Maria Saveria née Paravisino, à se faire payer une somme de 46 livres que lui devait un de ses clients, à qui elle avait vendu du blé.

Afin de donner un peu plus de lustre à une carrière qui s'annonçait mal, il partit pour Pise (en octobre 1769), afin d'obtenir un doctorat de droit, ce sur les conseils de Pietrasanta, qui avait fait de même jadis. Ce diplôme, qui exige de nos étudiants modernes cinq ou six années d'études, était pratiquement « donné » par la faculté de droit de Pise : pour l'obtenir, il suffisait de faire le serment, la main sur le cœur, qu'on avait accompli les études nécessaires pour soutenir une thèse, et de la présenter à un jury. Carlo arriva à Pise dans la seconde quinzaine de novembre 1769, prononça le serment en question le 27 novembre et soutint sa « thèse » le 29 : le 30 novembre, il était promu docteur en droit.

On n'a jamais retrouvé la prétendue thèse de Carlo dans les archives de l'Université de Pise. Certains historiens prétendent qu'il s'agirait de quelques pages traitant des conditions de la validité d'un mariage religieux (Carlo, qui y avait échappé, savait peut-être de quoi il en retournait). En revanche, on possède son diplôme, signé du nom de son examinateur, un certain Vannuchi, d'un témoin, le docteur (en médecine) Giovan' Battista Buonaparte de Sarzana et du chancelier de l'Université, qui était aussi vicaire de l'archevêque de Pise. Et que dit ce document ? Tout simplement que le titre de docteur en droit est décerné au dénommé :

> « Signor Carlo, fils de feu Signor Giuseppe Buonaparte, noble patricien florentin de San Miniato et d'Ajaccio. » (Pise, *Archives archépiscopales,* année 1769, mois de novembre).

Voilà qui devient intéressant, car nous voyons poindre à nouveau l'imposture nobiliaire. Qu'il soit de famille patricienne, c'est chose assurée : c'était déjà le cas de son ancêtre direct,

Francesco le Maure. Mais que les origines de sa famille soient à San Miniato (colonie florentine), rien n'est plus faux, et la preuve a été faite que les Buonaparte d'Ajaccio arrivaient de Sarzana (voir ci-dessus, p. 22). Le qualificatif de « noble », qui figure sur le document pisan, n'a pu être inscrit qu'avec l'autorisation de l'archevêque de Pise et celui-ci ne pouvait que se fier au « dossier » établi par Carlo et présenté par un témoin, membre du jury, le Dr Giovan' Battista Buonaparte de Sarzana. Ce personnage a avalisé comme argent comptant ce que lui disait Carlo, qui invoquait le témoignage du chanoine Filippo Buonaparte, déjà cité (plus haut, p. 55).

De nos jours, pour valider l'identité d'une personne, il faut des preuves écrites ; il y a deux cents ans, à Pise, un serment suffisait. Et c'est ainsi que Carlo put rentrer en Corse avec, dans ses bagages, un document officiel le qualifiant de « noble patricien florentin de San Miniato et d'Ajaccio ». Le tour était joué. Avant de quitter Pise, il fêta sa promotion par un fastueux banquet, dans lequel il engloutit six mille francs, ce qui représentait, pour lui, deux années de revenus. Et, de retour à Ajaccio, paré des plumes du paon, Carlo prêta son serment d'avocat le 11 décembre 1769, devant le Conseil Supérieur de Bastia.

L'hiver 1769-70 se passe. Carlo apprend son métier d'avocat sur le tas, mais il ne s'occupe que de procès civils : il plaide pour un locataire qui ne peut payer ses loyers ou pour un propriétaire qui les réclame, pour des litiges portant sur des salaires, des achats ou ventes de marchandises, bref le jeune libertin qu'il était à Rome est devenu un petit avocaillon besogneux, père de deux enfants, bien qu'on l'appelle « Monsieur le procureur ».

Sa carrière progresse lentement. Vers la fin de l'année 1770, il devient substitut du procureur du Roi, Lorenzo Giubeca, puis, en septembre 1771, juge assesseur à Ajaccio, avec un traitement de 1 200 livres par mois. Ce n'est pas la fortune, mais au moins ne dépendra-t-il plus financièrement de son oncle Luciano ; en outre cette fonction procure à Carlo un certain prestige social. L'avenir lui semble moins gris, d'autant que, depuis mai 1770, Marbeuf est à nouveau le chef suprême de la Corse : le destin des Buonaparte va basculer.

# CHAPITRE IV

# Tonton Marbeuf

*Où l'on conte l'idylle – platonique ou non, on l'ignore – entre la belle Letizia et le vieux Marbeuf, « roi » de la Corse, et comment fut monté de toutes pièces le dossier nobiliaire (non transmissible) de Carlo Buonaparte, ce qui permit à ce dernier d'être élu « député de la noblesse » aux États de Corse, en 1770, non sans avoir falsifié le scrutin et inauguré à cette occasion le grand art de la fraude électorale dans l'île, ainsi que, nous le verrons au chapitre suivant, d'inscrire le petit Napoléon à l'école de Brienne.*

Louis-Charles-René, comte, puis marquis de Marbeuf est né à Rennes le 4 octobre 1712. C'est un militaire de carrière, entré comme enseigne au régiment de Bourbonnais en 1728. En 1762, il est maréchal de camp et gentilhomme à la cour du duc de Lorraine, Stanislas Leczinsky, beau-père du roi Louis XV. En 1764, à la suite du second traité franco-génois de Compiègne (voir Annexe n° 1), il commande le corps expéditionnaire français de 4 000 hommes qui débarque en Corse, où Pascal Paoli tente, depuis 1755, d'instaurer un État indépendant, avec Corté comme capitale. Marbeuf occupe cinq villes génoises (Bastia, Saint-Florent, Ajaccio, Calvi et Algajola) et donne à Paoli l'assurance qu'il n'a pas mission d'aider les Génois à reprendre l'offensive contre leurs anciens sujets, c'est-à-dire contre le peuple corse (dont ne font pas partie les Génois d'Ajaccio, parmi lesquels se trouvent les familles Buonaparte et Ramolino) et à récupérer les territoires contrôlés par Paoli.

Lorsque, par le traité de Versailles de mai 1768, Gênes cède la concession de l'île à la France (en principe provisoirement, mais, en fait, définitivement, car la clause de restitution de l'île à Gênes en cas de remboursement de sa dette à la France par la Sérénissime République était irréalisable), la Corse paoliste déclare la guerre à la France, les forces françaises d'occupation sont portées à 12 000 hommes, puis dès les premiers revers français, à près de 50 000 hommes. En avril 1769, Marbeuf est remplacé par le comte de Vaux, secondé par le comte de Narbonne-Pelet ; Vaux anéantit l'armée corse à Ponte-Nuovu en mai 1769, mais il est rappelé, et, en mai 1770, Marbeuf retrouve son commandement : il restera en Corse (à Bastia) jusqu'à sa mort, en 1786, et il parachèvera la conquête de l'île, en luttant contre les partisans irréductibles de l'indépendance et en organisant sa « francisation » (mais il n'eut jamais le titre de gouverneur).

Marbeuf va nous intéresser ici, car il a joué un rôle occulte mais capital dans l'histoire de la France et de l'Europe dans la mesure où il a été le protecteur de la famille Buonaparte et où il a permis, ce faisant, l'éclosion de Napoléon.

## Le dossier nobiliaire de Carlo : encore une imposture

Quand, après avoir fait les quatre cents coups à Rome et à Florence, Carlo est revenu en Corse « *enflammé* », prétend-il, par l'amour de son pays qui ployait sous le joug génois, avant de rejoindre Paoli à Corté, il a d'abord fait des offres de service à Marbeuf, et celui-ci lui a répondu, de Bastia, par une fin de non-recevoir. Puis il est reparti en Italie, pour conquérir un diplôme de docteur en Droit dans les conditions que l'on sait, et il a trouvé le moyen frauduleux de s'y faire désigner comme « *noble patricien de San Miniato* » (voir ci-dessus, p. 66). Obsédé par le désir d'être reconnu comme appartenant à l'ordre de la noblesse (Napoléon le disait lui-même, comme le rappelle Las

Cases dans le *Mémorial de Sainte-Hélène* : « *Mon père tenait fort à la noblesse et à l'aristocratie* », I, p. 566), Carlo a sans doute bondi de joie lorsque parut, en avril 1770, l'édit royal créant un ordre de la noblesse en Corse, comme il en existait un en France, à côté des deux autres ordres de la nation, ceux du clergé et du tiers-état.

Il ne s'agissait pas, pour la monarchie française, d'instaurer en Corse une noblesse féodale, caractérisée notamment par la possession d'un fief et, comme dans la France de l'Ancien Régime, par la jouissance de certains privilèges (fiscaux, judiciaires, sociaux ; l'accès aux dignités, aux commandements militaires ; le droit de percevoir des redevances, des taxes de péages, etc.). Le but poursuivi était de rallier les notables de Corse, qu'ils soient génois ou indigènes, au nouveau régime, en leur octroyant officiellement un prestige social, le droit de faire précéder leur patronyme d'une particule nobiliaire, et quelques menus avantages, comme le droit de porter des armes ou d'obtenir des bourses d'études pour leurs enfants, dans les écoles du royaume. La noblesse était octroyée par un *Acte de reconnaissance de noblesse* non pas à des familles, mais à des individus qui devaient le solliciter et fournir, à l'appui de leur requête, des documents établissant que leur famille bénéficiait officiellement, depuis au moins deux cents ans (donc depuis au moins l'an 1570), de certains privilèges héréditaires, ou que ses membres avaient occupé, depuis au moins deux siècles, certaines fonctions honorifiques. Au nombre de ces éléments de qualification figuraient :

– des privilèges (fiscaux, judiciaires) régulièrement accordés à la famille du demandeur par le gouvernement génois ;

– la participation à des conseils municipaux (en tant qu'*anziani* par exemple) ou insulaires ;

– la possession de titres ou de dignités (par exemple : le fait, pour les chefs d'une famille, d'être appelés, de père en fils, « *magnifico* », ou « *illustrissimo* », comme c'était l'usage dans les Républiques italiennes).

Les dossiers devaient être examinés par le Conseil supérieur de la Corse, sorte de cour suprême de justice instituée par le nouveau régime de l'île (voir Annexe n° 1).

Aussitôt l'édit d'avril 1770 promulgué, Carlo et son oncle Luciano, l'archidiacre, sollicitèrent leur admission dans l'ordre de la noblesse de Corse. Mais leur dossier, réuni à Bastia par le notaire Giuseppe Maria Pietrasanta, grand-père de Letizia, était fragile. En effet, la famille Buonaparte n'avait jamais été particulièrement distinguée par Gênes, ne bénéficiait d'aucun privilège, ne possédait pas de vastes domaines et, dans le passé, nul Buonaparte n'avait été mentionné comme « *Illustrissimo* » ou « *Nobile* » dans les actes de la République de Gênes, et la première fonction officielle dont pouvait se targuer la famille était celle de « Noble Ancien » (*anziani*) de la ville d'Ajaccio, c'est-à-dire de conseiller municipal : Geronimo Buonaparte l'avait occupée en 1572 (voir ci-dessus, p. 23).

En février 1771, le Conseil supérieur de la Corse fait connaître les noms des premiers Corses (génois ou autochtones) admis dans l'ordre de la noblesse et autorisés, par conséquent, à faire précéder leur patronyme d'une particule nobiliaire : les Buonaparte n'en font pas partie. En mars, Carlo s'impatiente et écrit à Pietrasanta (le 3 mars 1771 ; la lettre est aux *Archives Nationales*, série 44 AP, 115) : il se plaint de ce que son oncle Luciano retarde les démarches administratives par son peu d'empressement à saisir le Conseil supérieur.

Luciano a ses raisons. Il a compris que le dossier risque d'être refusé pour une simple question de date : les archives municipales d'Ajaccio ne mentionnent pas le nom de Geronimo Buonaparte avant l'année 1572, date à laquelle il est cité comme porte-parole (« procureur ») de la ville devant le sénat de Gênes (voir ci-dessus, p. 23) alors que l'édit royal d'avril 1770 exige que la noblesse du postulant soit prouvée depuis *au moins l'année 1570*.

Que faire ? Luciano est partisan d'attendre et de demander l'intervention de Marbeuf, qui est tout-puissant en Corse. Carlo, de son côté, et dans le plus grand secret, ne s'embarrasse pas de scrupules : il produit les copies, certifiées conformes par le greffier de la juridiction d'Ajaccio, de deux actes officiels, l'un daté de 1536 et l'autre de 1554, attestant que Geronimo avait joué un rôle important dans les affaires municipales au cours de ces deux années.

En fait, il s'agissait de deux faux (en particulier, l'acte de 1536 est la copie textuelle d'un acte authentique de 1577, qui a été retrouvé, mais que les Buonaparte ne pouvaient produire, car il était postérieur à 1570), œuvres d'un faussaire de profession, spécialisé dans la confection de testaments frauduleux et de pseudo-actes notariés, un certain Bernardino Delfino, qui fut d'ailleurs dénoncé et arrêté à Ajaccio en 1786. Il semble que nombre de notables ajacciens aient fait appel à ses services, tant pour récupérer frauduleusement des propriétés que pour bénéficier de l'édit d'avril 1770 sur la noblesse. La police perquisitionna dans la maison de l'escroc l'année de son arrestation, mais Delfino parvint à s'enfuir et les preuves de ses escroqueries disparurent comme par enchantement : trop d'Ajacciens avaient intérêt à étouffer l'affaire. Mais cette falsification, Luciano l'ignorait et, en bon ecclésiastique du XVIIIe siècle qu'il était, il comptait sur la *combinazione* Marbeuf-Letizia pour arriver à ses fins.

En effet, Marbeuf est arrivé à Ajaccio, venant de Bastia, le 15 août 1771, le jour où, dans toutes les églises de Corse, on célèbre la fête de l'Assomption de la Vierge par des messes, des processions et des réjouissances diverses. Le lendemain, une fois terminées les prestations officielles, sa première visite est pour la famille Buonaparte et, le 17 août, l'archidiacre Luciano, ravi, écrit à Pietrasanta que, dans la soirée du 16 août, ce grand personnage, réputé pour l'intérêt qu'il portait aux femmes, «*... est allé faire la* "passegiata" *avec Letizia et revint* [avec elle] *à la maison, où il resta jusqu'à une heure du matin*» (*Archives Nationales*, série 400 AP, 115).

La *passegiata* était une promenade traditionnelle, une sorte de parade sociale, que les Ajacciens (et aussi les Bastiais) faisaient tous les soirs, à la belle saison, dans l'avenue principale de leur ville. Après la promenade, Marbeuf aurait donc prolongé la soirée à la *casa Buonaparte* avec Letizia, sans doute en présence de la famille, tout émue de cet honneur. Avant de quitter la *casa*, il aurait proposé (« *à voix basse* », écrit l'archidiacre à Pietrasanta) d'intervenir pour faire délivrer un acte de reconnaissance de noblesse à Luciano et à Carlo, mais ce dernier, en digne futur cocu qu'il était, et confiant en la valeur probante des faux que lui a confectionnés Delfino, a repoussé son offre : il ne tient pas à ce qu'on dise dans Ajaccio, où tout finissait par se savoir, qu'il devait son entrée dans la noblesse française bien plus aux cuisses légères de Letizia qu'à la solidité de son dossier. Et Luciano de conclure, furieux :

> « Voilà où mène l'orgueil d'un homme qui veut jouer au grand seigneur [...] Cet homme [*Carlo*] ne progressera jamais. »

Cependant Marbeuf multiplia les visites à la *casa Buonaparte* et Carlo sut mettre son orgueil dans sa poche ; huit jours plus tard, le 25 août, c'est lui-même qui écrit triomphalement à Pietrasanta pour lui dire que Marbeuf est revenu voir Letizia tous les soirs depuis la première *passegiata*, qu'ils ont tous deux « *fatte la veglia* » (fait la veillée) plusieurs fois, jusqu'à une heure tardive de la nuit, au vu et au su de tout Ajaccio, ce qui suscita « l'envie et la colère de leurs rivaux » (« *invidia e dispiacere ai nostri emuli* » ; cité par D. Carrington, *Napoleon and his parents*).

Puis Marbeuf donna le coup de pouce nécessaire et, le 13 septembre 1771, le Conseil supérieur de la Corse notifiait à Luciano Buonaparte et à son neveu Carlo Buonaparte l'acte tant espéré de reconnaissance nobiliaire. Certes, c'était une reconnaissance restreinte, individuelle et non héréditaire : les deux Buonaparte étaient reconnus comme ayant « plus de deux cents ans de noblesse », par référence à leur seul ancêtre, l'*anziani* Geronimo, et non pas, comme ils le prétendaient, à une soi-disant appartenance à la grande noblesse des ducs de Toscane ou à la petite noblesse de San Miniato. Mais c'était mieux que rien, et le vin dut couler à flots, dans la *casa Buonaparte*, pour fêter l'événement. Le 18 septembre, Carlo écrit à Pietrasanta, qui avait instruit formellement le dossier : « *Ajaccio est frappé de stupeur et rempli de jalousie* », et, le 19, Luciano lui demande deux copies de l'acte, dont l'une est destinée vraisemblablement au chanoine Filippo Buonaparte de San Miniato (celui qui lui avait poliment fait savoir, jadis, que les Buonaparte d'Ajaccio n'avaient rien à voir avec ceux de Toscane).

Dorénavant, grâce à Marbeuf, séduit par les charmes de la jeune Letizia, Carlo Buonaparte allait pouvoir signer ses lettres et ses requêtes « Carlo di Buonaparte », et, par la grâce conjointe d'un habile faussaire, il pouvait se targuer de plus de deux cents ans de noblesse. Ce fut sa deuxième imposture. Mais elle a porté ses fruits : deux siècles plus tard on peut lire sous la plume d'un écrivain de talent fasciné par le personnage de Napoléon cette contre-vérité : « *Charles Bonaparte, de famille à quatre quartiers de noblesse, attestés par les généalogistes de Toscane* » (!).

## La carrière de Carlo : une troisième imposture

Cet anoblissement arrivait au bon moment. La France s'attachait alors à donner à la Corse pacifiée des institutions nouvelles et avait mis en place une *Assemblée Générale de la Nation* (en avril 1770), qui devait être appelée par la suite « États de Corse » (comme il y avait des États du Béarn, par exemple). Les 96 membres de cette assemblée, aux attributions très limitées (ils avaient pour rôle d'éclairer le gouvernement royal sur les besoins de la nation corse), répartis selon les trois ordres de la nation (noblesse, clergé et tiers-état) devaient être choisis par les habitants des *pièvi* : c'est ainsi que, le 29 septembre, Carlo di Buonaparte fut élu comme un des représentants des 44 nobles de la *piève* d'Ajaccio aux États de Corse.

Son élection ne se fit pas sans mal. Dans le découpage administratif adopté par le gouvernement royal, Ajaccio et ses environs constituaient une *province*, qui était découpée en sept *pièvi* (la ville d'Ajaccio comptait pour une *piève*) ; l'élection des représentants des nobles aux États de la province se faisait en deux temps : il y avait d'abord une *primaire*, pour élire un représentant par *piève*, puis une *secondaire* dans laquelle les sept nobles élus à la primaire élisaient le représentant de la province d'Ajaccio. Dans la *piève* que constituait la ville d'Ajaccio elle-même, il y avait 44 nobles (reconnus ou en passe de l'être) et deux candidats : Carlo et un certain Fozzani. Chaque électeur devait voter pour ou contre Fozzani, puis pour ou contre Carlo. À la primaire, Fozzani recueillit 26 « pour », 17 « contre » et 1 abstention (sans doute son propre vote : il n'avait voté ni pour, ni contre lui-même) et Carlo 27 « pour » et 17 « contre ». Cela faisait bien 44 suffrages exprimés dans les deux cas, mais ce résultat montrait que Carlo, comme toujours, avait triché : il avait voté pour lui au lieu de s'abstenir comme l'avait fait Fozzani. Le président de séance retira donc un bulletin sur les 27 bulletins « pour » Buonaparte, et considérant qu'alors les candidats étaient à égalité, il ordonna un second tour de scrutin.

Au second tour, ce fut Fozzani qui l'emporta. Mais Carlo fit opposition : puisque les deux candidats étaient à égalité à l'issue du premier tour, ce devait être lui, Carlo, qu'il aurait fallu proclamer vainqueur, prétendait-il, car il avait produit son acte de reconnaissance de noblesse, alors que celui de Fozzani n'était pas encore établi. Le président passa outre et proclama Fozzani élu. Sur ce, Carlo écrivit à Marbeuf qui annula l'élection de Fozzani à son profit (Carlo s'en vanta dans une lettre à Pietrasanta écrite le 11 octobre 1771, qui est aux *Archives Nationales*). Quel bonheur d'avoir une jolie femme pour épouse, devait penser Carlo, qui inaugura ainsi l'art de tricher aux élections en Corse. On sait qu'il a eu de nombreux successeurs.

Les élus des sept *pièvi* devaient ensuite élire cinq des leurs comme représentants des nobles à l'assemblée de la province d'Ajaccio : Carlo fut élu sans difficulté. Puis, toujours avec l'aide de Marbeuf, il fut élu comme membre du Conseil des Nobles Douze (voir Annexe n° 1). Enfin, le 22 novembre, une nouvelle promotion lui tombait du ciel, un ciel nommé Marbeuf : il était nommé juge assesseur au tribunal d'Ajaccio.

Cette charge lui imposait, entre autres fonctions, de signer et parapher la transcription des baptêmes, des enterrements et des mariages sur les registres municipaux. Il eut ainsi libre accès à ces documents officiels et il put, en toute tranquillité, introduire frauduleusement la mention de son mariage avec Letizia, ce qu'il fit vraisemblablement en 1777 ou 1778, comme on l'a expliqué plus haut (p. 47).

Protégé par cet oncle d'Amérique qu'était Marbeuf, anobli,

honoré, représentant de la noblesse d'Ajaccio aux États de Corse, membre du Conseil des Nobles Douze, Carlo avait, comme on dit, réussi, non pas tellement par ses qualités d'intelligence et de culture, mais par la combine, le truquage, la ténacité dans l'art de quémander, la trahison (il a joué un double jeu peu honorable en misant à la fois sur Paoli et sur Marbeuf), les faux en écriture (deux faux actes notariés dans son dossier d'anoblissement, falsification du registre des mariages de la *piève* d'Ajaccio), la fraude électorale et, osons le dire, une complaisance conjugale qui relève plus du proxénétisme – même si Letizia n'a jamais connu le lit de Marbeuf – que du libertinage à la mode.

## Comment Napoléon fut inscrit à Brienne

La personnalité trouble de Carlo, que, dorénavant, nous nommerons Charles de Bonaparte, ne nous intéresse ici que par référence à son fils, le petit Napoléon. Malheureusement, nous ne savons rien des premières années de celui-ci : quels étaient les défauts et les qualités de l'enfant, ses manies, ses joies et ses terreurs, nous l'ignorons. Aucun témoin ne nous les a rapportés et lui-même ne s'y est jamais véritablement penché : il n'est pas devenu Proust, il est devenu Napoléon I^er^ !

Il est certain que, jusqu'à son entrée au collège de Brienne, il a vécu son enfance dans l'ambiance agitée, sinon passionnée, de la *casa* Bonaparte, où l'on discutait avec acharnement de politique, de Paoli, de la guerre que celui-ci avait entreprise contre Gênes d'abord, contre la France ensuite, du combat de Ponte-Nuovu et des éminentes fonctions de son père, député de la noblesse aux États de Corse. Une ambiance qui ne devait pas être très différente de celle dans laquelle aurait pu vivre un petit garçon né dans les années 1920, dont les parents et les amis de ses parents avaient vécu les affres de la guerre de 1914-1918 et, de très loin, par la presse et par ses images, la révolution soviétique. Et il est vraisemblable que le petit Napoléon ait plus souvent entendu parler de Paoli et de la « vie chère » que de Necker, de la guerre d'indépendance des États-Unis, de Voltaire ou du *Barbier de Séville* qu'on venait de représenter à Paris en 1775.

En revanche, il avait à peine cinq ans lorsque des patriotes corses qui s'étaient réfugiés en Toscane après la défaite de Ponte-Nuovu débarquèrent sur une plage du Cap Corse, soulevèrent quelques anciens paolistes du Niolo – une région farouche de l'intérieur, patrie des bergers – et tentèrent un baroud d'honneur tardif et sans lendemain contre les Français, qui les appelèrent les « bandits » ou les « brigands » (le mot « terroriste » n'avait pas encore été inventé, il ne le sera qu'en 1794, et dans un autre sens). L'insurrection du Niolo, comme on l'appela, fut rapidement et cruellement réprimée par Narbonne-Pelet (et surtout par son second, le général Sionville). Il n'y eut pas de combat, à proprement parler : les troupes françaises pénétrèrent dans le Niolo, y massacrèrent la plupart des troupeaux, violèrent les femmes, brûlèrent les villages et capturèrent une quarantaine de « bandits ». On en écartela onze, et leurs cadavres déchiquetés furent pendus à des arbres proches de leurs maisons ; les autres furent envoyés aux galères et ceux qui les avaient aidés ou cachés furent abattus sans autre forme de procès. Il est certain que ces malheurs et ces atrocités alimentèrent bien des conversations dans la *casa Bonaparte* comme dans celles des autres familles d'Ajaccio, même si les Ajacciens étaient plutôt du côté des Français que du côté des Corses.

Napoléon avait été placé dans une pension pour petites filles, où il reçut les prémices de toute éducation scolaire et où il fit ses premiers « bâtons ». La tradition rapporte qu'il était amoureux d'une petite camarade de classe, qui se nommait Giacominetta. Les deux enfants se promenaient, dit-on, dans les rues d'Ajaccio en se tenant par la main et les condisciples de Napoléon les suivaient, en chantant : « *Napoléone, di mezza calzetta fa l'amore à Giacominetta* » (« Napoléon avec ses mi-chaussettes fait la cour à Giacominetta »), car il laissait constamment tomber ses chaussettes sur ses chaussures ; le petit Napoléon, furieux, ripostait en lançant des pierres à ses camarades ou en leur donnant des coups de bâton. Letizia raconte la même anecdote dans ses *Souvenirs de Madame Mère* (publiés par Larrey en 1892), et elle rapporte aussi que c'était un enfant turbulent, qui se battait avec Joseph, son frère aîné, et qu'elle devait lui administrer des coups de martinet pour le faire tenir tranquille.

Certes, Madame Mère ne fut pas une « Madame Fichini », mais elle était une adepte de la manière forte, tout au contraire de Charles, le père éternellement absent, occupé à remplir son double rôle de juge assesseur et de député de la noblesse, et qui, lorsqu'il en avait l'occasion, cajolait ses enfants plus qu'il ne les grondait.

Pendant ce temps, la famille Buonaparte s'agrandissait, malgré la mortalité infantile qui sévissait à cette époque. À Joseph et à Napoléon, qui avaient un an de différence, s'étaient ajoutés Lucien (né en 1775), puis Élisa (née en 1777), et Louis (né en 1778) et le problème commençait à se poser des études auxquelles destiner les deux aînés. Maintenant que Charles avait été anobli, il n'était pas question d'en faire des cultivateurs ou des viticulteurs, ni même des avocats ou des médecins : un fils de noble doit faire carrière dans les armes ou dans les ordres. Mais pour cela, il fallait obtenir une bourse d'études du gouvernement royal, car, tout noble qu'il était, Charles ne nageait pas dans l'opulence : en 1775, il n'avait pu se représenter aux élections des États de Corse par manque d'argent (et Marbeuf était absent...).

Il n'était pas le seul noble corse à se trouver dans cette pénible situation, car, à l'assemblée des États de 1775 (à laquelle il ne participait pas) et qui se tenait à Versailles, les députés de Corse avaient obtenu que l'on octroyât aux enfants des nobles « indigents » des bourses d'études dans les collèges militaires (on les appelait ainsi parce qu'ils dépendaient du ministère de la Guerre et que les enfants qu'on y éduquait étaient dirigés, une fois leurs études primaires et secondaires terminées, vers des Écoles militaires spécialisées d'infanterie, d'artillerie, de marine, etc.).

Charles réagit immédiatement : il formule une demande pour obtenir une place dans un de ces collèges, à l'intention de l'un de ses deux fils (sans préciser lequel).

Le 8 juin 1777, Charles, qui bénéficie de l'appui de Marbeuf, qui a retrouvé ses fonctions de commandant militaire de la Corse, est à nouveau élu député de la noblesse d'Ajaccio. Mais, cette fois-ci, ce ne sont pas les beaux yeux de Letizia qui ont poussé le maître de l'île de Beauté à le soutenir : Marbeuf avait un adversaire, en Corse, en la personne de l'intendant Narbonne, qui s'y était fait des partisans, et il tenait à l'éliminer de cette île, qu'il considérait comme son territoire. Aussi s'arrange-t-il pour que ce soit Charles qui soit choisi par ses pairs comme représentant les élus de la noblesse corse à Versailles, ce qui fut fait le 7 juillet : le mari de Letizia ne pourra que lui renvoyer l'ascenseur et plaider en sa faveur contre les « narbonnistes », qui perdront les élections.

En échange de son soutien, Marbeuf promet à Charles de faire le siège du ministre de la Guerre (à l'époque, c'était le prince de Montbarrey) et de solliciter la fameuse bourse d'études. Le 19 juillet 1778, le ministre lui répond, comme il s'y attendait :

> « On a tenu compte que le plus jeune des enfants de Monsieur de Bonaparte qui sont inscrits soient agréés de préférence pour les écoles militaires, l'aîné [*Joseph*] paraissant se destiner à l'état ecclésiastique. »

Marbeuf rassure Charles, qui s'inquiète du sort de Joseph. Son propre neveu, Mgr de Marbeuf, est évêque d'Autun, et il a tout pouvoir sur les bénéfices ecclésiastiques : il casera aussi bien Joseph que le demi-frère de Letizia, Joseph Fesch (la mère de Letizia, devenue veuve, s'était remariée avec un Suisse, le capitaine François Fesch).

Letizia n'avait plus qu'à préparer les trousseaux de ses deux fils et Charles qu'à fourbir ses discours anti-narbonnistes en vue de la session des États Généraux qui devait se tenir à Versailles au cours de l'hiver 1778-1779. Quant à Marbeuf, en récompense de services rendus à la monarchie, le roi de France venait de lui offrir un grand domaine, près de Cargèse, à quelques dizaines de kilomètres d'Ajaccio, avec le titre de marquis, ce qui lui permettait de se rapprocher de Letizia.

Le 12 décembre 1778, Charles, accompagné de Letizia, partit d'Ajaccio pour Bastia avec ses deux fils, Joseph et Napoléon, son demi-beau-fère Joseph Fesch et l'abbé Aurèle Varèse, un cousin de Letizia, qui venait d'être nommé sous-diacre à la cathédrale d'Autun (toujours grâce à Marbeuf, dont la générosité semble inépuisable). La petite troupe arriva à Bastia le 14 décembre au soir et il est quasi certain que les voyageurs furent reçus par Marbeuf dans sa somptueuse résidence des « Missionnaires », l'ancien monastère des Lazaristes ; Letizia y resta-t-elle quelque temps, après le départ de Charles ? On l'ignore, mais cela n'a rien d'invraisemblable.

Le 15 décembre, c'est le départ pour La Spezia et, de là, pour Marseille (ou pour Marseille directement, on ne sait) ; dans le *Mémorial* (I, p. 83), il est fait état d'un crochet par Florence où Charles aurait « *obtenu une lettre de recommandation du grand-duc Léopold pour la reine de France sa sœur* [Marie-Antoinette] », mais l'information est fausse et les historiens l'écartent : on a vérifié, en effet, dans les registres de la ville de Florence, que Léopold n'était pas dans cette ville au moment du voyage des Bonaparte pour Autun.

Puis, après avoir laissé François Fesch au séminaire d'Aix, voici Charles et ses deux fils en route pour Autun, en coche d'eau (par le Rhône, puis la Saône). Le 1er janvier 1779, ils arrivent au collège d'Autun, où ils sont reçus par un des professeurs de l'établissement, l'abbé Chardon. Charles lui confie ses deux fils, car il doit continuer jusqu'à Paris, afin d'y accomplir les démarches nécessaires à l'inscription des garçons dans leurs écoles respectives. Napoléon y resta trois mois, selon le témoignage de l'abbé, qui écrit :

> « Pendant ces trois mois il a appris le français de manière à faire librement la conversation et même de petits thèmes et de petites versions. »

À Paris, Charles descend à l'*Hôtel d'Hambourg*, rue Jacob. Il y reçoit un message, en provenance du ministère de la Guerre, l'informant qu'il n'y a plus de places disponibles à l'École de Brienne et que son fils a été admis au collège militaire de Tiron, mais que, pour que cette admission soit définitive, il doit communiquer son dossier d'anoblissement de Corse à M. d'Hozier de Sérigny, généalogiste, juge d'armes attitré de la Cour, afin qu'il en examine les diverses pièces.

Ce dossier a disparu, mais on a tenté de le reconstituer. Parmi les pièces exigées par d'Hozier (dans une lettre à Charles du 8 mars 1779), il y avait notamment les armoiries de la famille Buonaparte : Charles fournit un dessin de sa main représentant l'écusson qui ornait la *casa Buonaparte*, « *depuis des temps immémoriaux* » prétendait-il, qui portait deux barres obliques, partant d'en haut à gauche de l'écu et finissant en bas à droite. D'Hozier, fort érudit en matière de blason, ne put que constater que ce n'était ni l'écusson des Buonaparte de Toscane, ni celui des Buonaparte de San Miniato.

De toute façon, cet examen des armoiries n'était qu'une pure formalité, car d'Hozier avait déjà expédié son certificat de noblesse au ministre de la Guerre lorsque Charles lui envoya le dessin et ses pièces le 15 mars : Marbeuf, encore lui, était sans doute passé par là, à moins que Charles n'ait utilisé la bonne vieille méthode ajaccienne des pots-de-vin envers d'Hozier, qui refusait les sommes d'argent, mais acceptait des présents en nature. Quoi qu'il en soit, il écrivit au juge d'armes en le remerciant « *de mille grâces* » et, le 28 mars, le prince de Montbarrey, ministre de la Guerre du roi Louis XVI, faisait savoir à Charles de Bonaparte que son fils était admis à Brienne, où des vacances s'étaient produites fort à propos.

À cette époque, Charles avait quitté Paris pour Versailles, où se tenaient les États de Corse. Il se contenta d'acheter les quatre tenues complètes d'interne exigées par le règlement de l'école et il pria Mgr de Marbeuf, évêque d'Autun, de bien vouloir faire accompagner Napoléon à Brienne.

Le 21 avril 1779, Napoléon quitta le collège d'Autun en compagnie d'un autre élève de cet établissement, Jean-Baptiste de Champeaux, admis lui aussi à Brienne. Ce fut le père de ce dernier qui les conduisit à leur nouvelle école, en faisant un crochet par son château de Thoisy-le-Désert, où Jean-Baptiste fut retenu trois semaines par une indisposition. Quand il l'apprit,

Mgr de Marbeuf manda son grand vicaire, l'abbé Hamey d'Auberive, à Thoisy et ce fut lui qui accompagna Napoléon à Brienne, où le fils de Charles arriva le 15 mai 1779. Après avoir passé un examen d'entrée, Napoléon fut inscrit en classe de septième : il avait neuf ans et huit mois.

Cette entrée dans une école qui recevait des jeunes nobles destinés à la carrière des armes influença profondément, on s'en doute, l'avenir du jeune Napoléon : elle n'aurait jamais eu lieu sans les interventions de Marbeuf... et sans l'absence d'amour-propre (quant au rôle de Letizia auprès de Marbeuf) et de scrupules (quant aux quatre faux : l'acte de mariage, les deux faux de Bernardino Delfino, les titres mentionnés sur son doctorat en Droit) de son faussaire de père.

## Napoléon à Brienne

Brienne est une petite ville de la Champagne humide (dans le département de l'Aube) où le comte de Saint-Germain, ministre de la Guerre du roi Louis XVI, avait créé une école qui accueillait des enfants de famille noble se destinant à la carrière militaire, et en particulier des boursiers, appelés « élèves du roi », dont les parents étaient nobles, mais pauvres. L'établissement était dirigé par des religieux de l'ordre des Minimes, et il y était dispensé un enseignement général (français, latin, histoire ancienne et histoire moderne, géographie, mathématiques et allemand). Les enfants y faisaient leurs études jusqu'à l'âge de quinze ans environ ; ils en sortaient avec un niveau scolaire équivalant, de nos jours, à la fin de la classe de troisième dans un collège et ils étaient dirigés ensuite vers une école militaire, comme le Prytanée de La Flèche ou l'École royale militaire de Paris.

L'année scolaire commençait le 8 septembre et se terminait le 21 août suivant (environ) ; il n'y avait pas, alors, de « grandes vacances » : entre la fin d'une année scolaire et le début, quinze jours après, de la suivante, les élèves restaient au collège, et leurs maîtres les emmenaient faire de longues promenades à pied. Les cours commençaient à six heures, et l'extinction des feux avait lieu à dix heures du soir. En 1779, il y avait 150 élèves, répartis en six classes, soit en moyenne 25 élèves par classe, avec une vingtaine de professeurs.

Nous avons vu plus haut que le petit Napoléon a été admis à Brienne en classe de septième, qui correspondait à peu près à la dernière classe – le « cours moyen deuxième année » – de notre scolarité primaire moderne. Il avait alors un peu moins de dix ans : il n'était donc ni « en retard », ni « en avance » sur ses camarades. Le petit examen d'entrée qu'il a passé comportait sans doute un exercice de lecture, une dictée et des questions d'arithmétique sur les quatre opérations et sur des applications simples de la règle de trois ; il y eut peut-être un « oral », portant sur l'histoire ancienne, l'histoire de France (des bribes...) et sur la géographie.

À la fin de chaque année scolaire, en présence des notables du lieu et d'un haut personnage, on interrogeait publiquement les meilleurs élèves de chaque classe (une dizaine d'entre eux environ), ce qui conférait une certaine solennité aux épreuves. On appelait ces interrogations des *exercices publics* ; elles duraient plusieurs jours et elles se terminaient par une distribution de prix, suivie d'une représentation théâtrale organisée par les élèves. Voyons comment s'est comporté à Brienne le jeune Buonaparte, dont les thuriféraires nous disent que déjà son génie perçait sous son uniforme de pensionnaire.

En 1780, à la sortie de la classe de septième, les exercices publics sont présidés par l'évêque de Troyes ; quatorze élèves sont interrogés sur les Évangiles, la grammaire française et les fables du poète latin Phèdre, vingt-deux élèves (la quasi-totalité de la classe) sur l'arithmétique et la géométrie très élémentaire (périmètres et surfaces de figures planes simples), et six élèves sur la géographie mondiale. Napoléon figure parmi les élèves interrogés dans toutes ces matières, mais il n'obtient *aucun* prix. C'est donc un élève moyen, sans plus.

En 1781, selon Bourrienne, Coston et Assier, Napoléon aurait été interrogé en trigonométrie et en géométrie, en présence du duc d'Orléans et de Mme de Montesson. C'est faux. À l'époque Napoléon sortait de sixième, la trigonométrie n'était pas au programme de cette classe et l'enseignement de la géométrie était limité au calcul des périmètres et des aires des figures planes communes (triangle, carré, rectangle, parallélogramme, trapèze, cercle). Les auteurs se sont donc trompés : oui le duc d'Orléans est bien venu à Brienne en 1781, et des feux d'artifice flamboyants ont été tirés en son honneur, mais Napoléon n'a pu être interrogé sur la trigonométrie et la géométrie qu'en 1783, après sa quatrième. En 1781 il n'a donc obtenu *aucun* prix... mais il fit sa première communion à la fin de l'année (ou au début de la suivante). C'est toujours un élève moyen (certains auteurs placent la visite du duc d'Orléans en 1783, année où Napoléon eut un prix de mathématiques : voir ci-après).

En 1782, il termine sa cinquième et il fut sans doute interrogé (probablement en mathématiques, qui étaient sa meilleure matière), mais il n'obtient *aucun* prix.

C'est en 1783, à la sortie de la classe de quatrième, que Napoléon a été interrogé sur des questions de trigonométrie et de géométrie et qu'il a reçu un prix de mathématiques (mais vraisemblablement pas des mains du duc d'Orléans). Il figure d'ailleurs sur le programme des exercices publics de cette année-là comme l'un des trois meilleurs élèves en mathématiques du collège... ce qui ne veut pas dire grand-chose : qu'il soit bon en mathématiques ne signifie pas qu'il soit un « mathématicien » en herbe. Il y a un abîme entre l'arithmétique élémentaire, les cas d'égalité des triangles, le théorème de Pythagore ou le rapport de la longueur d'une circonférence à son diamètre qui figuraient au programme de la classe de quatrième et les vraies mathématiques de l'époque, qui concernent la théorie des équations, les nombres complexes, l'analyse, la théorie des fonctions, etc. : les grands mathématiciens du temps, les Laplace, les Lagrange, les Legendre, auraient éclaté de rire si on leur avait dit que le père Patrault, professeur de mathématiques de Napoléon, était un mathématicien !

Il existait alors douze écoles dans le genre de celle de Brienne, qui est la dernière créée et l'une des plus petites (elle compte quelque 150 élèves, alors que celle de La Flèche en avait près de 500). C'est aussi l'une des plus pauvres, et les Minimes qui la dirigent appartiennent à la moins savante des congrégations religieuses. Son budget ne lui permet pas de recruter des professeurs de qualité (Bourrienne s'en plaindra dans ses *Mémoires*) : le meilleur semble être effectivement Patrault, professeur de mathématiques. À Brienne, Napoléon fut donc un élève très moyen (Bourrienne dit : « *pas très extraordinaire* ») et n'a jamais prétendu être autre chose que cela : ce sont les faiseurs de légende qui en ont fait un élève surdoué. Comment auraient-ils pu organiser le culte sinon d'un cancre, du moins d'un collégien très moyen ?

Ajoutons que, dans cette école mal dirigée, le désordre et l'indiscipline règnent, les mœurs sont déplorables, au point que, la nuit venue, on enferme les élèves à clef dans leurs chambres-cellules, car les « nymphes » (entendez les homosexuels) rôdent la nuit dans les couloirs (voir Annexe n° 3). Enfin, ce qui peut sembler bizarre pour un établissement confessionnel, les devoirs religieux les plus élémentaires sont négligés, et les messes expédiées en une dizaine de minutes.

Le collège des Minimes était régulièrement inspecté, comme toutes les écoles militaires, par un représentant du ministère de la Guerre. Le 15 septembre 1783, alors que Napoléon venait d'entamer sa dernière année au collège (la classe de troisième), arrive à Brienne le chevalier de Keralio, sous-inspecteur des écoles royales militaires de France. Il a notamment pour tâche d'orienter les élèves de troisième : les meilleurs iront dans une grande École militaire, comme celle de Paris ou de La Flèche, d'où ils sortiront, un an plus tard, avec un brevet d'officier en second ; les autres entreront au service, rejoindront les armées du roi comme cadets et y feront leurs classes et leur carrière, ou bien donneront à leur vie une autre direction.

Le sous-inspecteur général s'entretient donc avec tous les élèves de troisième (il étaient peut-être une vingtaine), examine leurs dossiers, interroge leurs professeurs et pose son diagnostic. Voici la note qu'il rédige en ce qui concerne Napoléon :

ÉCOLE DE BRIENNE

« État des élèves du roi capables, par leur âge, d'entrer au service ou de passer à l'École de Paris, savoir :

M. de Buonaparte (Napoléon), né le 15 août 1769. Taille de 4 pieds 10 pouces 10 lignes [*1,59 m*] ; bonne constitution ; excellente santé ; caractère soumis. Il a fait sa quatrième [*donc il entre en troisième*]. Honnête et reconnaissant ; sa conduite est très régulière. Il s'est toujours distingué par son application aux mathématiques ; il sait passablement l'histoire et la géographie ; il est faible dans les exercices d'agrément [*escrime, danse, musique, écriture*]. Ce sera un excellent marin. Mérite de passer à l'École de Paris. »

Les dés semblent être jetés. En septembre 1784, Napoléon a terminé sa dernière année à Brienne et il attend sans doute avec impatience de connaître sa prochaine affectation. Elle lui est confirmée par le sous-inspecteur des écoles royales militaires qui vient visiter Brienne le 22 septembre, M. Reynaud des Monts, successeur du chevalier de Keralio, à la retraite : Napoléon ne servira pas dans la Marine royale : il est affecté à l'École royale militaire de Paris, avec quatre autres de ses camarades (selon Coston : Montarby de Dampierre, de Cominges, Laugier de Bellecourt, de Castries).

La première étape de la vie de Napoléon était sur le point de se terminer. Les cinq années de Brienne, dues à l'arrivisme forcené et frauduleux de son père, à la beauté et à la coquetterie de sa mère, aux bienfaits intéressés de l'amoureux tonton Marbeuf, c'est-à-dire à d'innombrables impostures, ont commencé à forger la personnalité de cet adolescent qui, s'il n'était devenu ce que l'on sait, n'aurait simplement laissé dans les palmarès jaunis de son école que le vague souvenir d'un élève bon en calcul, passable en géométrie élémentaire et qu'on avait dirigé, à sa sortie du collège, vers l'École militaire de Paris, qui n'était pas une très grande école militaire.

Quant à ses condisciples, ils auraient conservé l'image d'un garçon maigre, chétif même, au teint olivâtre, aux cheveux châtain foncé, qui portait un curieux prénom et que l'on avait surnommé « *la paille au nez* » à cause de la manière dont il le prononçait, avec un accent ridicule. Certains se seraient souvenus qu'il se prétendait Corse, qu'il se mettait en colère quand on lui disait qu'il était Génois pour le faire enrager, et qu'il parlait à tout bout de champ de Paoli et de patriotes massacrés. D'autres se rappelleraient qu'il était souvent solitaire, qu'il s'était même construit une sorte de baraquement en planches afin de pouvoir lire tranquillement, pendant les récréations, qu'il se vexait facilement, qu'il prenait la moindre plaisanterie pour un affront et qu'il n'hésitait pas à faire le coup de poing lorsqu'on traitait son père de simple sergent, ou que l'on médisait des Corses.

Le seul de ses anciens camarades qui se serait véritablement souvenu de « *la paille au nez* » était un élève étranger comme lui, un Anglais du nom de Cumming of Craigmillar, qui disait de lui : « *il ressemble à un être sorti de quelque forêt et soustrait jusqu'alors aux regards de ses semblables* ».

*Bonaparte en matamore, tel que l'avait caricaturé un de ses camarades de l'École militaire de Paris en1785* (voir ci-après, p. 96).

# CHAPITRE V

## L'artilleur à la recherche d'un rôle

*Une année (octobre 1784-octobre 1785) à l'École militaire de Paris (qui n'a rien de militaire : on y enseigne des compléments de géométrie, la géographie, l'allemand, les mondanités et la danse). – Début de la carrière militaire de Napoléon : un an de garnison à Valence, où il pose à l'écrivain politique (octobre 1785-septembre 1786). – Suite de cette carrière : 12 mois de congé en Corse (15 septembre 1786-12 septembre 1787) ; 3 mois de congé à Paris (octobre-décembre 1787 ; il rencontre pour la première fois « une personne du sexe » au Palais-Royal, en novembre 1787) ; encore 6 mois de congé en Corse (janvier-juin 1788) : il pose au militant nationaliste corse (donc anti-français) à Bastia.*

Le 17 octobre 1784, Bonaparte et les quatre autres élèves de Brienne, admis, comme lui, à l'École royale militaire de Paris, quittent leur école, convoyés par un religieux – un Père Minime – chargé de veiller sur eux jusqu'à Nogent-sur-Seine. Là, les cinq adolescents, livrés à eux-mêmes pour la première fois depuis au moins cinq ans, prennent le coche d'eau qui les débarque à Paris, au pont de Saint-Paul, près de la forteresse de la Bastille, le 19 octobre, vers seize heures. Ils traversent la Seine au pont Marie, se restaurent chez un traiteur à l'enseigne du *Coq Hardi* (c'est de Castries qui paya l'addition) et, après dîner, se dirigent à pied vers l'École royale militaire. Ils font un crochet par l'église Saint-Germain-des-Prés, pour y dire une prière comme on le leur a recommandé à Brienne. Lorsqu'ils se présentent devant les portes de l'École militaire, il est près de minuit.

Napoléon resta un an dans cette institution qui, nous le verrons, n'avait de militaire que le nom. Quand il en sortit, le 28 octobre 1785, avec un brevet de lieutenant en second, il fut affecté au régiment d'artillerie de La Fère, qui stationnait à Valence. En janvier 1786, il fut nommé officier (lieutenant d'artillerie) et partit... le 1er septembre suivant pour un long congé de vingt et un mois (jusqu'à fin mai 1788), qu'il passa presque intégralement en Corse, avec une interruption de deux mois pendant lesquels il séjourna à Paris. Il ne rejoignit son unité que dans les premiers jours de juin 1788, à Auxonne, où il resta jusqu'en septembre 1789.

Qu'a-t-il donc appris, ce tout jeune officier, durant les quelque cinq années (dont vingt et un mois de permission) qui séparent sa sortie du collège de Brienne, à quinze ans, de son retour à Ajaccio, fin septembre 1789, à vingt ans, après la prise de la Bastille ? À peu près tout : l'escrime, la danse, les mondanités de province, l'amour vénal, comment flatter un homme illustre pour obtenir son appui dans une affaire d'édition, un peu de géométrie, tout donc, sauf l'orthographe et l'art de faire la guerre. Pour un homme dont la carrière devait comporter tant de communiqués et tant de campagnes, c'était peu ! À moins que le brevet d'officier de cet Ajaccien ambitieux ne fût qu'un passeport pour entrer en politique, dans cette France où tout le monde en faisait et où personne n'imaginait partir un jour en guerre ?

Le tableau chronologique de la page ci-contre récapitule les principaux événements de la vie de Napoléon Bonaparte, depuis son départ de Brienne, le 17 octobre 1784, jusqu'à son arrivée à Auxonne, dans les premiers jours de juin 1788. Ceux qui l'ont sans doute le plus marqué, psychologiquement, ce sont l'entrée à l'École royale militaire de Paris, la mort de son père et son aventure avec une prostituée du Palais-Royal. Socialement, c'est en sortant de l'École militaire que commence sa carrière (lieutenant en second à Valence en septembre 1785, puis officier d'artillerie en janvier 1786) et c'est à Bastia, en mai 1788, que naît véritablement sa conscience politique (voir p. 118 *sqq.*).

## De Brienne à Auxonne
(Repères chronologiques : mai 1779-juin 1788)

| Dates | Événements |
|---|---|
| **1779** | |
| 15 mai | Napoléon Bonaparte entre à l'école militaire de Brienne. |
| **1784** | |
| 17 octobre | Départ de Brienne. |
| 19 octobre | Arrivée à Paris, à l'École royale militaire. |
| 22 octobre | Bonaparte intégré dans la compagnie de cadets gentilshommes de l'École militaire. |
| **1785** | |
| 24 février | Mort de Charles de Buonaparte, à Montpellier, d'un cancer de l'estomac. |
| mi-septembre | Examen de sortie de l'École militaire : Napoléon est 42e sur 58 reçus : il reçoit son brevet de lieutenant en second d'artillerie ; affecté au régiment de La Fère. |
| 30 octobre | Napoléon rejoint son régiment, stationné à Valence. |
| 3 novembre | Arrivée de Napoléon à Valence. Il est affecté à une compagnie de bombardiers. |
| **1786** | |
| 10 janvier | Napoléon promu officier (lieutenant d'artillerie). |
| 12 août | Il est appelé à Lyon avec son bataillon, pour réprimer une révolte locale (?). |
| 15 septembre | Napoléon arrive à Ajaccio (en congé régulier de six mois). |
| **1787** | |
| 21 avril | Il demande et obtient un congé supplémentaire de cinq mois et demi (qui expire le 1er novembre). |
| 12 septembre | Napoléon quitte la Corse et rentre à Paris. |
| 9 novembre | Napoléon loge à l'hôtel de Cherbourg, à Paris. |
| 22 novembre | Napoléon écrit la relation d'une aventure qu'il a connue avec une prostituée, au Palais-Royal. |
| 1er décembre | Il demande et obtient une prolongation de congé pour six mois. |
| **1788** | |
| janvier-mai | Séjour en Corse (à Bastia et à Ajaccio). |
| 1er juin | Napoléon rejoint son régiment à Auxonne. |

## Napoléon à l'École militaire (octobre 1784-octobre 1785)

À l'École royale militaire de Paris, création de Mme de Pompadour, malgré son appellation, on n'enseignait à peu près rien de l'art militaire. Trois ou quatre heures par jour étaient consacrées à la littérature, à l'histoire et à la géographie, ainsi qu'aux langues vivantes (l'allemand en l'occurrence) ; les élèves qui se destinaient à l'artillerie – ce qui était le cas du jeune Bonaparte – recevaient en outre un enseignement de mathématiques que l'on dit « très poussé », mais qui ne devait guère porter que sur la géométrie appliquée à l'art de dessiner des projets de fortification.

Les élèves n'y apprenaient ni les règlements militaires, ni le maniement des armes, ni la théorie, ni la tactique, ni la stratégie, mais l'escrime, l'équitation, la danse, le maintien, bref tout ce qui était nécessaire à la formation d'un parfait gentilhomme, destiné à faire la « guerre en dentelles » du XVIIIe siècle. Comme l'a écrit un biographe de Bonaparte jeune (Henry d'Estre, ancien officier de carrière, breveté d'état-major), l'École militaire, avec ses ors, ses laquais revêtus de la livrée du roi, ses dîners « somptueux », le ton de l'établissement, n'avait rien de particulièrement militaire ; c'était plutôt une maison d'éducation pour fils de familles, dans laquelle les jeunes gens des deux noblesses, celle de la Cour et celle des campagnes, se flanquaient des « rouflées » (le mot est de Napoléon).

Trois jours après avoir pris possession de sa chambre, Napoléon reçut, comme tous les nouveaux élèves, un brevet de cadet gentilhomme. Puis il fit la connaissance de ses professeurs : Dez et Bezout en mathématiques ; de l'Esguille, le professeur d'histoire et géographie qui devait porter sur lui cette appréciation prémonitoire : « *Corse de nation et de caractère, il ira loin si les circonstances le favorisent* » (on remarquera que de l'Esguille faisait la confusion qui a toujours été faite entre « Corses de Corse » et « Génois de Corse ») ; Domaison, professeur de grammaire, qui disait du style de Napoléon que c'était « *du granit chauffé au volcan* » ; Bauer, professeur d'allemand, qui le trouvait nul et qui aurait répondu à l'un de ses collègues qui lui faisait remarquer que c'était le meilleur élève de sa promotion en mathématiques : « *Je l'avais toujours pensé, que les mathématiques rendent bête.* »

Les anecdotes – vraies ou fausses – abondent, sur le séjour de Napoléon à l'École militaire (séjour qui dura à peine une année, rappelons-le). Aucune ne concerne ses études proprement dites, et l'on ne sait à peu près rien ni de ses lectures, ni de ses préoccupations au cours de cette douzaine de mois. On ne connaît aucune de ses notes, et l'on ignore même celles qu'il obtint à l'examen de sortie, qui eut lieu vers le 15 septembre 1785. Elles ne devaient pas être fameuses, puisqu'il fut classé 42e sur 58 promus, tous affectés à l'artillerie, avec le grade de lieutenant en second. On se doit de signaler qu'il fut le seul ancien de Brienne à être nommé : les quatre autres, qui étaient entrés en même temps que lui à l'École, ne furent promus qu'en 1786, 1787 et 1788. Ce qui montre de toute évidence que le jeune Bonaparte était meilleur élève que ses trois condisciples, mais aussi que le niveau de Brienne était très bas (les 57 autres élèves reçus à l'examen de sortie, en 1785, provenaient d'autres collèges).

Depuis une ordonnance de Louis XV, datant de 1765, le Corps royal de l'artillerie comprenait sept régiments qui prirent le nom des sept villes où leurs écoles étaient établies. Puis il y eut divers mouvements de troupes et, vingt ans plus tard, en 1785, les vingt compagnies du régiment de Grenoble, initialement en garnison à La Fère (une petite bourgade dans l'Aisne), avaient été déplacées : il y en avait dix-huit à Valence et deux en Corse. C'est sans aucun doute la perspective d'être envoyé plus tard dans son île natale qui le détermina à faire le choix de ce régiment.

Mais pourquoi dans son île natale ? Le « mal du pays » ? C'est peu probable. Certes, il a quitté Ajaccio depuis six ans (en mai 1779), et, aussi bien à Brienne qu'à l'École militaire, il a souvent parlé *politiquement* (et maladroitement d'ailleurs) de la Corse ; mais, s'il avait souffert de l'éloignement, cela aurait pu se manifester au moins par des lettres à ses parents (qui ne sont venus le voir à Brienne qu'une seule fois, en 1784), ou par des notes personnelles. Or Bonaparte, qui griffonnait beaucoup, n'a écrit que trois ou quatre fois à sa famille en dix ans : une lettre à son père, en 1781 (qui est douteuse : voir l'Annexe n° 3) ; une autre, tout aussi douteuse, à l'un de ses oncles, et deux autres missives que les historiens rejettent unanimement.

Il est à l'École militaire lorsqu'il apprend, en mars 1785, que son père vient de mourir (à Montpellier, le 24 février 1785, d'un cancer de l'estomac). Il écrit aussitôt à son oncle, l'achidiacre Luciano (le 23 mars), puis à sa mère Letizia (le 28 mars). Ces lettres sont très sereines, comme on peut le voir, et, si elles témoignent de son chagrin, elles ne sont empreintes d'aucune émotion, d'aucune nostalgie. Il est vrai qu'à l'École militaire de Paris toutes les lettres écrites par les cadets étaient lues par les autorités de l'École et corrigées du point de vue de la syntaxe, du style et de l'expression.

### Lettre de Napoléon à son grand-oncle Luciano sur la mort de son père

*(écrite de l'École militaire, le 23 mars 1785)*

« Mon cher oncle,

Il serait inutile de vous exprimer combien j'ai été sensible au malheur qui vient de nous arriver. Nous avons perdu en *lui* un père, et Dieu sait quel était ce père, sa tendresse, son attachement pour nous. Hélas ! tout nous désignait en lui le soutien de notre jeunesse ! Vous avez perdu en lui un neveu obéissant, reconnaissant... Ah ! mieux que moi vous sentez combien il vous aimait. La patrie [*Napoléon fait allusion à la Corse*], j'ose même le dire, a perdu par sa mort un citoyen zélé, éclairé et désintéressé. Cette dignité dont il a été plusieurs fois honoré, marque assez la confiance qu'avaient en lui ses concitoyens, et cependant *le ciel* le fait mourir, en quel endroit ? à cent lieues de son pays, dans une contrée étrangère [*en France*], indifférente à son existence, éloignée de ce qu'il avait de plus précieux. Un fils [*Joseph*], il est vrai, l'a assisté dans ce moment terrible ; ce doit être pour lui une consolation bien grande, mais certainement pas comparable à la *triste joie* qu'il aurait éprouvée, s'il avait terminé sa carrière dans sa maison, près de son épouse et de toute sa famille.

Mais l'Être suprême ne l'a pas ainsi permis. Sa volonté est immuable. Lui seul peut nous consoler. Hélas ! du moins, s'il nous a privés de ce que nous avions de plus cher, il nous a encore laissé les personnes qui seules peuvent le remplacer. Daignez donc nous tenir lieu du père que nous avons perdu. Notre attachement, notre reconnaissance sera *proportionnelle* à un service si grand. Je finis en vous souhaitant une santé semblable à la mienne.

NAPOLÉONE DI BONAPARTE »

On notera que, s'il est ému, Napoléon reste pratique : dorénavant, ce sera le grand-oncle Luciano, le chef de la *casa Bonaparte.* Voici maintenant la lettre qu'il a envoyée quelques jours plus tard à sa mère. Elle est plus brève et plus formaliste, moins « intime » pourrait-on dire que celle destinée à Luciano ; moins utilitaire aussi, et presque « mondaine » par son post-scriptum qui annonce la naissance du second fils de Louis XVI.

LETTRE DE NAPOLÉON À SA MÈRE LETIZIA
SUR LA MORT DE SON PÈRE

*(écrite à l'École militaire, le 28 mars 1785)*

« Ma chère mère,

C'est aujourd'hui que le temps a un peu calmé les premiers transports de ma douleur, que je m'empresse de vous témoigner la reconnaissance que m'inspirent les bontés que vous avez eues pour nous. Nous redoublerons de soins et de reconnaissance, et heureux si nous pouvons, par notre obéissance, vous dédommager un peu de l'*inestimable* perte de cet époux chéri. Je termine, ma chère mère, ma douleur me l'ordonne, en vous priant de calmer la vôtre. Ma santé est parfaite et je prie tous les jours que le ciel vous gratifie d'une semblable. Présentez mes respect à zia [*tante*] Gertruda, minana Saveria, minana Fesch, etc.

P.-S. La reine de France est accouchée d'un prince, nommé le duc de Normandie [*futur Louis XVII*], le 27 mars, à sept heures du soir.

Votre très-affectionné fils
NAPOLEONE DI BONAPARTE »

À part l'écho épistolaire de ce moment d'émotion, nous n'avons aucun document qui nous permette d'imaginer ce qui pouvait passionner Bonaparte pendant cette année d'École prétendue militaire, sinon un mémoire qu'il aurait adressé, en janvier 1785, au principal Berton, qui dirigeait Brienne, pour lui faire part de ses impressions sur son École. Il trouve que l'éducation physique et morale qu'on y reçoit est désastreuse, car trop dorée :

> « Les élèves du roi [*c'est ainsi qu'on nommait les élèves de Brienne*], tous pauvres gentilshommes, n'y peuvent puiser, au lieu des qualités du cœur, que l'amour de la gloriole, ou plutôt des sentiments de suffisance et de vanité... »

Au lieu de les élever dans le luxe, avec tant de domestiques et de palefreniers, il faudrait, dit-il, « *les habituer à battre, à brosser leurs habits, nettoyer leurs souliers et leurs bottes* » (cité par Coston, I, 63 *sq.*).

Napoléon n'aurait-il donc eu d'autres préoccupations, durant son séjour à l'École militaire, que celles de ses études et de questions aussi triviales ? Il est évident que non. Ces jeunes gens qui se destinaient à servir la monarchie ne parlaient peut-être pas politique entre eux (ce devait d'ailleurs être interdit), mais ils lisaient, discutaient de leurs lectures, suivaient, comme on dit de nos jours, l'actualité. Qu'ont pensé Napoléon et ses camarades de l'Affaire du collier de la reine, qui éclate en 1785 ? On ne sait. Comment ont-ils perçu les difficultés financières du régime et la politique du nouveau Contrôleur des Finances de Louis XVI, Calonne ? On ne sait. Il s'était fait un ami à l'École, Desmazis : de quoi discutaient-ils entre eux ? On ne sait. Il est à peu près certain que les élèves officiers ne se moquaient pas de Bonaparte comme le faisaient les garnements de Brienne, et qu'il a perdu son surnom de « *la paille au nez* », mais n'avons-nous aucun document, aucun témoignage qui nous le dise. Nous n'avons rien, non plus, qui concerne le « patriotisme corse » de Napoléon et son admiration pour Paoli, sinon l'appréciation de son professeur d'histoire et géographie, déjà citée, et une caricature le montrant en uniforme de cadet, marchant d'un pas fier et conquérant vers un ennemi supposé, tandis qu'un vieux professeur tente de le retenir en s'accrochant à sa perruque, avec la légende : « *Bonaparte, cours, vole au secours de Paoli pour le tirer des mains de ses ennemis.* »

Laissons donc ses thuriféraires modernes imaginer des paroles, des actes, des écrits annonçant le futur grand homme : il n'en existe aucun. Et suivons-le à Valence.

## En garnison à Valence (octobre 1785-septembre 1786)

Napoléon a quitté l'École royale militaire de Paris, son brevet de lieutenant d'artillerie en second dans la poche, le 28 octobre 1785. Il a reçu l'ordre de rejoindre son régiment à Valence, où il se trouvait en garnison, avec six de ses camarades de promotion (dont le chevalier Desmazis, qui deviendra son ami).

Comme bon sang ne saurait mentir, avant son départ, il s'en va sonner chez Mgr Marbeuf, évêque d'Autun, frère du généreux comte de Marbeuf (qui mourra à Bastia l'année suivante), et qui logeait au palais abbatial de Saint-Germain-des-Prés. Celui-ci lui remet une lettre de recommandation pour un prélat de Valence, Mgr de Tardivon, abbé de Saint-Ruf, et, le 30 octobre, Napoléon prend la diligence de Lyon en compagnie de Desmazis. Pour la petite histoire : les deux jeunes gens mirent deux jours pour atteindre Chalon (par Fontainebleau, Joigny, Auxerre), prirent un premier coche d'eau de Chalon à Lyon (sur la Saône), puis un autre (sur le Rhône) de Lyon à Valence, où ils arrivent le 3 novembre.

Napoléon est affecté à la compagnie de bombardiers que commande le capitaine Masson d'Autumne (ou d'Auterive), et logé, avec une sorte de billet de logement militaire, chez une certaine Demoiselle Bou, fille d'un cafetier lyonnais, qui louait des chambres aux officiers. Il a eu seize ans au mois d'août précédent et, pour la première fois de son existence, il va se prendre en charge lui-même : la période des internats est terminée. Le 4 novembre suivant, jour de la Sainte-Barbe, patronne des artilleurs, le jeune lieutenant en second participe aux réjouissances et danse avec une certaine Mlle Mion-Desplaces : les cours de danse de l'École royale militaire avaient donc leur raison d'être.

Les règlements qu'on ne lui avait pas enseignés à cette École, voulaient que les lieutenants en second qui en sortaient, et qui ignoraient tout de la vie militaire, fissent leurs classes sur le terrain, c'est-à-dire apprennent à reconnaître les grades, à monter la garde, à défiler, bref à servir sous l'uniforme comme s'ils étaient de simples soldats, puis des sous-officiers. Au bout de trois ou quatre mois, une fois ces formalités accomplies, Napoléon reçut le grade de lieutenant d'artillerie, le 10 janvier 1786 : il était enfin officier, et sans doute était-il fier de l'être.

La vie d'un jeune officier de seize ans et demi, à Valence, n'était pas ennuyeuse. Napoléon, après avoir occupé sa journée à des exercices militaires variés, prenait ses repas avec quelques amis officiers comme lui (généralement à l'*Auberge des Trois Pigeons*), rentrait tous les soirs chez Mlle Bou, après avoir passé quelques moments dans le café de son père. Il commence à se faire des relations : Mgr Tardivon, abbé de Saint-Ruf, auprès duquel l'évêque d'Autun l'avait recommandé, l'invite parfois à ses soupers, le présente à la bonne société de Valence et notamment à Mme du Colombier, un bas-bleu de province d'une cinquantaine d'années qui s'engoua du jeune officier, et en fit l'un des ornements de son salon, en tout bien tout honneur, naturellement.

Napoléon, de taciturne et réservé qu'il était, devient enjoué, beau parleur, sa conversation est appréciée et il va même jusqu'à prendre des leçons de danse (avec un maître à danser du nom de Dautel, qui deviendra percepteur sous la Révolution et qui, tombé dans une demi-misère en 1808, se rappellera à son bon souvenir en ces termes : « Sire, celui qui vous a fait faire le premier pas dans le monde se recommande à votre générosité » ; l'Empereur ne fut pas ingrat). Il s'abonne au cabinet de lecture que tient le libraire Aurel, dont la boutique est toute proche de la maison de Mlle Bou et, à la belle saison, il fait quelques voyages dans les environs de Valence, excursionne dans le Dauphiné, se rend à Romans, à Tournon (où un certain

Pontornini fera son portrait). Décidément, c'est un bien doux jeune homme que cet officier aux cheveux longs : qui aurait pu penser, à Valence, que, dans quelques années, il ferait périr 1 800 000 soldats français et que l'Europe entière le considérera comme un « Ogre » abominable ?

Tout cela n'a rien que de très banal : ni Bonaparte au pont d'Arcole, ni l'empereur à Austerlitz ne percent encore sous le jeune lieutenant qui passe de bal en bal, de livre en livre, et cherche des places dans les écoles pour ses jeunes frères et sœurs. Tout ce qu'ont pu imaginer les chantres de sa gloire, à propos de ces années obscures, cherchant à y trouver les signes avant-coureurs de ce qu'ils appellent son « génie » est faux, archi-faux. Car nous n'avons que trois documents, écrits de sa main, à travers lesquels les premières aspirations du jeune homme se devinent : on n'y trouve aucun germe ni du dictateur, ni du conquistador qu'il deviendra.

Le premier écrit est du 26 avril 1786. C'est une réflexion rousseauiste sur le droit des peuples à se révolter contre leurs souverains. Napoléon a dans la mémoire la brève épopée qui lui a tant été contée quand il était enfant : celle du peuple corse se soulevant, avec Paoli, contre la « tyrannie » génoise, et comment les *patrioti* furent sauvagement écrasés par les armées du roi de France, allié des Génois. Il affirme généreusement que les peuples, malgré le « *cri des préjugés* », ont le droit de se révolter contre leurs souverains. On sent, à lire ces quelques lignes maladroites, le lecteur enthousiaste du *Contrat social,* dans lequel Rousseau écrit :

> « Le pacte par lequel un peuple établit l'autorité souveraine dans les mains d'un corps quelconque, n'est pas un contrat, c'est-à-dire que le peuple peut reprendre à volonté la souveraineté qu'il avait communiquée. »

Et d'exalter le courage et le prestige du peuple corse (il s'agit des insulaires auxquels s'étaient ralliés certains Génois de Corse) qui a secoué le joug de Gênes et qui pourra, un jour, « *en faire autant de celui des Français.* » Quelque part, le jeune Napoléon rêve peut-être de jouer le rôle d'un second Paoli, à la fois libérateur et législateur de la Corse, au nom du rousseauisme politique.

Le second document est du 3 mai 1786. Ce n'est plus le romantisme politique qu'il exprime, mais ce qu'on appellera, à la génération suivante, le mal du siècle. Il commence sur une note larmoyante, à la Musset :

> « Toujours seul au milieu des hommes je rentre [...] me livrer à toute la vivacité de ma mélancolie... »

Puis sa nostalgie de la Corse, si longtemps retenue, s'épanche et, finalement, l'idée du suicide fait son apparition :

> « Puisque je dois mourir, ne vaut-il pas autant se tuer [...]. Quel spectacle verrai-je dans mon pays [*la Corse*] ? Mes compatriotes chargés de chaînes et qui baisent tremblant la main qui les opprime ! [...] Quand la patrie n'est plus, un bon patriote doit mourir.[...] La vie m'est à charge. »

Le troisième écrit, que nous citons ici pour mémoire, est du 9 mai 1786 ; c'est une réfutation d'un opuscule de Roustan (prédicateur genevois, 1734-1808), intitulé *Défense du christianisme* qui attaquait quelques assertions de J.-J. Rousseau sur la religion, dans le *Contrat social.*

Ainsi, à dix-sept ans, Napoléon se découvre, confusément il faut le dire, une vocation de patriote indépendantiste corse. Mais il a conscience de ne pas avoir la taille d'un Pascal Paoli, et, modeste, il envisage de se limiter à la contemplation historique et passive des gloires corses passées.

Déjà à Brienne, quand il avait quatorze ans, il avait sans doute évoqué l'idée d'écrire une histoire de la Corse. On cite souvent une lettre, qu'il aurait adressée à son père en 1783, dans laquelle il lui réclamait le fameux ouvrage de Boswell sur la Corse (l'édition en italien datait de 1769), afin de commencer lui-même un livre sur l'histoire de cette île. Mais nous n'avons qu'une copie de cette lettre, et la plupart des historiens ont jugé qu'elle n'est pas authentique. Toutefois, il n'est pas invraisemblable qu'un garçon de quatorze ans ait pu élaborer un tel projet. Quoi qu'il en soit, en 1786, ce projet revient réellement sur le tapis.

Maintenant, ce n'est plus le patriotisme qui motive le jeune Bonaparte : c'est l'espoir d'une gloire littéraire possible, prélude – pourquoi pas ? – à une gloire politique insulaire. D'autant que les histoires de la Corse se multiplient à cette époque : la *Bibliografia della Corsica*, publiée par Starace en 1943, ne relève pas moins d'une quarantaine d'ouvrages généraux de ce genre publiés entre 1720 et 1780, en français, en italien et en allemand (sans compter le livre de Boswell). D'autant que le jeune homme va bientôt avoir le temps de travailler sur ce sujet. En effet le moment tant attendu par ces jeunes gens, qui ont tous quitté le giron familial en entrant au collège six ou sept ans plus tôt, puis dans l'armée, approche : pour Napoléon et tous les autres, voici le temps des premières vacances, comme nous dirions aujourd'hui, le temps du premier congé de six mois – le *semestre* – auquel ils vont avoir droit, après un an d'École militaire et un an de service sous l'uniforme.

Pour Napoléon, c'est tout vu. Il ira passer son semestre en Corse. Il se voit déjà débarquant en uniforme d'officier à Ajaccio, lui le fils de feu le représentant de la noblesse corse aux États du royaume, et de la belle Letizia, que tout le monde donnait comme la maîtresse du gouverneur de la Corse, sachant danser les danses à la mode mieux que personne. Pour briller dans les salons et, qui sait, sur la scène politique, il lui faut des munitions, à cet artilleur. Avant de quitter Valence, il commande donc au libraire genevois Paul Barde, le 29 juillet 1786, les *Mémoires* de Mme de Valens et de Claude Anet, pour servir de continuation aux *Confessions* de Rousseau, et les trois volumes de la toute dernière histoire de la Corse publiée en français, à Paris, entre 1771 et 1776, celle de l'abbé de Germanes, intitulée *Histoire des révolutions de Corse depuis ses premiers habitants jusqu'à nos jours*.

Le *semestre* débutait régulièrement le 1$^{er}$ septembre pour les officiers ; mais les officiers corses, compte tenu de l'éloignement de leur domicile familial, bénéficiait du privilège de pouvoir partir un mois plus tôt. C'est ce que fit Napoléon, qui passa sans doute par Lyon, où son bataillon avait été envoyé pour réprimer une révolte des producteurs-marchands de vin, puis gagna Marseille, où il s'embarqua pour Ajaccio : il y arriva le 15 septembre 1786, s'il ne s'est pas trompé en écrivant, sur une feuille où il a relevé quelques dates importantes de son existence : « *Je suis donc arrivé dans ma patrie sept ans et neuf mois après mon départ.* »

## Un an de congé en Corse !

Le 15 septembre 1786, Napoléon débarque donc sur les quais d'Ajaccio, titulaire d'un congé régulier de six mois ; mais il ne rejoindra son régiment qu'à la fin du mois de mai 1788, soit vingt et un mois après l'avoir quitté (il le retrouvera à Auxonne, où son unité avait été déplacée, le 25 décembre 1787). Par quel miracle la durée de ce congé s'est-elle dilatée de la sorte ?

La question mérite d'être posée, car la réponse va nous permettre de découvrir un aspect négatif de la personnalité de Napoléon, aspect qui n'avait jamais eu l'occasion de se révéler jusqu'alors – sinon à des doses infinitésimales – et qui se manifestera tout au long de sa vie : l'art du bluff, que son père pratiquait avec un toupet majestueux (il l'avait montré jadis à Rome, à Florence et à Pise), et que sa mère, grande joueuse de cartes devant l'éternel, devait savoir utiliser avec le sang-froid souriant des grands joueurs de poker (Letizia jouait à un jeu de cartes italien ancêtre du poker, l'*Ambigu*).

N'oublions pas qu'il a dix-sept ans et qu'il est venu en Corse, selon ses dires, principalement pour y écrire une histoire de la Corse, dont le projet est ancien : lorsqu'il était à Brienne, n'avait-il pas réclamé à son père le livre de Boswell, *Relation de l'île de Corse,* qui était réputé comme l'ouvrage le plus moderne et le plus impartial sur l'île ? À l'École militaire, en 1785-1786, Paoli, sa Constitution, sa défaite à Ponte-Nuovu, n'étaient-ce pas là des thèmes de prédilection que Napoléon aimait à développer, devant Desmazis et les autres ? Et ne disait-il pas constamment qu'il écrirait un jour une histoire politique de la Corse ? La caricature (voir p. 88) le représentant volant à la rescousse du *Babbu* (« le Père », surnom de Paoli) est bien significative de ce qu'on pourrait appeler l'obsession corse de Napoléon quand il avait seize ans.

Et nous voici à Valence, où il lit *Le Contrat social* avec suffisamment de sérieux pour pouvoir réfuter le pasteur Roustan. Dans le salon de Mme du Colombier, il pose au futur écrivain, voire au philosophe (au sens de l'époque). La Corse est un sujet politique à la mode, surtout à Valence, où il y a une petite communauté corse (comme à Marseille) ; on imagine les précieuses de la ville couvant des yeux ce jeune officier petit, sec, aux yeux si attachants, lui demandant : « Que pensez-vous de ces révolutions de Corse, Monsieur l'officier ? ». Et lui de répondre, fièrement : « Mais vous le saurez en lisant mon livre, Madame. »

Mme du Colombier se laisse prendre à ce bluff de timide : « Vraiment, vous écrivez ? Que j'aimerais vous lire. » Qu'à cela ne tienne, Napoléon a de quoi la satisfaire ; peut-être lui lit-il le texte du 26 avril 1786, déjà cité, ou quelques lignes qu'il a certainement griffonnées sur Paoli dans son grand cahier. Et, lorsqu'il prétend avoir déjà écrit les deux premiers chapitres de son *Histoire politique, civile et militaire de la Corse,* au titre ronflant, il ne commet qu'un mensonge véniel, ainsi qu'en commettent tous les écrivains qui parlent de leur œuvre à venir comme si elle était presque terminée, et qui finissent parfois à le croire !

Mme du Colombier vibre aux descriptions de Napoléon et lui conseille de soumettre ses premiers feuillets à l'abbé Raynal, qui pourrait peut-être l'aider à publier son livre. Ce personnage, qui avait fait récemment une conférence à Valence, était un historien sulfureux, célèbre dans les milieux voltairiens de la fin du XVIII$^{e}$ siècle (il était l'auteur, notamment, d'une *Histoire des deux Indes* et d'une *Histoire philosophique*) ; condamné par le Parlement de Paris, il avait dû s'exiler en Allemagne, puis en Russie, auprès de la Grande Catherine. Ses amis avaient obtenu son rappel en France, mais il était interdit de séjour à Paris et vivait à Marseille, d'où il continuait à prêcher une idéologie révolutionnaire modérée.

Napoléon écrit donc à Raynal la lettre suivante :

LETTRE DE NAPOLÉON À L'ABBÉ RAYNAL

*(écrite de Valence, vers le 23 juillet 1786)*

« Monsieur l'abbé,

Le destin des grandes réputations est d'attirer l'importunité. Chaque débutant veut s'attacher à une célébrité établie. Historien novice de ma patrie, c'est votre opinion que je voudrais connaître, votre patronage qui me serait cher : auriez-vous l'indulgence de me l'accorder ? Je n'ai pas dix-huit ans, et j'écris : c'est l'âge où l'on doit apprendre. Mon audace ne m'attirera-t-elle pas vos railleries ? non, sans doute ; et si l'indulgence est le partage du vrai talent, vous devez avoir beaucoup d'indulgence. Je joins à ma lettre les chapitres un et deux de l'histoire de la Corse, avec le plan des autres. Si vous m'encouragez, je continuerai ; si vous me conseillez d'arrêter, je n'irai pas plus avant. Excusez mon audace, et ne me reprochez pas le temps que je vais vous faire perdre. Je suis, monsieur l'abbé, avec une haute admiration de vos écrits et un profond respect pour votre personne, votre, etc.

BUONAPARTE, officier d'artillerie »

La lettre était maladroite, et contenait sept ou huit fautes d'orthographe (que nous avons corrigées ici) ; il *paraît* que Raynal répondit à Napoléon et qu'il lui fit des éloges de son travail. Mais : 1° nous n'avons pas la réponse de Raynal, et rien ne prouve qu'elle ait existé ; 2° on ne voit pas sur quel texte les éloges de Raynal auraient pu porter, car, d'une part, à l'époque de cette lettre (vers la fin juillet 1786), Napoléon n'a encore rien écrit sur la Corse, sinon un petit texte sans doute emprunté à l'abbé Germanes (voir la lettre ci-dessous), et, d'autre part, à la même époque, il écrit à un libraire de Genève pour lui passer commande d'un livre sur la Corse. Voici cette lettre, que nous reproduisons en y laissant apparaître les fautes d'orthographe de son auteur :

« *29 juillet 1786*

À M. PAUL BARDE, LIBRAIRE À GENÈVE

Je m'adresse directement à vous, monsieur, pour vous prier de me faire passer les Mémoires de Madame de *Valens* (sic) et de *claude* (sic) Anet pour servir de suite aux confessions de J.J. Rousseau.

Je vous *prirai* (sic) également de m'envoyer les 2 derniers volumes de l'histoire des révolutions de Corse, par l'abbé Germanes. Je vous serais obligé de me donner note des ouvrages que vous avez sur *lisle* (sic) de Corse, *ouque* (sic) vous pourriez me procurer promptement.

*Jentent* (sic) votre *reponse* (sic) pour vous envoyer *largent à quoi* (sic) cela montera.

Vous pouvez *madresser* (sic) votre lettre :

À Monsieur de Buonaparte, officier d'artillerie au Régiment de La Fère, en garnison à Valence, en Dauphiné.

Je suis, Monsieur, avec une parfaite considération, votre très-humble et *tres obeisant* (sic) serviteur, [*etc.*]

BUONAPARTE, officier d'artillerie »

Cette lettre est datée du 29 juillet : Napoléon a besoin de livres pour se documenter, et, c'est évident, il n'a encore rien écrit, ou presque rien, de son futur ouvrage (qui ne verra d'ailleurs jamais le jour) : il bluffe l'abbé Raynal, comme il a bluffé Mme du Colombier. Le verbe « bluffer » peut paraître excessif : Napoléon a certainement l'intention d'écrire son histoire de la Corse à Ajaccio, où il pourra en outre interroger les uns et les autres sur les révolutions de Corse, qui l'intéressent au plus haut point ; mais il prend ses désirs pour des réalités, et, quand il sera au pied du mur, il se rendra sans doute compte qu'il avait eu, comme on dit, les yeux plus gros que le ventre et que la grande « Histoire politique, civile et militaire de la Corse » qu'il voulait entreprendre n'était pas à sa portée. Ils sont nombreux, les écrivains en herbe, qui ont jeté les premières lignes d'un livre sur le papier, et qui ne sont jamais venus à bout des pages blanches !

Autrement dit, en juillet 1787, Napoléon bluffe sans savoir encore qu'il bluffe ; il est trop jeune et trop inexpérimenté en la matière pour prendre conscience de l'énormité du travail : il est donc excusable. Mais il l'est moins, lorsqu'il réitère son bluff, près de deux ans plus tard (le 12 juin 1789), en annonçant son livre à Paoli, dans une lettre fameuse à Paoli (voir Annexe n° 4), qui vivait un exil doré à Londres, d'où il aidait nombre de ses anciens compagnons de lutte qui étaient restés en Corse. Et, cette fois-ci, il ne s'agit plus d'un simple bluff d'adolescent, mais bel et bien d'une manœuvre politique.

Napoléon à dix-sept ans, se targuant devant Mme du Colombier d'avoir pratiquement terminé une grande histoire de la Corse, ce n'est qu'un jeune homme qui se vante de ce qu'il n'a pas encore fait mais qu'il a sans doute l'intention sincère de faire. Napoléon à dix-huit ans écrivant à l'abbé Raynal qu'il lui envoie les deux premiers chapitres de cette histoire qu'il n'a pas encore écrits, c'est un jeune homme un peu plus sûr de lui, capable de rédiger ces deux chapitres en une ou deux nuits, en s'inspirant de l'histoire de Germanes par exemple, si Raynal lui répond. Mais Napoléon à vingt ans, écrivant au grand Paoli, à Londres (d'où celui-ci ne peut rien vérifier), pour lui présenter une œuvre qu'il annonce comme quasi terminée, et qui lui demande à mots couverts une aide financière et un patronage, ce n'est plus le jeune adolescent timide protégé par Mme du Colombier : c'est un homme conscient – comme beaucoup de ses contemporains – du séisme révolutionnaire qui couve en France, et chez lequel l'ambition politique a fait son apparition.

Il ne faut pas perdre de vue : 1° que sa lettre à Paoli est du 12 juin 1789 ; 2° que, depuis le début de l'année, les troubles se multiplient en France (nous verrons plus loin que Napoléon a été chargé de conduire un détachement pour rétablir l'ordre à Seurre, une localité proche de Beaune, au début du mois d'avril) ; 3° et surtout que les États Généraux siègent depuis le 5 mai, à Versailles. Dans la perspective des grands bouleversements qui s'annoncent, Napoléon place ses pions sur l'échiquier politique qui lui semble naturellement devoir être le sien, l'échiquier corse : il allèche Paoli par la promesse d'un livre qui chanterait ses mérites... et qui n'est toujours pas écrit ! Mais qu'importe : que peut-il voir de Londres, Paoli ?

De son côté, Paoli a compris le jeu et il se méfie du « *fils de Charles* » comme il s'est toujours méfié du père : les Bonaparte sont Génois plus que Corses, et du parti français. Il ne lui répondra pas, sinon bien plus tard, en 1791 : « *L'Histoire ne s'écrit pas dans les années de jeunesse* », lui écrira-t-il alors.

Qu'en est-il donc devenu de ce projet de jeunesse, devenu bluff puis manœuvre ? Napoléon, lorsqu'il dictera ses souvenirs à Las Cases, prétend que, alors qu'il avait à peine dix-huit ans :

> « L'abbé Raynal, frappé de l'étendue de ses connaissances, l'appréciait assez pour en faire un des ornements de ses déjeuners scientifiques » (*Mémorial*, I,98).

Ce faisant, il perpétue son bluff, et il n'a plus d'excuses à faire valoir, car nul n'a jamais vu le fameux manuscrit. Il se sortira de ce tissu de mensonges par une pirouette en laissant Las Cases écrire, dans le *Mémorial* (I, 650) :

> « Napoléon, dans sa jeunesse, avait écrit une histoire de la Corse qu'il adressa à l'abbé Raynal, ce qui lui valut quelques lettres et des distinctions flatteuses de la part de cet écrivain, alors l'homme à la mode. Cette histoire s'est perdue. »

Résumons-nous : Napoléon est parti en congé avec l'intention sincère d'écrire une histoire de la Corse, dont il avait les grandes lignes dans la tête, mais il n'y est pas parvenu, tout en soutenant mordicus, jusqu'à Sainte-Hélène, qu'il l'avait écrite ; il espère plus ou moins vaguement qu'une telle œuvre pourrait éventuellement le promouvoir politiquement en Corse. Toutefois, ce n'était pas le seul but de son séjour dans l'île, le premier depuis qu'il était parti pour Autun et Brienne, en décembre 1778 : il avait le désir bien naturel de revoir sa mère, ses frères et sœurs, son grand-oncle l'archidiacre Luciano, qui était le chef de la famille Buonaparte et le gestionnaire de ses biens (il avait la goutte, et son état de santé poussa Bonaparte à écrire une longue lettre au Dr Tissot, de Lausanne, pour lui demander une consultation par correspondance... qu'il n'obtint pas) et les amis de sa tendre enfance (qu'était donc devenue Giacominetta ?).

Le jeune lieutenant en second troqua sa veste d'officier doublée de cadis blanc pour une solide blouse de lin et se mit à s'occuper des vignes, des oliviers, des arbres fruitiers, de la propriété des Milelli, et de celle des Salines, à la sortie d'Ajaccio, où Letizia avait entrepris de planter des mûriers en vue de l'élevage de vers à soie. Mais il lui faut aussi nouer des contacts politiques dans la perspective des bouleversements qui se préparent, s'informer des transformations de la société corse depuis son départ pour Brienne, sept années auparavant. Tout cela lui prit beaucoup de temps, un temps qui passa si vite que lorsque vint le terme de son semestre de vacances, Napoléon n'avait pas terminé la moitié des démarches qu'il avait engagées.

Il était donc nécessaire qu'il prolongeât son congé. Comment faire ? Tout simplement en utilisant la bonne vieille méthode de feu papa Carlo, c'est-à-dire un faux certificat (médical en la circonstance). Le règlement militaire était en effet le suivant (Masson et Biagi, I, 170) :

> « MANIÈRE DE DEMANDER UN CONGÉ
>
> Lorsqu'on est en semestre [*en congé régulier de six mois*] et que l'on veut obtenir un congé d'été pour cause de maladie, l'on se fait dresser, par un médecin de la ville et un chirurgien, un certificat comme quoi, à l'époque que vous désignez, votre santé ne vous permet pas de rejoindre la garnison. Vous observerez que le mémoire soit sur papier timbré, qu'il soit visé par le juge et le commandant de la place. »

Napoléon fait rédiger par deux praticiens d'Ajaccio le certificat en bonne et due forme et l'adresse au maréchal de Ségur, commandant du Corps royal de l'artillerie, accompagné de sa demande de congé (*ibid.*) :

> « MÉMOIRE EN DEMANDE D'UN CONGÉ
>
> Le sieur Napoléon de Buonaparte, lieutenant en second au régiment de La Fère artillerie, supplie Monseigneur le Maréchal de Ségur de vouloir bien lui accorder un congé de cinq mois et demi à partir du 16 mai prochain dont il a besoin pour le rétablissement de sa santé, suivant le certificat du médecin-chirurgien ci-joint. Vu mon peu de fortune et une cure coûteuse, je demande que le congé me soit accordé avec appointements.
>
> BUONAPARTE »

Le congé fut accordé pour la période demandée : Napoléon fut autorisé à le prolonger jusqu'au 1er novembre 1787, date à laquelle il devait rejoindre son régiment. On ignore ce qu'il fit, pendant ces cinq mois et demi, à part d'accompagner sa mère à la station thermale de Guagno-les-Bains, près d'Ajaccio (en mai) et de s'occuper des récoltes, de la pépinière et des mûriers. Lorsque les vendanges furent terminées, il partit pour Paris avant l'expiration de sa permission, le 12 septembre 1787, sans avoir écrit une seule ligne du livre qu'il avait annoncé à Mme du Colombier, à l'abbé Raynal et à Pascal Paoli. Sa vocation littéraire ne serait-elle qu'un leurre ?

## Trois mois de congé à Paris (octobre-décembre 1787)

Pourquoi Napoléon interrompit-il son semestre de congé régulier, qui expirait le 1er novembre, et rentra-t-il plus tôt en France ? Et pourquoi, au lieu de rejoindre son régiment, qui, depuis le 17 octobre 1786, tenait garnison à Douai (ce que d'ailleurs il n'était pas obligé de faire) décida-t-il de passer quelque temps à Paris, où son séjour devait durer environ trois mois ?

Le fait qu'il soit parti prématurément d'Ajaccio est un argument de plus en faveur de notre hypothèse, à savoir que son projet littéraire n'était qu'un bluff, et qu'il n'était pas de taille à le réaliser. Une chose est de parler avec passion du thème d'un livre, et des idées qu'on y mettra, une autre est de l'écrire. Car le jeune officier ne sait pas s'exprimer par écrit : les rares notes ou lettres que nous avons de lui, à cette époque, sont mal tournées, les fautes d'orthographe y abondent (*cf.* p. 104 sa lettre au libraire genevois Barde, dans laquelle nous les avons conservées pour en donner un exemple, nous les avons supprimées dans nos autres citations), le vocabulaire y est pauvre et l'imagination littéraire absente.

On pourrait même ajouter que, lorsqu'il s'est retrouvé à Ajaccio, loin de son public admiratif de Valence, devant lequel il pouvait parader, Napoléon a perdu le feu sacré : il s'est immergé dans l'ambiance petite-bourgeoise et sans grandeur de la famille Bonaparte. Ce qui le tracasse, ce sont de vulgaires affaires de famille : sa mère a loué des emplacements pour planter des mûriers dans sa propriété des Salines, les trous y ont déjà été faits et elle attend les autorisations administratives et la subvention promise par le gouvernement de Louis XVI ; elle cherche une servante, pour faire la lessive et pour l'aider dans l'entretien de la *casa Buonaparte*, car elle a encore quatre enfants sur les bras (Louis, dix ans ; Pauline, huit ans ; Caroline, six ans, et Jérôme, quatre ans).

C'est pourquoi, profitant des deux mois de congé (régulier) qui lui restent à prendre, il décide de les passer à Paris, non pas pour s'y frotter au petit monde des espoirs de la littérature française, mais afin d'y remuer ciel et terre et faire en sorte que sa mère reçoive rapidement l'indemnité promise.

Il arrive dans la capitale au début du mois d'octobre et s'installe dans un petit hôtel meublé, rue du Four-Saint-Honoré (actuellement : rue de Vauvilliers, l'immeuble existe encore, au n° 23 de cette rue ; la chambre de Napoléon était au deuxième étage), l'*Hôtel de Cherbourg*, où il va vivre chichement, prenant ses repas dans des bouillons à six sous du passage des Petits-Pères ou de la rue de Valois. Aussi hardi dans l'art de quémander que l'était son père, Napoléon frappe à toutes les portes et finit par obtenir une audience de Mgr Loménie de Brienne, principal ministre de Louis XVI, et qui a la lourde tâche de redresser les finances du royaume, qui sont chancelantes. Et, au lieu ne serait-ce que de gribouiller le premier chapitre de son histoire de la Corse, il écrit à des chefs de bureau de ministères des lettres au style ampoulé dans le genre de celles que nous citons dans l'Annexe n° 5, qui commence ainsi :

LETTRE DE NAPOLÉON AU MINISTÈRE DES FINANCES

*(écrite de Paris, en novembre 1787)*

« Monsieur,

J'ose me flatter que vous participerez à l'événement qui vient de m'arriver et qui est d'autant plus fâcheux qu'il était plus inattendu.

J'avais permission de rester chez moi jusqu'au mois de mai prochain. J'ai anticipé sur mon congé et j'ai quitté ma famille pour venir solliciter à Paris la décision de la Pépinière, à laquelle vous avez daigné vous intéresser... »

L'« événement » auquel Napoléon fait allusion en question est l'indemnité qu'attend Letizia pour la mise en valeur de sa « Pépinière » des Salines, que Napoléon présente comme une véritable affaire d'État. De son vivant, en 1782, Charles de Bonaparte, appuyé par Marbeuf, avait obtenu une subvention gouvernementale d'environ 6 000 livres pour la mettre en valeur (il s'agissait d'y cultiver des mûriers, en vue d'un élevage de vers à soie) et, cinq ans plus tard, en 1787, les fonds n'ont toujours pas été versés. En bon fils, Napoléon va faire les démarches nécessaires (voir à ce sujet l'Annexe n° 5) ; on ignore quel fut l'aboutissement de cette bataille bureaucratique, mais, que Letizia ait reçu ou non son indemnité, on ne peut qu'admirer la patience filiale de l'officier d'artillerie et l'acharnement dont il fit preuve dans cette affaire.

En revanche, on peut s'étonner que, durant son séjour à Paris, Napoléon, qui, à part ces démarches administratives sans aucun intérêt intellectuel, n'avait rien d'autre à faire, ne se penche toujours pas sur sa mythique histoire politique et militaire de la Corse, ne fasse visite à aucun libraire, à aucun écrivain, même mineur, ne cherche à rencontrer aucun militaire qui aurait pu participer aux campagnes de Corse. Cela renforce notre thèse : qu'il s'agisse de littérature ou de politique, et Dieu sait si l'on discutait politique à Paris, à la fin de l'année 1787, il semble que Napoléon n'ait aucune curiosité à cette époque, si ce n'est déclarative, dans quelques notes qu'il griffonne sur un grand cahier. Son hôtel est à deux pas des jardins et des galeries du Palais-Royal, haut lieu de la vie parisienne où les cafés, les maisons de jeux, les théâtres sont ouverts de jour comme de nuit. On n'y parle plus que des événements qui se précipitent, des réformes qu'il faudrait faire et que l'Assemblée des notables et les privilégiés, comme murés dans leur égoïsme de classe, se sont refusés à envisager. L'agitation est dans la rue, où l'on n'appelle plus la reine Marie-Antoinette que « l'Autrichienne » ou « Madame Déficit ». Depuis le mois de mai, Loménie de Brienne est Contrôleur général des Finances ; il veut faire voter de nouveaux impôts que le Parlement de Paris a refusé d'enregistrer (c'est le 15 août 1787, six semaines avant l'arrivée de Napoléon à Paris, que le roi a exilé le Parlement de Paris à Troyes).

Bonaparte n'a pas choisi le bon moment, pour venir demander une subvention de quelques milliers de livres pour sa mère à Loménie de Brienne, alors que celui-ci tente désespérément de sauver la France de la faillite. Comment un jeune officier, qui se proclame patriote (corse !), peut-il rester insensible au psychodrame politico-social qui se déroule sous ses yeux ? Et pourtant, il le reste. Il ne se rend compte de rien, ne note rien, alors qu'un étranger, l'Anglais Arthur Young – un spécialiste de l'économie agricole – qui est arrivé à Paris une quinzaine de jours après Napoléon, rapportant ses impressions, après un dîner mouvementé, au soir du 17 octobre, écrit :

> « Toute la compagnie [*des dîneurs*] semblait imbue de cette opinion que l'on est à la veille de quelque grande révolution. »

Et, tandis que tout Paris se demande de quoi demain sera fait, que l'on traîne dans les caniveaux des mannequins représentant la reine et les amies de la reine, à quoi pense Napoléon, qui se prétend futur grand écrivain politique ? tenez-vous bien, lecteurs : il pense à courir la gueuse. Lisez plutôt.

Le 19 novembre 1787, il y eut séance royale pour l'enregistrement de l'édit instituant un emprunt de 10 milliards de nos francs actuels, étalé sur cinq ans, pour éviter la banqueroute de la France. Les magistrats refusent, et réclament la convocation des États Généraux du royaume pour 1789 ; le roi passe outre et ordonne l'enregistrement de l'édit. Son cousin, le duc d'Orléans, ose dire : « C'est illégal », et le roi, troublé, lui répond : « Si ! c'est légal parce que je le veux. » Après la séance, le Parlement déclare que l'enregistrement est nul ; Brienne ordonne sur-le-champ l'arrestation de deux conseillers et condamnera le duc d'Orléans à l'exil.

Il est inutile de dire qu'à partir du 20 novembre on ne parla plus que de cela à Paris, aussi bien dans les grandes demeures que dans les cafés du Palais-Royal ou ailleurs. Et que fait Napoléon, le surlendemain 22 novembre, au soir ?

Il va au Théâtre-Italien et rentre à son *Hôtel de Cherbourg* en traversant le Palais-Royal. Va-t-il s'arrêter dans un de ces cafés où l'on discute jusqu'à ce que le jour se lève de la Révolution qui se prépare ? Lisons ses notes. le texte est un peu long, mais il en vaut la peine (bien entendu, nous avons corrigé les fautes d'orthographe).

« *Jeudi 22 novembre 1787, à Paris*

HÔTEL DE CHERBOURG, RUE DU FOUR-SAINT-HONORÉ

Je sortais des Italiens et me promenais à grands pas sur les allées du Palais-Royal. Mon âme, agitée par les sentiments vigoureux qui la caractérisent, me faisait supporter le froid avec indifférence ; mais l'imagination refroidie, je sentis les rigueurs de la saison et gagnai les galeries. J'étais sur le seuil de ces portes de fer quand mes regards errèrent sur une personne du sexe. L'heure, la taille, sa grande jeunesse ne me firent pas douter qu'elle ne fût une fille. Je la regardais : elle s'arrêta non pas avec cet air grenadier [*sûre d'elle, arrogante*], mais un air convenant parfaitement à l'allure de sa personne. Ce rapport me frappa. Sa timidité m'encouragea et je lui parlai... Je lui parlai, moi, qui, pénétré plus que personne de l'odieux de son état, me suis toujours cru souillé par un seul regard [*Napoléon a dix-huit ans quand il écrit ces lignes intimes, et la prostituée dont il parle l'a déniaisé*]. Mais son teint pâle, son physique faible, son organe doux ne me firent [*sic*] en suspens. Ou c'est, dis-je, une personne qui me sera utile à l'observation que je veux faire, ou elle n'est qu'une bûche [*une lourdaude*].

– Vous aurez bien froid, lui dis-je, comment pouvez-vous vous résoudre à passer dans les allées ?

– Ah ! monsieur, l'espoir m'anime. Il faut terminer ma soirée.

L'indifférence avec laquelle elle prononça ces mots, le flegmatique de cette réponse me gagna et je passai avec elle.

– Vous avez l'air d'une constitution bien faible. Je suis étonné que vous ne soyez pas fatiguée du métier.

– Ah dame ! monsieur, il faut bien faire quelque chose.

– Cela peut-être, mais n'y a-t-il pas de métier plus propre à votre santé.

– Non, monsieur, il faut vivre.

Je fus enchanté, je vis qu'elle me répondait au moins [*sic*] qui n'avait pas couronné toutes les tentatives que j'avais faites.

– Il faut que vous soyez de quelques pays septentrionaux, car vous bravez le froid.

– Je suis de Nantes en Bretagne.

– Je connais ce pays-là... Il faut, mademoiselle, que vous me fassiez le plaisir de me raconter la perte de votre p... [*pucelage*].

– C'est un officier qui me l'a pris.

– En êtes-vous fâchée ?

– Oh ! oui, je vous en réponds. (Sa voix prenait une saveur, une onction que je n'avais pas encore remarquée.) Je vous en réponds. Ma sœur est bien établie actuellement. Pourquoi ne l'eus-je pas été ?

– Comment êtes-vous venue à Paris ?

– L'officier qui m'avilit, que je déteste, m'abandonna. Il fallut fuir l'indignation d'une mère. Un second se présenta, me conduisit à Paris, m'abandonna, et un troisième, avec lequel je viens de vivre trois ans, lui a succédé. Quoique Français, ses affaires l'ont appelé à Londres et il y est. Allons chez vous.

– Mais qu'y ferons-nous ?

– Allons, nous nous chaufferons, et vous exercerez [*mot barré par Napoléon*] votre plaisir.

J'étais bien loin de devenir scrupuleux ; je l'avais agacée pour qu'elle ne se sauvât point quand elle serait pressée par le raisonnement que je lui préparais en contrefaisant une honnêteté que je voulais lui prouver ne pas avoir... »

Nous avons cité en entier ce texte, écrit par le jeune lieutenant Bonaparte, non pas pour le ridiculiser (il devait être tout ému d'avoir franchi le pas, et il tentait de se justifier vis-à-vis de lui-même avec maladresse), mais pour souligner deux faits : 1° Napoléon qui parlait, dans les salons de Valence et dans ses lettres (à l'abbé Raynal, par exemple), de sa passion pour la liberté et du droit des peuples à se révolter contre leurs souverains, n'a rien d'autre à noter dans ses papiers intimes que cette aventure d'un instant alors que tout le Palais-Royal ne discutait que de la division des pouvoirs, des futurs États Généraux, et autres grandes idées ; 2° le style de sa note est d'une platitude qui frise le ridicule : il a peut-être envie de devenir écrivain, mais il n'a pas grand-chose à dire !

D'ailleurs le terme « écrivain » n'est pas approprié. Le but qu'il affirme poursuivre, c'est d'être un historien politique, et comme, en matière d'histoire politique, il ne connaît que celle de la Corse, et surtout de la Corse paoliste, telle que la lui ont transmise ses proches quand il était enfant, ou ses camarades, quand il les a retrouvés à Ajaccio pendant son congé. En outre, il a certainement pris conscience de ses ignorances ; on ne sait pas s'il a eu entre les mains l'*Histoire des révolutions de Corse*, de l'abbé de Germanes (bien qu'il l'ait commandé à un libraire de Genève), mais c'est là sans doute la seule source qu'il connaisse et il a dû apercevoir qu'il y avait loin de l'idée d'un livre à son écriture.

L'ambiance prérévolutionnaire qui régnait à Paris, et surtout dans le quartier qu'il habitait, excita sans doute sa plume, puisque Napoléon, cinq jours à peine après son aventure avec la prostituée du Palais-Royal, met sur le papier les premières lignes – datées par lui-même – de cette histoire dont il parle depuis qu'il est sorti de Brienne :

> « *27 novembre, Paris, 11 heures du soir*
>
> J'ai à peine atteint l'âge... et cependant je manie déjà le pinceau de l'histoire. Je connais ma faiblesse... mais peut-être pour le genre d'écrits que je compose, c'est la meilleure situation d'âme et d'esprit. J'ai l'enthousiasme qu'une étude plus profonde des hommes détruit souvent dans leurs cœurs. La vénalité de l'âge viril ne salira pas ma plume. Je ne respire que la vérité ; je me sens la force de la dire et en lisant cette légère esquisse de nos malheurs, je vois vos pleurs couler. Chers compatriotes, nous avons toujours été malheureux. Aujourd'hui, membres d'une puissante monarchie, nous ne ressentons de son gouvernement que les vices de sa constitution ; et, aussi malheureux peut-être que nous ne voyons de soulagement à nos maux que dans la suite des siècles. »

Ce fragment isolé apporte de l'eau à notre moulin. Au soir de ce 27 novembre, Napoléon n'a décidément plus rien à faire à Paris ; il attend, sans trop y croire, une réponse du ministère des Finances en ce qui concerne la subvention qu'il a demandée pour le compte de sa mère, et une autre du ministère de la

Guerre. Il a en effet demandé au colonel de Gribeauval, Premier Inspecteur de l'artillerie au ministère de la Guerre, une nouvelle prolongation de congé de six mois, pour raison politique cette fois-ci : il tient à assister aux délibérations des États de la Corse, qui doivent se tenir incessamment à Bastia. La réponse lui arrive le 1er décembre :

« PROLONGATION DE CONGÉ

M. de Gribeauval demande une prolongation de six mois sans appointements à compter du 1er décembre pour le sieur de Buonaparte, second lieutenant au régiment de La Fère.

Il a le plus grand intérêt à aller assister aux débats des États de Corse, sa patrie, pour y discuter des droits essentiels à sa modeste fortune et pour lesquels il est obligé de sacrifier les frais du voyage et du retour ; ce qu'il ne se déterminerait pas à faire sans une nécessité absolue. » (*Archives du ministère de la Guerre*)

La silhouette psychologique de Napoléon Bonaparte commence à se préciser. L'adolescent de Brienne n'avait pas d'ambition précise, mais il affirmait déjà – et parfois agressivement – son patriotisme « corse » (les guillemets sont indispensables, car, appartenant à une famille génoise d'Ajaccio, il n'a pas souffert, dans son enfance, les méfaits du colonialisme génois). Le cadet de Brienne, de plus en plus « patriote », se voyait déjà dans la peau d'un écrivain politique chantant les louanges de Pascal Paoli et de sa Constitution : c'était un rêve d'étudiant. L'officier de garnison qui prend des leçons de danse, fréquente les salons des bas-bleus de Valence, lit et relit Rousseau, joue la carte de l'exotisme et du patriotisme corse qui lui confère une certaine originalité, c'est un jeune homme qui ambitionne sinon de briller, du moins d'être remarqué. Lorsqu'il pousse plus loin son jeu, et parle d'un livre qu'il écrit, dont il prétend envoyer les premiers chapitres à un écrivain à la mode (l'abbé Raynal), ce n'est encore qu'un bluffeur de province, qui sait fort bien que son livre n'existe que dans son imagination.

Mais le permissionnaire qui est revenu d'un congé de six mois en Corse passé à accomplir des corvées familiales toujours sans n'avoir rien écrit, et qui est plongé, brusquement, dans l'atmosphère houleuse de Paris à la veille de la prise de la Bastille, c'est autre chose. Il sent, comme beaucoup d'autres jeunes hommes, comme les convives d'Arthur Young, comme les gens qu'il rencontre dans les allées du Palais-Royal, que le monde va changer et que le temps des épopées est peut-être revenu. Et le jeune Bonaparte saisit son époque au bond. Il rêvait de se distinguer sur le terrain de la littérature patriotique, et voilà que l'histoire lui offre l'opportunité de se distinguer sur le terrain de la politique patriotique en Corse. Il n'hésite pas et il n'attend même pas que son congé sans solde, obtenu par Gribeauval, lui parvienne : dans la deuxième quinzaine de décembre, Napoléon part pour Ajaccio. Il emporte, dans ses bagages, le grand cahier qui ne l'a jamais quitté depuis Valence et qui contient tout ce qu'il a écrit depuis qu'il s'est mis dans la tête de se faire un nom dans la littérature, soit une vingtaine de feuillets : sur Paoli, sur la Corse, sur sa solitude, sur Rousseau, sur son aventure avec la prostituée du Palais-Royal, et des réflexions quelque peu cuistres sur l'amour de la patrie (tous ces manuscrits ont été publiés par Masson dans *Napoléon inconnu*, Paris, 1893).

## Encore six mois de congé en Corse (janvier-juin 1788)

L'écrivain en herbe arrive le 1er janvier à Ajaccio, où Letizia l'attend avec impatience : son mari est mort en février 1785, Marbeuf, son protecteur (et peut-être son amant) est mort en 1786, l'oncle Luciano, l'archidiacre, a quatre-vingts ans et souffre de la goutte, ses deux fils aînés, Joseph – qui fait des études de médecine à Pise – et Napoléon, sont absents, les autres (Louis, Jérôme) sont encore trop jeunes pour pouvoir l'aider. Elle est accablée par les travaux domestiques et elle a besoin d'argent : la subvention que Napoléon a réclamée pour l'exploitation d'une pépinière de mûriers aux Salines n'est toujours pas arrivée. Aussi, la première tâche dont elle chargea son fils fut-elle de réclamer en son nom à l'Intendant de la Corse, François-Nicolas de La Guillaumye, le remboursement des plants de mûriers qu'elle devait livrer à des particuliers (Letizia baragouinait le français, mais ne savait pas l'écrire) ; Napoléon s'en acquitta sans attendre.

Il fit même plus. Il n'hésita pas à entreprendre plusieurs fois le voyage d'Ajaccio à Bastia (à dos de mulet, il durait deux ou trois jours, à cheval il fallait une longue journée) pour intervenir en personne auprès de l'Intendant, et aussi pour prendre contact avec les administrateurs civils et militaires de la Corse, qui siégeaient à Bastia, la capitale de l'île, afin de tâter le terrain : si la rumeur d'une prochaine tenue des États Généraux du royaume se confirmait, mieux valait peut-être savoir où il risquait de mettre les pieds.

Il profita des nombreux séjours qu'il fit à Bastia pour rencontrer les officiers artilleurs des deux compagnies de son régiment qui étaient en garnison dans cette ville. Il est intéressant de savoir comment ses camarades, qui avaient la même formation militaire que lui et dont aucun d'entre eux n'avait d'attaches avec l'île (ils étaient tous « continentaux »), ont réagi à ses propos. Il ne semble pas que Napoléon les ait séduits. La vie de garnison à Bastia n'avait en effet rien de commun avec celle de Valence, où son attitude exotique de « patriote corse » et son rousseauisme lui valaient d'être apprécié et même recherché d'une bourgeoisie locale cultivée et aux idées larges.

En effet, la capitale de la Corse comptait, nous dit une statistique établie par les Français en 1770, 5 387 habitants dont 1 005 « vivaient noblement », c'est-à-dire constituaient ce qu'on pourrait appeler le *patriciat*, l'élite sociale de Bastia ; ses membres étaient soit des Corses d'origine génoise implantés depuis longtemps dans la ville, comme les Bonaparte l'étaient à Ajaccio, par exemple, soit des Corses autochtones, en affaire avec eux. Tout ce petit monde a adopté le parti français du temps de Marbeuf (qui vient de mourir en 1786) et tourne maintenant autour de l'Intendant de la Corse, La Guillaumye, qui distribue les charges et les fonctions auxquelles on ne peut accéder, en général, que si l'on appartient à l'ordre de la noblesse (d'où les efforts de Charles Bonaparte pour y parvenir, que nous avons décrits précédemment).

De sorte que le patriotisme corse de Napoléon, qui paraissait une originalité à l'élite de Valence, semble tout à fait déplacé à Bastia ; quant aux officiers français, fidèles royalistes, ils considèrent même comme suspect ce lieutenant d'artillerie qui leur parle d'une « patrie corse », de Pascal Paoli et de monarchie constitutionnelle, alors que pour eux il n'y a qu'une patrie, celle de leur roi, et qu'ils considèrent Paoli comme un chef de brigands. Voyez ce que dit de lui un de ses camarades officiers, le lieutenant de Roman (qui deviendra colonel par la suite) dans ses *Souvenirs d'un officier royaliste* (cité par Masson, I, p. 192) :

> « Il était un peu plus jeune que moi [...]. Sa figure ne me revint pas du tout, son caractère encore moins, et son esprit était si sec, si sentencieux pour un jeune homme de son âge, un officier français, que je n'eus jamais la pensée d'en faire mon ami [...]. Mes camarades n'y voyaient [*dans ses propos*], comme moi, que du ridicule ou du pédantisme. »

Au cours des discussions qu'il eut avec les autres officiers, Napoléon a l'occasion d'argumenter sur les droits des peuples, et de Roman est « *stupéfait* » de le voir ranger la nation corse parmi les nations. De même, « *il n'en revient pas* » que Napoléon s'insurge contre Barrin, le successeur de Marbeuf au commandement militaire de la Corse, qui veut priver les États de la Corse (l'Assemblée supérieure de la Corse) de délibérer sur les intérêts du peuple corse, partant du principe que ces intérêts ne regardent que le roi, et qu'il ait dit : « *Ce Monsieur ne connaît pas les Corses ; il verra ce qu'ils peuvent* » ; de Roman en conclut :

> « Cette parole échappée avait donné la mesure de son caractère. Un de nos camarades lui répondit : “Est-ce que vous useriez de votre épée contre le représentant du roi ?” Il ne répondit rien. Nous nous regardâmes froidement, et c'est la dernière fois que ce ci-devant camarade me fit l'honneur de dîner avec moi. »

Mais Napoléon ne rencontrait pas que des Bastiais du parti français ou des officiers monarchistes à Bastia ; il eut aussi l'occasion de s'entretenir avec de vieux soldats de Pascal Paoli, qui lui racontèrent leurs souvenirs et qui lui fournirent dix-sept documents, manuscrits ou imprimés, sur la guerre d'indépendance des Corses. Ces document ont été tous retrouvés, plus tard, dans les papiers de Napoléon, ce qui tendrait à prouver qu'il n'avait jamais perdu de vue son intention d'écrire une histoire de la Corse, qui n'en resta pas moins lettre morte, car il n'en parlera plus.

Ce qui caractérise ces documents, c'est qu'ils se rapportent uniquement à la période 1730-1777, c'est-à-dire à la situation contemporaine de la Corse, et non pas à son histoire. Cela montre bien, comme nous l'avons déjà dit plus haut (p. 106), que les intentions de Napoléon à l'égard de son île natale ne sont plus historiques et littéraires : elles sont devenues politiques. Dans le monde nouveau qui est sur le point d'éclore, Napoléon a choisi de jouer un rôle. Lequel ? Pour l'instant, il est dans l'expectative : l'officier romantique et un tant soit peu faiseur de Valence se transforme, peu à peu, en opportuniste. Il a compris, comme beaucoup d'autres (et en cela son séjour à Paris en octobre-décembre lui a sans doute beaucoup appris) que les choses vont changer, que la convocation des États Généraux du royaume est inéluctable (ce que les officiers béats comme de Roman ne pressentent pas), et il espère bien y représenter la Corse, dans l'ordre de la Noblesse.

Le printemps approche, et la fin de sa permission exceptionnelle aussi. Son frère Joseph a écrit de Pise : à la fin du mois d'avril, il soutiendra sa thèse de médecine et il rentrera aussitôt à Ajaccio, en passant par Bastia.

La soutenance de thèse a lieu le 24 avril 1788, et, deux ou trois jours plus tard, Joseph est dans les bras de son frère, à Bastia. Napoléon peut partir tranquille, sa mère ne restera pas seule ; il rentre à Valence et, le 1er juin 1788, il se met en route pour Auxonne, où le régiment de La Fère est maintenant en garnison. C'est à Auxonne qu'il va vivre les premiers jours de la Révolution et il n'a pas encore vingt ans.

## Chapitre VI

# Le patriote corse ?

*La découverte du moteur patriotique. – L'artilleur d'Auxonne (juin 1788-1789). – La* Lettre à Paoli *du 12 juin 1789 : un chef-d'œuvre d'hypocrisie et d'arrivisme. – Les autres écrits d'Auxonne. – Napoléon « prend la Bastille »... à Bastia (septembre-novembre 1789). – Vive la nation ! Vive Mirabeau ! Vive Paoli ! : Napoléon commence à retourner sa veste de nationaliste corse (janvier 1790-janvier 1791).*

Lorsque Bonaparte rejoint enfin son régiment, à Auxonne, après les vingt et un mois de congé qu'il vient de se faire octroyer, le personnage s'est profondément modifié. Il n'est plus le tout jeune officier, à la fois timide et mondain, dont s'étaient entichés les habitués du salon de Mme du Colombier, à Valence, il ne pose plus au disciple de Rousseau, ni même au futur littérateur qui a dans ses cartons un manuscrit sur l'histoire de la Corse. Ses séjours en Corse et à Paris l'ont transformé.

À Ajaccio, lors de son retour dans son île natale, qu'il n'avait pas revue depuis son départ pour Brienne, neuf ans auparavant, Napoléon a découvert les responsabilités familiales : les tracas administratifs de sa mère, l'éducation de ses jeunes frères et sœurs, la goutte du grand-oncle Luciano. À Paris, outre les plaisirs furtifs de l'amour vénal, il a constaté, d'une manière fugitive, que le système monarchique dans lequel son père l'avait introduit, par la grâce de Marbeuf, battait de l'aile et que la mécanique du royaume de France ne tournait plus rond, ce qu'on ignorait aussi bien à Ajaccio que dans les casernes de province.

Mais c'est à Bastia, au cours de son deuxième congé en Corse, de janvier à mai 1788, qu'en lui tout a changé. Les interminables polémiques qu'il a soutenues, dans cette ville, durant l'hiver 1788, avec ses collègues artilleurs – royalistes fervents qui ne l'aimaient pas – et les conversations passionnées qu'il a eues, à la même époque, avec les anciens combattants de la guerre de Paoli ont modifié du tout au tout sa mentalité, ses manières de penser, de voir la vie, d'envisager sa destinée (Frédéric Masson a été le premier historien à le signaler). Je pense même que, si le fils de Carlo Buonaparte et de Letizia Ramolino est né, biologiquement, à Ajaccio, le 15 août 1769, Napoléon est né psycho-politiquement à Bastia, dans les premiers mois de l'année 1788.

L'accouchement n'a pas eu lieu sans douleur, il s'est fait au prix d'une double trahison : Napoléon a d'abord trahi la patrie France, dans laquelle il avait été introduit par Marbeuf, au profit de la patrie Corse, dans l'ambiance de 1789, puis, comme nous le verrons au chapitre suivant, la patrie Corse au profit de la France, et cette première phase de son existence, au cours de laquelle il se sera montré tout à tour bluffeur, sincère, manœuvrier et surtout sans états d'âme, se terminera sur les quais de Toulon, le 13 juin 1793.

Le tableau chronologique de la page ci-contre récapitule les principaux événements de la vie de Napoléon Bonaparte de juin 1788 à juin 1793, c'est-à-dire de la période où il a trahi deux fois : 1° une première fois, en juin 1789, la France (et donc son roi), qui avait fait de lui un officier français, pour prendre le parti du nationalisme corse et du paolisme (c'est là le sens de sa fameuse *Lettre à Paoli* et de la non moins fameuse *Lettre à Buttafuoco* qui avait choisi le camp de la France contre celui de la Corse) ; 2° une deuxième fois, en mars 1793, la Corse (et donc Pascal Paoli), lorsqu'il comprend qu'il aura plus de chances de réussir en France qu'en Corse (d'où l'accusation contre Paoli qu'il porte devant la Convention, en 1793).

## D'Auxonne à Toulon
(Repères chronologiques, juin 1788-juin 1793)

| Dates | Événements |
|---|---|
| Juin 1788-juin 1789 | À Auxonne. Napoléon sujet du roi de France, officier d'artillerie ; sa patrie est la France, mais il semble la préférer républicaine, ou, du moins comme une monarchie constitutionnelle. Développement chez lui de l'idéologie patriotique (à la manière antique). |
| **1789** | |
| 12 juin | **Première trahison de Napoléon :** il choisit la patrie corse contre la France dans la fameuse *Lettre à Paoli*, mais son choix n'est que déclaratif ; il est aussi secret. |
| 23 août | Malgré la lettre du 12 juin, à Paoli, Napoléon n'en prête pas moins le serment de fidélité à la Nation, au Roi et à la Loi. Sa trahison du 12 juin s'aggrave d'une politique du double jeu. |
| Septembre | En congé en Corse. Manifeste son patriotisme corse : assiste aux consultes d'Orezza. |
| 31 octobre | Il rédige une adresse à la Constituante lui demandant « *de rétablir les Corses dans les droits que la nature leur a donnés dans leur pays* ». |
| **1790** | |
| 17 juillet | Accueille Paoli, amnistié par la Constituante. |
| **1791** | |
| 23 janvier | Bonaparte écrit la *Lettre à Buttafuoco*, lui reprochant d'avoir trahi Paoli, d'avoir adhéré au parti de la France (*janvier 1791*). |
| 11 Février | Retour de Napoléon à Auxonne. |
| 14 mars | Il fait imprimer sa *Lettre à Buttafuoco* (à Dôle) et l'envoie à Paoli qui lui répond que « l'Histoire ne s'écrit pas dans les années de jeunesse ». |
| 1er juin | Bonaparte est muté à Valence. |
| Septembre | Il part en congé en Corse, d'abord sans permission, puis comme adjudant-major de la Garde nationale d'Ajaccio. Déçu par Paoli ; son frère Joseph lui conseille de rentrer en France. |
| **1792** | |
| 8-14 avril | Troubles à Ajaccio. |
| 20 avril | La France déclare la guerre à l'Autriche. Napoléon toujours en congé en Corse. |
| Mai-octobre | En congé (irrégulier) à Paris (malgré la guerre). |
| 30 juillet | Réintégré dans son arme comme capitaine d'artillerie. |
| 10 août | Assiste au sac des Tuileries. |
| 2 septembre | La Commune proclame « la patrie en danger », mais l'artilleur Napoléon reste à Paris. |
| 20 septembre | Canonnade de Valmy... sans Napoléon. |
| 21 septembre | Première séance de la Convention. |
| 10 octobre | Napoléon s'embarque pour la Corse. où il restera jusqu'en juin 1793. |
| **1793** | |
| Février | Expédition française contre l'île sarde de La Maddalena : échec. |
| Mars | **Deuxième trahison de Napoléon**, qui choisit la France contre la Corse paoliste. |
| 2 avril | La Convention décrète Paoli hors la loi. |
| 11 juin | Napoléon et les siens, traqués en Corse par les partisans de Paoli, s'embarquent à Calvi pour Toulon. |

## La découverte du moteur patriotique

Avant ses rencontres bastiaises, Napoléon avait devant lui l'avenir d'un officier d'artillerie au service du roi de France, et il en était très fier. À Bastia, il a pris conscience, assez rapidement, qu'il n'y avait aucune raison que ce fût là sa destinée, qu'il n'entretenait, ni avec le roi de France, ni avec aucun autre monarque, des liens de sujétion aussi forts que ceux qui unissaient à leur souverain des officiers royalistes de père en fils depuis des générations, chez qui l'attachement à la monarchie était en quelque sorte transmis héréditairement, par le jeu de l'éducation, et avec lesquels il ne se sentait aucune affinité.

En revanche, ses souvenirs d'enfance et son éducation corsico-ajaccienne le poussaient à prendre pour exemple ce Paoli, dont ses parents lui avaient tant parlé et auquel, tout jeune, il avait voué un véritable culte, comme, deux siècles plus tard, d'autres jeunes militants d'une cause perdue rêveront devant la figure de Mao, le Grand Timonier, ou du Ché, le guérillero légendaire. Dès lors, plutôt que de faire le serment de se battre jusqu'à la mort pour la gloire d'un souverain, ne serait-il pas plus beau et plus exaltant de combattre pour une *patrie,* ainsi qu'il l'écrivait sur son grand *Cahier,* en 1786 ou 1787, dans un texte de quelques pages intitulé *Sur l'amour de la patrie* :

> « Ouvrons les annales des Monarchies. Notre âme s'enflamme sans doute au récit des actions de Philippe, Alexandre, Charlemagne, Turenne, Condé, Machiavelli et tant d'autres hommes ilustres qui, dans leur héroïque carrière, eurent pour guide l'estime des hommes [*donc l'unique souci de leur propre gloire*] ; mais quel sentiment maîtrise notre âme à l'aspect de Léonidas et de ses trois cents Spartiates [*allusion à la bataille héroïque des Thermopyles, dans laquelle ce roi de Sparte périt avec ses trois cents hoplites en tentant de s'opposer à l'invasion des Perses du roi Xerxès, lors des guerres médiques*]. Ils ne vont pas à un combat, ils courent à la mort pour le sort qui menace leur patrie, ils affrontent les forces réunies de l'Orient, pour obéir [*à l'amour de la patrie*], premiers soutiens de la liberté. » (Masson, I, p. 186 *sq.*)

L'appel au moteur patriotique comme substitut au rapport de fidélité qui lie le vassal à son souverain dans le système féodal n'est pas un thème nouveau : c'était le fondement de la morale politique dans toute l'Antiquité classique (à laquelle, du reste, se réfère le texte qui précède). Ce moteur venait de refaire son apparition dans l'histoire depuis un demi-siècle environ, en Corse d'abord, avec la révolution paoliste (1755-1769), en Amérique ensuite, avec la guerre d'Indépendance (1776-1783), et ces deux révolutions avaient abouti à l'institution de deux républiques constitutionnelles, l'éphémère « Royaume de Corse » (1755-1769) et la République des États-Unis.

Le jeune Bonaparte n'a pas *vécu* le paolisme (il est né après la défaite de Ponte-Nuovu et l'exil de Paoli), mais il l'a « frôlé », car son père a gravité autour du Babbu pendant trois ans environ, et a même été son secrétaire épisodique à Corté en 1768-1769 (voir ci dessus, p. 60) ; donc, lorsqu'à Bastia il a décidé – confusément, sinon même inconsciemment – de changer de cap, et de servir sa patrie plutôt que le roi de France, c'est à la patrie corse qu'il pense, cette même Corse que Paoli a tenté de délivrer d'abord du joug génois, puis du joug français.

Ce faisant, Napoléon, qui cherche naïvement, en 1788-1789 à justifier son enthousiasme pour le patriotisme, est en pleine contradiction avec son histoire personnelle. Que sont, en effet, tous ces Buonaparte qui, de père en fils, vivent à Ajaccio depuis deux siècles, sinon des colons génois occupant l'île peuplée de Corses auxquels Gênes impose le joug de sa souveraineté ? Quand donc il parle avec émotion, dans son manuscrit sur l'amour de la patrie, de « sa patrie corse », et quand, au début de 1788, il est pris à partie par les artilleurs continentaux de Bastia en tant que « patriote corse », son discours est ambigu.

En fait – nous allons le voir –, au moment où éclate, comme un coup de tonnerre, la Révolution française, et où se répand l'idéologie du *patriotisme* qui vient remplacer l'idéologie féodale moribonde, Napoléon va chercher à justifier, par le sentiment romantique de l'amour de la patrie, son projet – encore inconscient peut-être – du moment, à savoir de mettre à profit les circonstances pour tenter de créer un royaume républicain corse, dont il pourrait être non pas le roi, mais le « chef », le « guide » éclairé, un second Paoli. Et c'est pourquoi, durant les cinq années qui séparent son arrivée à Auxonne, dans les premiers jours de juin 1788, de son installation avec toute sa famille à La Valette, près de Toulon, en juin 1793, il utilisera les trente-sept mois de congé (dont trente et un mois passés en Corse) qu'il va obtenir : 1° à renier la patrie française dont il est un des soldats ; 2° à militer pour ce qu'il appelle « sa patrie corse », sous l'étendard du grand Paoli ; 3° à trahir cette patrie, par souci de son intérêt bien compris, en avril-mai 1793, pour retourner à la première, la France, plus à la mesure de son ambition naissante. Examinons de plus près les différents moments de cette évolution.

## L'artilleur d'Auxonne (juin 1788-juin 1789)

Pour Napoléon, qui est sur le point d'avoir dix-neuf ans, c'est à Auxonne que les choses sérieuses commencent. Ne nous extasions pas sur sa prétendue précocité : dix-neuf ans, c'est, de nos jours, l'âge auquel un bon élève entre à l'École normale supérieure ou à l'École polytechnique. Le jeune homme ne dispose, pour vivre, que d'une maigre solde de lieutenant en second, et l'oncle Luciano, fortuné mais rapiat, ne lui envoie plus de subsides. En conséquence, Bonaparte renonce à louer une chambre en ville et choisit de vivre à la caserne, où, pendant quinze mois, il va consacrer tout son temps d'une part, à son métier de militaire, et, d'autre part, à ses rêves de patriote corse.

Il est artilleur, il lui faut donc apprendre l'artillerie, car c'est une arme dont il ignore presque tout (on ne l'enseignait pas à l'École royale militaire, et, à Valence, il avait simplement appris en quoi consistait l'état de soldat, mais non pas ce qu'il devait savoir en tant qu'officier artilleur). D'autre part, il a choisi, dans le secret de son cœur, d'être le héros de la « patrie corse », il se doit de s'instruire sur l'histoire des nations, et spécialement sur celle de son île, afin de pouvoir attirer l'attention des philosophes et des politiques sur cette Corse encore inconnue, voire méprisée, des gouvernements européens.

Il se passionne donc d'abord pour l'artillerie moderne, telle qu'elle a été rénovée et perfectionnée par Gribeauval depuis 1776, et telle que l'enseigne le général du Teil à l'École d'artillerie d'Auxonne, où il réserve le meilleur accueil aux jeunes officiers désireux de s'instruire. Tous les soirs, après l'exercice ou après son service, Napoléon prend force notes sur les progrès de l'artillerie moderne (voir Annexe n° 6). Du Teil appréciait sans doute les idées du jeune officier, car il le fit participer à de nombreuses commissions d'études, malgré son jeune âge et son grade subalterne.

Mais Napoléon, nous l'avons dit, ne rêve pas que de devenir un bon artilleur au service du roi de France. C'est à sa « patrie » corse qu'il destine son savoir, qui doit être aussi politique. C'est pourquoi, afin de comprendre l'histoire de son temps et des temps passés, il lit énormément de livres d'histoire et prend d'abondantes notes sur ses lectures, réunies dans onze *Cahiers* : sur les modes de gouvernement, sur l'*Histoire des deux Indes* de Raynal, sur l'histoire d'Angleterre, sur celle de Frédéric II de Prusse, sur l'*Histoire des Arabes sous le gouvernement des Califes* de l'abbé de Marigny (Paris, 1740, 4 vol.), sur l'*Histoire du gouvernement de Venise* d'Amelot de la Houssaye (Lyon, 1740, 3 vol.), sur les *Observations sur l'histoire de France* de l'abbé Mably (Genève, 1765, 2 vol.), sur la *Géographie moderne* de l'abbé Lacroix (Paris, 1747). Il recopie même, pour sa gouverne, le rapport fait par Necker sur la situation financière de la France lors de l'ouverture des États Généraux du Royaume, le 5 mai 1789.

De toutes ses lectures, Napoléon dégage quelques réflexions personnelles qu'il envisage d'exposer dans un ouvrage qui devait s'intituler *Dissertation sur l'autorité royale* ; comme son histoire de la Corse, cette *Dissertation* n'a jamais vu le jour, elle est simplement annoncée en quelques lignes dans les manuscrits d'Auxonne qui ont été publiés par Masson. C'est une note d'actualité : elle est du 23 octobre 1788, et, depuis plus d'un an, l'autorité royale est fortement mise en difficulté par le Parlement de Paris, qui refuse d'enregistrer les édits financiers proposés par Loménie de Brienne, chef du Conseil des finances de Louis XVI et qui a décidé, le 8 août précédent, de convoquer les États Généraux pour le mois de mai 1789 (huit jours plus tard, l'État devait suspendre ses payements, et le très populaire Necker remplaça Brienne au pouvoir le 25 août 1788). Voici la note de Napoléon sur la manière dont il envisage de traiter le thème de l'autorité royale :

NOTE DU 23 OCTOBRE 1788

« Cet ouvrage commencera par des idées générales sur l'origine et l'accroissement que prit dans l'esprit des hommes le nom de roi. Le gouvernement militaire lui est favorable ; cet ouvrage entrera ensuite dans les détails de l'autorité usurpée dont les rois jouissent dans les douze royaumes de l'Europe.

Il n'y a que fort peu de rois qui n'eussent pas mérité d'être détrônés. »

À la fin de l'année 1788, le lieutenant Bonaparte tombe malade ; d'après les symptômes qu'il décrit dans une lettre à sa mère, le 12 janvier 1789, il semble qu'il s'agisse du paludisme :

LETTRE À LETIZIA

« *Auxonne, le 12 janvier 1789*

Ma santé qui est enfin rétablie me permet de vous écrire longuement. Ce pays-ci est très malsain à cause des marais qui l'entourent et des fréquents débordements de la rivière qui remplissent tous les fossés d'eau exhalant des vapeurs empestées. J'ai eu une fièvre continue pendant certains intervalles de temps et qui me laissait ensuite [*quatre*] jours de repos, venait m'assiéger de nouveau pendant tout autant de temps. Cela m'a affaibli, m'a donné de [*longs*] délires et m'a fait souffrir une longue convalescence [...] »

Dans la suite de la lettre, Napoléon donne quelques renseignements à sa mère sur la situation politique de la France, qu'il analyse comme le faisaient alors tous les Français éclairés : les États Généraux du royaume vont bientôt se tenir à Versailles, le rappel de Necker (25 août 1788) a rassuré les banquiers, qui ont avancé des fonds à l'État, et l'opinion publique se passionne pour deux questions : combien de députés aura le Tiers-État ?

Comment votera-t-on aux États Généraux, par ordre (avec une voix pour le Clergé, une pour la Noblesse et deux pour le Tiers-État) ou par tête ? Napoléon l'explique clairement à Letizia :

> « La discorde semble avoir jeté la pomme au milieu des Trois ordres, et déjà le Tiers-État l'a emporté pour le nombre des députés à avoir [*il s'agit du doublement du nombre de députés du Tiers, décidé le 27 décembre 1788*], mais cette victoire est peu de chose s'il n'obtient pas la délibération par tête au lieu de celle par ordre, qui est aussi antique que la Monarchie. »

Le 5 mai a lieu à Versailles la cérémonie d'ouverture des États Généraux, et les événements se précipitent. Le conflit éclate entre le Tiers et les députés de la Noblesse et du Clergé en ce qui concerne la validation des suffrages obtenus par les députés ; le 17 juin, considérant qu'il représentait les « quatre-vingts centièmes au moins de la nation », le Tiers se constitue en *Assemblée nationale.* Les premiers grands moments révolutionnaires se succèdent : Serment du Jeu de paume (20 juin), séance royale du 23 juin à l'issue de laquelle les députés du Tiers refusent d'évacuer la salle (« Nous ne sortirons d'ici que par la force des baïonnettes »), l'Assemblée nationale se proclame *Assemblée Constituante* (9 juillet), *prise de la Bastille* (14 juillet) et premières victimes de la Révolution, création à la mairie de Paris de la *Garde nationale* (15 juillet ; son chef est La Fayette), abolition des privilèges (*Nuit du 4 août*), début de l'émigration (le comte d'Artois), *Déclaration des droits de l'homme et du citoyen* (26 août).

Pendant que se déroulent ces événements historiques de première grandeur, dont va dépendre le sort futur de la France, à quoi songe Napoléon ? Son esprit n'est ni à Versailles, ni dans les rues de Paris : il est en Corse, où il semble impatient de transporter la Révolution qui est en train de naître, afin de soustraire son île natale à la domination de la France... que par ailleurs il sert en tant que consciencieux officier d'artillerie !

En témoignent quatre documents écrits de sa main, à Auxonne, entre le 12 juin 1789 et la fin du mois d'août 1789 (ce repère chronologique est significatif). On y aperçoit, sans aucune ambiguïté, son adhésion passionnée à l'idée d'une patrie

Corse libérée de l'occupation française. Nous isolons d'abord le premier document, dont l'importance est capitale.

## Document n° 1 (12 juin 1789) : Lettre à Paoli

C'est la fameuse lettre qui débute par : « *Je naquis quand la patrie périssait...* » ; elle mérite un commentaire détaillé, tant elle respire l'hypocrisie et l'arrivisme de son auteur. N'oublions pas, en la lisant, que Napoléon va avoir vingt ans (le 15 août 1789), qu'il est Français, officier dans les armées du roi de France, et qu'il envisage d'une part, de publier un livre sur la Corse (il est donc à la recherche d'un patronage), et, d'autre part, de se tailler une place politique de première grandeur dans une Corse qu'il souhaite indépendante de la France : quel meilleur appui souhaiter que celui du prestigieux Paoli, idole des salons anglais et américains ? Examinons donc cette lettre paragraphe par paragraphe.

> « *Auxonne en Bourgogne, 12 juin 1789*
>
> Général,
>
> Je naquis quand la patrie périssait. Trente mille Français vomis sur nos côtes, noyant le trône de la Liberté dans des flots de sang, tel fut le spectacle odieux qui vint le premier frapper mes regards.
>
> Les cris des mourants, les gémissements de l'opprimé, les larmes du désespoir environnèrent mon berceau dès mon enfance... »

*Commentaire.* Quelle grandiloquence ! Il est né à Ajaccio, en terre génoise, et la patrie qui périssait c'était celle des Corses de la montagne, des bergers de la Castagniccia et du Niolo, des Corses corses, qui n'avaient rien à voir avec les Génois des villes, même si certains de ces derniers avaient pris parti pour eux. Quant aux « flots de sang », c'est une allusion à la bataille de Ponte-Nuovu (voir Annexe n° 1), ils furent réels, mais Napoléon ne les a pas vus (il n'était pas encore né) et je doute que son enfance ait été bercée par des récits d'anciens combattants corses, qui n'avaient du reste pas le droit d'entrer dans Ajaccio. Ce premier paragraphe est un raccourci rétrospectif destiné à émouvoir Paoli. Passons au suivant :

> « Vous quittâtes notre île et, avec vous, disparut l'espérance du bonheur ; l'esclavage fut le prix de notre soumission : accablés sous la triple chaîne du soldat, du légiste et du percepteur d'impôts, nos compatriotes vivent méprisés... méprisés par ceux qui ont la force de l'administration en main. N'est-ce pas la plus cruelle torture que puisse éprouver celui qui a du sentiment ? L'infortuné Péruvien périssant sous le fer de l'avide Espagnol éprouvait-il une vexation plus ulcérante ?... »

*Commentaire.* Après le départ de Paoli, les Génois d'Ajaccio ont ouvert leurs bras aux Français, qui les ont couverts de pseudo-titres de noblesse et de charges diverses ; nous avons déjà dit tout ce que la famille Bonaparte devait à Marbeuf, représentant la France en Corse. Quant à la comparaison avec la conquête du Pérou par les Espagnols, elle est démesurée : il n'y a pas eu de génocide corse, il n'y a eu qu'une guerre meurtrière parce qu'inégale.

> « Les traîtres à la Patrie, les âmes viles que corrompit l'amour d'un gain sordide, ont, pour se justifier, semé des calomnies contre le Gouvernement national [*le gouvernerment nationaliste institué par Paoli à Corté*] et contre votre personne en particulier. les écrivains, en les adoptant comme des vérités, les transmettent à la postérité.
>
> En les lisant, mon ardeur s'est échauffée et j'ai résolu de dissiper ces brouillards, enfants de l'ignorance. Une étude commencée de bonne heure de la langue française, de longues observations et des mémoires puisés dans les portefeuilles des patriotes m'ont mis à même d'espérer quelques succès... »

*Commentaire.* Napoléon déguise la vérité. Tous les écrivains politiques de la seconde moitié du XVIII^e^ siècle ont admiré Paoli et ce qu'il a fait en Corse (pensez à Rousseau, par exemple, ou aux Anglais), et Paoli n'avait nul besoin d'un défenseur ; s'il se trouva quelque plumitif pour « calomnier » son œuvre en son temps (1755-1769), ses écrits ne sont pas passés à la postérité.

Bonaparte a besoin de se faire valoir pour s'attirer le bienveillant patronage du *Babbu* (« le Père »), comme ses admirateurs appelaient le père de la patrie corse, alors il se pose en redresseur de torts, et il redevient le bluffeur qu'il était à Valence quand il parlait de ses « travaux » sur l'histoire de la Corse dans le salon de Mme du Colombier : ses « *longues observations* » et les « *mémoires puisés dans les portefeuilles des patriotes* » ne sont guère plus que les conversations qu'il avait eues à Bastia l'année précédente avec d'anciens partisans de Paoli, que nous avons déjà évoquées (p. 119 ci-dessus) et qui ont éveillé en lui des sentiments nationalistes. La fin de sa phrase d'ailleurs le trahit ; il est à même, écrit-il « *d'espérer quelques succès* », littéraires, bien entendu : sa lettre est un plaidoyer *pro domo*... pour un livre dont il a toujours parlé, mais qu'il a toujours été incapable d'écrire, aussi bien en 1789, à Auxonne, qu'en 1786, à Valence.

> « ... Je veux comparer votre administration [*la manière dont Paoli a gouverné la Corse*] avec l'administration actuelle... Je veux, au tribunal de l'opinion publique, appeler ceux qui gouvernent, détailler leurs vexations, découvrir leurs sourdes menées et, s'il est possible, intéresser le vertueux ministre qui gouverne l'État [*il s'agit de Necker*] au sort déplorable qui nous afflige si cruellement. »

*Commentaire.* Prudent, Bonaparte ménage les puissants, et ne lésine pas sur la flatterie ; mais, puisque son livre n'existe pas, pourquoi a-t-il donc besoin de Paoli ? Tout simplement parce que ce n'est pas son livre imaginaire qui le préoccupe, c'est son avenir politique. De grands bouleversements sont à prévoir, le sort de la Corse en dépendra, et Napoléon se place : il assure Paoli de sa fidélité, il insiste sur le fait que ses parents ont toujours été du « bon parti » (celui des patriotes corses) et proclame qu'il n'est lui-même guidé que par l'amour de la patrie corse.

> « Jeune encore, mon entreprise peut être téméraire, mais l'amour de la vérité, de la patrie [*la patrie corse, évidemment : Bonaparte renie la patrie française*], de mes compatriotes, cet enthousiasme que m'inspire toujours la perspective d'une amélioration dans notre état, me soutiendront. Si vous daignez, général, approuver un ouvrage où il sera si fort question de vous ; si vous

daignez encourager les efforts d'un jeune homme que vous vîtes naître et dont les parents furent toujours attachés au bon parti, j'oserai augurer favorablement du succès.

J'espérai quelque temps pouvoir aller à Londres [*où résidait Paoli depuis 1769*] vous exprimer les sentiments que vous m'avez fait naître et causer ensemble des malheurs de la Patrie, mais l'éloignement y met obstacle : viendra peut-être un jour où je me trouverai à même de le franchir.

Quel que soit le succès de mon ouvrage, je sens qu'il soulèvera contre moi la nombreuse cohorte d'employés français qui gouvernent notre île et que j'attaque : mais qu'importe s'il y va de l'intérêt de la Patrie ! J'entendrai gronder le méchant et, si ce tonnerre tombe, je descendrai dans ma conscience, je me souviendrai de la légitimité de mes motifs, et, dès ce moment, je le braverai.

Permettez-moi, général, de vous offrir les hommages de ma famille... Eh ! pourquoi ne le dirai-je pas... de mes compatriotes. Ils soupirent au souvenir d'un temps où ils espérèrent la liberté. Ma mère, Mme Letizia, m'a chargé de vous renouveler le souvenir des années écoulées à Corté.

Je finis avec respect, général, votre très humble et très obéissant serviteur

NAPOLÉON BUONAPARTE »

*Commentaire.* Napoléon cherche à toucher la corde sensible du général Paoli ; il évoque sa jeunesse, ses parents, Mme Letizia, ses compatriotes. Noter qu'il écrit deux fois le mot « Patrie » avec une majuscule (alors qu'au début de sa lettre il l'écrivait sans), et qu'il ne se présente pas, comme il le fait d'ordinaire dans sa correspondance, comme « officier d'artillerie ». Sa lettre à Paoli est une véritable offre de service : il met sa plume au service de la Patrie corse et, en cas de guerre franco-corse, son épée. Du point de vue corse, il sera un héros de l'indépendance ; du point de vue français, il ne sera qu'un officier félon, qu'un traître passé à l'ennemi... mais l'occasion ne s'en est pas présentée.

Le tout est de savoir si l'enthousiasme nationaliste dont fait preuve Napoléon dans son adresse au père de la patrie corse est sincère, ou s'il ne s'agit que d'un faux semblant, ou d'un double jeu. Les autres documents que nous avons annoncés tendent à nous faire penser que son patriotisme n'était pas feint, mais qu'il est plus raisonné qu'il n'apparaît à la seule lecture de la lettre du 12 juin.

## Les autres documents d'Auxonne

DOCUMENT N° 2 (15 juillet 1789) : *1re Lettre de l'abbé Dupuy*

Dupuy, qui fut le professeur de Napoléon à Brienne, répond à un courrier (perdu) de son ancien élève, dont on peut supposer qu'il était volumineux, car l'abbé commence sa lettre en parlant d'un « paquet » que lui a adressé Bonaparte :

> « Mon cher ami, j'ai reçu le 10 de ce mois le paquet que vous m'avez adressé. J'ai lu et relu avec attention l'écrit qu'il contenait : j'en ai trouvé le fond excellent ; mais il y a plusieurs mots impropres, mal assortis, répétés près l'un de l'autre, ou dissonants, des réflexions qui me paraissent inutiles ou trop hardies, ou capables d'arrêter la narration et de la faire languir, [...] »

D'après le contenu de la lettre de Dupuy, le « paquet » en question était une longue lettre, ou plus exactement un *Mémoire,* adressé par Napoléon à Necker sur l'état de la Corse et sur ses malheurs. Voici quelques-unes des phrases de ce document, telles qu'elles ont été reprises par l'abbé, qui n'a fait qu'en améliorer le style :

> « Soumis depuis vingt ans [*depuis 1769*] à l'Empire français [*à la domination française*], nous n'avons encore ressenti que les abus de son gouvernement ; privés de la liberté lorsque nous commencions d'en goûter les douceurs, nous nous retrouvons précipités dans le tourbillon des calamités où nous languîmes tant de siècles ; exposés à la merci de vils employés que le Français d'outre-mer [*de la France continentale : Napoléon se place du point de vue de la Corse*] méconnaîtrait [...]. Ô pauvre Corse ! terre de tribulation et d'angoisse ! par quelle destinée as-tu toujours été la victime des nations étrangères qui t'ont tyrannisée ? »

D'après le contenu de la réponse de Dupuy à son ancien élève, le *Mémoire* de Napoléon contenait un bref rappel des invasions auxquelles la Corse a été soumise depuis le début de son histoire (les Étrusques, les Romains, la papauté, Pise, Gênes) avant de tomber entre les mains des Français. Napoléon répondit à son ancien maître, en lui reprochant, sans doute, d'avoir ôté de son *Mémoire* tout ce qui était philosophique. L'abbé lui adressa une deuxième lettre, qui est notre DOCUMENT N° 3 ci-après.

DOCUMENT N° 3 (1er août 1789) : *2e Lettre de l'abbé Dupuy*

« [...] Vous me dites que j'ai ôté tout le métaphysique. Je l'ai hasardé : 1° parce que votre ouvrage est une lettre adressée à un ministre fort occupé, et qu'il me semble que le style doit être plus uni et moins recherché ; 2° parce que vous faites écrire cette lettre par un vieillard qui est près du tombeau et qu'un style naturel et grave convient mieux à son caractère : les figures, les saillies, les grands mots et les déclamations sentent à mon avis un peu trop le jeune homme ; il ne serait pas vraisemblable qu'elles soient sorties de la plume d'un vieillard décrépit. »

Dans la suite de sa missive, l'abbé Dupuy reproche à Napoléon sa véhémence : « *Ce langage est trop hardi dans une Monarchie* », lui écrit-il, car il est des vérités qui ne sont pas toujours bonnes à dire. Et de conclure : « *Je ne cesserai de vous crier : de la discrétion ! de la discrétion !* »

DOCUMENT N° 4 (sans doute 1789) : *Nouvelle corse*

Cette nouvelle inachevée est une des premières tentatives littéraire de Napoléon, qui s'inspire du *Robinson Crusoé* de Daniel De Foe. Un navire fait naufrage, au large de Livourne ; le narrateur parvient à se réfugier sur l'ilot rocheux de la Gorgona (un ilot de l'archipel toscan) et il y rencontre un vieillard qui lui conte l'histoire de sa vie. Quand il était jeune, son île – la Corse – cherchant à se délivrer du joug génois, tomba entre les mains des Français ; puis vint le général Paoli, qui chassa les tyrans, mais ceux-ci revinrent et Paoli dut quitter la Corse. Quant au vieillard, il vint se réfugier avec quelques compagnons sur la Gorgona, où il entretient sa haine des Français, que lui a transmise son propre père en lui disant, avant de mourir : « Mon fils, venge-moi, et ne reconnais jamais les Français pour maîtres. »

On voit, par la seule considération des dates de ces quatre documents (entre juin et août 1789) que Napoléon, qui suit – comme tous les Français – ce qui se passe à Paris et à Versailles durant l'été 1789, qui est attiré par les idées nouvelles, et surtout par celle de Liberté, est plus préccupé du sort de la Corse que de celui de la France, qui se joue à Paris.

Il a vingt ans, il est ambitieux comme on l'est à cet âge et il pense sans doute qu'il a un rôle à jouer dans cette Révolution qui se répand partout, comme une traînée de poudre, et un rôle plus intéressant, plus à sa portée que celui d'écrivain, dans lequel il s'est laborieusement essayé sans grand succès jusqu'à présent. Oubliant ses ambitions littéraires, sensible – qui donc aurait pu ne pas l'être au début de cet été 1789 – à l'indescriptible ambiance révolutionnaire de l'époque, Napoléon va s'y laisser entraîner. Mais sur quelle scène ? À Auxonne, qui n'est qu'une petite ville de garnison ? À Valence, où on ne l'a pas oublié ? À Paris, où il ne connaît personne ? En Corse, où sa famille est respectée ?

S'il avait été follement ambitieux, il aurait choisi Paris. Mais il était avisé et relativement indifférent aux intrigues politiques parisiennes dont les échos lui parvenaient à Auxonne ; il ne se sentait pas capable de prendre affectivement parti ni pour ceux qui avaient l'espoir de pousser le duc d'Orléans sur le trône à la place de Louis XVI, ni en faveur de ceux qui cherchaient à fomenter une contre-Révolution, ni même en faveur de ceux qui incitaient le peuple à user de sa force pour ébranler davantage l'Ancien Régime. Sagement, le jeune artilleur d'Auxonne se tourne vers sa patrie corse, qui lui est plus familière, et il songe à y transporter la Révolution, pour en faire, comme l'écrit F. Masson (II, p. 74), le biographe de ses jeunes années, non pas peut-être une patrie indépendante, mais, à coup sur une patrie qu'il rêve libre.

Nous avons déjà dit (ci-dessus, p. 132) que c'est à Bastia, au début de l'année 1788, qu'il a véritablement découvert le paolisme (comment en aurait-il pu être autrement ? il avait quitté la Corse à l'âge de neuf ans) ; il a compris alors que, s'il voulait agir de quelque manière que ce soit en Corse, il lui fallait une sorte de brevet de « bon paoliste », et c'est pour l'obtenir qu'il écrit la lettre du 12 juin 1789, dans laquelle il proclame son admiration – sincère et partagée par les Lumières du temps – pour le grand homme. On peut donc penser que le patriotisme corse qu'il affiche est plus opportuniste que sincère.

En effet, les écrits de Napoléon que nous venons de commenter ne constituent en rien ni une déclaration d'indépendance, ni encore moins une déclaration de guerre (politique) à la France. Ils expriment une simple affirmation d'intention, en contradiction, d'ailleurs, avec son comportement d'officier français : le 23 août 1789, avant son départ pour Ajaccio, sur la place des Casernes, à Auxonne, en présence du conseil municipal de la ville et du maréchal de camp du Teil, directeur de l'École d'artillerie, nonobstant sa *Lettre à Paoli*, Napoléon a prêté le serment de fidélité « à la Nation, au Roi et à la Loi », imposé à tous les militaires par un décret de l'Assemblée nationale, voté le 10 août 1789. Jouerait-il, si précocement, un double jeu ?

Nous ne le pensons pas. Napoléon est simplement « prudent ». Lorsqu'il écrit sa fameuse lettre du 12 juin 1789, il sait que son prochain congé régulier est proche (les artilleurs avaient droit à une permission de six mois tous les deux ans ; son dernier semestre régulier avait duré du 1er septembre 1786 au 15 mai 1787 : il était donc en droit d'en demander un nouveau, avec départ anticipé d'un mois eu égard à son domicile en Corse), et qu'il le passera en Corse. Il tient à arriver à Ajaccio précédé d'une réputation de bon paoliste, plutôt que de bon officier du roi de France.

Sa demande de congé lui revient, avec l'accord du ministère de la Guerre, deux jours avant la prestation du serment civique et, le 9 septembre 1789, il part pour la Corse, en faisant un petit arrêt à Valence. Il eut ainsi le plaisir de revoir Mme du Colombier, l'abbé de Saint-Ruf et quelques-unes de ses anciennes relations du temps qu'il était en garnison dans cette ville. Puis il prit le coche d'eau, sur le Rhône, jusqu'à Marseille, où il rencontra l'abbé Raynal, et mit peut-être ses idées politiques au clair. À la fin du mois de septembre, il arrivait à Ajaccio, où il fut reçu à bras ouverts par sa famille : quelle fierté ce fut, pour Mme Letizia, que de faire la promenade – la *passegiata* – au bras de cet officier d'artillerie qui arborait à son chapeau une cocarde tricolore, qui était son fils, et qui venait de France !

## La « prise de la Bastille »... à Bastia (septembre-décembre 1789)

Si, en quelques mois, tout avait changé en France, les hommes au pouvoir, les manières, le vocabulaire politique, les ornements des vêtements et des uniformes, l'administration municipale de Paris (une « Commune » de 120 représentants élus), rien ne semblait avoir bougé en Corse. Le gouverneur était toujours le vicomte de Barrin, aucun des décrets de l'Assemblée nationale n'avait été publié, ni sur l'obligation, pour les militaires, de prêter le serment civique, ni sur l'abolition des privilèges, ni sur la liberté des opinions religieuses, ni sur la liberté de la presse ; la Déclaration des droits de l'homme et du citoyen n'avait été affichée nulle part, nul n'avait été informé sur le droit de *veto* qui avait été accordé au roi ; seul un très petit nombre de personnes, à Ajaccio comme à Bastia, connaissait les noms de Bailly (le maire de Paris), de Mirabeau, de La Fayette, de Camille Desmoulins, de Marat ou de Robespierre. On ignorait même jusqu'à l'existence des premiers journaux révolutionnaires. Dans les rues d'Ajaccio, les officiers portent encore la cocarde blanche, et les villes ne possèdent pas encore de Gardes nationales.

Certes, on avait voté, en Corse, pour désigner les quatre députés des trois ordres (un pour la Noblesse, un pour le Clergé, deux pour le Tiers-État) chargés de représenter l'île aux États Généraux du royaume, mais leur élection avait eu lieu... le 18 mai 1789, soit treize jours après l'ouverture officielle de leur réunion à Versailles. Avaient été élus : Buttafuoco (pro-français) pour la Noblesse (avec, comme suppléant, François de Gaffory, lui aussi pro-français, bien que fils d'un héros des révolutions de Corse) ; l'abbé Peretti pour le Clergé, Saliceti et Colonna de Cesari Rocca pour le Tiers-État. Les représentants de la Corse n'arriveront à Versailles qu'après le 14 juillet, alors que les États Généraux s'étaient déjà autoproclamés Assemblée nationale Constituante. Mais, en dépit de cette représentation, la Corse vit à l'écart de la Révolution qui vient d'éclater à Paris : les lettres mettent un temps infini pour aller de Paris à Bastia ou à Ajaccio ; les journaux parisiens n'y sont pas distribués (d'ailleurs qui aurait pu les lire ? Les Corses instruits ne lisaient que l'italien) et les nouvelles en provenance de la capitale, où tout se décide, sont rares et souvent contradictoires.

De sorte que, lorsque Napoléon, avec son uniforme, sa cocarde tricolore, son assurance, sa parfaite connaissance de la langue française, raconte ce qui se passe sur le continent, les jeunes hommes d'Ajaccio et les moins jeunes viennent s'instruire auprès de lui. Car l'opinion publique, tant à Ajaccio qu'à Bastia, a changé de ton. La petite bourgeoisie ex-génoise a oublié sa frivolité d'antan : on va moins au théâtre, on ne donne plus de fêtes et partout, sur les places des villes ou dans les demeures cossues, on discute, on raisonne. Les Ajacciens et les Bastiais qui avaient été bien traités par les anciens représentants de l'autorité monarchique – Marbeuf, Narbonne, Sionville, La Guillaumye et les autres – sont partisans du *statu quo* ; les autres, qu'on nomme les *patrioti* (les « patriotes »), n'ont pas, à proprement parler, de revendications politiques : ils ne sont préoccupés que d'abolir la toute-puissance des fonctionnaires français qui les grèvent d'impôts, de taxes, qui ont concédé les territoires communaux à des particuliers, qui se partagent toutes les charges lucratives et qui ruinent les producteurs corses en favorisant l'importation de produits italiens ou français.

La quasi-totalité des Corses, autochtones ou d'origine génoise, paysans ou citadins, revendique donc principalement l'égalité politique avec les Français, c'est-à-dire la fin du despotisme administratif et militaire institué par le traité de 1768. L'île était en effet gouvernée, à peu de choses près, comme le seront plus tard les colonies françaises, sous la Troisième République ; les Corses étaient des sujets du roi de France, mais des sujets de second ordre : ils n'avaient pas les mêmes droits que les sujets continentaux. Les impôts, les taxes, les obligations étaient plus lourds à supporter dans l'île que sur le continent.

Il existe en outre, aussi bien parmi les élites citadines que parmi les paysans, une préoccupation inquiétante, fondée sur des rumeurs plus ou moins fantaisistes : aux termes du traité de Versailles, la France est simplement « concessionnaire » de l'île, qui est toujours, légalement, une possession génoise et le bruit court, depuis deux ou trois ans, que le roi de France pourrait restituer la Corse aux Génois, de sinistre mémoire, ou à un quelconque prince étranger (peut-être allemand).

De plus, on voit se développer en Corse ce que les économistes appellent une crise des subsistances : les gros marchands spéculent, exportent en quantités importantes, vers Livourne, des grains et des châtaignes, de sorte que les denrées se raréfient et que les prix augmentent. Les particuliers s'endettent, les spéculateurs en profitent et rachètent à bas prix les terrains de leurs débiteurs. Les mariniers – importante corporation dans une île – s'émeuvent de la concurrence des pêcheurs napolitains, les tanneurs de cuir et les cordonniers de celle des négociants de chaussures, qui achètent leurs marchandises à Gênes ou à Livourne, où elles coûtent moins cher. De sorte que l'ordre public est constamment troublé : on assiste à une recrudescence des délits agraires, à des émeutes dans les ports et dans les villes.

Enfin plane sur la société corse l'ombre du grand Paoli, qui reçoit, tous les jours, à Londres, des nouvelles de sa patrie. Sa position n'a pas varié d'un pouce depuis 1768 : il veut une Corse libre et indépendante et le seul lien qu'il admettrait avec la France (ou avec toute autre grande puissance), ce serait un traité de « protection ». Il a délégué dans l'île un de ses compagnons d'exil, Masseria, qui est chargé d'entretenir la flamme indépendantiste.

Aussi, lorsque Napoléon arrive à Ajaccio, en septembre 1789, animé des idées qu'il avait exprimées dans la *Lettre à Paoli* et dans son *Mémoire à Necker*, il lui prend des idées de justicier. La mise en coupe réglée de la Corse par les fonctionnaires français et les petits despotes insulaires l'écœure et son frère aîné, Joseph, partage son écœurement : celui-ci revient de Pise, où il a suivi les cours de droit public de Lampridi, et il met au-dessus de tout, comme son maître, la souveraineté du peuple.

Napoléon va donc agir. Il s'étonne d'abord de l'absence d'une Garde nationale, comme il s'en était constitué à Paris le 13 juillet 1789 et comme il en naissait dans la plupart des villes de France. On lui apprend que les deux députés du Tiers, Saliceti et Cesari Rocca, en avaient proposé le projet aux Nobles Douze (pour cette institution, voir l'Annexe n° 1), mais que ces derniers l'avaient écarté en invoquant trois prétextes : 1° qu'il n'était pas besoin de milices urbaines en Corse, car la tranquillité la plus parfaite régnait dans l'île ; 2° que de telles milices représentaient un coût exorbitant, que la Corse ne pouvait assumer ; 3° qu'elles priveraient la terre d'une partie de ses agriculteurs.

Les Douze avaient fait connaître leur position dans un manifeste auquel il importait donc de répondre. Ce fut le lieutenant Bonaparte qui s'en chargea. Le 31 octobre 1789, un mois après son arrivée en Corse, il convoque les *patrioti* d'Ajaccio à l'église Saint-François et leur donne lecture d'une *Adresse à la Constituante* dans laquelle il s'indigne du manifeste des Douze qui prétendent à tort représenter la nation corse et qui n'ont aucun droit à statuer en matière d'intérêt général, il accuse l'administration française de « discréditer » les insulaires, déplore que l'île soit livrée à des aventuriers qui ne pensent qu'à s'enrichir et il supplie l'Assemblée de rétablir en Corse tous les droits que la nature a donnés à tout homme dans ce pays (voir le texte complet de cette *Adresse* dans l'Annexe n° 7).

L'*Adresse* est signée par « Bonaparte officier d'artillerie » et par trente-sept notables ajacciens, dont treize ecclésiastiques, sept représentants des laboureurs, des maçons et des cordonniers, ainsi que par des négociants et des magistrats.

Napoléon ne va pas en rester là. Ce texte, signé d'une quarantaine de noms inconnus à Paris, risque de n'être qu'un coup d'épée dans l'eau s'il n'est pas accompagné d'une action d'envergure frappant les autorités qui gouvernent la Corse. C'est pourquoi, deux jours plus tard, le 2 novembre, il se rend à Bastia, la capitale de l'île, où, par mesure de précaution, le gouverneur Barrin a porté la garde de la citadelle à 150 hommes et a fait mettre sur le pied de guerre le régiment du Maine, qui stationnait régulièrement en Corse : il n'est pas question qu'il se laisse surprendre comme cela avait été le cas pour le malheureux gouverneur de la Bastille, à Paris. D'autant qu'il a eu vent de la lettre que Saliceti, député du Tiers, a envoyée de Paris à un patriote bastiais, Jean-Baptiste Galleazini (qui devait devenir maire de Bastia en 1791) : les provinces de France, écrivait Saliceti, ont destitué les administrateurs de la monarchie, les villes y sont maintenant dirigées par des municipalités provisoires qui s'appuient sur des Gardes nationales, et il convient qu'il en soit de même en Corse ; si les commandants français refusent d'armer une Garde nationale bastiaise, Bastia s'armera sans leur avis.

Dès son arrivée – un samedi – Napoléon réunit les patriotes bastiais et leur distribue des cocardes tricolores : il les avait commandées à Livourne, avant son départ d'Ajaccio, ce qui tend à prouver que son entreprise n'était pas improvisée. Le lendemain, dimanche, les patriotes s'assemblent et se présentent à la citadelle ; Napoléon n'est pas avec eux. Sans doute préfère-t-il rester dans l'ombre pour l'instant : il est officier du roi et, si l'affaire échoue et qu'il est capturé, il sera condamné à mort et exécuté sur-le-champ, pour rébellion.

Les patriotes sont reçus par Barrin. Ils le prient de bien vouloir porter la cocarde tricolore, ainsi que l'a fait le roi Louis XVI lui-même, le 17 juillet dernier, à l'Hôtel de Ville de Paris et lui remettent une requête, signée d'une grande partie des notables de la ville, lui demandant la formation et l'armement d'une Garde nationale. Barrin leur répond en se retranchant derrière les lois en vigueur, en l'occurrence une ordonnance royale interdisant le port d'armes en Corse, et en leur faisant remarquer qu'à sa connaissance, cette ordonnance n'a été ni révoquée, ni suspendue.

Les Bastiais font demi-tour, retournent en ville et s'arment par eux-mêmes de fusils et d'armes blanches, ces fameux couteaux corses, tranchants et effilés. De son côté, Barrin fait barricader les portes de la citadelle et ordonne qu'on pointe les canons sur la ville. Les artilleurs français, ceux-là même qui s'étaient disputés avec Napoléon lors de sa dernière permission en Corse (en janvier 1788), font la chasse à la cocarde tricolore qu'arboraient quelques soldats et les patriotes ; ils promettent que « ces gueux d'Italiens qui les narguent » (les Bastiais) auront affaire à eux. Du haut des remparts, le seul officier corse de la citadelle, un certain Massoni, désigne de la main au gouverneur une maisonnette, proche du port, dans laquelle Bonaparte et les chefs des *patrioti* délibèrent : elle est à portée de canon et il suffirait de deux ou trois boulets pour tuer l'insurrection dans l'œuf. Prudemment, Barrin s'y refuse, mais il ordonne au régiment du Maine de prendre les armes et de se diriger, baïonnette au canon, vers l'église Saint-Jean, où les Bastiais, armés, sont en train de se regrouper.

Les premiers coups de fusil furent tirés devant l'église. Qui a engagé le feu ? Les patriotes ou les hommes de Barrin ? On ne le saura jamais, mais déjà deux soldats sont tués, deux autres blessés et un officier a reçu une décharge de plombs dans le ventre ; du côté bastiais, plusieurs hommes et deux enfants gisent sur le sol : ils ont été chargés à la baïonnette.

Une délégation de patriotes se présente alors devant la citadelle et invite le gouverneur à se rendre à l'église Saint-Jean, qui est proche de la citadelle. Barrin accepte. À Saint-Jean, il est accueilli par des huées et par des menaces ; il s'affole et, devant le tumulte, signe un ordre écrit adressé au commandant de l'artillerie pour que celui-ci livre 500 fusils à la Garde nationale bastiaise qui vient de se constituer. Tout le monde repart vers la citadelle, dont l'armurerie est pillée : en moins de temps qu'il ne faut pour le dire, toute la population est armée. Bastia possède enfin une Garde nationale, comme Paris, Lyon, Rennes et d'autres villes de France, et les miliciens élisent comme capitaine Pierre Galleazini, le frère de Jean-Baptiste.

Barrin est sorti sain et sauf de Saint-Jean, mais l'insurrection n'était pas terminée. Les *patrioti* victorieux se déchaînèrent contre le commandant du régiment du Maine, le comte de Rully, qu'ils considéraient comme responsable de la tournure sanglante qu'avait prise l'insurrection, et celui-ci dut repartir, presque clandestinement, vers la France, pour rendre compte des événements à l'Assemblée nationale. Dans le même temps, les membres de la Commune qui s'était formée à Bastia écrivent une lettre (dont Napoléon fut l'instigateur) aux deux députés du Tiers (Saliceti et Cesari Rocca) pour leur donner leur version de l'insurrection bastiaise : il est rappelé aux représentants qu'ils ont été chargés par les Cahiers de doléances insulaires de déclarer la Corse partie intégrante de la monarchie (c'est-à-dire jouissant du même statut que les autres divisions administratives de la France) et que rien n'a encore été fait en ce sens. Et les signataires de la lettre (Galleazini, Guasco et Morati, tous trois capitaines de la Garde nationale) concluent :

> « Pour notre sûreté et pour que nous soyons Français à jamais, ce qui est notre unique vœu, il nous faut un décret de la nation, sur une demande faite par vous, Messieurs, qui êtes nos représentants librement et légalement élus. »

Que ce soit Napoléon qui ait dirigé l'insurrection bastiaise contre la France, trahissant ainsi – pour la bonne cause de la Révolution – ses devoirs d'officier français et son serment civique, ce n'est pas douteux. Le colonel de Roman, qui en fut le témoin, l'affirme dans ses *Mémoires* et la manière dont l'affaire a été conduite le prouve : 1° c'est Bonaparte qui a rédigé l'*Adresse à la Constituante* du 31 octobre, dans laquelle il reprend les thèmes de ses écrits antérieurs sur la Corse ; 2° c'est lui qui a commandé des cocardes tricolores à Livourne, de sorte qu'elles lui soient livrées dès son arrivée à Bastia ; 3° c'est lui qui a réuni les patriotes bastiais à Saint-Jean ; 4° c'est lui qui a dicté, ou du moins inspiré, la lettre aux députés du Tiers à la Constituante : elle reprend les thèmes de l'*Adresse* et de ses écrits antérieurs. Le gouverneur Barrin l'avait bien compris : le lendemain du dénouement de la crise, il ordonna à Napoléon, qui, en tant qu'officier français était sous ses ordres, de retourner immédiatement à Ajaccio.

Toutefois, il ne faudrait pas conclure de ce qui précède que, sans Napoléon, sans l'initiative – en apparence folle – qu'il a prise à Bastia, l'insurrection du 7 novembre 1789, qui fut un peu, pour la Corse, l'équivalent de la prise de la Bastille pour la France, n'aurait pas eu lieu : elle était « dans l'air » et elle ne pouvait qu'éclater, avec ou sans Napoléon. Nous n'avons narré l'événement que pour comprendre l'évolution du personnage, et non pas celle de l'île.

Obéissant aux ordres de Barrin, Napoléon retourne donc à Ajaccio, où il va attendre, anxieux, la réponse de l'Assemblée nationale à son *Adresse.* Comment les Constituants, qui ont quitté Versailles et qui siègent à Paris depuis le 9 novembre, vont-ils accueillir la motion des députés corses ?

S'ils la repoussent, c'est-à-dire s'ils décident de se maintenir dans la ligne du traité de Versailles (la Corse « concédée » provisoirement à la France par Gênes, donc dépourvue du statut des provinces françaises), c'en est fait de la carrière de Napoléon : il sera déclaré par la Constituante coupable d'avoir trahi la Nation, le Roi et la Loi et il n'aura plus qu'à s'exiler s'il veut éviter un châtiment sévère ; s'ils la reçoivent favorablement, il triomphera dans son île, où tous les espoirs lui seront alors permis.

Mais il faut que les Constituants se hâtent de répondre. Car, à Bastia, il est de plus en plus question du retour de Paoli, un Paoli qui est parfaitement capable de remettre sur les rails le « Royaume de Corse » qu'il avait créé, un royaume sans roi, indépendant, sous la protection (intéressée) du roi d'Angleterre et, dans ce cas Napoléon pourra dire adieu à son rêve corse.

Le 30 novembre, à Paris (où la Constituante s'est installée le 19 octobre), le député Saliceti dépose sur le bureau de l'Assemblée la lettre qu'il a reçue de la Commune de Bastia ; Volney, l'un des secrétaires de séance, en donne lecture et Saliceti dépose immédiatement la motion qu'il a préparée. Celle-ci est attaquée par une grande partie des députés de la Noblesse, défendue par Mirabeau, par Barère, par les députés du Tiers, et finalement votée en ces termes :

« L'Isle de Corse est déclarée partie de l'Empire français ; ses habitants seront régis par la même Constitution que les autres Français et, dès ce moment, le Roi est supplié d'envoyer tous les décrets de l'Assemblée nationale à l'Isle de Corse. »

Mirabeau renchérit et fait adopter, en outre, un décret amnistiant les Corses qui, après avoir combattu pour défendre la liberté de leur peuple, ont dû s'expatrier une fois leur île conquise. La décision visait de toute évidence Pascal Paoli, en exil à Londres depuis vingt ans. Le résultat de ce vote fut tenu secret pendant quelque temps, et le décret de l'Assemblée ne fut connu en Corse que le 27 décembre 1789.

## Vive la nation ! Vive Mirabeau ! Vive Paoli ! (janvier 1790-janvier 1791)

Napoléon n'était plus anxieux : l'Assemblée nationale avait approuvé son action. Il fit donc comme tous les Ajacciens et comme tous les autres Corses : il se précipita à la cathédrale, où le 27 décembre, on chantait un *Te Deum* en l'honneur du décret d'incorporation de la Corse dans l'Empire français, il alla danser autour des feux de joie qu'on allumait un peu partout dans Ajaccio où, dans les rues et sur les places, la foule criait, en italien « *Evviva la Francia ! Evviva il re !* » et lui-même fit tendre, sur la façade de la *casa Bonaparte*, une banderole portant ces mots, en français : « *Vive la nation, vive Mirabeau, vive Paoli !* »

Qu'est-ce donc que cela veut dire ? Tout simplement qu'il retourne une fois de plus sa vareuse d'officier. En quittant Auxonne, il chaussait les bottes de Paoli l'indépendantiste, le séparatiste, et il criait « Vive la Corse libre ! » : il se mettait donc en faute contre la nation, puisque la Constituante avait déjà voté (le 22 septembre 1789) le premier article de la future Constitution proclamant le royaume de France « *un et indivisible* », formule qui sera reprise dans toutes les autres Constitutions révolutionnaires. En prenant en main l'insurrection bastiaise, il changeait de camp et réclamait pour la Corse un statut de « province française », à égalité avec les *Pays d'États* dans lesquels les impôts étaient répartis par l'assemblée des députés de la province (assemblée dite « des États » de la province considérée ; en Corse, il y avait bien des États, mais les impôts et taxes étaient établis par le gouverneur et par les intendants) : il pouvait donc crier « Vive la nation ! Vive Mirabeau ! » et renoncer à publier ses *Lettres sur la Corse* qu'il prétendait avoir en chantier. Et maintenant que la venue de Paoli était probable, et que ce dernier allait faire sans doute renaître le rêve indépendantiste, il peut aussi crier « Vive Paoli ! », ce qui est en contradiction avec les deux premiers vivats, mais qui lui permet d'attirer à lui les électeurs paolistes.

Car, au mois de janvier 1790, s'ouvrait la première véritable campagne électorale corse : le 12 novembre précédent, l'Assemblée nationale avait voté un décret instituant « *dans chaque ville, bourg ou paroisse rurale* » une municipalité élue. Le jeune Napoléon ne pouvait par manquer pareille occasion. Il s'agitait considérablement, ce qui désespérait La Férandière, le commandant de la citadelle d'Ajaccio, qui avait pour mission de faire régner l'ordre dans la ville, au demeurant assez calme, indolente même ; le 26 décembre 1789, il écrivait de Napoléon :

> « Ce jeune officier a été élevé à l'École militaire, sa sœur [*il s'agit de Maria Anna, dite Élisa*] à Saint-Cyr, et sa mère comblée de bienfaits du gouvernement ; il serait bien mieux à son corps, car il fermente sans cesse. » (Chuquet, II, 101)

Il faut dire que Napoléon prenait une part active à l'élection de la première municipalité ajaccienne ; il ne pouvait se présenter lui-même, car il n'avait pas l'âge requis (il fallait avoir vingt-cinq ans, Napoléon n'avait pas encore vingt et un ans) mais il fit élire comme maire un petit parent à lui, Jean-Jérôme Levie, ainsi que son frère Joseph comme officier municipal (celui-ci n'avait que vingt-deux ans, mais Napoléon – fidèle aux méthodes de feu son père – produisit deux faux témoins qui jurèrent qu'il en avait vingt-cinq). Une fois la Commune d'Ajaccio installée, il s'en servit pour intriguer, critiquer La Férandière, lui demander de changer la direction des canons qui dominait la ville afin que « *l'aspect de ces instruments belliqueux* » n'irritât point les citoyens, intervenir sans cesse dans les décisions du commandant militaire (tant et si bien que celui-ci écrivit au ministre de la Guerre pour lui demander un décret établissant les droits et les devoirs respectifs des municipalités et des armées royales).

Bien qu'il fût en congé, Napoléon tint à faire sa part de service dans la Garde nationale qui venait d'être organisée à Ajaccio (comme simple soldat, à sa demande, et non pas comme officier). Mais ce qui l'intéressait, comme tous les jeunes notables d'alors, c'était le pouvoir politique, dont il avait perçu la griserie en inspirant l'insurrection bastiaise de novembre 1789, et qu'il espérait bien partager avec Paoli quand celui-ci arriverait en Corse. En attendant, il veillait au grain, avec prudence, comme à son habitude. Ainsi, lors des troubles qui eurent lieu à Ajaccio en juin 1790 (les patriotes avaient emprisonné quelques hauts fonctionnaires français, accusés d'abus divers, La Férandière avait demandé à la municipalité d'instaurer la loi martiale et de délivrer les prisonniers ; l'affaire s'était terminée par une transaction), Napoléon, qui les avait peut-être encouragés, facilita les négociations finales, conformément à son art du double jeu, qu'il maîtrisait de plus en plus.

Il lui restait à affronter Paoli. C'est peut-être pour cette raison que Napoléon fit prolonger son congé, qui s'achevait le 1er juin 1790, et non pour rétablir sa « santé délabrée » par les fièvres, comme il l'écrit à son colonel, pour obtenir cette prolongation (à l'aide d'un certificat médical de complaisance : un de plus !

Le grand homme avait pris son temps pour remettre le pied sur le sol de la Corse. Il était arrivé à Paris en avril 1790 et s'était fait acclamer par l'Assemblée nationale, qui voyait en lui, tout à la fois, un martyr de la Liberté et un modèle politique. La Fayette l'avait pris par la main et l'avait présenté au roi, qui l'avait reçu ; Robespierre l'avait loué en l'accueillant au club des Jacobins. La ville d'Ajaccio avait envoyé une députation au-devant de lui, à Lyon (sur une initiative de Napoléon ; son frère, Joseph, en faisait partie), et, après un voyage triomphal à travers la France, de ville en ville, Paoli avait débarqué à Bastia le 17 juillet 1790. En Corse, tout le monde l'attendait. On était persuadé qu'il parviendrait, si grand était son prestige, à apaiser les passions, et à réconcilier dans l'amour de la patrie corse partisans et adversaires de la Révolution. Dans les mois qui suivirent son arrivée, il fut élu commandant en chef des Gardes nationales qui s'étaient créées un peu partout, et président du directoire départemental.

Dans sa demeure familiale, à Morosaglia, au cœur du pays du châtaignier (la *Castagniccia*), les visiteurs défilent, respectueux. Ses anciens compagnons de lutte ont pour la plupart disparu ; les nouveaux venus sont nombreux, et le *Babbu* doit calmer leurs ambitions, leur exaltation, leurs rivalités : les Corses se vexent facilement. Napoléon est venu lui rendre hommage, avec Joseph. Il a visité avec le Général, comme on l'appelle respectueusement, le champ de bataille de Ponte-Nuovu, dans la plaine, au pied de la montagne que couronne le village de Bisinchi, proche de Morosaglia, perdu au milieu des châtaigniers ; Paoli leur a fait le récit du combat héroïque où, quelque trois mois avant la naissance de Napoléon, les Corses, sans artillerie et à un contre quatre, se sont fait exterminer par les soldats de Marbeuf, de Vaux et d'Arcambal non seulement beaucoup plus nombreux, mais de plus soutenus par les fameux canons de Gribeauval que Napoléon connaissait si bien, disposés comme il le fallait.

À la fin de l'exposé, Napoléon n'a pu s'empêcher de dire au Général, avec réalisme, mais non sans un certain cynisme : « *Le résultat de ces dispositions a été ce qu'il devait être.* » Le jeune officier artilleur a jugé sans appel : Paoli ignore tout de la guerre moderne. Soit, mais pourra-t-il s'entendre avec lui sur le plan de la politique ? Bonaparte est jeune, bouillant, tout imbu des théories de Montesquieu sur la division des pouvoirs et de Rousseau sur la volonté générale, et déjà jacobin sans le savoir, alors que Paoli, anglicisé et d'une autre génération, est un admirateur quasi inconditionnel de l'aristocratique Constitution anglaise. De plus, investi par l'Assemblée nationale de pouvoirs dictatoriaux en Corse, où il est à la fois chef militaire, chef politique et chef administratif, Paoli veut créer une Corse unifiée, avec

Bastia comme capitale, alors que Napoléon en tient pour la vieille division génoise de l'île en deux unités administratives, séparées par la barrière montagneuse centrale : celle du Nord (l'*En-deçà des monts*) et celle du Sud (l'*Au-delà des monts*), avec leurs capitales respectives de Bastia et d'Ajaccio. Mais, à ce stade de leurs relations, les deux hommes en sont aux louanges : l'un admire le créateur et l'unificateur de la patrie corse libre, l'autre trouve que ce jeune Bonaparte a l'étoffe d'un Plutarque.

Cependant, les jours passent et Napoléon, dont la permission s'achève, doit rejoindre son régiment à Auxonne. Il ne se hâte pas de le faire, car il désire suivre l'évolution de la situation politique en Corse. Par deux fois, cependant, en octobre et en novembre 1790, il s'embarque à Ajaccio ; mais les vents et l'état de la mer empêchent son départ. En janvier 1791, il est encore à Ajaccio, ce qui lui permet d'assister, le 6 janvier, à la séance d'ouverture du *Globo patriotico*, un club politique lancé, notamment, par son frère Joseph, dont l'un des buts était de combattre les ridicules rivalités des familles ajacciennes, dans lesquelles chacun s'invente des généalogies qui remontent à Charlemagne et se pose en nouveau sauveur de la patrie.

Lors de ses premières séances, le *Globo* avait mis au programme la rédaction d'une réplique vigoureuse à un manifeste de Buttafuoco, député de la Noblesse pour la Corse à l'Assemblée nationale, qui avait traité Paoli de « *charlatan politique* », semblable « *au renard qui perd ses poils mais jamais sa malice.* » Ces insultes avaient fait grand bruit, et la municipalité d'Ajaccio (dont faisait partie, nous l'avons dit, Joseph) avait intenté un procès par contumace au Constituant. Le tribunal avait condamné Buttafuoco à être brûlé en effigie : un mannequin de paille représentant le rénégat fut livré aux flammes sur la place publique. Cette sentence, trop symbolique, n'avait pas satisfait les patriotes ajacciens, et Napoléon fut chargé par le *Globo* d'écrire une sorte de lettre ouverte à Buttafuoco, qui exprimerait les sentiments d'horreur et de répulsion qu'inspirait à ses compatriotes le misérable député de la Noblesse corse.

Napoléon la rédige le 23 janvier 1791 (voir cette lettre à l'Annexe n° 8), elle est lue devant les membres du *Globo* d'Ajaccio qui l'acclament. Masseria, président du club et ancien homme de confiance de Paoli à Londres, l'informe qu'elle sera imprimée et diffusée, car « *utile au bien public* » :

LETTRE DE MASSERIA À NAPOLÉON

« Monsieur,

Le club patriotique ayant pris connaissance de l'écrit où vous dévoilez, avec autant de finesse que de force de vérité, les menées obscures de l'infâme Buttafuoco en a voté l'impression. Il m'a chargé par une délibération dont je vous envoie copie, de vous prier d'y donner votre assentiment. Il juge l'impression de cet écrit utile au bien public. C'est une raison qui ne vous permet pas d'excuse.

Je suis, [*etc.*]

MASSERIA
Président du club patriotique »

Quelques jours plus tard, à la fin du mois de janvier 1791, alors que son congé est terminé depuis trois mois et demi, Napoléon, qui a enfin décidé de rejoindre son régiment, se fait délivrer par les autorités d'Ajaccio, à toutes fins utiles, des certificats de « bonne conduite ». Il obtient sans difficulté une attestation élogieuse de patriotisme et d'attachement à la Constitution (daté du 16 novembre 1790), signée des Administrateurs et du Procureur syndic du district d'Ajaccio, qui déplorent, avec ses compatriotes, « *que son service l'appelle hors de cette ville* », et une autre, établie par le maire et par la municipalité de la ville, certifiant que lui et son frère Louis (qui l'accompagne) « *ont contribué beaucoup en faveur de la Constitution française* ». Ces formalités achevées, il quitte la Corse, avec son frère Louis, qui est âgé de douze ans et demi.

# CHAPITRE VII

## D'une patrie l'autre

*L'artilleur d'Auxonne : Vive la nation ! (janvier 1791-fin septembre 1791). – En congé à Ajaccio (septembre 1791-mai 1792) : le masque se soulève, l'officier d'artillerie passe dans la Garde nationale d'Ajaccio, où il est élu lieutenant-colonel. – En congé à Paris (mai-octobre 1792) : Napoléon choisit la France contre Paoli. – La rupture avec Paoli et les nationalistes corses est consommée (octobre-décembre 1792), Napoléon se range du côté des Jacobins et de la Montagne et menace de dénoncer à la Convention les agissements des séparatistes, de Pozzo di Borgo et de Paoli.*

Napoléon a-t-il été vraiment un « patriote corse » ? Pour cela il aurait fallu : 1° qu'il fût véritablement Corse, c'est-à-dire imprégné de la culture millénaire de ce peuple insulaire ; 2° qu'il aimât sa terre natale comme on aime sa mère, par exemple. Or qu'en était-il en fait ?

Les Bonaparte étaient en Corse depuis à peine deux siècles, et de culture génoise ; on ne parlait pas corse, mais italien dans la famille, on y ignorait la *vendetta*, le respect de la femme, le communautarisme familial, le sentiment excessif de l'honneur, la solidarité villageoise. Leur situation, par rapport aux Corses autochtones, était comparable à celle des colons français de la fin du XIX^e^ siècle relativement aux populations de l'Afrique du Nord ou de l'Indochine. Certes, cela n'interdisait pas l'amour du sol natal, mais, chez Napoléon, il n'apparaît pas comme délirant : à chacun des séjours qu'il vient passer en Corse, ce n'est pas de « son » pays qu'il s'occupe, mais de ses affaires, de sa carrière. Une patrie ou une autre, ce qui lui importait c'était sa réussite

Tout cela ne le prédispose donc pas au patriotisme, même s'il en faisait l'éloge dans ses notes d'étudiant. En fait, le sol corse lui a servi de laboratoire politique. Il a cru un instant qu'il pourrait l'utiliser comme un tremplin social, et qu'il était plus facile de manipuler les Ajacciens ou les Bastiais que les députés parisiens. Lorsqu'il a compris qu'il n'en était rien, que Paoli ne lui ouvrirait pas les portes du pouvoir corse, et qu'il n'était pas de taille à le combattre, il a pris le parti de gagner ses galons ailleurs et autrement. Et s'il a ressenti quelque sentiment, en s'enfuyant presque clandestinement de Calvi avec sa famille, en janvier 1791, ce ne fut pas de la tristesse, ce fut plutôt de la colère et de la rancœur.

## L'artilleur d'Auxonne : Vive la nation ! (fin janvier 1791-fin septembre 1791)

Voici donc Napoléon et son jeune frère Louis en route pour Auxonne. Le lieutenant Bonaparte ne semble pas mécontent d'avoir quitté la Corse, où l'ambiance politique devenait de plus en plus tendue, entre la dictature républicaine qu'annonçait Paoli, les jacobins de Bastia et d'Ajaccio, les monarchistes dont à Paris Buttafuoco était le fer de lance, et tous ces Corses qui tenaient absolument à jouer un rôle de premier plan dans l'histoire nationale.

En route, Napoléon s'arrête à Valence (le 6 février), pour y saluer ses anciens amis, mais il ne s'y attarde pas plus de deux jours : son congé régulier était expiré depuis plusieurs mois (exactement, depuis le 1er juin 1790) et il n'a pas encore reçu de réponse à la demande de prolongation qu'il a déposée au mois d'avril : comment sera-t-il accueilli par son colonel, en arrivant à Auxonne ? Il quitte donc Valence le 8 février, à pied, sans attendre la voiture de poste ; le soir même, il s'arrête dans un petit village où il passe la nuit, accompagné de son jeune frère, et il écrit une lettre fort intéressante à son oncle Joseph Fesch dans laquelle il lui dépeint l'état des esprits en France, qui est bien différent de celui de la Corse :

LETTRE À JOSEPH FESCH

« *Serve, près Saint-Vallier en Dauphiné, le 8 février 1791*

Je suis dans la cabane d'un pauvre [...]. J'ai trouvé partout les paysans très fermes sur leurs étriers. Surtout en Dauphiné : ils sont disposés à périr pour le maintien de la Constitution. J'ai vu à Valence un peuple résolu [...]. Les femmes sont partout royalistes. Ce n'est pas étonnant. La liberté est une femme plus jolie qu'elles et qui les éclipse. Tous les curés du Dauphiné ont prêté le serment civique ; l'on se moque des cris des évêques. [...] Ce qu'on appelle la bonne société est aux trois quarts aristocrate, c'est-à-dire qu'ils se couvrent du masque des partisans de la constitution anglaise [*allusion critique à Paoli*]. »

Le même soir, Napoléon, qui semble ne pas pouvoir dormir, griffonne sur trois grandes pages, des *Impressions de voyage* qui ne sont qu'un tissu de banalités : décidément, cet artilleur n'a guère de dispositions littéraires. Le 10 février il passe à Chalon-sur-Saône sans s'arrêter et arrive à Auxonne le 11 ou le 12 février 1791. Son colonel, au vu des certificats que lui avaient fournis les autorités d'Ajaccio, constatant qu'il avait par deux fois tenté de passer en France, mais qu'il a été retenu en Corse pour des raisons valables, lui fait verser un rappel de solde (233 livres 6 sols et 8 deniers).

À Auxonne, le lieutenant Bonaparte, qui a charge de famille, ne retourne pas loger à la caserne ; il s'installe dans un petit appartement de deux pièces en ville, rue Vauban, et s'occupe de la publication de sa *Lettre à Buttafuoco*, dont s'est chargé un imprimeur de Dole (qui est à 17 km d'Auxonne). Il en adresse plusieurs exemplaires imprimés à Paoli, et lui demande, par la même occasion, de lui fournir des documents sur l'histoire de la Corse, en vue du livre qu'il a toujours l'intention d'écrire. La réponse de Paoli est cinglante, aussi cinglante que celle de Napoléon au *Babbu* qui lui avait conté le combat de Ponte-Nuovu :

LETTRE DE PASCAL PAOLI À NAPOLÉON BUONAPARTE

« *Bastia le 2 avril 1791,*

Très estimé seigneur Buonaparte,

[...] Ne vous donnez pas la peine de démentir les impostures de Buttafuoco. Cet homme ne peut avoir de crédit auprès d'un peuple qui a toujours estimé l'honneur [...]. Prononcer son nom, c'est lui faire plaisir. [...] Laissez-le au mépris et à l'indifférence publique [...] »

Quant aux documents que Napoléon lui réclame, il les lui refuse assez sèchement :

« Je ne puis à présent ouvrir mes caisses et chercher mes écrits. D'autre part, l'histoire ne s'écrit pas dans les années de jeunesse. [...] Notre histoire doit relever son importance par la qualité des caractères qui y ont figuré. Par elle-même, elle n'est d'aucune conséquence pour le lecteur, parce que ses succès et ses revers sont trop petits et quasi indifférents au grand monde. »

Et, après avoir remercié Bonaparte d'avoir pris la plume contre ses détracteurs, il conclut avec sagesse :

« Puissent les futurs patriotes pousser si avant leurs mérites que l'on ne parle plus de moi que comme d'un homme qui a eu de bonnes intentions. »

Le message était clair et net : Paoli désavouait la *Lettre à Buttafuoco* et refusait de communiquer aucun document ou déclaration à Napoléon. Celui-ci s'entêta, réitéra sa demande, mais en vain : il reçut un second refus, catégorique, et il se le tint pour dit. La rupture avec Paoli s'amorçait. D'aileurs, déjà, la Corse n'était plus sa préoccupation principale, car il avait des soucis de carrière. En effet, on ne parle plus, parmi les officiers, que de la réorganisation du corps de l'artillerie (sans doute en raison des bruits de guerre qui s'amplifient et qui imposent de nombreuses mutations de garnisons), et Napoléon craint d'avoir à quitter Auxonne, où il a organisé les études de son jeune frère, Louis. Et surtout, il s'est fait de nouvelles relations, à Dijon et à Nuits-Saint-Georges, où il va souvent souper, en bonne compagnie, chez le capitaine Gassendi, qui vient de convoler. De sorte que le service de la nation, l'éducation de son frère, une société joyeuse dans laquelle ne circule aucun des potins mesquins et envieux de la société ajaccienne, voilà qui lui fait oublier la terre natale, la *casa* Bonaparte et le *Globo*.

Le 1er juin 1791, sa promotion est signée : le ministère de la Guerre lui fait savoir qu'il est affecté au régiment de Grenoble (qui, d'ailleurs, ne stationne pas à Grenoble, mais à Valence) et qu'il a été promu au grade de premier lieutenant d'artillerie, avec rang du 1er avril, ce qui est pour Napoléon une satisfaction non négligeable, car il a droit de ce fait à un rappel de deux mois de solde et il va avoir des frais : il lui faut commander un nouvel uniforme, une nouvelle épée, offrir un dîner d'adieu à Desmazis, à Gassendi et à ses autres camarades du régiment de La Fère, dans lequel il servait depuis cinq ans. En une quinzaine de jours, ses bagages furent bouclés, ses compagnons de service bien traités, et, le 16 juin il retrouvait, à Valence, sa chambre chez Mlle Bou, qui pouvait s'occuper de son frère Louis ; Mme du Colombier et sa fille ont quitté la ville, mais le cabinet de lecture du libraire Aurel est toujours là et, dans le petit café de Mlle Bou, s'est créée une *Société des amis de la Constitution* à laquelle il se fait inscrire dès son arrivée.

Plus que jamais Napoléon se plonge dans le bain d'une Révolution qui n'a rien à voir avec celle d'Ajaccio ou de Bastia. Il n'y règne aucune compétition entre une multitude de petits chefs qui se targuent de tout diriger, qui prennent les critiques pour des insultes et, quand on y parle politique, ce n'est pas de la taxe que les mariniers d'Ajaccio doivent payer à des administrateurs qui les grugent, ou de l'ancienneté de telle ou telle famille, c'est de la Constitution, qui va être promulguée au mois de septembre prochain, de l'adjudication des biens du clergé, des assignats, de l'élection des députés de la future Assemblée législative, et surtout des menaces de guerre qui planent depuis l'arrestation du roi et de sa famille à Varenne, dans la nuit du 21 au 22 juin.

C'est à l'occasion de la fuite du roi que Napoléon prononce son premier discours à la *Société des amis de la Constitution*, qui lui vaut un tonnerre d'applaudissements. À partir de ce jour, il semble que le problème du futur régime politique de la France le préoccupe plus que celui des élections en Corse, et il griffonne quelques notes, à la hâte, sur ses cahiers ; dans l'une d'entre elles, intitulée *République et Monarchie*, qui fait à peine une trentaine de lignes, écrites sans doute dès son arrivée à Valence, il proclame son républicanisme :

RÉPUBLIQUE ET MONARCHIE

« Il y a longtemps [*Napoléon a vingt-deux ans !*] que je m'occupe par goût des affaires publiques. Si un publiciste sans préjugés pouvait avoir des doutes sur la préférence qui devait être accordée au républicanisme ou au monarchisme, je crois qu'aujourd'hui ses doutes doivent être levés. L'on injurie les républicains, on les calomnie, on les menace... et puis pour toute raison on dit que le républicanisme est impossible en France... En vérité, les orateurs monarchistes ont beaucoup fait pour la chute de la monarchie, car, après s'être bien essoufflés en de vaines analyses, ils disent toujours que le gouvernement républicain est impossible parce qu'il est impossible.

J'ai lu tous les discours des orateurs monarchistes. J'y ai vu de grands efforts pour soutenir une mauvaise cause. Ils divaguent dans leurs assertions qu'ils ne prouvent pas. En vérité, si j'avais eu des doutes, la lecture de leurs discours me les aurait dissipés.

Vingt-cinq millions d'habitants ne peuvent pas vivre en république, disent-ils [*arguant que ce régime ne peut convenir qu'à de petits États*].

Sans mœurs pas de République [*disent-ils*].

Il faut à une grande nation un centre d'union [*disent-ils*]. Vingt-cinq millions d'hommes ne peuvent pas vivre en République est un adage impolitique. »

De fait, Napoléon déploie à Valence une activité politique pro-républicaine relativement intense. Tous les jours, il réunit les sous-officiers de sa compagnie, leur lit les journaux révolutionnaires locaux et ceux qui proviennent de Paris, les conduit aux fêtes patriotiques qui se succèdent à Valence et, le 14 juillet 1791, tandis qu'à Paris on célèbre la fête de la Fédération, il prête avec eux, sur le Champ-de-Mars local, le serment civique prévu par la Constitution de 1791 (non encore promulguée ; mais le serment civique de 1790 « *à la Nation, à la Loi et au Roi* » était caduc, du fait de la tentative de fuite du roi) :

> «Je jure d'être fidèle à la nation, à la loi et au roi, et de maintenir de tout mon pouvoir la Constitution du royaume, décrétée par l'Assemblée nationale constituante aux années 1789, 1790 et 1791. »

Napoléon ne crie plus « Vive la Corse, *Vive Paoli !* ». Il crie maintenant : « *Vive la nation !* » et il pense : « Vive la République ! ». Il a évolué dans le bon sens, le petit gamin ajaccien qui faisait la cour à Giacominetta et l'on se rend compte des transformations qui se sont produites en lui en lisant une lettre qu'il envoie le 27 juillet 1791 à son ami Naudin, commissaire de guerre à Auxonne (pour fixer les idées : le 25 juillet ont commencé les négociations entre les puissances européennes – principalement l'Angleterre, la Prusse et l'Autriche – en vue de la création d'un congrès européen contre la Révolution) : à nouveau, en bon caméléon opportuniste qu'il commence à être, il a oublié la Corse pour se découvrir dorénavant un bon Français, et ce sont les affaires de la France qu'il analyse, non sans clairvoyance :

### Lettre à Naudin

« *Valence le 27 juillet 1791*

Monsieur

Tranquille sur le sort de mon pays [*la Corse*] et la gloire de mon ami [*Pascal Paoli, auquel il considère avoir payé tribut avec sa lettre ouverte à Buttafuoco*] je n'ai plus de sollicitude que pour la mère patrie [*la France, ainsi distinguée de « son » pays ; voilà qui est nouveau : c'est la première fois que Napoléon parle de la France en l'appelant « ma patrie »*]. C'est à en conférer avec vous que je vais employer les moments qui me restent de la journée : s'endormir la cervelle pleine des grandes choses publiques et le cœur ému des personnes que l'on estime et que l'on a un regret sincère d'avoir quittées, c'est une volupté que les grands épicuriens seuls connaissent.

Aura-t-on la guerre ? se demande-t-on depuis plusieurs mois [*l'empereur Léopold et le roi de Prusse étaient prêts à entrer en guerre contre la France s'ils obtenaient le consensus des grandes puissances, dont l'Angleterre, qui était réticente*]. J'ai toujours été pour la négative. Jugez de mes raisons.

L'Europe est partagée par des hommes et des souverains qui commandent à des bœufs ou à des chevaux.

Les premiers comprennent parfaitement la Révolution. Ils en sont épouvantés. Ils feraient volontiers des sacrifices pécuniaires pour l'anéantir, mais ils n'oseront pas lever le masque de peur que le feu ne reprenne par chez eux... Voilà l'histoire de l'Angleterre, de la Hollande, etc.

Quant aux souverains qui commandent à des chevaux, ils ne peuvent saisir l'ensemble de la Constitution, ils la méprisent. Ils croient que ce chaos d'idées incohérentes entraînera la ruine de l'Empire français... À leur dire, vous croiriez que nos braves patriotes vont s'entre-égorger, de leur sang purifier la terre des crimes commis contre les Rois et ensuite plier la tête plus bas que jamais sous le despote mitré, sous le fakir cloîtré et surtout sous le brigand à parchemins. Ils attendent le moment de la guerre civile, qui selon eux et leurs plats ministres, est infaillible.

Ce pays est plein de zèle et de feu... Dans une assemblée composée de 22 sociétés des trois départements [*la Drôme, l'Isère et l'Ardèche*], l'on fit il y a quinze jours la pétition que le Roi fût jugé.

Mille respects, etc.

Respect et amitié
V.S.
BONAPARTE

Le sang méridional qui coule dans mes veines va avec la rapidité du Rhône. Pardonnez-moi si vous prenez de la peine à lire mon griffonnage. »

C'est aussi à cette époque que Napoléon prend force notes, en vue de rédiger un *Discours* (une dissertation), mis au concours par l'Académie de Lyon en 1791, sur le sujet suivant : « Quelles vérités et quels sentiments importe-t-il le plus d'inculquer aux hommes pour leur bonheur ? » La Commission chargée d'examiner les travaux des candidats les trouva tous mauvais et ne décerna aucune récompense. Sur la dissertation de Bonaparte, qui portait en épigraphe une phrase de l'abbé Raynal : « Il y aura des mœurs, lorsque les gouvernements seront libres », elle émit l'avis que son auteur ne savait ni composer, ni écrire. Il faut dire que les niaiseries, les lieux communs et les métaphores abondaient dans cet écrit maladroit qui débutait ainsi :

> « Êtes-vous à sept heures du matin dans vos bosquets fleuris ou dans une vaste forêt dans la saison des fruits ? Sommeillez-vous dans une grotte environnée des eaux de Dryades, dans le fort de la canicule ? Vous serez seul pour passer des heures entières, sans pouvoir vous en arracher [...] Que je plaindrais celui qui ne me comprendrait pas et qui n'aurait jamais été ému par l'électricité de la Nature ! »

Ces lignes qui se voulaient enchanteresses sont suivies d'un tissu de banalités : il faut qu'il y ait des riches et des pauvres, dans une société, mais l'idéal est que tout le monde puisse faire vivre sa famille ; non au célibat, oui au mariage et vive le bonheur conjugal ; mais, avant tout, oui à la raison qui modère les passions et qui permet de prévoir l'avenir en profitant du passé ; et vive la liberté de parler et d'écrire, tant qu'elle ne compromet pas l'ordre social.

Une fois terminé ce travail qu'il jugeait littéraire (!), Napoléon se préoccupa... d'obtenir un nouveau congé, afin de regagner la Corse, et de participer à la campagne électorale en vue de l'élection des députés à l'Assemblée législative.

Il semble qu'il obtînt une permission de trois mois, à dater du 1er septembre, d'une manière semi-réglementaire. En effet, le colonel de Campagnol, qui commandait le régiment de Valence, la lui ayant refusée, Napoléon alla la demander à du Teil, son ancien chef à Auxonne, devenu entre-temps général ; celui-ci la lui accorda et Napoléon partit sur-le-champ, vraisemblablement dans la première quinzaine de septembre, avant que ne parvienne à Valence l'ordre ministériel du 8 septembre de suspendre toutes les permissions : Napoléon, dès qu'il arriva à Ajaccio, était donc en situation irrégulière.

## Ajaccio : le masque se soulève (septembre 1791-mai 1792)

C'est à partir de son retour à Ajaccio que se manifestèrent les premières tensions entre les Bonaparte (Joseph, Napoléon) et Paoli. Elles conduisirent peu à peu Napoléon à renoncer à une carrière insulaire, à trahir le patriotisme corse qu'il affichait (à le trahir sans effort, ce qui prouve combien il était factice) et à s'orienter vers un nouveau drapeau : celui de la Convention jacobine.

L'étude détaillée de sa conduite et de ses manœuvres, au cours de ce nouveau séjour en Corse (le quatrième depuis 1786) est hautement significative ; on va le voir successivement : 1° abandonner en douceur le masque du patriote corse, qu'il arborait depuis 1789 ; 2° se révéler prêt à tout pour atteindre le but qu'il s'était proposé en 1789, à savoir devenir le maître jacobin d'une Corse française ; 3° échouer dans son entreprise sournoise d'élimination politique de Paoli.

La loi électorale prévue par la Constituante, assez complexe, est à deux degrés et censitaire : les *citoyens actifs* (qui doivent avoir plus de vingt-cinq ans, et payer une contribution directe annuelle égale à la valeur d'au moins trois journées de travail) élisent des *électeurs* (à raison d'un électeur pour cent citoyens actifs ; les candidats électeurs doivent payer une contribution directe d'au moins dix journées de travail) et ces électeurs vont avoir à élire les députés et les membres des Directoires du *département* de Corse et de ses neuf *district*s (équivalents de nos modernes arrondissements).

Napoléon est trop jeune pour être électeur ou éligible (il n'a que vingt-deux ans), mais son frère Joseph (vingt-trois ans), qui a pu être élu au Conseil municipal d'Ajaccio l'année précédente grâce à la production de deux faux témoignages attestant qu'il avait plus de vingt-cinq ans (ce genre de « *combine* » était possible à l'époque, en l'absence d'état civil officiel), est candidat, et Napoléon fait des pieds et des mains pour qu'il soit élu. Mais le grand maître des urnes, en Corse, c'est Paoli, et Paoli se méfie des deux Bonaparte.

Tout d'abord, parce que ce sont des Génois ; quelles que soient leurs protestations patriotiques, la Corse n'est pas leur patrie, et s'ils aiment ses calanques, ses montagnes et ses forêts, ils ne sont pas prêts à mourir pour elle comme l'ont fait ses compagnons à Ponte-Nuovu il y a vingt-deux ans. Certes, leur père Charles l'avait rejoint autrefois, à Corté, mais il n'était pas allé se battre avec lui pour la terre corse, et son ralliement n'avait été ni sincère, ni même fidèle : entre le peuple corse révolté et les Français appelés par Gênes pour l'enchaîner à nouveau, Charles Bonaparte a joué un double jeu de mauvais aloi, sans parler des coquetteries de Letizia avec Marbeuf, le commandant des forces d'occupation. Ensuite, ces deux jeunes gens, élevés en France, acquis aux théories républicaines qui avaient cours sur le continent et qui n'étaient pas les siennes (elles n'avaient en commun avec le paolisme que l'idée de Constitution), lui semblent trop ambitieux et trop pressés d'arriver au sommet pour qu'il ne s'en méfie pas : ils ne pouvaient lui être utiles, mais ils pouvaient être dangereux. Ils étaient trop « Français » pour Paoli, qui voulait sauvegarder la langue, la culture, l'originalité corses.

En conséquence le *Babbu* mit tout son poids dans la balance pour empêcher l'élection de Joseph comme député, et ce dernier fut battu à plate couture par les deux candidats paolistes du district d'Ajaccio, Charles-André Pozzo di Borgo et Marius Peraldi, colonel de la Garde nationale. Pour ne pas s'aliéner complètement les Bonaparte, il fit cependant élire Joseph membre du Directoire départemental (ce qui, par la même occasion, l'écartait du Directoire de district d'Ajaccio, où il aurait pu être gênant), et le frère de Napoléon, noyé dans le tourbillon des lois et des règlements concernant l'administration départementale, fut neutralisé.

Restait Napoléon. Le 6 octobre 1791, juste après les élections, il avait enterré son oncle, l'archidiacre Lucien, qui avait laissé un bon héritage : les difficultés financières de Letizia étaient donc terminées. En revanche, l'officier Bonaparte avait des soucis administratifs : sa permission ne lui avait pas encore été confirmée officiellement, et il avait le sentiment qu'en raison des bruits de guerre qui couraient, il ne pourrait peut-être pas la prolonger. Or il tenait à rester en Corse non plus par patriotisme, comme deux ans auparavant, mais par intérêt : une fois Paoli disparu ou retiré – et le Babbu avait déjà soixante-six ans – il pouvait y faire une rapide et brillante carrière politico-militaire, bien plus facilement qu'à Paris, où, comme on dit, les places étaient chères et les jeunes gens brillants nombreux.

Mais il lui fallait d'abord se mettre en règle avec son régiment. Pour ce faire, il obtint du maréchal de camp Rossi, adjoint au commandant militaire de la Corse et en même temps cousin éloigné de sa famille, un certificat (daté du 31 mars 1792, attestant que la longueur des formalités administratives, jointe au mauvais état de la mer, ne lui avaient pas permis de rejoindre plus tôt son corps. Toutefois, si cette attestation excusait son retard, elle n'autorisait pas Napoléon à rester en Corse indéfiniment. Quelle « combine » inventer pour prolonger son séjour sans conséquence administrative, sans être destitué de sa charge d'officier, par exemple ?

Une loi récente de la Constituante (du 4 août 1791) lui en fournissait une, très attrayante : il ordonnait la formation, dans chaque département français, de bataillons dits de « volontaires », composés de soldats tirés au sort dans les Gardes nationales, avec neuf compagnies par bataillon, chaque bataillon étant commandé par un colonel qui avait sous ses ordres deux lieutenants-colonels et un adjudant-major (avec rang et solde de capitaine). Tous les grades, jusqu'à lieutenant-colonel, étaient à élection, sauf celui d'adjudant-major, auquel nommait l'officier général du département ; les candidats à ces grades devaient tous être des officiers ou des sous-officiers en activité dans les troupes de ligne et, en particulier, le service comme adjudant-major était compté comme si l'officier nommé avait été présent dans son régiment régulier.

La solution, pour Napoléon, était donc la suivante : puisqu'il était officier d'artillerie, il pouvait demander à se faire nommer adjudant-major du bataillon de volontaires du district d'Ajaccio (dit « bataillon d'Ajaccio et de Tallano ») que commandait un certain colonel Campagnol.

Malheureusement la « combine » de Napoléon était mal calculée. Il avait oublié qu'une autre loi, promulguée le 3 février 1792, faisait obligation aux officiers de toutes armes servant dans les bataillons de volontaires, y compris les adjudants-majors et à l'exception des lieutenants-colonels, de rejoindre leurs corps d'origine avant le 1er avril 1792. Si donc il désirait rester en Corse, il devait passer lieutenant-colonel : mais alors, la chose se compliquait, car, nous l'avons dit plus haut, on ne nommait pas les lieutenants-colonels, ils devaient être élus par les membres du Directoire du district où stationnait le bataillon, et les Directoires de districts étaient tous paolistes. La lutte semblait perdue d'avance.

Le district d'Ajaccio possédait un bataillon de volontaires, il y avait donc deux lieutenant-colonels à élire, et les candidats à ce poste apprécié étaient nombreux, riches et influents ; ils étaient huit, y compris Bonaparte, les plus en vue étant Mathieu Pozzo di Borgo, frère du député à l'Assemblée législative, Ugo Peretti, capitaine de gendarmerie, son beau-frère, Quenza, et Jean Peraldi, frère de Marius Peraldi, autre député à la Législative. La campagne occupa tout le mois de mars 1792. Elle fut particulièrement agitée : le 15 mars Napoléon provoqua en duel son rival Peraldi (qui, d'ailleurs, ne se présenta pas au rendez-vous) ; le 31 mars, il fit enlever un des commissaires du département chargés de présider aux élections des lieutenants-colonels, du nom de Murati, afin de le soustraire à l'influence (financière) de Peraldi. Finalement, tout se termina très bien pour Napoléon : il fut élu lieutenant-colonel en second, derrière Quenza.

Napoléon pouvait enfin dormir tranquille : cette élection le mettait à l'abri d'une révocation pour absence prolongée sans permission prévue par la loi du 11 décembre 1791. Il écrivit au maréchal de camp Rossi une lettre de remerciement pour le certificat qu'il lui avait accordé au mois de mars, et qui l'avait mis à l'abri d'une sanction pour désertion, lettre à laquelle, prudemment, Rossi lui répondit (le 11 avril 1792) qu'il n'avait pas à le remercier :

LETTRE DE ROSSI À M. BONAPARTE,
LIEUTENANT-COLONEL DU BATAILLON
DES VOLONTAIRES D'AJACCIO ET DE TALLANO

« *Bastia, le 11 avril 1792*

Vous ne me devez, Monsieur, aucun remerciement pour le certificat que je vous ai délivré. Je le devais à la vérité des contrariétés que vous avez éprouvées [*allusion à la mort de l'archidiacre, et à la campagne électorale mouvementée*] et dont vous avez été agréablement dédommagé par la nomination de la place de lieutenant-colonel à défaut de celle d'adjudant-major à laquelle je vous avais destiné [...] »

Cependant, entre le jour où Rossi avait envoyé à Napoléon son certificat de complaisance (31 mars) et le jour où il répond à ses remerciements (11 avril), de graves événements ont lieu à Ajaccio. Ils opposent, sur le fond, le 2e bataillon de volontaires des lieutenants-colonels élus Bonaparte et Quenza, au colonel Maillard, commandant les troupes régulières (le 42e régiment de ligne) installées dans la citadelle d'Ajaccio, qui est monarchiste et qui n'admet pas l'intrusion dans les forces armées d'un corps d'officiers élus.

Maillard a la confiance des bourgeois d'Ajaccio, mais aussi celle des partisans de la contre-Révolution (paysans, religieux réfractaires « non-jureurs »), des indépendantistes partisans de Paoli, chez lesquels le parti de Pozzo di Borgo est tout-puissant, et du Directoire du district (qui est entre les mains de Pozzo di Borgo). En face de ces forces, que de nos jours on qualifierait « de droite », il y a les forces « de gauche » dont le leader incontesté est Bonaparte (il est le seul à parler parfaitement français, à avoir été élevé en France et il est lieutenant-colonel du bataillon de volontaires) ; il a pour lui une partie du Conseil municipal d'Ajaccio et le club du *Globo*.

Dès le 2 avril (les lieutenants-colonels avaient été élus la veille), le bruit court que les volontaires du district d'Ajaccio, qui stationnent en ville, voudraient s'emparer de la citadelle. Le 8 avril, c'est le dimanche de Pâques : des bagarres éclatent en ville, le lieutenant de volontaires Rocca-Serra est assassiné en pleine rue et Napoléon n'a que le temps de se réfugier dans la caserne-séminaire. Dans la nuit du 8 au 9 avril, Bonaparte et Quenza sont reçus par Maillard qui refuse de laisser pénétrer les volontaires dans la citadelle.

Le 9 avril, les troubles reprennent. La municipalité, soucieuse de protéger la paix civile, fait appel à Maillard qui somme Quenza (premier lieutenant-colonel) de conduire les compagnies de volontaires hors de la ville. Napoléon (second lieutenant-colonel) obtient du procureur-syndic de la municipalité (l'abbé Coti, prêtre jureur) l'annulation de cet ordre et réitère auprès de Maillard ses intentions pacifiques : il ne veut que la paix. Toutefois, Bonaparte est un pacifiste prudent et, dans la nuit, il tente de s'emparer de la plus grande maison d'Ajaccio, fortement barricadée, située sur une colline dominant la cité (la maison Benielli). De son côté, le colonel Maillard braque les canons de la citadelle dans la direction de la ville.

Le 11 avril, Napoléon, toujours lui, passe en revue les postes de volontaires, et tente de débaucher, individuellement, les soldats du régiment de ligne. Le 12 avril, on annonce que les commissaires du Directoire départemental sont en route pour arbitrer le conflit et Bonaparte exige, par écrit, que la municipalité fasse retirer les canons pointés sur la ville ; elle y consent : c'est la paix.

À partir du 13 avril, les négociations commencent avec les commissaires du Directoire, Arrighi et Cesari, à Bocognano (à 40 km d'Ajaccio, sur la route de Corté). Le 16 avril, ces derniers sont à Ajaccio ; ils font arrêter 34 Ajacciens (partisans de Maillard, semble-t-il), mais ils ordonnent le déplacement du bataillon de volontaires à Corté. Napoléon, que de nombreux paolistes et partisans de Pozzo di Borgo accusent d'avoir fomenté les troubles, rédige un mémoire justificatif (publié par Masson, II, pp. 357 à 384) quelque peu grandiloquent, qui commence ainsi :

« MÉMOIRE JUSTIFICATIF DU BATAILLON DES VOLONTAIRES SUR L'ÉMEUTE DU MOIS D'AVRIL

Les méchants ont un cœur pour nourrir les mauvais sentiments, un esprit pour mal penser, une langue pour mal parler et des bras pour mal agir : ils ont souvent plus de vigueur dans les facultés intellectuelles, et plus de force dans les nerfs que le juste ; mais celui-ci a pour lui le sentiment du bien qui lui trace une invariable ligne de conduite et donne à son tact et à toutes ses facultés une extension bienfaisante qui déconcerte les trames les plus adroitement tissues, les calomnies les plus probables et les plus savamment accréditées... »

Le mémoire se termine par quelques lieux communs du genre : « *Les peuples... sont des vagues agitées par les vents* » et par des protestations tout aussi fleuries de « *pureté d'intentions* », du « *désir de voir la patrie tranquille* », etc. Le rapport des commissaires est moins verbeux, mais plus précis. La responsabilité de Napoléon n'est pas évoquée, mais il y est dit, en deux mots, que tout commença par une altercation entre deux jeunes gens dans Ajaccio, que des Gardes nationaux (des volontaires) sont accourus pour les séparer ; des coups de feu partirent alors d'on ne sait où, qui tuèrent le lieutenant des volontaires Rocca-Serra. Quant aux fusillades qui firent d'autres victimes dont le nombre est contesté (un religieux, des soldats, des femmes et des enfants), on ignore qui en prit l'initiative, mais il semble que ce furent les volontaires casernés dans le séminaire des Capucins.

Quoi qu'il en fût, la *vendetta* était à craindre, et Napoléon serait le premier visé... ce qui ferait les affaires de ses adversaires politiques, à savoir les contre-révolutionnaires, les paolistes et les partisans de Pozzo di Borgo. Cela, Napoléon le comprit dès qu'il arriva à Corté, et il espérait sans doute prendre conseil de Joseph, qui y résidait en tant que membre du Directoire départemental. Mais Joseph était en tournée, et le temps pressait : Napoléon installa ses compagnies dans la citadelle cortenaise et retourna attendre l'orage à Ajaccio.

L'orage, ce n'était pas tellement la *vendetta* qui le menaçait, mais le jugement des autorités parisiennes, car c'est à Paris que se jugera l'affaire. Il lui fallait donc partir au plus tôt, rejoindre la capitale, pour se défendre et aussi pour attaquer. De plus, Napoléon commence à s'apercevoir que l'*imbroglio* politique corse est ingérable, et qu'il va s'y briser les dents, car celui dont le sort de chacun dépend, dans l'île, c'est Pascal Paoli, et Paoli n'aime pas les Bonaparte. Il a compris que ce qui les anime, comme tant d'autres, d'ailleurs, ce n'est pas l'amour de la patrie corse, c'est le désir de se promouvoir, l'ambition, alors que le vieillard qu'il est devenu poursuit le même rêve dont l'avait bercé son père, qui appartenait à la première génération de révolutionnaires insulaires : construire, envers et contre tout, une Corse indépendante.

Tant que Paoli veillera, Cerbère intraitable et pur, sur « sa » Corse, il n'y aura pas d'avenir, dans l'île, pour Napoléon. Plus tard, quand il sera retourné à Paris, il le répétera par écrit à son frère Joseph : « *Tiens-toi fort avec le général Paoli. Il peut tout et est tout. Il sera tout dans l'avenir que personne au monde ne peut prévoir.* » Le mieux ne serait-il pas donc, pour Bonaparte, de laisser la Corse à son destin et de se faire réintégrer dans son régiment d'artillerie, avec le grade de capitaine auquel il a droit en tant que lieutenant-colonel d'un bataillon de volontaires ? Par les temps qui couraient, avec les qualités d'intelligence et de volonté qu'il possédait, il aurait mille occasions de faire ses preuves et de gravir les degrés sinon de la gloire, du moins de la réussite.

Une lettre qu'il reçoit de son frère Joseph, de retour à Corté, va le décider (la lettre est du 14 mai 1792). Il lui parle de leur frère Lucien, qui vient d'avoir dix-sept ans, et qui cherche en vain à s'enrôler dans les rangs des paolistes (il postule, semble-t-il, un poste de secrétaire, mais Paoli n'en veut pas), de maman Letizia, qui court toujours après sa subvention pour la pépinière, de Maria Anna, dite Élisa, et de ses amours, ainsi que d'un manifeste de la municipalité d'Ajaccio mettant en cause fortement Napoléon dans les événements d'avril : « *Il me paraît qu'il serait instant que tu allasses en France* » ; lui recommande-t-il.

Napoléon suit son conseil. Il prend ses dispositions pour quitter la Corse, se fait accorder une permission par le maréchal de camp Rossi, et s'embarque à Ajaccio dans le courant du mois de mai. Quand il arrive à Paris, le 28 mai 1792, la patrie corse, qui, en fait, n'a jamais été sa patrie, ne l'intéresse plus... Pour s'en détacher définitivement, il n'a plus qu'à trahir ouvertement l'homme en qui elle s'incarne, Pascal Paoli.

## Paris : Napoléon choisit la France (mai-octobre 1792)

Quand Napoléon arrive à Paris, le 28 mai 1792, la ville est en pleine effervescence. Le parti de la guerre (celui des députés girondins) avait triomphé, malgré les avertissements intelligents de Robespierre, qui considérait que l'intérêt de la nation commandait de « *dompter* » d'abord les ennemis de l'intérieur, c'est-à-dire la contre-Révolution, et non pas les émigrés de Coblentz (« *Non, Coblentz n'est point une seconde Carthage...* », tonne-t-il à la Convention). Le 20 avril 1792, sur proposition de Louis XVI lui-même (qui espérait que l'intervention armée des souverains étrangers mettrait fin à la Révolution et sauverait le trône), la déclaration de guerre « *contre le roi de Hongrie et de Bohême* » a été votée aux acclamations de l'Assemblée (le roi de Hongrie et de Bohême n'est autre que l'archiduc d'Autriche Léopold II, qui est aussi l'Empereur allemand ; en le désignant par ce titre inhabituel, l'Assemblée souligne qu'elle ne fait pas la guerre à l'Empire allemand et à tous ses rois et princes, mais à la seule Maison d'Autriche : Léopold II est le frère de Marie-Antoinette).

Ce faisant, les députés, les diplomates et les militaires français avaient espéré que le roi de Prusse, Frédéric-Guillaume II, resterait neutre. Or, depuis février 1792, la Prusse était l'alliée de l'Autriche, et le monarque prussien voyait dans cette guerre une occasion inattendue d'agrandissement de ses territoires. De sorte que l'armée française, composée des anciennes troupes de ligne (qui avaient perdu, par l'émigration, les deux tiers de leurs officiers, et, par la désertion, plus de 30 000 hommes) et des bataillons de volontaires, récemment recrutés, était donnée comme battue d'avance.

De fait, le plan français, qui était de conquérir la Belgique (alors possession autrichienne) par une offensive éclair, échoua totalement, et les frontières françaises étaient désormais ouvertes à l'invasion : ce n'était pas la future *Marseillaise,* chantée pour la première fois par Rouget de Lisle, à Strasbourg, le 25 avril, qui risquait d'arrêter les deux puissantes armées, la prussienne et l'autrichienne, commandées par Brunswick. Alors commencent les valses ministérielles : le ministre de la Guerre, de Grave, démissionne le 8 mai, il est remplacé par Servan le 9 mai, qui sera lui-même remplacé par Dumouriez le 12 juin, lequel donnera sa démission le 15, pour être remplacé, le 25 juin, par Lajard, qui sera remplacé par Servan, le 10 août, et ainsi de suite. Ce tourbillon n'affole pas Bonaparte, qui s'installe à l'*Hôtel des Patriotes Hollandais,* rue Saint-Roch, avec une seule idée en tête : se faire réintégrer dans l'artillerie.

Le lendemain de son arrivée, il écrit à Joseph et lui décrit les « *convulsions* » de Paris : les étrangers sont nombreux, lui dit-il dans sa lettre, on a doublé la garde nationale aux Tuileries, pour protéger le roi tout autant que pour le surveiller, et, dans les milieux bien informés, on pense que les forces armées se replieront, pour se cantonner dans une guerre défensive. Il a bon espoir d'être repris comme artilleur, car la désertion parmi les officiers est excessive et le ministre de la Guerre, qui a besoin d'officiers, fermera certainement les yeux sur sa situation irrégulière.

En attendant, il fait ses premiers pas dans la vie politique parisienne, qu'il décrit à son frère quelques jours plus tard :

LETTRE DE NAPOLÉON À JOSEPH

« *Lundi 18 juin 1792*

Il y a en France trois partis : l'un veut la Constitution comme elle est parce qu'il la croit bonne ; – l'autre croit la Constitution mauvaise, mais veut la liberté, en adopte les principes. Il désire un changement, mais voudrait que ce changement s'opérât par les moyens de la Constitution, c'est-à-dire la Cour de révision qui devra avoir lieu d'ici à quelques années. – Ces deux partis sont unis et tendent dans ce moment à un même but, le maintien de la loi, de la tranquillité et de toutes les autorités constituées. Ces deux partis sont [*alliés*] et font la guerre à l'étranger ; ainsi nous les confondons et nous n'en faisons qu'un. – Le second parti veut la Constitution, mais, au lieu de Roi, voudrait un Sénat. Celui-là s'appelle le républicain, ce parti est celui des Jacobins. L'on voudrait profiter de la guerre du frère de la Reine [*Léopold II*] pour opérer cette grande révolution. – Le troisième parti croit la Constitution absurde et voudrait un despote [...] »

Trois jours plus tard, le Comité de l'artillerie du ministère de la Guerre propose à Napoléon sa réintégration dans son arme, avec grade de capitaine (équivalant, dans les troupes de ligne, à celui de lieutenant-colonel dans les bataillons de volontaires) ; son brevet est signé par le ministre de la Guerre en poste, Servan, et daté du 30 août 1792. Napoléon peut se frotter les mains : il est à nouveau officier dans l'armée française, il va toucher un rappel de solde et surtout il ne peut plus être poursuivi pour les émeutes qui ont eu lieu à Ajaccio en avril 1792. En effet, entre-temps, la procédure pénale a changé et le ministre de la Guerre (Lajard) écrit au colonel Maillard, commandant militaire d'Ajaccio, que les délits reprochés à Quenza et à Napoléon relèvent maintenant des tribunaux ordinaires (parce qu'il s'y trouve mêlés des civils), qui ne peuvent juger des officiers que dans des cas très précis. L'affaire est donc close.

Dès lors, son siège est fait. Il se désintéresse purement et simplement de la Corse, il juge folles les intentions de Paoli de faire de l'île un département indépendant sous protectorat français ou anglais. Son avenir est sur le continent, en France : « *Je crois que je me résoudrai à partir dans peu et à abandonner le bataillon,* écrit-il alors à Joseph. *Ainsi, quels que soient les événements, je me trouverai établi en France.* »

Cette France révolutionnaire lui semble bien plus excitante que la Corse et ses querelles de familles. Il attend son brevet de capitaine pour rejoindre son régiment, ce qui lui permet d'assister à la fin de la monarchie. Lorsqu'il apprit que l'on donnait l'assaut aux Tuileries, le 10 août 1792, il courut au Carrousel, chez le frère de son ami Bourrienne, un certain Fauvelet, qui y tenait un magasin de meubles et il put contempler, tout à son aise, le sac des Tuileries. Le 1$^{er}$ septembre, il alla chercher sa sœur Maria Anna (« Élisa ») à Saint-Cyr pour l'accompagner en Corse avant de regagner son régiment. On ignore comment il a réagi à la trahison et à la reddition de La Fayette aux Autrichiens (19 août), aux premières défaites françaises (capitulation de Longwy le 23 août, de Verdun le 2 septembre). Il partit de Paris le 9 septembre, comme il le dit dans une lettre à Joseph : « *Je reçois à l'instant ta lettre du 7 septembre. Il paraît que tu m'as déjà écrit à Marseille. J'irai ce soir à la poste* [...]. *Je suis parti le 9 du mois de Paris...* ».

Il serait intéressant de savoir comment Napoléon a jugé les massacres de septembre, qui se sont produits juste avant son départ de Paris, et ce qu'il a pu penser de la canonnade de Valmy (20 septembre 1792), mais il n'y fait allusion en aucun écrit. Il ne semble pas non plus avoir été préoccupé par les élections des députés corses à la nouvelle assemblée – la Convention – qui devait remplacer la Législative, car, le 14 octobre il est encore à Marseille, où il se fait envoyer un rappel de solde par le trésorier de son régiment. Il ne fut cependant pas mécontent d'apprendre qu'il comptait plusieurs amis parmi les conventionnels : Saliceti, Luce de Casabianca, Ange Chiape, le chanoine Multedo.

Lorsqu'il embarque à Toulon, accompagné de sa sœur Maria Anna, le mercredi 10 octobre 1792, Napoléon sait qu'il vient dire adieu à la Corse. Sa destinée, la chose est claire, est sur les vastes théâtres des exploits guerriers ou politiques que la Révolution française vient d'ouvrir en Europe, et non pas sur la petite scène de province insulaire, étriquée et encombrée de petits candidats à une petite gloire. Sans doute aurait-il aimé en sortir la tête haute : il devra, nous le verrons, la quitter comme un criminel, affligé d'une terrible malédiction, prononcée par le *Babbu* de la patrie corse.

## La rupture avec Paoli (octobre-décembre 1792)

Le 15 octobre, en arrivant à Ajaccio, Napoléon comptait partir immédiatement pour Bonifacio, où se trouvait le bataillon de volontaires qu'il commandait, mais on lui remet une convocation émanant du Général : Paoli lui demande de venir le voir à Corté, ce qui contrarie ses projets, comme il l'écrit à l'un de ses subordonnés, le lieutenant Costa : « [...] *J'aurais voulu me rendre promptement à Bonifacio pour mettre ordre à tout, mais le général me fait demander et je suis obligé d'aller à Corté...*» (lettre à Costa du jeudi 18 octobre 1792, citée par Masson, II, p. 411 *sq.*).

Paoli, qui était déjà, on l'a vu, président du Directoire départemental et commandant en chef des Gardes nationales, a reçu du ministre de la Guerre un pouvoir supplémentaire : il est commandant en chef de la 23ᵉ division militaire, c'est-à-dire de toutes les forces armées stationnées en Corse, donc, en particulier, des bataillons de volontaires. Napoléon ne peut qu'obtempérer et, le samedi 20 octobre, dans la soirée, il est à Corté.

Paoli ne le recevra à son « palais » que le lundi 22 octobre. Le Général l'informe que cinq compagnies de son bataillon sont maintenant en garnison à Corté, et qu'il doit y rester lui aussi, celles de Bonifacio passant sous le commandement de Quenza. Le coup était bien monté : Paoli pouvait ainsi contrôler aisément tous les faits et gestes de Napoléon. Le « fils de Carlo », comme il disait, lui était déjà suspect avant son départ pour Paris, mais sa réintégration dans les troupes de ligne avec un galon de plus, malgré les permissions de complaisance et les incidents d'Ajaccio, prouvait qu'il avait des attaches avec les Conventionnels jacobins au pouvoir : de suspect, Napoléon devenait dangereux. En le fixant à Corté, au milieu de tous ses partisans, Paoli le neutralisait.

Toutefois, Napoléon n'était pas homme à s'incliner sans réagir devant le *diktat* qui visait à le mettre à l'écart de ce qui se passait en Corse. Il se rebiffe et invoque la loi et l'ordre. Il a en main un ordre de mission du 10 juillet 1792, signé du ministre de la Guerre, Lajard, qui lui dit ceci :

> «Je vous donne avis, Monsieur, que [...] il m'a paru juste de vous réintégrer dans votre emploi au 4ᵉ régiment d'artillerie. [...] Je ne puis vous dissimuler, Monsieur, qu'il serait à désirer que votre service dans la Garde nationale [*les bataillons de volontaires*]

pût vous permettre, dans ce moment où votre régiment est dans la plus grande activité, d'aller y remplir vos fonctions de capitaine. »

L'ordre est on ne peut plus explicite : Napoléon doit terminer son commandement dans les bataillons de volontaires (c'est-à-dire en réunir les compagnies et assurer la passation de pouvoir à un autre officier), puis rejoindre son régiment dans les plus brefs délais. Il doit donc partir de toute urgence pour Bonifacio. Paoli reste inflexible : il ne remettra pas les compagnies de Bonifacio sous les ordres de Napoléon. Alors celui-ci jette définitivement son masque et menace le dieu vivant devant ses proches partisans assemblés : s'il ne récupère pas, séance tenante, le commandement qui lui revient, il partira pour Ajaccio et, de là, écrira à la Convention et aux ministres qu'il existe en Corse une faction anti-nationale et qu'il convient de mettre fin aux obstacles administratifs que Paoli multiplie pour ne pas appliquer la loi.

– Vous pouvez partir quand il vous plaira, lui répond froidement Paoli.

Napoléon ne se le fit pas dire deux fois. Pour lui, qui a définitivement pris le parti de faire carrière sur le continent, au service de la République, Paoli, à qui la Convention avait confié, on ne sait pourquoi, tous les pouvoirs dans l'île, œuvrait pour la séparer de la France, voire même pour la dresser contre elle, avec Pozzo di Borgo pour chef réel et sans doute avec l'appui secret de l'Angletere. Il n'avait donc plus rien à faire en Corse, sinon mettre de l'ordre dans sa famille. Il savait aussi que la Convention veillait sur la Corse comme sur la prunelle de ses yeux (une lettre 9 janvier 1793 émanant du conventionnel Saliceti, député de la Corse, le prouve, car la France était, pour l'instant, en guerre contre la Prusse et l'Autriche, mais elle devait se méfier d'une possible extension du conflit, qui impliquerait l'entrée en guerre de l'Angleterre : en prévision d'une telle éventualité, la Convention se devait de combattre toute menée séparatiste en Corse.

En menaçant Paoli et Pozzo di Borgo de dénoncer à Paris

leurs agissements comme anti-nationaux, Napoléon signe théoriquement son arrêt de mort, mais il sait qu'il n'a pas grand-chose à craindre à Corté, car, d'une part, il y était protégé par ses cinq compagnies de volontaires, qui lui étaient dévouées, et, d'autre part, les chefs paolistes étaient trop avisés pour entreprendre une action qui se retournerait contre eux et les classerait définitivement dans le camp de la contre-Révolution. Napoléon peut donc prendre ouvertement parti pour la Convention, et, ce faisant, il se crée un excellent prétexte pour quitter Corté, avec ses volontaires, sans avoir à fournir d'autres explications.

Il part donc de Corté avec ses hommes, pour les conduire à Ajaccio, d'autant qu'il avait reçu du ministre de la Guerre l'ordre de faire un rapport sur les moyens de fortifier le golfe de Saint-Florent, en prévision d'une éventuelle extension de la guerre en Méditerranée. La France craint, en priorité, les interventions de l'Angleterre en Méditerrannéeet celle du royaume de Piémont-Sardaigne, dont les territoires italiens jouxtant le territoire français et avec lequel les relations diplomatiques sont rompues depuis le 29 septembre 1792.

## CHAPITRE VIII

# Le temps des trahisons

*Expédition manquée contre la Sardaigne (janvier-février 1793). – Les Bonaparte trahissent Paoli : Lucien Bonaparte (au début de février 1793), puis Napoléon (2 mars 1793) dénoncent Paoli à la Convention. – Les paolistes d'Ajaccio contre Napoléon (mai-juin 1793). – La famille Bonaparte se réfugie à Calvi, d'où elle s'enfuit, avec Napoléon, pour Toulon le 11 juin 1793. – Qui a trahi qui ? – Épilogue.*

Pour protéger les frontières du Midi, la Convention avait mis en place, dès octobre 1792, sur le Var, une *armée des Alpes* commandée par le général Anselme, chargée de s'opposer aux agissements éventuels du Piémont ; elle se fondra bientôt avec l'*armée d'Italie*, après la création de celle-ci, en 1793. Par ailleurs l'escadre du contre-amiral Truguet était au mouillage dans la baie d'Ajaccio, avec pour mission de surveiller la Sardaigne, et, en prévision d'un possible débarquement des Sardes en Corse, le ministre de la Guerre a envoyé à Ajaccio quelques bataillons de l'armée des Alpes ainsi que 6 000 volontaires marseillais.

Cela faisait beaucoup de marins, beaucoup de troupes de ligne et beaucoup de volontaires, marseillais ou corses, pour une petite ville comme Ajaccio, et, dès la mi-décembre, des bagarres éclatent un peu partout : entre les marins de l'escadre et les volontaires corses, entre ces derniers et les volontaires marseillais, qui prétendent imposer la Terreur et pendre les aristocrates (en fait d'aristocrates, ils pendront trois volontaires corses), entre civils même, opposant des nationalistes paolistes à des partisans de la République une et indivisible.

L'ambiance générale était d'ailleurs propice aux affrontements. Les paysans, nombreux en ville, se dressaient contre les citadins, pour la plupart d'origine génoise ; les troupes de ligne – c'est-à-dire les troupes régulières – se méfiaient des bataillons de volontaires ; les amis des frères Bonaparte, que l'on commençait à appeler les « bonapartistes », étaient à couteaux tirés avec les paolistes. Qui pis est, tout le monde était armé. Ajaccio était devenue une véritable poudrière.

Pendant ce temps, sur le continent, le royaume de Piémont-Sardaigne perdait ses plumes : le 29 septembre 1792, neuf jours après Valmy, l'armée du Var avait envahi la ville de Nice (pratiquement vidée de ses habitants), et, le 27 novembre suivant, la Savoie avait été déclarée annexée (sans consultation des habitants : le droit des peuples à disposer d'eux-mêmes était déjà une billevesée). La guerre se rapprochait de la Corse : la canonnade de Valmy avait sauvé la Révolution, une autre canonnade, au large de la Sardaigne, allait changer le destin de Napoléon.

## L'expédition contre la Sardaigne (janvier-février 1793)

À la fin du mois de décembre 1792, tandis qu'à Paris le procès du roi se termine, l'ordre arrive à Corté que le moment est venu d'attaquer l'île de Sardaigne. L'expédition devait comporter deux actions simultanées : 1° un débarquement en Sardaigne, dans la région de Cagliari, dirigé par l'amiral Truguet, qui disposait d'un corps expéditionnaire composé de troupes de ligne et de volontaires marseillais ; 2° une contre-attaque de diversion consistant à s'emparer de l'île de La Maddalena, au large des côtes septentrionales de la Sardaigne, à l'entrée des bouches de Bonifacio (il semble que ce soit Napoléon qui ait eu l'idée de cette manœuvre).

Or Paoli se moque éperdument des ordres de la Convention :

son honneur lui interdit de faire la guerre à son « *ami* » le roi de Piémont-Sardaigne et duc de Savoie, Victor-Amédée III, dont le père l'a jadis aidé dans sa lutte contre la France. La marine ne dépendant pas de ses attributions, il ne peut agir sur Truguet, mais il va faire échouer la contre-attaque sur La Maddalena, dont il confie le commandement à son propre neveu, Colonna-Cesari, colonel de gendarmerie, avec la recommandation suivante :

> « Souviens-toi, Cesari, que la Sardaigne est l'alliée naturelle de notre île ; que, dans toutes les occasions, elle l'a secourue de vivres et de munitions ; que le roi de Piémont a toujours été l'ami des Corses et de leur cause. Fais donc en sorte que cette malheureuse expédition s'en aille en fumée. » (cf. Masson, II, p. 418.)

Cela vaut la peine que de décrire par le menu cette expédition ratée, non seulement parce que ce fut la première manœuvre militaire conçue et dirigée par Napoléon (Colonna-Cesari se contenta, semble-t-il, de brouiller les cartes pour la faire échouer), mais surtout parce que son échec fut l'occasion, pour Bonaparte et pour Paoli, de lever définitivement leurs masques respectifs, celui de patriote corse pour le premier, celui d'ami de la France pour le second et de faire ainsi éclater au grand jour leur rivalité. Examinons-la donc en détail.

1. Deux bataillons de volontaires corses (gardes nationaux) doivent participer à l'opération : le 2^e^ bataillon, commandé par Bonaparte et Quenza, qui partira directement de Bonifacio pour La Maddalena, et le 4^e^ bataillon, commandé par Colonna di Leca, qui partira de Sartène, rejoindra Bonifacio, et appareillera, lui aussi, vers La Maddalena. À cette troupe de volontaires s'ajouteront deux compagnies du 52^e^ de ligne (régiment régulier), des gendarmes corses et quelques artilleurs. Ces forces armées doivent être transportées à La Maddalena, le 18 janvier 1793, par une escadrille (la corvette *la Fauvette*, deux demi-galères, une brigantine et douze petits bâtiments de transport) qui partira d'Ajaccio, où elle sera réunie, le 10 janvier. Colonna-Cesari commandera l'expédition à bord de la corvette.

2. Ce programme n'a pas été suivi. Le bataillon de Bonifacio n'a ni vêtements adéquats, ni matériel de guerre. À Sartène, la situation est pire encore : non seulement les hommes n'ont ni matériel, ni vêtements, mais leur solde ne leur a pas été versée et ils manquent de vivres (le responsable de cet état de choses est Colonna di Leca, soit par calcul, soit par incurie) : ils n'en partent pas moins, à pied, vers Bonifacio, où ils arrivent dans un tel état qu'on doit renoncer à les embarquer.

3. L'escadrille est en retard : elle n'arrive à Bonifacio que le 22 janvier et, à bord des bâtiments, il n'y a ni vivres, ni vêtement chauds, ni couvertures, ni munitions.

4. Au vu des conditions météorologiques, qui se détériorent de jour en jour, l'amiral Truguet, qui attendait, pour débarquer en Sardaigne, que la contre-attaque de La Maddalena ait eu lieu, décide de suspendre les opérations de débarquement.

5. Bonaparte et Quenza se démènent et ils parviennent à faire venir, d'Ajaccio à Bonifacio, vivres et munitions ; la petite flotte met à la voile dans la nuit du 18 février, mais la mer est décidément trop mauvaise et son départ est ajourné.

6. Le 22 février, nouvelle tentative de départ, mais le vent pousse l'escadrille que commande Colonna-Cesari non pas vers La Maddalena, mais vers un petit îlot voisin sur lequel il fait débarquer ses troupes, l'îlot de San Stefano, que défend une tour de guet (le débarquement eut lieu à 16 heures : il faisait presque nuit).

7. 23 février : la tour de guet est prise et, dans la nuit du 23 au 24, Bonaparte dispose une batterie d'artillerie (un mortier et deux canons) sur un mamelon, en face de La Maddalena, qu'il bombarde. Les Sardes ripostent, en prenant *la Fauvette* comme objectif (un marin est tué, plusieurs sont blessés).

8. 24 février : Colonna-Cesari décide que le débarquement sur La Maddalena aura lieu le lendemain ; mais, dans la nuit du 24 au 25, les marins de *la Fauvette* déclarent qu'ils n'appareilleront pas, d'autant que la corvette a souffert. Petit conseil de guerre entre les trois chefs (Bonaparte, Cesari et Quenza) : Cesari est d'avis de retourner à Bonifacio ; Napoléon finit par le convaincre que la victoire est à leur portée.

9. 25 février au matin : les bombardements reprennent ; le village de La Maddalena est en feu (80 maisons écrasées, prétendra Napoléon). Tout annonce, d'ailleurs, que les Sardes vont capituler, lorsque, coup de théâtre, Quenza (qui, en tant que lieutenant-colonel en premier rang est supérieur en grade à Napoléon) reçoit de Colonna-Cesari l'ordre suivant :

ORDRE DE COLONNA-CESARI À QUENZA

« *À bord de* la Fauvette, *le 25 février 1793*

Citoyen lieutenant-colonel,

La circonstance exige de donner les ordres les plus pressants afin que l'armée se mette aussitôt en mouvement et pense à la retraite. Vous garderez de votre côté toute la contenance possible. Vous ferez jeter à la mer les effets [*le matériel*] de guerre que vous ne pourrez pas embarquer et aussitôt rendu sur le convoi vous viendrez vous mettre sous la protection de la frégate pour que les demi-galères ne puissent pas vous offenser [*vous endommager*].

Dans une crise aussi grave, j'exhorte l'armée et vous à faire connaître de la promptitude et de l'adresse comme je vous l'ai dit.

Le commandant de l'expédition
et de la contre-attaque de la Sardaigne
COLONNA-CESARI »

10. La retraite s'opère dans le désordre, les canons sont abandonnés à l'ennemi. Les officiers, Bonaparte en tête, crient à la trahison.

11. Le 26 février, arrivée de l'escadrille dans le golfe de Sant'Amanza (sur la côte orientale de la Corse, au nord de Bonifacio). Altercation entre les officiers. Colonna-Cesari tente de se justifier : il a été obligé, prétend-il, de donner l'ordre de la retraite alors que la victoire était proche, sous la pression de l'équipage de *la Fauvette* qui s'était mutiné.

La question se pose alors : dit-il la vérité, ou ment-il ? S'il ment, cela signifie qu'il a obéi à Paoli et qu'il a volontairement saboté l'expédition, ce qui est un crime de haute trahison. S'il dit la vérité, il faut sans plus attendre punir les mutins. De retour à Bonifacio, tous les officiers, y compris Bonaparte, signent une proclamation dans ce sens, adressée à Colonna-Cesari :

PROCLAMATION DES OFFICIERS QUI ONT PARTICIPÉ
À L'OPÉRATION DE LA MADDALENA

« *Bonifacio, le 28 février 1793, an II de la République*

Les officiers des différents corps qui composent votre armée, citoyen commandant, avaient vu avec étonnement l'ordre que vous aviez donné de la retraite dans un moment où les troupes étaient pleines d'espoir de la victoire. Ils voient aujourd'hui avec indignation la trame [*la mutinerie évoquée par Colonna-Cesari pour expliquer sa conduite*] qui vous a obligé de le dicter. Ils espèrent que vous vous empresserez pour en faire punir les auteurs. Ils se félicitent de devoir toujours conserver de votre zèle et de votre patriotisme l'opinion qu'ils ont toujours eue. »

La proclamation est signée par 28 officiers. Elle est habile, car elle met Colonna-Cesari au pied du mur, et, surtout, ce n'est qu'une proclamation, qui ne met pas en cause Paoli ; bien au contraire : en tant que Lieutenant général de Corse, c'est lui qui aura, éventuellement, à prendre des sanctions.

Mais, le 2 mars 1793, Bonaparte prend l'initiative personnelle, beaucoup plus grave de conséquences, d'expédier, en trois exemplaires – à Paoli, au général Biron, nouveau commandant de l'armée des Alpes et au ministre de la Guerre – une *protestation* signée par les officiers du 2e bataillon de volontaires (celui qu'il commandait avec Quenza), dans laquelle il décrit les détails de la contre-attaque et qui se termine par ces mots :

« Les intérêts comme la gloire de la République exigent que l'on recherche et que l'on punisse les lâches ou les traîtres qui nous ont fait échouer. »

Il n'en reste pas là. À Bonifacio, où son bataillon est cantonné, il écrit force mémoires, destinés aux députés de la Convention qui ne vont pas tarder à venir enquêter sur cette misérable affaire : un mémoire sur la nécessité stratégique, pour la France, de se rendre maîtresse de La Maddalena, deux autres sur la défense des golfes d'Ajaccio et de Saint-Florent, et un quatrième, venimeux, sur la situation politique en Corse. Ce dernier mémoire, joint à une adresse de son frère Lucien à la Convention sur laquelle nous reviendrons (voir ci-après, p. 186) a mis le feu aux poudres : le bras de fer entre le jeune Bonaparte, définitivement du côté français, et Paoli, le vieux héros corse, va commencer.

## La trahison ?

Trahison. C'est un mot qui peut sembler dur à nos lecteurs, mais comment désigner autrement la conduite d'un homme, qui a toujours protesté de sa fidélité à l'égard d'un autre homme et qui, un beau jour, parce qu'il n'est plus en accord avec lui, au lieu de rompre ouvertement, le dénonce comme un criminel au plus sévère des tribunaux, celui de la Convention ?

C'est un peu ce qui s'est produit entre Paoli et Napoléon. La conduite du premier n'a jamais varié : il avait voué sa vie à sa patrie corse, il a préféré l'exil à ce qu'il considérait comme la servitude, et il est revenu dans son pays parce qu'il pensait que son nouveau maître – la France de la Révolution – le lui confierait pour qu'y règne, sous sa protection, et dans le respect de la culture corse, la liberté, l'égalité et la fraternité. Dès le 21 juillet 1789, dans une lettre à l'un de ses partisans (l'abbé Andréi, qui sera son secrétaire à Corté) il reprenait sa doctrine passée, que Choiseul avait repoussée : celle d'une Corse autonome, régie par ses propres lois, sous la protection de la France. À la fin de l'année 1789, il avait applaudi au décret de la Constituante proclamant la Corse partie intégrante de l'Empire français : il songeait alors à une sorte d'union fédérale de la Corse à la France, dans laquelle l'île bénéficierait des lois générales en vigueur dans les autres provinces françaises mais en tenant compte « *des anciens usages et des modes de vie* ». Maintenant, la France de la Convention voulait – pensait-il et l'écrivait-il – imposer à la Corse une autre tyrannie, non pas celle du bras toujours levé du prince, comme à l'époque de la monarchie, mais celle d'une idéologie et d'une culture unitaire qui n'étaient pas les siennes : il refusait d'avoir à s'y soumettre. Paoli a donc changé d'avis, entre juillet 1789 et décembre 1792, mais non pas comme une girouette : parce que la Révolution elle-même avait changé en devenant jacobine.

La conduite du second a été celle d'un spécialiste du double jeu. Bonaparte, qui avait des amis dans les deux camps, qui, après avoir proclamé son patriotisme corse dans ses propos et dans ses écrits (dans la *Lettre à Buttafuoco*, par exemple), agissait maintenant comme le plus sévère des Jacobins anti-corses et, comble de l'ignominie, il *dénonçait* Paoli aux plus hautes autorités de l'armée (au général Anselme, au ministre de la Guerre) et aux Conventionnels, en leur demandant d'envoyer des députés « *pour que l'on punisse les lâches et les traîtres* ».

La dénonciation de Napoléon est du 2 mars 1793. Depuis deux mois, la Convention est entrée dans la phase sanglante de son histoire : le roi a été décapité le 21 janvier, la Vendée va s'embraser le 3 mars, le Tribunal révolutionnaire sera créé le 10 mars, avec Fouquier-Tinville comme accusateur public (il a pour fonction de juger les attentats « contre la liberté, l'égalité, *l'unité et l'indivisibilité* de la République), et, bientôt, la guillotine va couper bien des têtes. Quel va être le sort de Paoli, accusé de comploter contre l'unité et l'indivisibilité de la République ? » Certes, la Convention n'a pas attendu que Bonaparte dénonce le *Babbu* pour envoyer des *Commissaires aux armées* en mission à Corté. Dès le 1er février 1793, elle a placé Paoli et les troupes de ligne stationnées en Corse sous les ordres du général de Biron (le duc de Lauzun), commandant l'armée d'Italie (qui vient d'être créée, à la fin de l'année 1792). Le même jour, c'est-à-dire dix-sept jours avant que ne débute l'expédition de La Maddalena, la Convention a dépêché trois Commissaires en Corse, pour y enquêter sur la situation (il s'agit de Saliceti, qui est corse, de l'artilleur Lacombe-Saint-Michel et de l'avocat Delcher). Ces derniers ont écrit à Paoli, de Toulon, le 7 février, l'invitant à les rejoindre pour conférer avec eux de la « mise en défense » de la Corse. Paoli, en fin ancien insurgé qu'il était, a flairé le piège et n'a répondu aux Commissaires que le 5 mars (après avoir pris connaissance de la protestation-dénonciation de Napoléon) : il n'est pas question qu'il s'éloigne de Corté, où il est en sécurité, et il refuse leur invitation, invoquant « *son âge avancé et ses infirmités* » qui *« ne lui permettent pas un long déplacement »*. Il ne reste plus aux représentants de la Convention qu'à faire le voyage jusqu'à Corté et à négocier avec Paoli ; il leur faut, en effet, éviter qu'aux soulèvements royalistes de Vendée et de Bretagne qui viennent d'éclater, s'ajoute une insurrection séparatiste en Corse, qui risquerait d'y attirer immanquablement les Anglais.

Toutefois, les Commissaires attendent d'avoir reçu des instructions de Paris pour se rendre à Corté, et Paoli met à profit ce répit pour fortifier ses défenses. Dans les ports, à Saint-Florent, à Bastia et à Calvi, il a remplacé les troupes de ligne, fidèles à la Convention, par des bataillons de volontaires corses et il a créé quatre compagnies nouvelles, avec des officiers choisis parmi des Corses dont les pères sont morts au cours de la guerre franco-corse de 1768-1769. Enfin, il a fait transporter les fonds de l'administration départementale de Bastia à Corté. Bref, comme l'écrit Masson, le biographe de la jeunesse de Napoléon, il s'est mis en situation d'insurgé.

Le 31 mars, à Toulon, les Commissaires décident enfin de passer en Corse. Ils débarquent le 5 avril à Saint-Florent, d'où ils se rendent à Bastia ; leur intention est d'aller négocier le plus rapidement possible avec Paoli, à Corté. Napoléon lui aussi est à Bastia ; son bataillon de volontaires a été dissous par ordre du *Babbu*, qui le considère désormais comme un traître à la patrie corse et à lui-même, et il est venu saluer les représentants de la Convention. Il connaît bien Saliceti, dont il partage les idées, et Lacombe-Saint-Michel est un artilleur comme lui : avec ces deux-là, il pourra toujours s'entendre.

Mais, le lundi 18 avril 1793, coup de théâtre. D'un navire qui vient de jeter l'ancre dans le port de Bastia bondit un messager qui se précipite vers la citadelle : il apporte aux Commissaires un pli scellé. C'est un décret de la Convention, voté le 2 avril, ordonnant la mise en accusation de Pascal Paoli. Que s'est-il donc passé depuis le départ de Paris des Commissaires, le 1er février précédent ?

Il s'est produit six événements de première importance, qui ont concouru, tous les six, à modifier l'attitude de la Convention et à précipiter la chute de Paoli.

1. Au début du mois de février 1793, devant les membres de la Société patriotique de Toulon, Lucien Bonaparte (dix-huit ans, membre du club jacobin d'Ajaccio en 1791, après avoir été un fervent admirateur de Paoli... quand il avait quatorze ou quinze ans) lit une violente *Adresse* dirigée contre Pascal Paoli ; Lucien y dénonce le « *mépris des droits sacrés de l'homme et du citoyen* » auquel se livre Paoli et réclame que la Convention « *prononce sans délai sa destitution* » et livre « *sa tête au glaive de la loi* » ;

2. Le 26 février, c'est l'échec de l'expédition contre La Maddalena, dont la responsabilité est à attribuer à Colonna-Cesari, l'homme de Paoli.

3. Le 2 mars, Napoléon Bonaparte envoie sa lettre de dénonciation-protestation au général de Biron et la Convention ; elle a dû leur parvenir aux environs du 15 mars, ou même un peu plus tard, le courrier transméditerranéen étant lent en hiver, à cause des conditions de navigation. En revanche, Paoli, qui l'a reçue le 3 ou le 4 mars, à Corté, a pu prendre ses dispositions. Quelques jours plus tard, non loin de la caserne d'Ajaccio, Napoléon est l'objet d'une tentative d'assassinat, perpétrée par les marins de *la Fauvette* ; il est sauvé par des volontaires : on se perd en hypothèses sur le mobile de cet attentat manqué.

4. Le 3 mars, à la barre de la Convention, Volney (François de Chassebœuf, comte de Volney, proche des Girondins) prononce un violent réquisitoire contre « *Son excellence le seigneur Pascal Paoli* », sur la manière dont il utilise les fonds publics et « *bafoue* » les lois de la République, et contre « *les petits ambitieux qui veulent lui succéder* [allusion à Pozzo di Borgo et à Napoléon] ».

5. Le 1er avril au soir, la Convention apprend la nouvelle de la trahison de Dumouriez, qui vient de livrer aux Autrichiens les Commissaires de la Convention et le ministre de la Guerre, après sa défaite à Neerwinden (le 18 mars).

6. Le matin du 2 avril, l'*Adresse* antipaoliste de Lucien par-

vient entre les mains d'Escudier, député du Var, qui la lit à la tribune, devant une Convention encore toute frémissante de la nouvelle qu'elle a reçue la veille, et qui voit ses généraux prêts à passer à l'ennemi. Escudier accuse Paoli d'être responsable de l'échec de l'expédition de Sardaigne et d'avoir transporté les fonds du département de Bastia à Corté. Il demande qu'il soit suspendu de ses fonctions et traduit devant la Convention avec son complice, Pozzo di Borgo. Les orateurs, dont Marat, se succèdent et, sur proposition de Cambon, la Convention décrète que les Commissaires – qui ont été envoyés en Corse au mois de février, mais qui sont encore à Toulon – doivent s'assurer de la personne de Paoli afin qu'il vienne s'expliquer à Paris, ainsi que de celle de Pozzo di Borgo, et que les deux rebelles soient jugés (ce qui était plus facile à ordonner qu'à faire). Lucien triomphe ; il écrit à ses frères : «... *la Convention a décrété l'arrestation de Paoli et de Pozzo di Borgo. Les journaux vous auront déjà appris cette nouvelle...* »

Ces six événements ont bouleversé les données du problème corse, tel qu'il se posait deux mois plus tôt, au début de l'année 1793. À cette époque, l'Angleterre était encore neutre (la Convention ne lui déclara la guerre que le 1^er^ février 1793), la Première coalition contre la France n'était pas encore nouée et la Convention était préoccuppée, au premier chef, par les insurrections vendéeenes et bretonnes, ainsi que par la guerre étrangère (contre l'Autriche). Bien entendu, elle avait un œil sur la Corse, mais, sur cette terre lointaine, qui était la clef de voûte de la défense française en Méditerranée (contre un ennemi éventuel tel que l'Angleterre), les avis étaient partagés, d'autant qu'il n'y avait pas d'insurrection manifeste : les uns en tenaient pour l'envoi de Commissaires (ce qui fut d'ailleurs fait) avant de prendre une décision qui risquait de mettre le feu aux poudres, les autres, et Marat était de leur nombre, étaient partisans de l'arrestation immédiate de Paoli : l'*Adresse* de Lucien Bonaparte, renforcée par la dénonciation en forme de protestation de Napoléon Bonaparte, entraîna l'Assemblée à voter le décret du 2 avril.

Dès qu'il en connut la teneur, le mardi 19 avril, Napoléon, qui était capable, mieux que personne à Paris, de démêler l'écheveau politique corse, comprit que l'*Adresse* de son jeune frère allait avoir des conséquences terribles pour lui-même et pour sa famille. Au moment où l'arrivée annoncée des Commissaires de la Convention pouvait encore laisser espérer une solution pacifique quant au futur statut de la Corse, Paoli, qui avait hésité à prendre parti ouvertement contre la France, n'avait plus qu'une conduite à tenir : rompre avec la République et se tourner vers l'Angleterre, qui n'attendait que cela. Dès lors, pour tous les adversaires de Paoli en Corse, et tout particulièrement pour les Bonaparte, c'était la proscription et l'exil.

Napoléon tenta d'abord d'arranger les choses (en supposant qu'il tenait sincèrement à les arranger). Le 19 avril, il écrit d'un seul trait un projet d'adresse à la Convention en faveur de Paoli, qu'il se proposait de lire devant les membres de la Société patriotique d'Ajaccio ; mais il semble qu'il n'eut pas l'occasion de le faire : il s'y insurgeait avec hypocrisie contre le fait qu'on ordonne « *à un vieillard septuagénaire accablé d'infirmités de se traîner à votre barre, confondu un instant avec le scélérat conspirateur ou le coupable ambitieux...* ») et il demandait aux représentants du peuple de rapporter le décret du 2 avril qu'ils avaient prononcé contre Paoli. Le même jour, il envoie une pétition à la municipalité d'Ajaccio pour lui demander de convoquer tous les citoyens de la ville afin qu'ils manifestent, par un serment solennel, qu'ils « *veulent mourir républicains français* », et il rappelle à ses concitoyens que seule l'union de tous peut les sauver.

Mais la rupture était inévitable, et les paolistes ajacciens ne se laissèrent pas prendre à ses discours. On savait, à Ajaccio, que Joseph était à Bastia, et qu'il conférait avec Saliceti et les autres Commissaires, et que Napoléon, malgré ses belles paroles, était parti aussi pour les complimenter et avait reçu d'eux une commission d'Inspecteur de l'artillerie de Corse. De plus, la citadelle était aux mains des paolistes : Colonna di Leca, à qui Paoli en avait confié le commandement, s'y était enfermé avec son bataillon de volontaires corses, qui en surveillaient tous les accès, de sorte que les forces non corses (la compagnie de soldats limousins et les artilleurs) ne pouvaient en sortir. Colonna avait même braqué ses canons sur le faubourg, où étaient regroupés tous les bonapartistes : Napoléon lui offre un brevet de général s'il accepte de lui ouvrir les portes de la citadelle, mais Colonna est intraitable.

Pour Napoléon, la position devient critique, et il lui faut se rendre à Bastia dans les plus brefs délais, afin d'examiner la situation avec les représentants de la Convention et d'envisager une épreuve de force. Mais comment sortir d'Ajaccio sans tomber dans une embuscade ?

Ici, l'histoire devient roman. Pour aller d'Ajaccio à Bastia, il faut passer successivement par Bocognano, le col de Vizzavona, Vivario, contourner Corté, et rejoindre la plaine bastiaise par Ponte Leccia et Casamozza, c'est-à-dire traverser un territoire entièrement contrôlé par Paoli, dont la population de bergers et de forestiers lui est entièrement dévouée. Comme l'unique route qui relie Ajaccio à Corté (83 km) est semée d'embûches et d'embuscades, Napoléon choisit d'emprunter des petits chemins de bergers et de se faire accompagner par un fidèle partisan, Santu (Toussaint) Bonelli, de Bocognano ; celui-ci vient le chercher à Ajaccio dans la soirée du jeudi 2 mai.

Les deux hommes partirent, à cheval et armés, le vendredi 3 mai à l'aube, mais ils ne purent aller au-delà de Bocognano et durent rentrer clandestinement à Ajaccio le 6 mai au soir. Voici comment se passèrent ces trois jours.

Vendredi 3 mai : départ à l'aube de Napoléon et de Santu, dans la direction de Bocognano ; en route, ils rencontrent Arrighi, un lointain cousin des Bonaparte, qui arrive de Corté et conseille à Napoléon de ne pas tenter de rencontrer Paoli, car celui-ci le considère d'ores et déjà comme un traître et le fera arrêter. Napoléon tourne bride, et s'abrite chez un curé, à Arca de Vivaria (voir carte p. 191).

Samedi 4 mai : Napoléon reprend la route de Bocognano, avec Santu ; il y arrive dans la soirée et passe la nuit dans le petit hameau de Poggiolo.

Dimanche 5 mai : Napoléon repart, au petit matin ; il a appris que Paoli a convoqué plusieurs chefs corses à Corté, et que plusieurs d'entre eux se trouvent encore à l'auberge du hameau de Corsacci. Il s'y rend, va à l'auberge, harangue les chefs corses pour les dissuader de répondre à l'appel de Paoli, mais il est arrêté par des paolistes, les frères Morelli. Ceux-ci l'escortent jusqu'à la maison d'un bonapartiste, Vizzavona, qui a proposé de lui donner à manger avant qu'il ne soit conduit à Corté, pour être jugé par Paoli, et placent des gardes devant la pièce où il est enfermé. Mais cette pièce était au rez-de-chaussée et possédait une fenêtre qui donnait sur la route : à la tombée de la nuit, quelques partisans, ameutés par Vizzavona, aident Napoléon à sortir discrètement par la fenêtre et l'emmènent à quelques kilomètres de là, dans le petit hameau d'Ucciani, sur la Gravone, près du village de Tavera. Le maire de Poggiolo accueille Bonaparte, qui passe la nuit chez lui.

Lundi 6 mai : Napoléon rentre clandestinement à Ajaccio. Il est loin d'être hors de danger, car Colonna di Leca a ordonné son arrestation ; il passe néanmoins une nuit tranquille chez son ami, le maire d'Ajaccio, Jean-Jérôme Levie, qui a conté l'aventure (en italien) dans une lettre que Masson a reproduite (II, p. 433, note 2). Napoléon resta ainsi caché pendant deux jours, jusqu'au mercredi 8 mai ; la maison de Levie fut perquisitionnée par les gendarmes, mais on se contenta de la parole de l'ancien maire.

Mercredi 8 mai : Napoléon quitte Ajaccio par la mer ; voici comment Levie raconte son départ :

> « Napoléon prit affectueusement congé de Mamminina [*l'épouse génoise de Levie, qui était corse*] et nous descendîmes l'escalier. Nous traversâmes la cave, le jardin et, par la porte de l'écurie, nous arrivâmes sur le rivage de la mer où nous attendait la petite barque de Mingone qui nous conduisit à la gondole qui était en dehors de la citadelle [...]. Je laissai là Napoléon en lui souhaitant un bon voyage et de meilleurs succès. »

La gondole en question – une barque de pêche sans doute – prit la direction du nord, passa au large de Calvi et de Saint-Florent, contourna le Cap Corse et arriva, le vendredi 10 mai 1793, dans le petit port de Macinaggio d'où Napoléon se rendit à Bastia à cheval. La traque avait duré neuf jours.

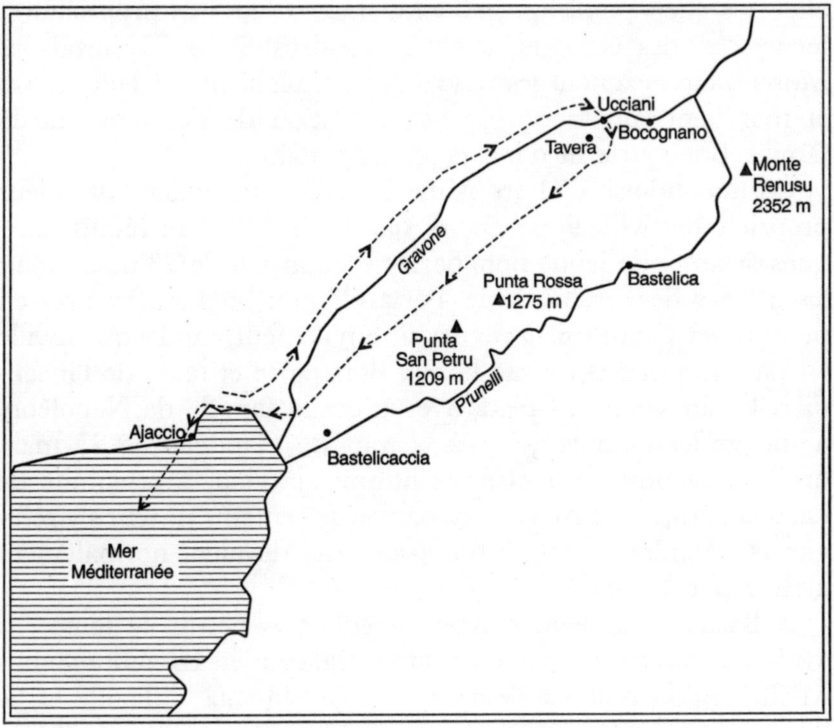


**Napoléon « en cavale »**

*Napoléon quitte clandestinement Ajaccio le 3 mai à l'aube, prend la route de Corté par Bocognano, mais doit rebrousser chemin ; il la reprend le 4 mai, passe la nuit à Poggiolo, près de Bocognano, mais doit repartir, passe à Ucciani et couche près de Tavera. Le 6 mai il retourne à Ajaccio, d'où il embarquera le 8 mai vers le Cap Corse, qu'il contournera pour arriver finalement à Macinaggio (côte orientale du Cap Corse) le 10 mai.*

Pendant que Napoléon fuyait ainsi ses ennemis paolistes, son ami Costa, de Bastelica, se préoccupait de mettre Mme Letizia et ses jeunes enfants à l'abri (Louis avait quatorze ans, Jérôme neuf, Maria Anna seize, Pauline treize et Caroline onze). En effet, les chefs paolistes, qui sont, tous, de grands propriétaires terriens et des éleveurs, tels Marius Peraldi, les Tortaroli, les Morelli, etc., excitent les paysans qui travaillent sur leurs terres et marchent sur Ajaccio, avec l'intention de s'emparer de la famille Bonaparte et d'incendier leur maison.

Costa conduisit d'abord Mme Letizia et ses enfants dans leur propriété des Milelli, proche d'Ajaccio, où s'étaient réunis quelques dizaines de jeune bonapartistes en armes (le 23 mai) ; mais les bandes de Peraldi et de Tortaroli sont bien supérieures en nombre, et il faut fuir à nouveau. Finalement, tandis qu'en ville les paolistes mettent à sac la *casa* Bonaparte et tente de l'incendier, Costa s'enfuit à pied, avec toute la famille de Napoléon, à travers les maquis, jusqu'à la tour du Capitello (le 25 mai), une tour génoise située sur le littoral ajaccien, à proximité de l'actuel aéroport d'Ajaccio. Letizia et ses enfants purent s'y réfugier et attendre les forces françaises, qui devaient normalement arriver par la mer.

À Bastia, Napoléon n'avait en effet pas perdu de temps. Il avait convaincu les Commissaires Saliceti et Lacombe-Saint-Michel qu'on pouvait s'emparer d'Ajaccio sans difficulté et, le 23 mai, une petite escadre, composée de la corvette *Belette*, du brick *Hasard* et de deux chaloupes canonnières quittaient le port de Saint-Florent, avec, à bord, quatre cents hommes et une petite artillerie ; elle était précédée par Bonaparte, monté sur un chébec (petit voilier). La mer étant mauvaise, l'escadrille doit d'abord prendre le large. Le 29 mai, elle arrive en vue d'Ajaccio et, le vendredi 31 mai, Napoléon délivrait lui-même sa mère, ses frères et ses sœurs, les faisait monter sur son chébec et les emmenait immédiatement à Girolata, d'où Mme Bonaparte et ses enfants gagnèrent Calvi par voie de terre. Puis il rejoignit l'escadrille.

Le lendemain, samedi 1^er^ juin, les forces républicaines débarquent à Ajaccio, mais les quatre cents hommes qu'elles représentent ne sont d'aucune utilité contre la troupe rassemblée par Costa pour défendre la place (les habitants de la ville, tous armés, la Garde nationale d'Ajaccio et celles des communautés avoisinantes). Seule une trentaine d'Ajacciens se rallient : les Commissaires Saliceti et Lacombe-Saint-Michel (l'artilleur) considèrent comme plus sage d'ordonner le rembarquement et le retour à Bastia. Celui-ci a lieu le dimanche 2 juin. Quant à Napoléon, pressé de retrouver sa famille, il se rend à Calvi à cheval, pour la rejoindre : elle a été accueillie avec générosité par la famille de son parrain Lorenzo Gubiega (Lorenzo a perdu la raison, mais son frère, Joseph Damien, et sa fille, Annette, ont pris soin des proscrits).

Après s'être ainsi assuré que tous les siens étaient sains et saufs, Bonaparte se rend à Bastia, pour conférer avec les Commissaires de la Convention, rédige un rapport sur la situation en Corse, puis retourne à Calvi d'où il s'embarque pour Toulon avec toute sa famille : « *Tout avait plié,* écrira-t-il plus tard, *ma présence n'étant bonne à rien, je quittai la Corse.* »

Nous avons pensé utile d'ajouter à ces explications un petit résumé chronologique comparatif, que l'on trouvera à l'Annexe n° 9, afin de mettre en évidence les relations qu'on peut apercevoir entre ce qui se passait à Paris, à la Convention et ce qui se passait en Corse. À partir du moment où la République est entrée dans la dramatique spirale de la guerre, elle est confrontée à deux problèmes : éviter que l'exemple de la Vendée ne fasse tache d'huile et préserver sa liberté de mouvement en Méditerranée.

## Qui a trahi qui ?

L'imbroglio corse a mis en présence deux hommes bien différents. L'un, Pascal Paoli, est un vieil homme qui n'a plus rien à prouver, universellement révéré comme un précurseur des temps nouveaux, tant dans l'Europe des Lumières, si férue de philosophie politique, que dans la jeune République américaine, pour laquelle il avait été un modèle. L'autre est un petit jeune homme, intelligent et ambitieux comme on doit l'être à vingt ans, admirateur du grand Paoli, dans lequel il croit voir un moderne Solon ; il a su briller un temps dans les salons de Valence et d'Auxonne et il a la chance rare de sortir de l'adolescence alors que le monde dans lequel il va vivre explose, qu'il s'agisse de la petite Corse, dont il ne connaît que la petite ville d'Ajaccio, du mystérieux univers parisien, qui lui semble être comme une autre planète, ou de cette France qui n'est encore pour lui qu'un nom et qu'il n'a jamais eu l'occasion d'apprendre ni à connaître, ni à aimer.

Que veulent-ils donc, ces deux hommes ?

Paoli sait ce qu'il veut depuis une quarantaine d'années : il aime passionnément une patrie qui se nomme la Corse, et il rêve de faire le bonheur du peuple qui l'habite en lui procurant la liberté, en y instaurant l'égalité par la magie d'une Constitution et en y prônant la fraternité, autant de conditions qui n'avaient jamais été réalisées dans l'île du temps des Génois, et encore moins du temps de l'occupation française. Ce rêve, Paoli a failli le réaliser, entre 1755 et 1769, mais la loi du plus fort a joué et, depuis vingt ans il vit à Londres, dans un exil glorieux et doré. Maintenant que la Révolution française a abattu le pouvoir du monarque étranger qui traitait la Corse comme sa chose, et celui des gouverneurs qui le représentaient dans l'île, il a formé un autre rêve : celui d'une patrie corse fondée sur le respect des lois du monde moderne qu'édifiaient les représentants du peuple dans les Assemblées, mais aussi sur le maintien des traditions et des coutumes et de sa langue qui étaient l'expression de sa culture.

Chez Napoléon, les jeux ne sont pas encore faits. En s'aidant de quelques souvenirs d'enfance et de quelques lectures, il s'est fabriqué une patrie imaginaire qu'il appelle « sa patrie corse », mais il ne l'a jamais connue, il ignore son peuple (lui-même est génois), sa langue (il ne parle que l'italien), ses coutumes et ses traditions, et il n'y a vécu que les neuf premières années de sa vie, passées dans les seules ruelles d'Ajaccio. Jusqu'à l'âge de dix-neuf ans, il a ignoré ses paysages et ses senteurs, l'accent rocailleux des hommes de la Castagniccia ou les mélopées que chantent les bergers, de colline à colline, la saveur indicible du brouet de farine de châtaignes, les bruits de ses villages ou le cri par lequel s'annonce le *tragulinu* (marchand ambulant) qui marche derrière son âne, dont l'échine plie sous le poids des tissus et des armes aux lames brillantes.

Il n'y a pas de patrie sans mémoire. Celle de Paoli était riche de souvenirs et de légendes, celle de Napoléon est abstraite. Ce qu'il appelle sa patrie corse, il l'a choisie à Brienne, à l'École militaire, et surtout à Valence ; cela lui conférait, avons-nous dit, comme un zeste d'originalité, parmi ces nobliaux de province qui se vantaient de quelque vague ancêtre. Il l'a choisie, mais il n'y a jamais vécu, sinon les huit premières années de son enfance, et il n'a pas eu l'occasion de l'aimer. En revanche, à vingt ans, après la prise de la Bastille, lors d'une interminable permission de dix-sept mois passée en Corse, il la découvre et il bouillonne d'impatience.

Il est intelligent et il comprend que le monde change, y compris son île et qu'il peut s'y faire une place, car il possède quelques atouts à l'échelle d'Ajaccio. Il parle et écrit le français couramment, il fait partie de la vingtaine de tout petits bourgeois ajacciens qui ont fait autre chose que de simili-études de Droit à Pise, il est officier à un moment où, partout, on parle de faire la guerre : cela vaut bien le diplôme d'avocat de Saliceti, ou l'ancienne notoriété de la riche famille Pozzo di Borgo.

Cela dit, les deux hommes se sont trompés mutuellement. Les vingt années londoniennes de Pascal Paoli ont transformé le personnage ; ce n'est plus uniquement la Corse, qu'il aime, c'est aussi le pouvoir et il tient à diriger les Corses – si difficiles à gouverner – comme il l'entend. Dès lors, tout en acceptant les hautes responsabilités que lui confie l'Assemblée, il les gère en dictateur, et nul ne proteste : ni les grands chefs corses, riches en terres et en troupeaux, parce qu'il a pour eux des égards, ni le petit peuple des villages de l'intérieur, qui croit en Paoli comme en un dieu. Il a accepté la protection de la France en droit, mais il tente de réaliser son rêve indépendantiste en fait.

Or ce rêve, qui était possible et souhaitable vingt ans auparavant, dans une Europe en paix, ou du moins en équilibre, risque de devenir un cauchemar dans l'Europe en guerre qui s'annonce et Paoli, qui était un grand patriote et un fin politique, était un piètre diplomate et il ne semble pas avoir pressenti l'orage qui allait s'abattre sur la Révolution. Pourtant la première coalition des monarchies européennes contre la République française venait de se nouer ; à l'Autriche et à la Prusse étaient venues s'allier les plus puissantes nations du continent : l'Angleterre, les Provinces-Unies, le Saint Empire, le royaume de Piémont-Sardaigne, l'Espagne. Quel serait le sort de la Corse, dans cette mêlée ? Entre quelles mains tomberait-elle ? Paoli espérait que ce serait entre celles de l'Angleterre, mais comment pouvait-il en être certain, à moins que de la livrer, dès maintenant, à celle-ci, trahissant ainsi la France révolutionnaire qui avait cru en lui ?

Cette France, que représentaient en Corse Saliceti et quelques autres, était devenue une République une et indivisible, et il était clair qu'elle ne tolérerait pas longtemps une Corse séparatiste, ne serait-ce que pour préserver ses intérêts stratégiques en Méditerranée. C'est pourquoi Paoli avait pris ses précautions, en « *corsisant* » toutes ses troupes, en garnissant toutes les villes du littoral de Gardes nationales formées uniquement de Corses, en se saisissant des fonds départementaux à Bastia, en traquant tous ses adversaires, et en particulier les Bonaparte, ses ennemis les plus dangereux.

Car, si Paoli a effectivement trahi ses engagements envers la France à la fois par patriotisme corse et par aveuglement, les Bonaparte ont trahi Paoli au nom de leur intérêt bien compris, plus, d'ailleurs, que par ambition.

Napoléon, en 1789, voulait être un second Paoli. Depuis ce temps, il a mûri et réfléchi : le *Babbu* a cru en la Révolution de Mirabeau et des Constituants, il ne croit plus en celle des Conventionnels, qui s'est instituée après ce que Bonaparte appelle, dans ses écrits, « *la crise du mois d'août* », c'est-à-dire le sac des Tuileries et la suspension du roi, le 10 août 1792. Dans le mémoire qu'il rédigea le 2 juin 1793, à Bastia, avant de rejoindre sa famille à Calvi, à destination de la Convention, il écrit :

« Toutes les personnes qui ont fait et soutenu la Révolution en Corse ont désiré ardemment le retour du général Paoli dans sa patrie. Elles le croyaient l'ami de la liberté parce qu'il avait eu l'air d'en être le martyr. Mais l'on ne tarda pas à s'apercevoir de l'ambition démesurée du vieux chef qui voulait que l'on ne vît que par ses yeux et que l'on ne jugeât que par sa conscience. Ceux qui étaient dans sa familiarité et qui étaient un peu clairvoyants s'aperçurent dès lors des projets de Paoli. Il ne dissimula plus rien lors de la crise du mois d'août ; il croyait la France perdue et se préparait à lui donner aussi un coup de pied... »

Le jugement est terrible. Que Paoli se trompât, en abandonnant la France à la vindicte des ennemis européens de la République, Napoléon était en droit de le penser. Mais, en dénonçant le *Babbu* à la Convention, il n'est plus dans le rôle d'un juge : il a revêtu les habits d'un traître. Il y avait suffisamment de Jacobins, de Commissaires aux armées, de représentants de la Convention pour penser comme lui et pour accuser le vieux patriote : qu'avait-il besoin de se muer en chacal et de hurler avec les loups ? qu'avait-il besoin de pousser l'ignominie jusqu'à terminer son mémoire par ces lignes :

« Paoli se trouve sans aucun officier. Tous les Corses qui avaient quelques connaissances militaires, ou politiques, ou administratives, l'ont abandonné. Le moment de le battre est ce mois-ci et le prochain, parce que c'est l'époque de la récolte.

BUONAPARTE
Capitaine d'artillerie au 4ᵉ régiment »

Qu'avait-il besoin de se conduire ainsi ? Son unique excuse aurait été que la République fût en réel danger du fait de Paoli, et que lui, Bonaparte, eût été le seul à le savoir. Or cela faisait déjà un certain temps que la Convention se méfiait de Paoli : avant même l'échec de l'expédition en Sardaigne, au début du mois de février 1793, elle avait déjà désigné les trois représentants chargés d'une mission d'enquête en Corse et, lorsque de Biron fut nommé à la tête de l'armée d'Italie (le 1ᵉʳ février 1793), la Convention plaça Paoli, commandant en chef des forces en

Corse, sous ses ordres. Les dénonciations et les protestations de Napoléon n'apportaient rien de nouveau au dossier. Il aurait donc été noble qu'il se tût.

Mais, chez les Bonaparte, la noblesse du cœur passait après l'intérêt. Napoléon avait décidé de faire carrière dans l'armée ou dans la politique : autant se mettre du côté du pouvoir, et faire oublier qu'après l'affaire manquée de La Maddalena il avait défendu avec ardeur et avec éloquence le général Paoli.

Récapitulons. Après le 10 août 1792, Paoli a trahi la confiance que la France révolutionnaire avait mise en lui : il mérite un mauvais point, avec la circonstance atténuante du patriotisme corse sans doute mal compris.

La conduite de Napoléon est beaucoup plus suspecte. En juin 1789, Bonaparte, officier d'artillerie dans un régiment du roi, fait allégeance à Pascal Paoli, alors en exil à Londres (dans la fameuse *Lettre à Paoli* qui commence par « *Je naquis quand la patrie périssait...* »), ce qui est, déjà, une entorse au patriotisme français, sans être véritablement une trahison : Napoléon a encore un pied dans chaque camp. Mais, dès octobre 1789, il se proclame patriote corse, participe aux diverses insurrections insulaires et va jusqu'à les animer (à Bastia, le 7 novembre 1789) : il trahit le serment civique qu'il a prêté, en août 1789, au Roi, à la Loi et à la Nation. En mars 1793, son attitude se radicalise : il est dans le camp de la Convention et trahit la patrie corse en demandant qu'on juge Paoli, trahison qu'il confirme en juin 1793, alors que le Tribunal révolutionnaire a été créé le 10 mars 1793 afin de juger, entre autres choses, « *les attentats contre la liberté, l'égalité, l'unité, l'indivisibilité de la République...* » : accusé par Napoléon Bonaparte en mars, par son frère Lucien Bonaparte – avec plus de virulence encore – à la même époque (son *Adresse* sera sur le bureau de la Convention le 2 avril, voir p. 186), Paoli risque sa tête.

Cela fait une conduite suspecte (mais honorable) à mettre au compte de Paoli, et quatre conduites suspectes (dont les deux dernières sont de véritables trahisons) au compte de Napoléon.

Alors ? Qui a trahi qui ?

## Épilogue

Pascal Paoli tint bon. Il réunit une consulte à Corté, le 26 mai 1793 : les représentants des *pièvi* corses renouvelèrent leur confiance à Paoli et à Pozzo di Borgo, procureur-syndic du département de Corse et déclarèrent déchus de leurs pouvoirs les Commissaires (Saliceti, Lacombe-Saint-Michel et Delcher). En réponse la Convention mettait Paoli hors la loi (17 juillet), pour menées séparatistes et contre-révolutionnaires et fortifiait les places de Saint-Florent, Calvi et Bastia.

En janvier 1794, l'escadre anglaise, commandée par Nelson, dont Paoli sollicitait l'aide, fait son apparition dans les eaux corses, venant de Toulon. Elle s'empare des trois places (Nelson perdit l'œil droit devant Calvi, au mois d'août). Le 10 juin, une consulte rassemblée à Corté proclame l'abolition de « *tout lien politique ou social* » entre la France et la Corse, et, le 19 juin 1794, promulgue la Constitution du « Royaume anglo-corse », avec pour souverain le roi d'Angleterre et pour vice-roi Gilbert Elliot.

Paoli, privé de ce dernier titre de vice-roi, entretint pendant quelque temps une propagande insidieuse contre Elliot, qu'il traitait d'« intrigant fieffé » et de « vieux serpent », et il finit par retourner à Londres le 13 octobre 1795, où il terminera ses jours. Avant de mourir (le 5 février 1807), il aura eu le temps d'admirer l'ascension de Napoléon Bonaparte, qu'il nommait *nostro patriotto*. Quant au Royaume anglo-corse il ne vécut pas longtemps : les victoires de Bonaparte en Italie firent craindre au cabinet de Londres (William Pitt dit le Second Pitt étant Premier ministre), d'ailleurs mal informé, qu'il serait impossible de défendre la Corse et donna l'ordre à Elliot d'évacuer l'île. Le 10 octobre 1796, les Anglais quittaient la Corse, et, quelques jours plus tard, les troupes françaises réoccupaient l'île sans coup férir, alors que le général Bonaparte combattait les Autrichiens en Italie.

Que devinrent les ennemis corses de Napoléon ? Après la reconquête de l'île, les plus importants furent arrêtés et jugés. Certains d'entre eux ne renoncèrent pas à poursuivre une lutte impossible : Marius Peraldi tenta de soulever la Corse pour l'offrir au tsar Paul I^er^ et finit ses jours en Sicile ; Tortaroli se réfugia en Angleterre, d'où il chercha, pendant longtemps, à fomenter des mouvements séparatistes ; Panattieri, paoliste enragé, mena la vie erratique d'un proscrit, tantôt à Londres, tantôt à Livourne, et finit par mourir en Égypte sous l'uniforme anglais ; Pozzo di Borgo, favori du vice-roi, continua de poursuivre Napoléon de sa haine jusqu'au bout, se consacra à la diplomatie et se mit tour à tour au service de la Russie (de 1803 à 1807), de l'Autriche et de l'Angleterre (il entra à Paris avec les troupes du tsar Alexandre I^er^ et devint son ambassadeur à Paris, puis à Londres).

Et Napoléon ? Après avoir quitté les Gubieca, chez lesquels il s'était réfugié, à Calvi, il était parti avec les siens à Toulon, où il arrive le 13 juin 1793, et il installe aussitôt sa famille à La Valette, petit village aux portes de la ville, puis à Marseille. Cela fait, il rejoint son corps, le 4^e^ régiment d'artillerie, dont une partie stationne à Nice, avec d'autres régiments de l'armée d'Italie ; il y a grade de capitaine.

Son aventure corse est terminée et bien terminée. Elle a joué un rôle capital dans sa jeune vie. Il y a découvert qu'avec un peu de raisonnement, un peu d'opportunisme, un peu d'autorité et en pratiquant souplement l'art du double jeu, on pouvait atteindre bien des objectifs ou se tirer des mauvais pas. Il avait aussi subi le baptême du feu, à La Maddalena, et appris que les plus grands hommes – tel Paoli – savent dissimuler, et même trahir quand il le faut, pour le triomphe de la cause qu'ils défendent. Enfin, il avait compris combien était efficace l'art de persuader, par la parole ou par les écrits. Tout cela ne pouvait que lui donner confiance pour son avenir : il avait été le premier, ou parmi les premiers, dans son village ajaccien, il pouvait espérer le devenir ailleurs. Pourquoi pas, dans son armée ?

## CHAPITRE IX

# Le pied à l'étrier

*La République chancelante (1793-1795). – Le* Souper de Beaucaire *(28 juillet 1793). – Toulon (17 septembre-25 décembre 1793) : ce n'est pas Napoléon qui a repris Toulon, il n'a été que l'exécutant docile et consciencieux des ordres militaires du Comité de salut public (Carnot) et des Commissaires Salicetti, Robespierre le Jeune et Gasparin. – Les temps difficiles (janvier 1794-mai 1795). – Le général Vendémiaire (octobre 1795-mars 1796).*

En posant le pied sur le sol de la Provence, le 13 juin 1793, le capitaine Bonaparte ignorait encore que l'histoire allait s'emparer de lui quelque six mois plus tard pour ne plus le quitter, comme l'écrit Las Cases dans le *Mémorial* (I, 109). Le caractère pré-romantique de sa personnalité le poussait vers une carrière d'écrivain, et il rêvait peut-être de devenir un second Rousseau ; mais son tempérament réaliste et opportuniste devait l'engager sur la voie des armes d'abord, sur celle de la politique ensuite.

Deux événcments, dont il sut admirablement tirer parti, lui mirent le pied à l'étrier : 1° la prise de Toulon, livré aux Anglais par les fédéralistes, après un siège de trois mois, le 19 décembre 1793, fit de ce capitaine un général de brigade (nommé le 2 décembre 1793, confirmé dans ce grade le 6 février 1794) ; 2° la répression, à Paris, de l'insurrection royaliste du 13 Vendémiaire (5 octobre 1795) en fit l'homme de Barras, le général en chef de l'armée de l'Intérieur chargée du maintien de l'ordre sur le territoire de la République (il fut nommé par Barras à ce poste le 26 octobre 1795)... et l'époux de Joséphine de Beauharnais, la maîtresse de son protecteur. Avant que d'analyser ces deux événements, nous décrirons brièvement la situation politique et militaire en France, entre 1793 et 1795.

## La République chancelante (1793-1795)

Pendant les dix premiers mois de son histoire, de septembre 1792 à juin 1793, la Convention a été le théâtre d'une lutte impitoyable entre les Girondins, qui représentent l'esprit de négociation et d'apaisement, tant sur le plan intérieur (ils cherchaient à retarder le procès du roi, qu'ils trouvaient inopportun) que sur le plan international (ils sont partisans d'accélérer le processus de paix avec les Autrichiens et avec les Prussiens), et les Montagnards, qui réprouvent le fédéralisme, l'affairisme des Girondins, le rejet par eux de la réforme agraire et le mépris des problèmes du peuple. Les Montagnards, dont la plupart sont membre du club des Jacobins, soutiennent que la République, menacée à la fois par les ennemis de l'intérieur et ceux de l'extérieur, est en droit de se défendre durement, car elle est en état de légitime défense. Girondins et Montagnards sont d'accord pour juger et condamner le roi (qui fut jugé coupable de « conspiration contre la liberté publique et attentat contre la sûreté générale de l'État » par 707 députés sur 721), mais ils s'opposent sur la nature de la peine à lui infliger, puisque 387 députés contre 334 votèrent pour la peine de mort, et que la proposition girondine de sursis fut rejetée par 380 voix contre 310. Le roi fut donc exécuté le 21 janvier 1793.

L'exécution du roi provoqua la formation de la *première coalition*, dressant contre la France républicaine l'Angleterre, l'Autriche, la Prusse, l'Espagne, la Hollande, les États de l'Empire germanique et de la péninsule italienne. Cette guerre obligea la Convention à décréter la *levée en masse* de 300 000 hommes, ce qui mit le feu au poudre en Vendée et en Bretagne (les

Chouans), où l'agitation religieuse contre-révolutionnaire s'exprimait depuis 1790. Puis, petit à petit, l'agitation fédéraliste se répandit à son tour et la guerre civile s'installa en diverses parties du territoire national, dans l'Ouest, en Gironde, à Lyon et en Provence (en particulier à Marseille). La Convention dut lutter contre tous les rebelles, contre les prêtres réfractaires, contre les émigrés rentrés en France, contre les *suspects* ; à cet effet elle institua le terrible *Tribunal révolutionnaire*, envoya des *représentants en mission* dans les provinces et un *Comité de salut public* (créé le 6 avril 1793) fut chargé d'assurer la liaison entre la Convention et les ministres (à cette époque, Napoléon était encore à Ajaccio).

Le Comité, divisé en six sections (Affaires étrangères, Guerre, etc.) et dominé par le trio Robespierre, Saint-Just et Couthon, gouverna la France d'une façon quasi dictatoriale jusqu'à la chute de Robespierre, le 9 Thermidor an II (27 juillet 1794). La section de la Guerre était composée de Carnot et de Prieur de la Côte-d'Or.

Militairement, la situation, un instant redressée après la canonnade de Valmy et la victoire de Jemmapes (6 novembre 1792), redevient rapidement très grave, car la Convention s'était lancée sur le dangereux terrain de la théorie des frontières naturelles, qui débouchait sur une politique de conquête et qui s'est d'abord traduite par la réunion de la Savoie à la France (27 novembre 1792), l'annexion du comté de Nice (janvier 1793), de la Belgique et de la rive gauche du Rhin (mars 1793). On comprend dès lors les motivations de la première coalition, dont l'Angleterre fut l'instigatrice. Jusqu'en juin 1793, les défaites militaires de la Convention s'accumulent : Dumouriez est vaincu à Neerwinden (18 mars 1793) et passe à l'ennemi (mars 1793), la garnison de Mayence capitule après un siège de quatre mois et la guerre civile fait rage en Vendée et en Bretagne.

Politiquement, Girondins et Montagnards s'accusent mutuellement de trahison ou de défaitisme ; à Paris, les extrémistes se manifestent (Jacques Roux et les *Enragés*) et tentent d'entraîner avec eux la sans-culotterie tandis que les Jacobins accusent les Girondins de s'associer au « *complot aristocratique* ». Le conflit politique débouche sur l'insurrection armée. Le 31 mai 1793 un Comité insurrectionnel anti-Girondin se forme à Paris (il est dirigé par Hanriot), qui déclenche l'émeute ; la Convention, qui siégeait aux Tuileries, est envahie par les manifestants, et, le 2 juin, elle décrète l'assignation à résidence de 29 députés Girondins : la Montagne, aidée par les sans-culottes, triomphait. Dans le même moment, Bonaparte, toujours en Corse, cherchait à échapper à la vindicte des paolistes (il s'embarquera à Calvi pour Toulon le 11 juin 1793, comme on l'a dit plus haut).

Les ennemis de la République sont de plus en plus nombreux, aussi bien du côté des extrémistes de gauche que des modérés. Les Montagnards, qui n'ont pour seul vrai soutien que les sans-culottes parisiens, organisent alors un régime d'exception, fondé sur la force et la coercition, pour défendre la République ; à cette sorte de loi martiale impitoyable, on a donné le nom de *Terreur* : ses instruments sont le Tribunal révolutionnaire et la guillotine, qui fonctionne sans arrêt, à Paris comme en province, à partir du mois d'octobre 1793. Les premières victimes de la Terreur furent la reine Marie-Antoinette (16 octobre 1793), les députés girondins arrêtés au mois de juin (31 octobre 1793), quelques personnalités (comme le duc d'Orléans, Mme Roland, Bailly) ; puis ce furent les factions de tous bords (*Enragés*, *Hébertistes*, Danton et les *Dantonistes, Indulgents*) qui passèrent sous le couperet de la guillotine, ainsi qu'une nuée d'affairistes, de trafiquants, d'affameurs spécialistes du marché noir, de fabricants de fausse monnaie (mais très peu de ci-devant et de prêtres réfractaires, qui avaient déjà émigré) : au total, 16 954 personnes (disent les statistiques ; le nombre réel de décapités fut, en fait, plus près de 20 000) furent ainsi exécutées, entre avril 1793 et juillet 1794.

Tant de rigueur devait aboutir à la chute de Robespierre. Une conspiration se forma contre lui, animée par Fouché, un ancien Oratorien, arriviste et sans scrupule, qui devait devenir ministre de la Police, Barras, Tallien et Fréron. Le 8 Thermidor an II (26 juillet 1794) Robespierre prononçait, à la Convention, un sévère discours contre « les traîtres et les fripons », visant par ces qualificatifs aussi bien ces intrigants que les modérés qui constituaient le parti informe de la *Plaine* et qui refusaient de s'engager dans la lutte politique, comme Cambon et Carnot. Le discours de l'Incorruptible fut écouté, mais l'Assemblée refusa sa publication. Le lendemain 9 Thermidor, la séance reprit à la Convention. Tallien, puis Billaud-Varenne, accusèrent Robespierre de se comporter comme un « nouveau Cromwell », Collot d'Herbois l'empêcha de répondre et, aux cris de « Vive la République ! », les députés votèrent l'arrestation de Robespierre, Saint-Just et Couthon, qui furent conduits par leurs partisans à l'Hôtel de Ville. Dans la nuit du 9 au 10 Thermidor (28 juillet 1794), Robespierre et 21 de ses amis (dont Saint-Just, Hanriot et Couthon) étaient arrêtés, et guillotinés dans la journée du 10 Thermidor. Onze autres robespierristes furent guillotinés le lendemain 29 juillet. Le rêve d'une République démocratique et égalitaire s'achevait dans le sang des rêveurs, qui en avaient fait un cauchemar malgré eux.

Les *Thermidoriens* – ainsi appelle-t-on les députés de la Convention après le 9 Thermidor – n'étaient pas tous des adversaires inconditionnels de Robespierre, et nombre d'entre eux avaient été, en leur temps, partisans de la Terreur. Mais, très rapidement, le pouvoir glissa vers les plus modérés, comme Barras ou Boissy d'Anglas : ils furent les agents de la *réaction thermidorienne.* Les pouvoirs du Comité de salut public furent limités, le Tribunal révolutionnaire fut épuré, la loi du 22 prairial (10 juin 1794) fut abolie (elle supprimait l'interrogatoire de l'accusé avant l'audience du Tribunal révolutionnaire, lui refusait l'assistance d'un avocat, laissait l'audition des témoins au bon vouloir du Tribunal et ne prévoyait que deux sentences possibles, l'acquittement ou la mort), les principaux acteurs de la Terreur – les *terroristes* – furent jugés et décapités, mais les autres sauvèrent leur tête. Le club des Jacobins fut fermé et les pouvoirs de la Commune (le gouvernement municipal de Paris) furent transférés à la Convention. Une loi de février 1795 rétablit la liberté des cultes qu'avait supprimée Robespierre.

En même temps, on vit se développer, à Paris comme en Province, une agitation antijacobine (les *Muscadins* et les *Incroyables*), ainsi que des émeutes populaires (printemps 1795). Les derniers Montagnards de l'Assemblée (on les appelait les « Crétois ») furent arrêtés et condamnés à mort (sauf Carnot, gracié en tant qu'organisateur de la victoire). En province, la réaction prit un caractère violent (la *Terreur blanche*) et les royalistes relevaient la tête.

Les Thermidoriens n'étaient pas des royalistes. Ils remirent en vigueur la Constitution républicaine de juin 1793, mise en sommeil par le gouvernement provisoire du Comité de salut public, prirent des mesures pour museler l'opposition royaliste renaissante et, par la Constitution du 5 Fructidor an III (22 août 1795), ils instituèrent le régime du *Directoire*, sous lequel vécut la France du 26 octobre 1795 (4 Brumaire an IV) au 10 novembre 1799 (19 Brumaire an VIII).

N'oublions pas non plus que, durant toute cette période que couvre le régime de la Convention (21 septembre 1792-25 octobre 1795), la France est en guerre contre les puissances européennes coalisées (*première coalition* coordonnée par William Pitt : Autriche, Prusse, Angleterre, Hollande, puis Espagne, Russie, Piémont-Sardaigne, royaume de Naples, Toscane, Bade, Hesse, Hanovre), et cela jusqu'au traité de Campo-Formio (octobre 1797). La France révolutionnaire va devoir se battre sur toutes ses frontières, soit pour se défendre, soit pour conquérir, et les quelque 130 000 hommes de l'ancienne armée royale ne sauraient y suffire. La Convention va donc se constituer progressivement une immense armée, faite des anciens régiments des armées royales, dans lesquels servent des soldats et des officiers de métier, de bataillons de volontaires plus ou moins expérimentés, engagés généralement pour une seule campagne, et de citoyens *réquisitionnés* (exemple : par la levée en masse de 1793). Elle parvint ainsi à réunir une armée de plus d'un million d'hommes, chiffre jamais atteint par aucune puissance à cette époque, dont la supériorité numérique compensait largement l'inexpérience. Ces armées furent désignées par référence aux territoires qui les concernaient (armées des Alpes, d'Italie, du Rhin, des Pyrénées, etc.) ; au début de la première coalition il y en avait quatorze !

## Le *Souper de Beaucaire* (28 juillet 1793)

Voici donc la famille Bonaparte (Madame Letizia et ses cinq plus jeunes enfants, qui ont entre neuf et seize ans) installée à Marseille ; Joseph et Lucien volent maintenant de leurs propres ailes, et Napoléon a rejoint son régiment, à Nice. Il a recouvré son grade de capitaine (qui lui avait été retiré lorsqu'il était devenu lieutenant-colonel élu de la Garde nationale, à Ajaccio) et se trouve placé sous les ordres du commandant de l'artillerie de l'armée d'Italie (armée constituée à la fin de 1792, et qui avait alors pour théâtre d'opérations le littoral méditerranéen et l'arrière-pays des Alpes-Maritimes), Jean du Teil, le frère du baron Jean-Pierre du Teil, son ancien général à Auxonne : il est affecté au service des batteries de la côte (dans la 12^e^ Compagnie).

Le capitaine Bonaparte a alors vingt-quatre ans et ne manque pas de qualités : il est intelligent, volontaire, acharné même et il manifeste de l'ambition. Il n'est donc pas étonnant que du Teil le choisisse comme aide de camp (officier d'ordonnance, comme on dit aujourd'hui), ainsi que l'attestent deux lettres écrites le 3 juillet 1793 par Napoléon, pour le compte de son chef, l'une au ministre de la Guerre de l'époque (Bouchotte), l'autre au directeur de l'artillerie de Toulon (elles concernent toutes les deux l'établissement de fours à réverbères destinés à porter au rouge les boulets de canon ; nous les citons, d'après Masson, II, p. 472 *sq.*) :

LETTRE À BOUCHOTTE, DU 3 JUILLET 1793

« Citoyen ministre,

Nous n'avions pas encore l'usage dans l'artillerie des fours à réverbères près des batteries des côtes, nous nous contentions d'une simple grille avec un soufflet de forge. Mais l'avantage des fours à réverbères étant généralement connu, le général du Teil me charge de vous demander un modèle avec les profils, en sorte que nous soyons dans le cas d'en faire construire sur notre côte et de brûler les navires des despotes.

Avec respect, citoyen ministre,
Votre tout dévoué
BONAPARTE
Capitaine au 4^e^ régiment d'artillerie »

Lettre au directeur de l'artillerie de Toulon, du 3 juillet 1793

« Au directeur d'artillerie de Toulon,

Le général du Teil, citoyen, me charge de vous écrire pour vous demander les profils de la construction d'un four à réverbère comme l'on commence à en pratiquer pour les boulets rouges. Vous devez avoir reçu pour cet objet une instruction du ministre de la Guerre. Je vous prierai [*sic*] de me les faire passer le plus tôt possible. »

Les « *navires des despotes* », ce sont, bien évidemment, les bâtiments des monarques qui font la guerre à la France révolutionnaire, comme le roi de Piémont-Sardaigne ou le roi d'Angleterre. De plus, à cette époque, différentes régions de la France (la Bretagne, la Normandie, la Vendée, la Franche-Comté, le Lyonnais et le couloir rhodanien, et enfin la Provence) se soulèvent contre la Convention, à l'instigation des Girondins et des contre-révolutionnaires : elles refusent au pouvoir parisien le droit de régenter tout le territoire de la République. Cette révolte fut qualifiée de *fédéraliste* par les Conventionnels ; elle engendra de graves guerres civiles régionales, ce furent les premières guerres auxquelles participa Napoléon (si l'on excepte la malheureuse expédition de La Maddalena contre la Sardaigne).

En effet, aussitôt que se répand la nouvelle de l'arrestation, à l'Assemblée, des 29 députés girondins (le 2 juin 1793 ; 22 d'entre eux seront décapités le 3 octobre), la province se soulève contre Paris et la Convention (60 départements entrent en rébellion au cours de l'été 1793), et, en particulier les villes de Marseille (le 6 juin), Avignon (le 6 juin), Nîmes (le 6 juin), Toulouse (le 6 juin), Bordeaux (le 7 juin), le département du Calvados (le 9 juin). Il est certain que la rébellion provençale est dangereuse, puisque la France révolutionnaire est en guerre contre les Sardo-Piémontais qui menacent ses frontières terrestres, et contre l'Angleterre qui menace ses ports méditerranéens. On assiste donc, dans cette région, dont le commandant militaire est le général Carteaux, à de nombreux mouvements de troupes, en direction de l'armée des Alpes et de l'armée d'Italie (qui fusionneront bientôt). Dans le cadre de ces opérations, le 8 juillet 1793, Napoléon est chargé par son chef (du Teil) de se rendre à Avignon, où il y avait des arsenaux et des stocks de poudre à canon, pour y organiser des convois de poudre destinés à l'armée d'Italie : ce fut là sa première mission militaire officielle.

Il semble que Napoléon était à Valence lorsqu'il en reçut l'ordre. Il prend donc la route pour Avignon (l'actuelle Nationale 7) le 9 juillet, par Loriol, Montélimar (où il séjourne le 11 juillet) et Lapalud (12 juillet). Quand il approche d'Avignon, il tombe en pleine guerre : les fédéralistes marseillais occupent la ville, et le général Carteaux, parti lui aussi de Valence, à la tête d'une petite armée de 4 000 hommes, campe au Pontet, devant les remparts de la cité des papes. L'attaque principale est lancée le 25 juillet à deux heures du matin, mais Carteaux doit se replier car les Avignonnais disposent d'une artillerie nettement supérieure à la sienne. Toutefois, cette attaque eut pour effet d'abattre le moral des Marseillais (« *Ils n'étaient pas aussi sûrs de leur conscience que de leur courage* », écrira plus tard Albitte, le représentant en mission de la Convention à l'armée des Alpes, dans son rapport sur la prise d'Avignon) : dans l'après-midi du 25, une députation d'Avignon vient annoncer au général Carteaux que les Marseillais ont évacué la ville et que l'armée de la Convention est attendue avec impatience par la population. À neuf heures du soir, Carteaux et ses hommes pénètrent dans la ville illuminée, sous les acclamations de la foule.

Napoléon, quoi qu'en ait dit certains, est arrivé après la bataille et c'est le samedi 27 juillet seulement qu'il rejoint Carteaux. Le lendemain, celui-ci lui donne l'ordre d'organiser ses convois de poudre, de descendre le cours du Rhône et d'aller occuper Beaucaire et Tarascon. Tout cela n'avait rien d'exaltant et Bonaparte avait besoin d'action : il n'avait guère l'intention de passer son temps à dresser des inventaires, à escorter des convois de munitions ou à inspecter des batteries qui ne tireraient jamais un seul coup de canon. Mais les ordres sont les ordres, et le dimanche 28 juillet, Napoléon est à Beaucaire.

Il s'installe dans la maison d'un pharmacien nommé Rousselet et dîne, le soir, dans une auberge, en compagnie de quatre marchands venus pour la foire, avec lesquels il discute à bâtons rompus de la rébellion fédéraliste en Provence. À la suite de ces agapes, il écrit (dans la nuit ?) un petit texte en forme de dialogue, qu'il intitule : *Souper de Beaucaire, ou Dialogue entre un militaire de l'armée de Carteaux, un Marseillais, un Nîmois et un fabricant de Montpellier sur les événements qui sont arrivés dans le ci-devant Comtat à l'arrivée des Marseillais*, et qu'il fait imprimer à ses frais (le lendemain ?) chez Sabin Tournal, l'imprimeur du *Courrier d'Avignon*, puis, quelques jours plus tard, aux frais de la Convention, chez Marc Aurel, imprimeur de l'armée.

Ce dialogue, qui se voulait être une imitation des dialogues platoniciens, oppose deux théories : l'une, celle du « Marseillais », qui prétend que les fédéralistes s'empareront d'Avignon, contrôleront bientôt toute la vallée de la Durance, et que le centralisme « sanguinaire » des Conventionnels parisiens sera tenu en échec ; l'autre, celle du « Militaire » – entendez Napoléon lui-même – qui le réfute.

### ANALYSE DU *SOUPER DE BEAUCAIRE*

Napoléon présente d'abord ses personnages et les met en situation :

> « Je me trouvai à Beaucaire le dernier jour de la foire ; le hasard me fit avoir comme convives à souper deux négociants marseillais, un Nîmois et un fabricant de Montpellier.
>
> Après plusieurs moments employés à nous reconnaître l'on sut que je venais d'Avignon et que j'étais militaire. Les esprits de mes convives qui avaient été, toute la semaine, fixés sur le cours du négoce qui accroît les fortunes, l'étaient dans ce moment sur l'issue des événements présents d'où en dépend la conservation ; [...]. »

Le Nîmois l'interroge : comment se fait-il que les Marseillais aient évacué Avignon, alors que l'attaque de l'armée de Carteaux avait été repoussée ? « *Le Militaire* » met les choses au point :

> « L'armée était forte de 4 000 hommes lorsqu'elle a attaqué Avignon ; elle est aujourd'hui à 6 000 hommes, elle sera avant quatre jours à 10 000 hommes ; [...].

> Les Marseillais étaient à 3 600 hommes ; ils avaient une artillerie plus nombreuse et de plus fort calibre, et cependant ils ont été contraints à repasser la Durance, [*car*] il n'appartient pas à de vieilles troupes de résister aux incertitudes d'un siège. »

Le Marseillais intervient alors pour dire que les siens n'en resteront pas là, qu'on lève à Marseille de nouveaux bataillons et que, sous peu de jours, ses compatriotes auront repris Avignon, ou, du moins resteront-ils maîtres de la Durance. Bonaparte le ramène au sens des réalités et lui recommande de se méfier de la propagande fédéraliste :

> « Voilà ce que l'on vous dit pour vous entraîner dans le précipice qui s'approfondit à chaque instant et qui peut-être engloutira la plus belle ville de France, celle qui a le plus mérité des patriotes ; mais l'on vous a dit aussi que vous traverseriez la France, que vous donneriez le pas à la République, et vos premiers pas ont été des échecs ; l'on vous a dit qu'Avignon pouvait résister longtemps à 20 000 hommes, et une seule colonne de l'armée, sans artillerie de siège, dans vingt-quatre heures, en a été maîtresse ; l'on vous a dit que le Midi était levé et vous vous êtes trouvés seuls ; l'on vous a dit que la cavalerie nîmoise allait écraser les Allobroges et ceux-ci étaient déjà à Saint-Esprit et à Villeneuve ; l'on vous a dit que 4 000 Lyonnais étaient en marche pour vous secourir et les Lyonnais négociaient leur accommodement... »

Et il conclut :

> « [...] Aujourd'hui qu'Avignon, Tarascon, Arles ont plié, avouez qu'il y a dans votre opiniâtreté de la folie ; c'est que vous êtes influencés par des personnes qui, n'ayant plus rien à ménager, vous entraînent dans leur ruine. [...] Laissez les pays pauvres se battre jusqu'à la dernière extrémité : l'habitant du Vivarais, des Cévennes, de la Corse s'expose sans crainte à l'issue d'un combat : s'il gagne, il a rempli son but ; s'il perd, il se trouve comme auparavant dans le cas de faire la paix et dans la même position... Mais vous !... perdez une bataille, et le fruit de mille ans de fatigues, de peines, d'économies, de bonheur devient la proie du soldat. »

Le Marseillais résiste à cette éloquence, Marseille ne deviendra pas « *la proie de quelques brigands* » clame-t-il :

> « Quoi ! L'Allobroge, chargé des dépouilles de Lisle, ferait la loi dans Marseille ! Quoi ! Dubois-Crancé et Albitte seraient sans contradicteurs ! Ces hommes, altérés de sang, [...] seraient les maîtres absolus ! »

Le Militaire réplique à cette tirade que les soldats de la République ne sont pas des brigands, que les commissaires aux armées ne passent pour des scélérats qu'« *aux yeux des mauvais* », et il use d'un argument *ad hominem* :

> « Pensez-vous que, s'ils eussent voulu, Marseille eût retiré les marchandises qu'elle avait à Beaucaire ? Ils pouvaient les séquestrer jusqu'à l'issue de la guerre. Ils ne l'ont pas voulu faire et, grâce à eux, vous pouvez retourner tranquillement chez vous. »

Puis, avec habileté, Bonaparte met dans la bouche du Marseillais une distinction fondamentale :

> « La Vendée veut un Roi, dit le négociant ; la Vendée veut une contre-révolution déclarée. La guerre de la Vendée, du camp de Jalès est celle du fanatisme, du despotisme ; la nôtre est celle des vrais républicains, ennemis de l'anarchie et des scélérats. »

Ce à quoi le Militaire répond que le peuple de Marseille est bien loin des contre-révolutionnaires de la Vendée, mais aussi qu'il ne suffit pas d'arborer le drapeau tricolore pour être républicain, et il prend l'exemple de la Corse, et Napoléon en profite pour régler son compte à Paoli et lui lancer le coup de pied de l'âne :

> « Paoli l'arbora aussi en Corse pour avoir le temps de tromper le peuple, d'écraser les vrais amis de la liberté, pour pouvoir entraîner ses compatriotes dans ses projets criminels. [...] Il fit chasser nos troupes des forteresses ; il désarma celles qui y étaient ; [...] il avait précédemment fait échouer l'expédition de Sardaigne. Et cependant il avait l'impudeur de se dire ami de la France et bon républicain ; et cependant il trompa la Convention qui rapporta son décret de destitution. »

À ce moment du dialogue, le Nîmois et le Montpelliérain interviennent. Le premier blâme les insurgés de Marseille : si la Constitution ne leur convenait pas, ils devaient la combattre sur le plan constitutionnel, d'une manière républicaine ; le second est plus sévère envers les fédéralistes :

> « Il est palpable pour qui veut réfléchir qu'une partie de Marseille est contre-révolutionnaire. L'on avoue vouloir la République, mais c'est un rideau que l'on rendait tous les jours plus transparent ; l'on vous accoutumait peu à peu à voir enfin la contre-révolution toute nue [...].
>
> Vous avez renversé toutes les lois, toutes les convenances. De quel droit destituyez-vous votre département ? Était-ce Marseille qui l'avait formé ? [...] Vous avez donc confondu tous les droits, vous avez établi l'anarchie [...]. Vous avez établi un tribunal populaire ; Marseille seul l'a nommé ; il est contraire à toutes les lois. Ce ne peut être qu'un tribunal de sang, puisque c'est le tribunal d'une faction. »

Suit l'énumération de divers actes illicites pratiqués par les insurgés marseillais : emprisonnements sans mandat, méconnaissance de la liberté individuelle, exécutions de citoyens sans jugement, sur simple dénonciation ; et le Montpelliérain en tire une sévère conclusion :

> « Est-ce ainsi que vous voulez la République ? Vous avez retardé la marche de nos armées en arrêtant les convois ; [...] comment vous épargner le titre d'ennemis de la Patrie. »

Le Marseillais répond qu'un homme qui se noie s'accroche à toutes les branches et que ce qu'ils ont subi, à Marseille, de la part des Jacobins qui ont institué la Terreur dans la ville en janvier 1793, est au-delà de tout ce qu'on peut imaginer en matière d'horreur, et il ajoute :

> « Plutôt que de nous soumettre à de pareilles gens, nous nous porterons à la dernière extrémité, nous nous donnerons aux ennemis ; nous appellerons les Espagnols. »

À ces mots, la conversation prend une tournure plus vive ; le Nîmois condamne l'appel à l'ennemi :

> « Pour voir lesquels des Fédérés ou de la Montagne tient pour la République, cette menace me suffit. [...] Mais j'ai encore trop bonne opinion de votre peuple pour croire que vous soyez les plus forts à Marseille dans l'exécution d'un si lâche projet. »

Quant à Bonaparte, il menace :

« L'indignation serait générale dans toute la République, vous auriez 60 000 hommes sur les bras avant huit jours. »

Le Montpelliérain fait chorus :

« Si vous étiez capable d'une pareille bassesse, il ne faudrait pas laisser pierre sur pierre dans votre superbe cité. »

Bonaparte calme le jeu :

« Croyez-moi, Marseillais, secouez le joug du petit nombre de scélérats qui vous conduisent à la contre-révolution, rétablissez vos autorités constituées, acceptez la Constitution, rendez la liberté aux représentants, qu'ils aillent à Paris intercéder pour vous. Vous avez été égarés [...]. »

Le Marseillais :

« Eh ! Monsieur, qui mettra le bien ? Sera-ce les réfugiés qui nous arrivent de tous les côtés du département ? Ils sont intéressés à agir en désespérés. Sera-ce ceux qui nous gouvernent ? Ne sont-ils pas dans le même cas ? Sera-ce le peuple ? Une partie ne connaît pas sa position, est aveuglée, est fanatisée ; l'autre partie est désarmée, suspecte, humiliée, je vois donc avec une profonde affliction des malheurs sans remède. »

Le dernier mot revient à Napoléon, bien entendu :

« Vous voilà enfin raisonnable. Pourquoi une pareille révolution ne s'opérerait-elle pas sur un grand nombre de vos citoyens qui se sont trompés et de bonne foi ? Alors Albitte, qui ne peut que vouloir épargner le sang français, vous enverra quelque homme loyal et habile ; l'on sera d'accord et l'armée, sans s'arrêter un seul moment, ira sous les murs de Perpignan faire danser la carmagnole à l'Espagnol enorgueilli de quelques succès.

Et Marseille sera toujours le centre de gravité de la liberté. Ce sera seulement quelques feuillets qu'il faudra arracher à son histoire.

Cet heureux pronostic nous remit en belle humeur. Le Marseillais nous paya de bon cœur quelques bouteilles de champagne qui dissipèrent entièrement les soucis et les sollicitudes. Nous allâmes nous coucher à deux heures du matin, nous donnant rendez-vous au déjeuner du lendemain où le Marseillais avait encore bien des doutes à proposer et moi bien des vérités intéressantes à lui apprendre. »

Le *Souper de Beaucaire*, on le constate, n'est pas un grand texte de philosophie politique. Il est exclu qu'on puisse le comparer aux deux fameux discours de Rousseau, par exemple ; il n'a d'ailleurs eu, en son temps, aucun succès et il est même passé inaperçu. Ce n'est qu'un banal prospectus de propagande, démagogique même, sans grande rigueur logique, utilisant tous les clichés idéologiques du temps. Cependant, cet écrit nous semble révélateur de la stratégie carriériste et opportuniste de son auteur.

Napoléon, en effet, après avoir échoué politiquement et militairement en Corse, est bien décidé à tenter maintenant sa chance en France. Pour cela, il lui faut trouver des appuis parmi les Conventionnels, qui sont nombreux en Provence où la rébellion fédéraliste gronde de toutes parts, tels que le Corse Saliceti, que Bonaparte connaît bien, Albitte, Escudier, Nioche, Ricord, Robespierre le Jeune – le frère de Maximilien – et Thomas de Gasparin, qui jouera, nous le verrons, un rôle décisif dans son destin. La prise d'Avignon et la lutte contre les fédéralistes marseillais lui semblent une excellente occasion de se mettre en valeur à leurs yeux et, puisqu'il n'a pas eu l'opportunité de réaliser un exploit militaire, il décide d'attirer leur attention par un écrit célébrant la Convention et fustigeant les fédéralistes.

Admirez la promptitude avec laquelle procède Napoléon. Il reçoit en Avignon l'ordre de partir pour Beaucaire le dimanche 28 juillet au matin (Beaucaire est à 26 km d'Avignon), et, dans la nuit qui suit le fameux souper, ou le lendemain, il écrit son dialogue, qu'il fait imprimer immédiatement en Avignon, chez Sabin Tournal. Comme son *Souper de Beaucaire* fut publié peu de temps après par Marc Aurel aux frais de la Convention, on peut normalement supposer que Napoléon envoya sa brochure à Saliceti et aux autres représentants en mission avant de partir pour Nice avec son convoi de poudre et de munitions (qui n'était d'ailleurs pas prêt à la fin du mois de juillet).

Pendant tout le mois d'août, Bonaparte se déplace souvent (on le voit en Arles, à Saint-Martin-de-Crau, à Valence, à Auxonne, à La Ciotat), vraisemblablement, pour préparer son convoi de poudre ; il en profite pour distribuer sa brochure. Vers la fin du mois d'août, il écrit au ministre de la Guerre Bouchotte et lui demande qu'on lui accorde le grade de lieutenant-colonel et la permission de servir dans l'armée du Rhin, qui lui semblait plus prometteuse de gloire que le rôle de convoyeur de poudre qui lui a été réservé dans l'armée d'Italie. Bouchotte ne lui répond pas, mais envoie une note aux représentants en mission dans le Midi : la requête de cet officier, leur écrit-il, est celle d'un patriote et, si Bonaparte a des qualités réelles, on peut envisager de lui donner l'avancement qu'il réclame.

Cet avancement, le hasard allait le lui procurer, dans la première quinzaine de septembre.

Après Avignon et Marseille, la révolte fédéraliste avait gagné toute la Provence et les autorités départementales – fédéralistes et/ou royalistes – de Toulon avaient soulevé la population contre la municipalité jacobine. Le 12 juillet, le club des Jacobins avait été fermé, vingt-quatre de ses membres avaient été pendus et deux représentants en mission arrêtés, puis les Toulonnais s'étaient enfermés dans Toulon ; comme ils ne pouvaient résister, seuls, aux assauts des troupes de la Convention, commandées par Carteaux, ils avaient requis l'assistance de l'escadre anglaise qui croisait en Méditerranée, sous le commandement de l'amiral Hood (la Convention avait en effet déclaré la guerre à l'Angleterre le 2 février 1793) et lui avaient livré leur ville, les 27-28 août 1793. Ils avaient aussi reçu, par voie de mer, des renforts sardes, napolitains et espagnols.

Le siège de Toulon avait donc commencé et, dès le 7 septembre, Carteaux s'était emparé d'Ollioules, à l'ouest de la ville ; lors des combats, le capitaine Dammartin (promu lieutenant-colonel quelques jours plus tôt, après la reprise de Marseille, qui avait eu lieu le 25 août), commandant l'artillerie de l'armée de Carteaux, avait été grièvement blessé. Aussitôt Saliceti, compatriote et protecteur de Bonaparte, mit celui-ci en réquisition :

Napoléon était le seul officier d'artillerie compétent capable de remplacer Dammartin.

Saliceti, représentant de la Convention auprès de Carteaux, avait suivi de près la prise de Marseille et s'était installé au Beausset, sur les collines dominant Bandol et Ollioules, afin de surveiller politiquement le siège de Toulon. Bonaparte, qui était passé à La Ciotat le 5 septembre, lui avait certainement rendu visite, avait couché au Beausset le 6 et le 7 septembre et était parti sans doute vers Nice peu après la prise d'Ollioules, ignorant tout de la blessure de Dammartin.

Saliceti n'eut donc aucun mal à retrouver son compatriote et, après l'avoir joint, lui offrit le poste de commandant de l'artillerie dans l'armée de Carteaux, comme en témoigne la lettre suivante, adressée par Saliceti et par Gasparin au Comité de salut public :

LETTRE DE SALICETI AU COMITÉ DE SALUT PUBLIC

« *Quartier général d'Ollioules, le 26 septembre 1793,*

Nous avions de la grosse artillerie à Marseille, mais elle était en mauvais état, mais les moyens de charrois sont rares dans ce pays-ci, et la réparation ou le transport nous a retardés de huit jours. Le hasard nous servit à merveille ; nous arrêtâmes le citoyen Bonaparte, capitaine instruit, qui allait à l'armée d'Italie et nous lui ordonnâmes de remplacer Dommartin [*sic*]. »

Le représentant Gasparin expédia une lettre identique à Paris, et, vers le 16 septembre, après avoir abandonné ses convois de poudre à qui de droit sur la route de Nice, le capitaine Bonaparte arrivait devant Toulon : le hasard, Saliceti et Gasparin lui ouvraient les portes de l'histoire, portes qui ne devaient se refermer que le 18 juin 1815, en Belgique, à Waterloo, pour le plus grand malheur que la France ait connu dans son histoire avant 1940.

## Toulon (17 septembre-25 décembre 1793)

Toulon passait alors pour le camp retranché le plus vaste et le plus imprenable de la Méditerranée. La ville était comme encastrée au fond d'une petite rade dont l'entrée était gardée par la forteresse de la Grosse Tour et par deux forts, celui de l'Éguillette et le fort Balaguier, et la petite rade était elle-même surveillée par les défenses de la grande rade qui la précédait et que fermait la presqu'île de Saint-Mandrier. Sur les collines dominant les deux rades, et notamment sur le mont Faron (au nord de Toulon), divers ouvrages militaires – forts, redoutes, batterie d'artillerie – couvraient les alentours de la ville. Enfin les Toulonnais ne risquaient pas de manquer d'armes, de munition ou de poudre : les arsenaux de Toulon étaient les mieux fournis de la République, et l'escadre anglaise, qui tenait les deux rades, pouvait appuyer de ses canons l'artillerie des forts et autres ouvrages toulonnais.

Dans le *Mémorial de Sainte-Hélène,* sous la dictée de l'empereur déchu, Las Cases écrit, imperturbable, à propos du siège de Toulon (I, p. 110) : « *Je renvoie aux mémoires de la campagne d'Italie* [qu'il n'a jamais transcrits, à part quelques fragments] ; *on y lira le plan d'attaque qu'il fit adopter, la manière dont il l'exécuta ; on y verra que c'est lui précisément, et lui seul, qui prit la place.* ».

Tout cela est faux, les historiens le savent depuis bien longtemps (exemple : Chuquet, qui n'est pas suspect d'« *antinapoléonisme* ») et cependant le mythe persiste encore dans les manuels d'histoire à destination des collégiens et dans la plupart des ouvrages de vulgarisation consacrés à l'épopée napoléonienne. Ne lit-on pas, dans le bon vieux « Malet et Isaac » que, peu de temps après avoir écrit le *Souper de Beaucaire,* Bonaparte « *se distinguait au siège de Toulon et assurait la prise de la ville en enlevant un fort qui commandait la rade* » (! !).

Que s'est-il donc réellement passé à Toulon ?

Le général en chef de l'armée assiégeante était Carteaux, un ancien enfant de troupe qui avait quitté l'armée en 1779, pour se consacrer à la peinture sur émail ; il bénéficiait, semble-t-il, de la confiance des représentants en mission (Albitte, Gasparin et Saliceti). Il avait organisé le siège en règle de la ville, en coupant ses communications avec la terre et avec les moulins qui assuraient son alimentation ; mais ses effectifs étaient réduits (10 000 hommes, très mal armés, qui n'étaient pas des militaires de métier et qui pensaient à tout, sauf à la guerre), il n'avait à sa disposition qu'un petit nombre d'officiers et son artillerie était inexistante (quatre canons, deux mortiers et quelques pièces légères de campagne). Le seul homme de valeur qui aurait pu assister intelligemment Carteaux aurait été le capitaine d'artillerie Dammartin, mortellement blessé à Ollioules.

Dès l'entrée des Anglais et de leurs alliés (Sardes, Napolitains, Piémontais) dans Toulon et dans sa rade, le 28 août 1793, le Comité de salut public, et en particulier Carnot, avait réagi très rapidement (le 4 septembre) et communiqué à Carteaux le plan qui s'imposait de toute évidence : le meilleur moyen de prendre Toulon était de chasser ou de détruire l'escadre anglaise de l'amiral Hood et, à cet effet, d'incendier ses vaisseaux en les bombardant du rivage, à partir de certains points stratégiques, avec des boulets chauffés à rouge.

Mais, pour cela, il fallait pouvoir installer sur le côte des batteries d'artillerie, des fonderies, avec des grils ou des fours à réverbère pour chauffer les boulets.

Or Carteaux n'avait ni canons, ni fours, et le littoral bordant la grande et la petite rade de Toulon était hérissé, on l'a dit, de forts, de tours et de redoutes, suffisamment armés pour s'opposer à ces installations. Il fallait surtout agir vite, comme le recommanda Gasparin dès le début du mois de septembre, afin de ne pas laisser aux Anglais, avant de s'enfuir, le temps d'incendier l'arsenal et les bateaux français qu'ils ne pourraient pas emmener avec eux.

Le général Carteaux, son adjoint le général de division La Poype, les représentants Saliceti, Gasparin et Escudier tiennent un conseil de guerre le 9 septembre (huit jours avant l'arrivée de Napoléon) et conviennent qu'il faut agir en ce sens. Le même jour, le représentant Albitte écrit au Comité de salut public : il propose une variante stratégique qui consiste à s'emparer du seul port de La Seyne pour bombarder les navires britanniques et Toulon. Enfin, le 13 septembre, Saliceti et Gasparin informent le Comité qu'ils sont eux aussi d'avis de ne pas faire un siège en règle, et qu'ils ont décidé d'agir en incendiant les navires anglais avec des boulets chauffés à rouge. L'accord entre les politiques et les militaires est unanime.

Ainsi donc, lorsque Bonaparte parvient enfin devant Toulon, le 16 septembre au soir, les grandes lignes de l'opération militaire sont déjà définies ; en tant qu'officier d'artillerie, il va simplement être chargé d'assurer l'exécution du plan envisagé par Carnot.

Dès son arrivée, il fait remarquer à Saliceti que le moyen le plus rapide serait de bombarder l'escadre non pas à partir de La Seyne, mais à partir du promontoire sur lequel est installé le fort de l'Éguillette, à l'entrée de la petite rade, dont la situation est remarquablement stratégique ; c'est aussi l'avis de Gasparin. Mais ce n'était pas celui de Carteaux, qui ne croyait guère en les vertus de l'artillerie et qui en tenait pour un siège traditionnel, suivi d'un assaut classique. De sorte que le plan d'attaque initial – celui du Comité de salut public et des représentants en mission, que Napoléon devait mettre en œuvre – ne put se réaliser que partiellement, au grand désappointement d'Albitte et de Saliceti, qui envoyèrent de sévères rapports à Paris, et de Napoléon, qui s'était auto-promu « commandant de l'artillerie » (il ne recevra sa nomination de chef de bataillon que le 18 octobre) pour la circonstance et qui pestait contre Carteaux, qui méprisait ses canons.

Soutenu par Gasparin et par Saliceti, Napoléon « fait son travail d'artilleur », comme il le disait, dans le but de prendre non seulement l'Éguillette, mais aussi une redoute que les Anglais avaient établie en face de ce fort, et le fort Mulgrave (du nom du commandant des troupes britanniques) baptisé par les Français « le Petit Gibraltar ». Jour après jour, il contrôle ses batteries, les stocks de poudre, envoie aux différents commandants militaires de la région ordre sur ordre, réquisition sur réquisition : il lui faut des canons de bronze, des obus, des fours à réverbère, des bois et des madriers pour fabriquer des plates-formes destinées à supporter les canons et les mortiers, car les pluies d'automne rendent le sol boueux. Il en appelle à tous les sans-culottes de Provence pour qu'ils lui procurent des chevaux, des bœufs et autres bêtes d'attelage, il réquisitionne des charpentiers, des charrons, des charretiers, des armuriers, des fondeurs, et, bien entendu, l'arsenal de Marseille et, comme il manque d'officiers d'artillerie, de cette artillerie qu'il considère comme la reine des batailles, il choisit les meilleurs de ses sous-officiers et les fait monter en grade (c'est ainsi qu'il fera nommer le sergent Junot adjudant-major). La poudre, surtout, lui manque pour ses canons : il n'en a que 112 milliers (1 millier = 1 000 livres) et il lui en faut 150.

Son activité est surprenante. Entre le 25 octobre et le 4 décembre, il a écrit pas moins de six longues lettres à des représentants en mission, des administrateurs, des fournisseurs en tous genres. Le ton de ces missives est de plus en plus bref, exigeant. La première de ces lettres, adressée au Comité de salut public le 25 octobre 1793, est significative, il y expose brièvement son plan d'attaque des rades de Toulon (qui est le même que celui du Comité) :

> « Du moment que nous serons maîtres de l'Éguillette et du cap Sepet, nous y établirons des batteries qui obligeront l'ennemi à évacuer les deux rades. »

Il demande, en conséquence, du matériel de siège, mais aussi qu'on nomme un directeur d'arsenal à Marseille et qu'on envoie à Toulon un général d'artillerie

> «... qui puisse, même par son grade, contribuer à la considération [*de l'artillerie*] et imposer à un tas d'ignorants de l'état-major [...] ce que la théorie et l'expérience ont démontré comme des axiomes à tout officier éclairé du corps [*d'artillerie*]. »

Les autres lettres contiennent des demandes de bêtes de trait pour tirer ses canons (il lui faut 300 bêtes, précise-t-il au citoyen Sucy, commissaire de guerre à Valence), d'armes et de pièces de rechange pour les fusils, de bombes et d'outils de charpentier. Le 14 novembre, dans une note au ministre de la Guerre Bouchotte, il décrit le plan d'attaque de Toulon, qui doit se faire, écrit-il, en deux temps : 1° prise de l'Éguillette, expulsion des navires anglais des deux rades et attaque du mont Faron (c'était à peu près le plan de Carnot, du 4 novembre) ; 2° établissement d'une batterie supplémentaire, bombardement et prise d'assaut du fort et de la redoute anglaise ; il ajoute à sa missive un décompte minutieux des pièces d'artillerie et des accessoires qu'il possède et de ceux dont il a besoin. La dernière de ses lettres (au citoyen Dupin, du 24 décembre) annonce la victoire obtenue sur les Toulonnais et leurs alliés.

Au fur et à mesure que la grosse artillerie, les munitions, les chariots arrivaient, Napoléon veillait lui-même, parfois sous le feu de l'ennemi, à l'installation des batteries, auxquelles les artilleurs donnaient des noms plus ou moins fantaisistes : Batterie des Hommes-sans-peur, Batterie des Sans-culottes (la plus puissante avec celle de la Convention, et la mieux armée ; elle contraignit les navires ennemis à évacuer la grande rade et à mouiller au large) et, une fois les batteries en place, les actions militaires proprement dites purent commencer. Le bombardement de la flotte anglaise débuta le 16 septembre, Carteaux fut muté à l'armée d'Italie le 23 octobre et remplacé par Doppet, puis par Dugommier ; l'assaut final fut ordonné le 17 décembre et les troupes de la République entrèrent dans Toulon le surlendemain.

Quel fut rôle exact de Napoléon dans cette affaire de Toulon ? On lui attribue souvent la paternité du plan d'attaque de la ville (s'emparer de l'Éguillette et de la redoute anglaise, occuper le Faron et incendier la flotte anglaise à coups de boulets rouges), qui est un plan d'artilleur et non de fantassin classique. Mais, nous l'avons vu, c'était précisément, dans ses principes, le plan de Carnot, de Saliceti et de Gasparin et celui qui s'imposait à tous, sauf aux généraux Carteaux, La Poype et Doppet qui ne croyaient qu'aux vertus des baïonnettes : Bonaparte n'a pas fait preuve d'un génie stratégique ou tactique exceptionnel en le concevant, il n'a fait que suivre les ordres de Carnot, en les adaptant à la situation.

Le succès de ce plan dépendait de plusieurs facteurs sur lesquels Napoléon n'avait aucun moyen d'agir : 1° l'importance

## Le siège et la prise de Toulon

| Dates | Opérations |
|---|---|
| 18 septembre | Aménagement de la Batterie dite de la Montagne. Carteaux s'empare des Moulins qui alimentent Toulon. |
| 19 septembre | La Batterie de la Montagne commence à tirer et chasse une frégate et deux pontons qui bloquent La Seyne. Dans la nuit, Napoléon établit la Batterie des Sans-culottes. |
| 21 septembre | L'adjudant général Delaborde occupe La Seyne. |
| 22 septembre | Delaborde marche sur le fort de l'Éguillette, mais il n'a que 400 hommes et doit se retirer. Les Anglais construisent une redoute appelée par eux Fort Mulgrave et, par les Français, « le Petit Gibraltar ». |
| 26 septembre | Lettre de Saliceti et de Gasparin au Comité de salut public, demandant le rappel de Carteaux et son remplacement par un autre général. |
| 1er octobre | Le général La Poype enlève le mont Faron au petit matin, mais il en est chassé à dix heures du matin par Mulgrave (les Français s'enfuient aux cris de « Sauve qui peut ! »). |
| 8-9 octobre | Les Anglais surprennent une batterie française et la détruisent ; ils font prisonnier un lieutenant d'artillerie. |
| 14 octobre | Sortie des assiégés (3 000 hommes). |
| 15 octobre | La Poype s'empare du cap Brun, mais ne peut s'y maintenir. |
| 16 octobre | Napoléon inspecte l'arsenal de Marseille. |
| 18 octobre | Napoléon nommé chef de bataillon (commandant). |
| 23 octobre | Le ministre de la Guerre mute Carteaux à l'armée d'Italie. |
| 4 novembre | À Paris, Carnot précise le plan d'attaque qu'il avait envoyé en septembre aux représentants. |
| 7 novembre | Carteaux quitte Ollioules ; en attendant l'arrivée de son successeur (le général Doppet), Saliceti et La Poype assurent l'intérim du commandement de l'armée républicaine. |
| 12 novembre | Arrivée du général Doppet, qui se révélera aussi incapable que Carteaux. |
| 15 novembre | Attaque du Fort Mulgrave par les Français, mais Doppet, voyant un de ses aides de camp tomber, fait battre la retraite. Colère de Napoléon : « *Toulon est manqué et un jean-foutre fait battre la retraite.* » |

| Dates | Opérations |
|---|---|
| 16 novembre | Arrivée du général Dugommier à Ollioules ; il remplace Doppet muté à l'armée des Pyrénées-Orientales ; Carteaux est envoyé à l'armée des Alpes. Arrivée de du Teil cadet, chargé de commander l'artillerie de l'armée d'Italie (il avait été appelé par Albitte et Doppet). |
| 24 novembre | Arrivée du chef de bataillon Marescot, ami de Carnot, pour diriger le corps du génie : le Comité de salut public a pris la décision d'activer les opérations. Bonaparte reste commandant de l'artillerie (avec du Teil, qui se repose sur lui). |
| 25 novembre | Conseil de guerre (militaires et représentants en mission) : le représentant Ricord lit le plan décidé par Carnot, qui est adopté. |
| 26 novembre | Début de la mise en application du plan Carnot/Bonaparte. |
| 30 novembre | L'ennemi enlève la Batterie de la Convention (la plus puissante des batteries françaises) ; contre-attaque française ; le général O'Hara est fait prisonnier. |
| 11 décembre | Nouveau conseil de guerre, à Ollioules. |
| 16 décembre | Bombardement préliminaire des défenses de Toulon. |
| 17 décembre | Attaque définitive ; prise du Fort Mulgrave. |
| 18 décembre | Les Anglais et leurs alliés évacuent Toulon. |
| 19 décembre | Les Républicains entrent dans Toulon. |

numérique de l'armée révolutionnaire, qui ne comptait que 10 000 combattants au début du siège et qui ne cessa, durant trois mois, de recevoir des renforts ; 2° la qualité des troupes, qui – à l'exception de quelques bataillons provenant des régiments de Maine et de Bourgogne, de la Côte-d'or, de l'Isère et de la légion des Allobroges – n'était guère fameuse : plus de la moitié des hommes – des requis – ignoraient le maniement des armes, ne savaient pas ménager leur poudre et n'avaient guère d'ardeur guerrière ; 3° la qualité du commandement (les officiers étaient peu nombreux et peu compétents).

L'apport de Napoléon dans l'épisode de Toulon n'a joué que sur un point, mais c'était le plus important : par sa compétence, par son énergie et son acharnement, il est parvenu à doter l'armée de Carteaux d'une artillerie puissante et efficace, dont le rôle a été capital. Sans cette puissance de feu qu'il réussit à créer en trois mois, dans les conditions que nous avons décrites, l'affaire de Toulon aurait tourné court. Or, dans la France d'alors, les officiers d'artillerie de valeur étaient rares, et, parmi eux, ceux qui possédaient la ténacité de Napoléon pouvaient se compter sur les doigts d'une main. Toutefois ces qualités auraient très bien pu rester lettre morte, s'il n'y avait pas eu un Saliceti et un Gasparin pour les apprécier et les utiliser, et s'il n'avait pas existé, à Paris, des dirigeants avisés – tel Carnot – qui avaient eu le cran de faire taire ou de déplacer des généraux insuffisants, comme Carteaux ou La Poype.

Le 22 décembre 1793, trois jours après l'entrée des républicains dans Toulon, les représentants de la Convention nommaient le chef de bataillon Bonaparte au grade de général de brigade, « *en raison du zèle et de l'intelligence dont il avait donné des preuves en contribuant à la reddition de la cité rebelle* ». Il avait alors vingt-quatre ans, ce qui n'avait rien que de très banal à l'époque, car la Révolution a connu nombre de jeunes généraux : Desaix et Hoche le furent à vingt-cinq ans, Leclerc et Marmont à vingt-six, Marceau à vingt-quatre, Moreau à vingt-huit, Oudinot, Lannes et Junot à vingt-sept, Suchet à vingt-huit, etc.

Le 25 décembre, l'ordonnateur en chef de l'armée d'Italie (personnage qui régentait les dépenses de l'armée), Chauvet, donne un dîner à Toulon, auquel Bonaparte assiste en uniforme de général ; parmi les commissaires de la Convention à l'armée d'Italie présents se trouvait Barras, auquel Napoléon fut présenté par Saliceti : c'est lui qui transformera, quelque deux ans plus tard, l'artilleur méthodique et acharné qui avait contribué à la prise de Toulon en « général Vendémiaire ».

## Les temps difficiles (janvier 1794-mai 1795)

Avant que de réapparaître sur la scène politico-militaire de la Révolution, Bonaparte va devoir naviguer avec finesse sur l'océan politique de la Terreur, plus précisément de la seconde

Terreur, celle qui débute avec la chute des Girondins, le 2 juin 1793, qui fut mise officiellement à l'ordre du jour par les Montagnards le 5 septembre 1793, pour combattre la contre-révolution et les insurrections fédéralistes, et qui se termine avec la chute de Robespierre, le 27 juillet 1794 (9 Thermidor an II).

L'officier qui avait œuvré avec tant d'efficacité au service de la cause jacobine pendant le siège de Toulon, allant jusqu'à traiter de jean-foutre le général Doppet, qui s'était ouvertement affiché avec Saliceti et Robespierre le Jeune, assista, sans broncher, à l'impitoyable répression terroriste dont fut victime la population toulonnaise. Il y avait 26 000 habitants à Toulon en 1789, dont 6 000, au grand maximum, en état de porter les armes : 1 100 d'entre eux furent fusillés ; 15 000 Toulonnais émigrèrent, et la ville, chef-lieu du département du Var, fut déclasée au profit de Grasse, puis de Draguignan et débaptisée sous le nom de Port-la-Montagne. Napoléon eut l'habileté de rester suffisamment discret par la suite, ce qui lui évita, après le 9 Thermidor, de subir le sort des Jacobins en vue, c'est-à-dire la guillotine. Il n'est pas impossible non plus, d'après un témoignage tardif de Marmont, à Sainte-Hélène, qu'il ait usé de son crédit pour sauver quelques victimes.

La Grande Terreur battait son plein, à Paris comme en province, mais Napoléon pratiqua avec subtilité l'art du louvoiement politique, prolongement de l'art du double jeu qu'il avait pratiqué en Corse avec Paoli, quelques années plus tôt. Cet art n'était pas une de ses moindres qualités et lui permit de sortir indemne des mains des terroristes comme de celles des réactionnaires.

Il avait d'ailleurs un excellent prétexte pour ne pas se mettre dans les rangs des pourvoyeurs de la guillotine ; en bon général qu'il était devenu, il avait d'autres choses plus urgentes à faire : après la prise de Toulon, il avait été chargé d'inspecter les défenses de la côte, entre Toulon et Marseille, car les vaisseaux anglais croisaient dangereusement au large en Méditerranée. De plus, sa réussite devant Toulon l'encourageait à progresser plus avant dans la carrière guerrière, à utiliser les relations qu'il s'était faites avec certains conventionnels, comme Barras, Saliceti ou Ricord, et avec des généraux comme Dugommier.

Il s'acquitte donc avec soin, et sans tarder, de sa mission d'inspecteur des défenses de la côte, et, pendant tout le mois de janvier 1794, il circule en permanence entre Toulon et Marseille, ce qui lui donne d'ailleurs l'occasion d'aller embrasser sa mère Letizia, qui vit dans cette dernière ville, où elle loge à l'hôtel *Cyprières*, avec la petite famille Bonaparte. À la fin du mois de janvier il participe, à Nice, à une conférence d'état-major, avec le général Dugommier, commandant de l'armée d'Italie, et les représentants de la Convention, Ricord et Saliceti. Il y est question de la reprise des opérations contre le Piémont (la France avait déclaré la guerre au royaume de Piémont-Sardaigne en juillet 1792, mais, après l'annexion de la Savoie et du comté de Nice, le front s'était stabilisé sur la crête des Alpes et des Apennins) ; maintenant que la rébellion fédéraliste de la Provence était jugulée, le Comité de salut public se devait de reprendre la guerre aux frontières de la République, tant sur le Rhin, que du côté des Pyrénées, où les Espagnols étaient menaçants, et qu'en Italie, afin d'atteindre les Autrichiens par-delà le Piémont.

La reprise des hostitilités contre les ennemis de l'extérieur convenait parfaitement à Bonaparte. Il avait fait ses preuves à Toulon, venait d'être nommé général de brigade commandant l'artillerie de l'armée d'Italie (la nomination officielle lui était parvenue le 7 février 1794) et ne voyait alors rien de mieux à faire que la guerre : il risquait d'y conquérir de nouveaux galons et pouvait ainsi se tenir officiellement en dehors de la Terreur robespierriste sans qu'on puisse le lui reprocher.

Pendant les mois de février et mars 1794, tout en continuant ses tournées d'inspection des côtes, avec son aide de camp Junot, le général Bonaparte ne cesse de réfléchir à la guerre italienne, dans laquelle, en principe, il n'a pas son mot à dire. Le grand patron de la stratégie militaire de la Convention, c'est Carnot, qui est partisan de faire la guerre sur toutes les frontières en même temps ; Napoléon, pour qui l'ennemi le plus dangereux de la France, à cette époque, c'est l'Autriche, pense qu'il faut l'atteindre en passant par le Piémont, plaide auprès de Saliceti et de Ricord pour une armée d'Italie forte et bien équipée. Il semble avoir convaincu Saliceti et celui-ci écrit à Paris (le 24 mars) qu'il a chargé Napoléon de préparer les opérations préliminaires à l'invasion du Piémont. Mais le jeune général n'est pas maître de la situation. Dugommier l'aurait sans doute écouté, mais il vient d'être envoyé par Carnot à l'armée des Pyrénées-Orientales, qui reculait devant les Espagnols, et le commandant en chef par intérim de l'armée d'Italie est maintenant Dumerbion, un général hésitant, affaibli par la maladie et sans envergure.

Bonaparte décide alors de faire le siège de Dumerbion et des représentants, et se fixe à Nice (le 27 mars 1794 ; il logera rue de Villefranche – aujourd'hui rue Bonaparte – chez le comte Laurenti ; certains auteurs prétendent qu'il aurait eu une aventure amoureuse avec la fille de ce dernier). Le 2 avril, soutenu par Robespierre le Jeune, il fait adopter le plan qu'il préconise par les représentants : avancer vers la plaine piémontaise en passant le long de la côte, par Vintimille, San Remo, Impéria et Oneglia, puis occuper les hauteurs de l'arrière-pays, en particulier les localité de Ponte-di-Nava, d'Ormea et de Saorge. Cela en prévision de la jonction de l'armée des Alpes et de l'armée d'Italie. La guerre que souhaitait Bonaparte commençait : le 9 avril, Oneglia était prise et, le 30 avril, Napoléon pénétrait dans Saorge, avec les représentants.

Après ces premiers succès, Bonaparte retourna à Nice, fit venir sa famille de Marseille à Antibes et réquisitionna pour elle une villa sur les collines du cap d'Antibes, Le Château-Sallé, puis il partit rejoindre Robespierre le Jeune et le représentant Ricord à Colmar, où il devait examiner avec eux les conditions dans lesquelles pourrait se faire la jonction de l'armée d'Italie et de celle des Alpes, étape préliminaire à l'invasion du Piémont.

Le plan conçu par Bonaparte s'inspirait des doctrines enseignées par Guibert, qui fut le premier théoricien de la guerre de mouvement au XVIII^e^ siècle ; il l'expose succinctement dans les notes qu'il adresse dès le mois de mai au Comité de salut public, telle celle-ci :

« JONCTION DE L'ARMÉE DES ALPES ET DE L'ARMÉE D'ITALIE

1re observation

*21 mai 1794*

L'on ne peut se présenter dans la plaine du Piémont qu'avec des forces supérieures à son ennemi ; pour obtenir cette supériorité, il faut réunir l'armée des Alpes et l'armée d'Italie.

Cette opération est donc préliminaire à l'ouverture de la campagne, quel que soit le plan qu'on adopte. »

(*Correspondance,* vol. I, lettre n° 28)

Après avoir posé cet axiome, Napoléon étudie minutieusement ce que doivent être les mouvements des divisions attaquantes, parties des crêtes des Alpes, des divisions chargées de les protéger et de celles destinées à donner le change à l'ennemi. Il envoie aussi un mémoire au Comité de salut public, pour souligner les avantages d'une attaque contre le Piémont, dans lequel il écrit notamment :

« Si les armées qui sont sur la frontière du Piémont embrassaient le système défensif, elles obligeraient la maison d'Autriche à garder ses États d'Italie, et dès lors ce système serait dans l'esprit général de notre guerre... »

Les idées de Napoléon font leur chemin. Robespierre le Jeune l'envoie en mission à Gênes, afin de reconnaître par quel col l'armée des Alpes devrait déboucher dans le Piémont, en vue de faire sa jonction avec l'armée d'Italie. Napoléon partit le 12 juillet de Nice : il revint de Gênes le jour de la chute de Robespierre, le 27 juillet 1794 (9 Thermidor)... et ses ennuis vont commencer.

Ce sont d'abord des ennuis professionnels. L'armée d'Italie se désagrège lentement : les caisses sont vides, les équipements sont défaillants, la personnalité de Dumerbion est falote et nombreux sont les soldats qui désertent ou qui sont malades. Puis, le 4 août, c'est la stupeur : la nouvelle arrive à Nice que Robespierre et son frère ont été décapités le 28 juillet, que Ricord est en prison, Saliceti en fuite et que les fédéralistes qui avaient été emprisonnés après la prise de Toulon vont être libérés.

L'ère des règlements de compte a sonné. La promotion rapide de Bonaparte avait été mise par certains sur le compte de ses connivences avec le Comité de salut public et le soutien que Robespierre le Jeune avait apporté à son projet d'invasion du Piémont, qualifié de « liberticide » par les fédéralistes, apparaît tout à coup comme suspect. Le 9 août, le vainqueur de Toulon est démis de ses fonctions de général et mis en état d'arrestation.

Cependant, il ne fut pas arrêté et il est faux que Napoléon ait été incarcéré au Fort Carré d'Antibes comme l'écrivent la plupart des historiens et des biographes de l'empereur. Le responsable de cette légende est le baron Coston (*Biographie des premières années de Napoléon Bonaparte,* Paris, 1840, t. 2, p. 289), qui se fonde sur un prétendu billet qu'aurait adressé Junot à son général prisonnier, lui proposant de le faire évader ; mais Laurenti, chez qui Napoléon habitait alors, dit le contraire dans son *Journal*, encore inédit, et cité par A. Thierry dans la *Revue des Deux-Mondes* du 15 novembre 1940 : selon cet auteur, Bonaparte aurait été laissé en liberté sous caution, chez lui, sans doute aux arrêts de rigueur.

Quoi qu'il en soit, Napoléon fut lavé de tout soupçon de terrorisme et remis en liberté le 20 août 1794. D'ailleurs, on avait besoin de lui dans l'armée d'Italie : Carnot, hostile au plan proposé par Napoléon au mois de mai précédent (voir plus haut), avait interrompu les opérations militaires sur la côte italienne, l'ennemi avait contre-attaqué et les positions conquises en juillet, d'Oneglia à Saorge, étaient menacées. Voici donc Bonaparte à nouveau au travail, examinant ses cartes, comptant ses effectifs, et surtout harcelant Dumerbion, le commandant en chef de l'armée d'Italie ; il lui souligne les dangers de la contre-attaque autrichienne : si l'ennemi parvient à s'avancer jusqu'à Vintimille, rien ne l'empêchera d'atteindre Nice et, qui sait, de reconquérir la Savoie.

Dumerbion souffrait de la goutte, mais il avait confiance en son jeune collaborateur : « Présentez-moi un plan comme vous savez le faire, lui dit-il le 26 août, et je le défendrai de mon mieux devant le citoyen Carnot. » Le plan de Napoléon était prêt depuis le mois de mai précédent : il fut ordonné le jour même et exécuté au cours de l'automne 1794. Il consistait à refaire le chemin parcouru au mois de juillet précédent, de Vintimille à Saorge, et à poursuivre les troupes autrichiennes jusque dans leurs retranchements, vers Dego (voir la carte p. 253). La campagne se termina le 3 novembre 1794, par la prise de Cairo et de Carcare (entre Dego et Millesimo, sur la route de Ceva) : à partir de ces bases, l'armée d'Italie était dorénavant en mesure de faire sa jonction avec l'armée des Alpes et d'envahir le Piémont, comme cela se réalisera dans la première phase de la campagne d'Italie (voir p. 248 *sqq.*). Dans le compte rendu de cette expédition préliminaire qu'il fit au Comité, Dumerbion écrivit : « *C'est au talent du général Bonaparte que je dois les savantes combinaisons qui ont assuré notre victoire.* »

Cette petite victoire ne fut pas exploitée sur-le-champ. Napoléon soumit aux représentants de la Convention Turreau de Ligières et Ritter (qui avaient remplacé Saliceti et Albitte, jugés trop robespierristes) le plan d'une nouvelle offensive, tendant à séparer les armées autrichiennes des armées sardes, qui fut écarté par les représentants et par le Comité de salut public : Carnot était obsédé par l'idée de reprendre la Corse aux Anglais qui l'avaient occupée et il rejeta le projet (nous verrons plus loin en quoi consista la stratégie intelligente de Carnot). Petit à petit, Bonaparte est tenu à l'écart des réunions d'état-major et des projets de campagne : c'est là l'effet des réticences de Carnot à son égard, dont on a déjà parlé, et de la réaction thermidorienne, qui se méfie de son jacobinisme. Il flotte autour de lui comme un funeste parfum de disgrâce.

Napoléon a de plus en plus le sentiment qu'il n'a plus rien à faire à Nice, et il va rejoindre à Marseille son frère Joseph, qui a fait un beau mariage (il a épousé Julie Clary, la fille d'un riche négociant marseillais). Là, il oubliera, pendant quelques mois, Carnot, les Thermidoriens, la politique et la guerre en filant le parfait amour dans les bras de la jeune sœur (seize ans) de Julie, Désirée Clary, avec laquelle il se fiance le 21 avril 1795. Il n'a plus qu'à attendre l'annonce officielle de sa disgrâce.

## De la prise de Toulon à la disgrâce

| Dates | Événements |
|---|---|
| **1794** | |
| Janvier | Napoléon chargé d'inspecter les défenses de la côte entre Toulon et Marseille. |
| 31 janvier | Conférence d'état-major à Nice, avec Dugommier ; le plan de l'expédition d'Oneglia et de Saorge est adopté. |
| 7 février | Napoléon officiellement nommé commandant de l'artillerie de l'armée d'Italie. |
| Fin mars | Napoléon s'installe à Nice (chez le comte Laurenti) ; sa mère et sa famille sont à Antibes (au Château-Sallé). |
| 9 avril | Prise d'Oneglia. |
| 19 avril | Prise de Garessio. |
| 29 avril | Prise de Saorge. |
| 20-21 mai | À Colmar : conférence préparatoire à la jonction de l'armée des Alpes et de celle d'Italie, en vue d'une invasion future du Piémont. |
| 11-27 juillet | Napoléon en mission à Gênes. |
| 27 juillet | Chute de Robespierre (9 Thermidor). |
| 28 juillet | Exécution de Robespierre (10 Thermidor). |
| 9 août | Napoléon suspendu de ses fonctions et en état d'arrestation (aux arrêts de rigueur chez Laurenti). |
| 20 août | Il est définitivement libéré. |
| 26 août | Reprise des opérations vers Oneglia (l'armée d'Italie est commandée par intérim par le général Dumerbion) ; elles dureront jusqu'à la fin octobre (prise de Cairo et de Carcare), puis seront arrêtées sur ordre de Carnot et du Comité de salut public. Jusqu'au mois de mai 1795, Napoléon circule entre Toulon et Marseille, et participe à la préparation d'une expédition contre la Corse (qui est entre les mains des Anglais). |
| **1795** | |
| 21 avril | Napoléon fiancé à Désirée Clary. |
| 7 mai | La disgrâce : Napoléon est rayé des cadres de l'artillerie et muté à l'armée de l'Ouest (en Vendée), pour commander une brigade d'infanterie. |
| 8 mai | Napoléon quitte Marseile pour Paris (avec Junot, son aide de camp) ; il y arrive le 25 mai et loge dans un hôtel près de la place des Victoires (dans l'actuelle rue du Mail). |
| 13 juin | Napoléon officiellement nommé à l'armée de l'Ouest. |
| 15 juin | Il obtient un congé de maladie de deux mois et demi (jusqu'au 31 août) ; il loge dans un hôtel de la rue de la Huchette, au Quartier latin. |
| 18 août | Après différentes démarches auprès des Conventionnels (dont Barras), il obtient d'être nommé au Bureau topographique du ministère de la Guerre. Il espère alors être envoyé en Turquie. |
| 15 septembre | Napoléon est rayé de la liste des généraux qu'emploie le Comité de salut public, pour avoir refusé de se rendre en Vendée. |

Celle-ci lui arrive le 7 mai 1795, à Marseille. Le ministère de la Guerre l'informe qu'il est rayé des cadres de l'artillerie et affecté au commandement d'une brigade d'infanterie – quelle déchéance pour un artilleur ! – en Vendée, dans l'armée de l'Ouest que commande en chef le général Thomas Alexandre Dumas (qui sera le père du fameux romancier) : Napoléon va commencer, à vingt-six ans, sa traversée du désert, elle durera près de cinq mois, jusqu'à l'affaire du 13 Vendémiaire (5 octobre 1795).

## Le général Vendémiaire (octobre 1795-mars 1796)

L'un des traits les plus marquant de la personnalité de Bonaparte est, sans nul doute, son opportunisme. Mais Napoléon était, si l'on peut dire, un opportuniste actif, c'est-à-dire qu'il savait guetter et même rechercher, avec succès, les opportunités favorables.

Sa réussite au siège de Toulon, le grade de général de brigade qu'il y avait obtenu, la confiance qu'avaient eu en ses capacités les deux commandants en chef qui s'étaient succédé à la tête de l'armée d'Italie (Dugommier, puis Dumerbion) avaient définitivement mis Bonaparte sur la voie d'une carrière militaire, et, dans cette époque troublée où tous les espoirs étaient permis à un jeune homme compétent et sûr de lui, il était en droit de rêver aux commandements les plus glorieux. Malheureusement, la disgrâce qui venait de le frapper avait interrompu son ascension.

La raison de son éviction est, semble-t-il, purement politique. Sans doute lui reprochait-on, au Comité de salut public, d'avoir été trop lié avec Saliceti et surtout avec Robespierre le Jeune (le premier avait dû se cacher, pour fuir l'épuration thermidorienne ; le second avait été guillotiné en même temps que son frère), mais on peut supposer que le coup venait de Carnot. Celui-ci avait pris une part active à la chute de l'Incorruptible, le 9 Thermidor, et s'était vu décerner par la Convention le titre

– mérité – d'organisateur de la victoire ; il n'avait jamais supporté l'insistance avec laquelle Napoléon prônait, dans toutes les conférences d'état-major, la guerre à outrance en Italie, et en Italie seulement, dans le but de frapper à travers elle l'Autriche, et même l'Allemagne. Carnot était, on l'a dit, partisan de faire simultanément la guerre – une guerre défensive – sur toutes les frontières, c'est-à-dire aux Allemands sur le Rhin, aux Espagnols sur les Pyrénées, aux Autrichiens sur les Alpes et aux Anglais sur les mers : son jugement a vraisemblablement pesé lourd dans la balance des promotions en ce qui concernait Bonaparte.

Ce dernier, en partant pour Paris, le 8 mai 1795, le lendemain même de ce qu'on pourrait appeler, anachroniquement, son limogeage, avait bien l'intention de forcer son destin, mais de le forcer prudemment. Il suffit de lire sa correspondance à cette époque pour comprendre ses intentions et ses craintes. Entre le 28 mai, date de son arrivée dans la capitale, et le 5 octobre (13 Vendémiaire an IV), sur les 33 lettres qu'il écrit ou qu'il dicte, 22 sont destinées à son frère Joseph, qu'il informe presque jour par jour de ce qui se passe dans le Paris des Thermidoriens, sans trop s'étendre sur ses propres intentions : il craint visiblement que certaines de ses missives soient interceptées. À travers cet abondant courrier, nous pouvons l'imaginer s'introduisant, discrètement dans les coulisses du pouvoir, chercher à se gagner des amitiés dans la société parisienne, tenter de forcer la porte du bureau de Doulcet de Pontécoulant, membre du Comité de salut public chargé de la direction des opérations militaires, tourner autour de Barras et de son acolyte Fréron, qui paradent parmi les muscadins.

Dans sa première lettre à Joseph (lettre n° 39 dans le tome I de sa *Correspondance*, du 28 mai 1795 ; toutes les lettres citées dans ce chapitre en proviennent), il plante le décor politique de la capitale :

> « L'on arrête ici les Messieurs à cravates vertes que l'on soupçonne être des membres de la Compagnie de Jéhu [*réactionnaires, peut-être inspirés par les émigrés royalistes, qui pourchassaient les Jacobins compromis dans la Terreur*]. L'on arrête beaucoup de personnes

soupçonnées d'être des émigrés. On commence à s'apercevoir que les royalistes sont à craindre parce qu'ils se croient favorisés, et qu'il est temps d'arrêter le cours de leurs espérances. »

Trois semaines plus tard (lettre n° 41, du 22 juin 1795), il écrit à son frère :

« [...] je suis employé comme général de brigade dans l'armée de l'Ouest, mais non pas dans l'artillerie. Je suis malade, ce qui m'oblige à prendre un congé de deux ou trois mois. Quand ma santé sera rétablie, je verrai ce que je ferai. »

Il y a fort à parier que sa maladie soit une maladie diplomatique : Napoléon, nous le savons, est circonspect et il ne se précipitera pas, tête baissée, dans la première direction venue ; comme il l'explique à Joseph (lettre n° 45, du 18 juillet 1795) :

« C'est ici [*à Paris*] que l'homme droit et prudent, qui ne se mêle que de ses amis, vit avec toute l'extension et la liberté imaginables, comme il veut, et est absolument libre. »

À cette époque (en juillet 1795), le Comité de salut public se préoccupe sérieusement de la manière dont on pourrait reprendre la guerre en Italie, une guerre qui s'embourbait dans des actions ponctuelles et sans lendemain, et il en a confié la préparation au Bureau topographique du ministère de la Guerre, où virevoltent de nombreux jeunes officiers et jeunes généraux qui proposent les plans les plus divers et qui espèrent tous décrocher un commandement ou une mission qui les ferait sortir de l'anonymat. Bonaparte, toujours en congé de maladie, s'en inquiète : de tous ces jeunes militaires, il est le seul à avoir participé, sur le terrain, à des opérations en Italie, selon un plan préétabli (expéditions d'Oneglia, de Saorge), et les nouvelles qu'il reçoit du Midi ne sont guère rassurantes. Il écrit au citoyen Boinod, ex-commissaire des guerres (personnage chargé, comme les ordonnateurs, de l'administration des armées), le 24 juillet 1795 (lettre n° 46 de la *Correspondance*) :

« [...] Vous n'êtes pas conservé commissaire des guerres, mais il est possible que cela change avant mon départ de Paris. Les nouvelles du Midi sont affligeantes ; l'escadre perd un vaisseau ; l'armée d'Italie évacue les positions, les places intéressantes, et perd son artillerie ; le magasin à poudre de Nice saute ; les terroristes nouveaux [*les réactionnaires thermidoriens extrémistes*] ont le dessus ; on égorge de tous côtés ! »

Napoléon, dans sa chambre de l'*Hôtel du Cadran bleu*, rue de la Huchette, ne cesse de penser son affectation future. Il n'a absolument pas l'intention de rejoindre l'armée de l'Ouest et il sait que l'on parle beaucoup, dans les milieux militaires, de reprendre la guerre en Italie, interrompue depuis la chute de Robespierre. Aussi multiplie-t-il les démarches pour éviter de partir en Vendée, et il écrit au Commissaire ordonnateur Sucy (lettre n° 55 du 17 août 1795) :

« L'on m'a porté pour servir à l'armée de Vendée comme général de ligne : je n'accepte pas ; nombre de militaires dirigeront mieux que moi une brigade, et peu commanderont avec plus de succès l'artillerie. »

Cependant les choses s'arrangent et son conflit avec les autorités gouvernementales semble s'apaiser, puisque, le 18 août, il est affecté au Bureau topographique des armées. Il écrit fièrement à son frère qu'il est sur le point d'y remplacer Carnot, appelé à jouer les premiers rôles dans le nouveau régime dont la France est en train de se doter (la Constitution de l'an III instituant le Directoire entrera en vigueur le 26 octobre 1795), et que lui-même espère être envoyé en Turquie par le gouvernement français pour organiser l'artillerie du Sultan : « *Je te ferai consul* », lui dit-il, en concluant sa lettre sur ces mots prémonitoires : « *L'on est ici tranquille, mais des orages se préparent peut-être.* »

Napoléon entre en fonction le 20 août. Il croit voir le spectre de la disgrâce s'éloigner, et il l'annonce à Joseph le jour même (lettre n° 58, du 20 août 1795) :

« *Paris, 3 Fructidor an III*

J'espère que tu auras un consulat dans le royaume de Naples, à la paix avec cette puissance.

L'on est ici [*au Bureau topographique des armées*] fort tranquille. [...] Je suis accablé d'affaires, depuis une heure après midi à cinq au Comité et depuis onze heures du soir jusqu'à trois heures du matin. »

Toutefois la nomination espérée tarde à venir. Le Comité de salut public, qui n'a plus qu'une quinzaine de jours d'existence devant lui (la nouvelle Constitution ne doit entrer en vigueur que le 23 septembre), ne se manifeste toujours pas et Napoléon, impatient, lui adresse, le 30 août 1795, une demande en bonne et due forme pour être envoyé en Turquie (lettre n° 61 de la *Correspondance*) :

NOTE DU GÉNÉRAL BUONAPARTE

« *13 Fructidor an III*

Dans un temps où l'impératrice de Russie a resserré les liens qui l'unissaient à l'Autriche, il est de l'intérêt de la France de faire tout ce qui dépend d'elle pour rendre plus redoutables les moyens militaires de la Turquie.

Cette puissance a des milices nombreuses et braves, mais fort ignorantes sur les principes de l'art de la guerre.

La formation et le service de l'artillerie, qui influe si puissamment dans notre tactique moderne sur le gain des batailles, et presque exclusivement sur la prise et la défense des places fortes, est encore dans son enfance en Turquie.

La Porte, qui l'a senti, a plusieurs fois demandé des officiers d'artillerie et du génie ; nous y en avons effectivement quelques-uns dans ce moment-ci ; mais ils ne sont ni assez nombreux ni assez instruits pour produire un résultat de quelque conséquence.

Le général Buonaparte, qui a acquis quelque réputation en commandant l'artillerie de nos armées en différentes circonstances et spécialement au siège de Toulon, s'offre pour passer en Turquie avec une mission du Gouvernement ; il mènera avec lui six ou sept officiers, dont chacun aura une connaissance particulière des sciences relatives à l'art de la guerre.

S'il peut, dans cette nouvelle carrière, rendre les armes turques plus redoutables, et perfectionner la défense des places fortes de cet empire, il croira avoir rendu un service signalé à la patrie et avoir, à son retour, bien mérité d'elle.

BUONAPARTE »

En marge de cette requête, Doulcet, membre du Comité de salut public, s'est contenté d'écrire qu'il recommandait Bonaparte comme un citoyen qui pourrait être utilement employé dans la République ; quant à Debry, il adhère aux sentiments de Doulcet, mais il ajoute : « *Le Comité de salut public se doit de refuser à éloigner, dans ce moment surtout, de la République un officier aussi distingué.* »

Les décisions prises à l'égard de Napoléon furent contradictoires, et aucune n'eut vraiment le temps d'aboutir. Le 15 septembre, un premier décret – signé Cambacérès – le rayait de la liste des généraux employés par le Comité, et un second le nommait chef d'une mission militaire en Turquie : il était à la fois destitué et promu ! Il faut dire que les problèmes intérieurs de la République prennent alors le pas sur sa politique extérieure, que l'agitation royaliste s'amplifie et Napoléon, si l'on en juge par les lettres qu'il écrit alors à Joseph, ne songe plus à quitter la France : il envisage d'acheter une propriété pour son frère et même de se marier, comme il le lui écrit (lettre n° 64, du 5 septembre 1795) :

> « Il ne serait pas impossible que la folie de me marier [*avec Désirée Clary*] ne me prît. Je voudrais à cet effet un petit mot de ta part là-dessus ; il serait peut-être bon d'en parler au frère d'Eugénie [*la femme de Joseph et la sœur de Désirée*] ; fais-moi avoir le résultat, et tout est dit. »

Mais, au début du mois de Vendémiaire an IV (fin septembre/début octobre 1795), le destin de Napoléon va tourner. Les Français sont amenés à se prononcer, séparément et par référendum, sur la nouvelle Constitution, élaborée par la Convention, et sur le décret des deux tiers stipulant que les deux tiers des députés aux nouvelles assemblées législatives (le Conseil des Anciens et le Conseil des Cinq-Cents) doivent appartenir à l'ancienne Convention (ce décret permettait d'assurer une majorité républicaine aux assemblées).

On connaît mal les conditions dans lesquelles s'est déroulée cette consultation référendaire, À Paris, les résultats furent les suivants :

| Constitution | | Décret des deux tiers | |
|---|---|---|---|
| *pour* | *contre* | *pour* | *contre* |
| 1 057 390 | 49 978 | 205 498 | 108 754 |

L'écart était énorme, tant en ce qui concerne le nombre de participants (cinq fois moins, à Paris, pour le décret que pour la Constitution) qu'en ce qui concerne les « *pour* » et les « *contre* ». Néanmoins, les Thermidoriens proclamèrent que la Constitution et le décret des deux tiers avaient été adoptés à la majorité des suffrages exprimés, ce qui était plus que tendancieux en ce qui concerne le décret des deux tiers, et ce fut l'explosion. À Paris, les 48 sections (les circonscriptions électorales) avaient presque unanimement rejeté le décret des deux tiers, et les royalistes, qui, depuis la fin de la Terreur, avaient repris du poil de la bête, se voyaient frustrés. Les sections protestèrent donc contre les résultats, jugés falsifiés, mais en vain : la Convention passa outre.

C'est alors que les royalistes et les anti-conventionnels se manifestèrent et qu'éclata une fronde anti-jacobine dans 30 des 48 sections parisiennes, appuyée par une partie de la Garde nationale, commandée par le général Danican. Les royalistes et les adversaires de la Convention tentèrent un coup d'État militaire, le 4 octobre 1795 (12 Vendémiaire an IV) : le plan de Denican était d'encercler les Tuileries, où siégeaient la Convention et le Comité de salut public, en faisant marcher sur elles deux colonnes, l'une partie de l'église Saint-Roch par la rue Saint-Honoré, l'autre partie du Pont-Neuf, par les quais de la rive gauche.

Barras, nommé commandant en chef de l'armée de l'intérieur, prit en main la lutte contre les émeutiers, qui furent surveillés par quelques troupes dans la nuit du 4 au 5 octobre. Le 5 octobre (13 Vendémiaire), à cinq heures du matin, il convoque Bonaparte, le nomme commandant en second de l'armée de l'intérieur et le charge de rétablir l'ordre : tout va se dérouler dans la seule journée du 13 Vendémiaire. Napoléon déplace les pièces d'artillerie qui stationnaient au camp des Sablons jusqu'aux abords des Tuileries, et des rives de la Seine ; à quatre heures de l'après-midi il fait donner ses canons : il lui fallut trois quarts d'heure pour mettre en fuite les rebelles, dont un grand nombre furent tués. Dans son rapport sur la journée du 13 Vendémiaire, rejetant la responsabilité de la tuerie sur les rebelles, Bonaparte écrit froidement :

> « Le sang français coula [...]. Le crime comme la honte de cette terrible journée tomba sur les sectionnaires.
>
> Parmi les morts, l'on reconnut partout des émigrés, des prêtres et des nobles ; parmi ceux qui furent faits prisonniers l'on trouva que la plupart étaient des chouans de Charrette. » (Lettre n° 73, du 7 octobre 1795).

Les émeutiers se dispersèrent aux premiers coups de canons, mais Bonaparte donna l'ordre aux généraux Montchoisy, Brune et Carteaux de les « *poursuivre avec vivacité* » ; le massacre continua pendant la nuit du 13 au 14 Vendémiaire et ne prit fin que tard dans la journée du 14 Vendémiaire : il y avait eu deux ou trois cents morts.

Bonaparte n'aimait pas les tueries, mais il avait adopté froidement les règles de la morale militaire : à la guerre il faut vaincre, et pour vaincre, il faut tuer. C'est donc sans aucun remord qu'il écrit à Joseph, le 11 octobre 1795 (19 Vendémiaire an IV ; lettre n° 74 de la *Correspondance*) :

> « *Paris, 19 Vendémiaire an IV*
>
> Tu auras appris par les feuilles publiques tout ce qui me concerne. J'ai été nommé, par décret, général en second de l'armée de l'intérieur ; Barras a été nommé commandant en chef. Nous avons vaincu, et tout est oublié. »

Le même jour, le Conventionnel Stanislas Fréron (un bien triste personnage, fils du Fréron qu'avait ridiculisé Voltaire et qui se vantait d'avoir fait fusiller 200 Toulonnais par jour après la prise de Toulon et d'avoir employé 12 000 maçons pour faire raser cette ville) prononce à la Convention le nom du général Bonaparte, sauveur de la République et les Conventionnels applaudissent à tout rompre ce patronyme qui leur était, à ce jour, à peu près inconnu.

Napoléon a enfin le pied à l'étrier. Le 15 octobre, il se rend pour la première fois au n° 62 de l'actuelle rue de la Chaussée-d'Antin. C'est là que vit la maîtresse de Barras, Marie-Joseph-Rose de Beauharnais. Le 16 octobre il est nommé général de division, et, le 26 octobre, Barras, dont il est devenu un des intimes, et qui a de grands projets politiques, le considère comme suffisamment fiable pour le nommer général en chef de l'armée de l'intérieur à sa place. Le 28, il reçoit le premier billet que Joséphine de Beauharnais lui ait écrit :

« *6 Brumaire an IV,*

Vous ne venez plus voir une amie qui vous aime ; vous l'avez tout à fait délaissée ; vous avez bien tort, car elle vous est tendrement attachée.

Venez demain septidi [*jeudi*], déjeuner avec moi ; j'ai besoin de vous voir et de causer avec vous sur vos intérêts.

Bonsoir, mon ami, je vous embrasse.

V^ve^ BEAUHARNAIS »

Il ira déjeuner chez Joséphine et il y passera désormais toutes ses soirées jusqu'au 9 mars 1796 : ce jour-là, à vingt et une heures, Napoléon Bonaparte épouse Joséphine de Beauharnais, de six ans son aînée, en présence de Barras et de Tallien. Deux jours plus töt, le 7 mars 1796, il avait été nommé officiellement commandant en chef de l'armée d'Italie (sa nomination avait été signée le 2 mars, après la démission du relativement vieux général Schérer – cinquante ans – qui allait devenir ministre de la Guerre). La grande aventure du petit Génois d'Ajaccio, que Joséphine appelait son « chat botté », allait commencer.

## Chapitre X

# L'imposture italienne

*La première phase de la campagne d'Italie (25 mars-28 avril 1796) : Bonaparte n'a imaginé aucune stratégie « géniale », il a simplement exécuté les ordres de Carnot et des Directeurs ; la bataille de Montenotte n'a été qu'un épisode imprévu et sans conséquence. – Les lauriers usurpés de la grande campagne d'Italie (mai 1796-octobre 1797) : elle a été l'œuvre de Carnot et des Directeurs, et Bonaparte n'a été qu'un simple exécutant, obéissant aux ordres du Directoire sans rien y ajouter. – Résumé de la campagne : les Sardes hors de combat à Cherasco, le franchissement du Pô, l'entrée à Milan, Lodi, le pillage de l'Italie sur ordre du Directoire, le blocus de Mantoue, l'invasion de l'Italie centrale, Arcole, Rivoli. – La République Cisalpine. – Les impostures de Leoben et de Campo-Formio*

Nous avons maintenant réuni suffisamment de faits, de documents et de témoignages pour nous faire du personnage de Napoléon Bonaparte une idée sinon exacte, du moins plus proche de la réalité que le portrait légendaire et dithyrambique qu'en ont tracé ses fanatiques et ses thuriféraires, avec le *Mémorial de Sainte-Hélène* comme bible, ou les historiens qui s'en sont inspirés, au mépris des règles les plus élémentaires de la méthode historique.

Ainsi, alors que la plupart de ses biographes ont pleuré sur l'isolement de l'enfant Napoléon à Brienne, sur les maigres ressources et les maladresses du jeune pensionnaire de l'École militaire, de l'officier débutant en garnison à Valence et à Àuxonne, aucun, à ma connaissance, n'a souligné avec force, les trois « manques » fondamentaux dont il a souffert avant que d'atteindre l'âge d'homme : le manque d'une image du père, le manque de modèle social, le manque d'une patrie.

Le père, nous en avons déjà largement parlé. Certes, il fut sans doute présent à Àjaccio, lors de la naissance du petit Napoléon (date officielle : 15 août 1769, plus ou moins contestée sans grandes preuves), mais la première enfance du futur « Ogre » fut environnée surtout de présences féminines, et Charles Bonaparte ne commence à jouer un rôle familial qu'à partir de 1772, lorsque après ses frasques à Rome, à Livourne et à Florence, il « se range » et obtient un poste d'assesseur au tribunal d'Ajaccio (voir p. 67) ; un rôle bien pâle d'ailleurs car, nous l'avons vu, c'est l'oncle Luciano, l'archidiacre, qui tient les cordons de la bourse et Charles s'efface discrètement derrière Marbeuf, qui courtise Letizia. Puis, grâce à Marbeuf, le petit Bonaparte est envoyé à Brienne : pendant les cinq ans que dura son séjour, son père ne vint le visiter qu'une seule fois, le 21 juin 1784, alors qu'il venait y accompagner le jeune Lucien, et il mourut le 24 février suivant sans avoir revu son fils.

À défaut d'un modèle paternel, Napoléon aurait-il pu avoir un modèle social, comme en ont souvent les petits bourgeois de province ? Un modèle social, c'est-à-dire un ensemble de règles de conduite plus ou moins implicites, un système de valeurs, positives ou négatives. Les petits Corses qui vivaient dans les montagnes, autour d'Ajaccio, en possédait un : les exemples et les traditions familiales leur avaient inculqué le sens de l'honneur clanique, du respect de la parole donnée, de la *vendetta*, la vénération de la *mamma* et les vertus du courage, et ce modèle, avec ses qualités et ses défauts, se transmettait de génération en génération depuis des siècles dans la société insulaire. Il n'y avait rien de semblable chez les colons génois, qui avaient conservé, depuis leur venue en Corse, un modèle sans traditions, chez lesquels ce qui importait c'était de paraître, de « *réussir* », quitte à ruser, voire à tromper (ce en quoi Charles excellait, nous l'avons montré plus haut).

Or Napoléon s'est vu enseigner à Brienne, puis à l'École militaire, un tout autre schéma social, celui d'un futur officier du roi de France – lui, petit Génois qui n'avait jamais su ni appris ce que c'était que la France – dont le rang se mesurait à la gloire et à l'ancienneté de ses ancêtres. C'était là un système de valeurs qui lui était tout à fait étranger : il n'avait pas d'ancêtres qui aient brillé aux côtés de François Ier ou d'Henri IV, et le plus reluisant de ses agnats était l'archidiacre Luciano. Il n'y avait même pas, dans sa famille, un Buonaparte qui aurait bâti une petite fortune dans le commerce, ou dans les pêcheries, comme c'était le cas pour d'autres familles génoises de la cité. Cela nous explique pourquoi, lorsqu'il se trouva plongé dans la société bourgeoise traditionnelle de Valence et d'Auxonne, à la sortie de l'École militaire, il dut se forger une personnalité sociale de toutes pièces, ainsi que nous l'avons expliqué au chapitre V ci-dessus.

Toutefois, ces deux « manques », s'ils ont eu une influence certaine sur la personnalité psychologique de Napoléon (par exemple sur son comportement avec les femmes, sur son tempérament insensible et rancunier, sur son besoin d'être « reconnu », au risque de paraître ridicule à toutes les Cours d'Europe), ne suffisent pas à rendre compte de l'ampleur de son destin et de son échec. Ce qui lui a manqué le plus, c'est un modèle patriotique dominant et sincère.

Expliquons-nous. Toutes les époques de l'histoire européenne ont été marquées par la priorité d'un archétype dominant, source de son dynamisme dialectique. Au Moyen Âge, ce fut la foi ; à la Renaissance l'humanisme ; dans le premier tiers du XVIIe siècle, il était de bon ton d'être libertin (c'est-à-dire libre-penseur, comme Gassendi, Bernier ou Saint-Évremond) ; au temps de Rousseau le modèle dominant était politique, c'était celui Lumières. Vers 1787, il faut être constitutionnaliste, et tout le monde connaît le vibrant serment du Jeu de Paume, par lequel les députés aux États Généraux jurèrent, le 20 juin 1789, de ne jamais se séparer « *jusqu'à ce que la Constitution du royaume soit établie et affermie sur des fondements solides* ». Trois années plus tard, la royauté est abolie en France et un nouveau modèle l'emporte, celui de la *patrie*, pour laquelle il faut savoir vaincre et mourir.

Dans la France révolutionnaire, le modèle patriotique est un modèle affectif, voire passionnel, invoqué même dramatiquement au moment de la déclaration de guerre à l'Autriche le 20 avril 1792 ; il relègue au second plan celui, plus abstrait, de nation et celui, plus technique, de Constitution. Or, nous l'avons vu précédemment (voir les chapitres VI et VII ci-dessus), le moteur patriotique n'a jamais, jusqu'alors, animé sincèrement Napoléon. Lui-même n'a jamais eu une « mère patrie » à aimer ou à sauver : ni la Corse, qui était profondément étrangère à ce descendant des occupants génois, ni la France, qu'il ne connaît pas encore.

Cependant, il a d'abord joué au patriote corse nostalgique – lui qui n'avait rien de commun avec le peuple corse dont il ne parlait même pas la langue – dans les salons de Valence, en 1786, mais c'est alors le rousseauisme politique qui semble être son idéal. En 1789, à Auxonne, puis surtout à Bastia, le jeune officier qu'il est *se sert* de l'argument patriotique *corse* pour se faire valoir auprès des vétérans du paolisme ; mais, en 1793, c'est le patriotisme *français* qu'il va utiliser, non pas comme un moteur, mais comme un outil au service de sa réussite, ce qui se traduira par les deux lettres de dénonciation de Paoli qu'il envoie aux représentants de la Convention. Comme tout le monde, alors, se proclamait patriote, il va se muer officiellement en *patriote jacobin* en publiant le *Souper de Beaucaire*, un brûlot inoffensif destiné à attirer sur lui l'attention des représentants de la Convention en Provence, au cas où ils ignoreraient que Buonaparte a retourné sa veste. À partir de là, tout s'enchaîne : Toulon, où il se montre le bon exécuteur de la stratégie mise au point à Paris en tirant froidement sur les Français fédéralistes, et Vendémiaire, où le patriote républicain qu'il est devenu tire sans états d'âme sur les Français monarchistes, comme le lui a demandé Barras.

Napoléon a goûté au succès militaire à Toulon, au clinquant des salons du Directoire et du roi Barras, il vient même de goûter à Joséphine que ce roi lui a mise dans les bras, sans doute pour se débarrasser de l'une comme de l'autre. Il en veut maintenant davantage. Il l'écrira bientôt à son frère : il veut de la gloire. Dans la France de 1795, elle ne pouvait plus s'acquérir que sur les champs de batailles, et une propagande bien orchestrée lui attribua celle de la campagne d'Italie : nous l'allons montrer, ce fut une gloire usurpée, mais elle lui servit de tremplin et son délire, année après année, ne connut plus de bornes.

## La première phase de la campagne d'Italie : les lauriers usurpés (25 mars-28 avril 1796)

Le régime institué par la Constitution de l'an III – le Directoire – avait hérité de la Convention une situation internationale périlleuse : il se devait de conclure heureusement les guerres entreprises par la Révolution contre les « rois conjurés », autrement dit les guerres de la première coalition, sous peine de s'effondrer avec la République vaincue.

La coalition, nouée au début de 1793, à l'instigation de Pitt, réunit, autour de l'Autriche (en guerre effective avec la France depuis le 20 avril 1792) et de la Prusse (qui se retirera du conflit armé après Valmy tout en restant membre de la coalition), toutes les grandes puissances européenne : l'Angleterre, les Provinces-Unies (les Pays-Bas actuels), le Saint Empire, le royaume de Piémont-Sardaigne (en guerre effective depuis le 23 juillet 1792) et l'Espagne. En 1795 ont été signés : 1° le premier traité de Bâle (le 5 avril), consacrant la paix avec la Prusse (qui restera désormais neutre jusqu'en 1806) ; 2° le traité de La Haye (le 16 mai), associant les Provinces-Unies (les Pays-Bas actuels) à la France révolutionnaire ; 3° le second traité de Bâle dit « Paix de Bâle » (le 22 juillet), mettant fin aux hostitlités en Espagne. La France n'a alors plus que trois adversaires à combattre : l'Angleterre (la Convention lui a déclaré la guerre le 1er février 1793 et les Britanniques se sont emparés de la Corse et des possessions françaises d'outre-mer), l'Autriche, sur laquelle règne depuis 1792 François II de Habsbourg, qui est aussi empereur d'Allemagne (« l'Empire », qui regroupe 360 États, dont les plus importants sont l'Autriche et la Prusse) et le royaume de Piémont-Sardaigne, dont le souverain est Victor-Amédée III.

La guerre contre l'Angleterre est une guerre lointaine (en Corse, aux Antilles) et financière (l'or anglais alimente la contre-Révolution, en Bretagne et en Vendée). C'est donc essentiellement la guerre autrichienne qui préoccupe le Directoire sur le plan territorial. Elle se déroule sur deux fronts : en Allemagne (où l'archiduc Charles, frère de François II, a rejeté les Français sur le Rhin), et en Italie, où l'Autriche possède, à titre de vassale, la principauté du Milanais, que flanquent le royaume de Piémont-Sardaigne à l'ouest et la République de Venise à l'est. C'est en Italie que les armées du Directoire, guidées de Paris par les Directeurs et conduites sur le terrain par Bonaparte, se couvriront de gloire... et rempliront les caisses de l'État français vacillant (... ainsi que les collections de tableaux de l'oncle Luciano). Mais, nous l'allons montrer, c'est une imposture que d'en attribuer le mérite à Napoléon, qui n'a été en l'occurrence qu'un excellent exécutant, sans plus, comme il l'avait été à Toulon.

Que disent en effet la plupart des historiens (et en particulier les historiens militaires) au sujet de cette campagne par laquelle Napoléon est entré en fanfare dans l'Histoire ? Que, dans l'esprit du Directoire (et surtout de Carnot), cette guerre d'Italie devait être une opération de diversion, destinée à permettre aux grandes armées d'Augereau et de Jourdan, qui opéraient en Allemagne, d'atteindre Vienne par la Bohême et par la vallée du Danube et qu'elle n'avait d'autre but que l'occupation du Piémont et du Milanais, mais que « *grâce au génie de Bonaparte, ce fut l'Italie qui devint le théâtre principal où se jouèrent les actes décisifs de cette campagne* » (J. Garnier, dans l'excellent *Dictionnaire de Napoléon* de J. Tulard, article sur la campagne d'Italie).

Or cette thèse quasi unanime, que l'on peut qualifier d'officielle, qui a été établie par Napoléon lui-même et soutenue par la quasi-totalité des historiens est fausse : on peut le montrer aisément en se référant aux instructions communiquées par les Directeurs au commandant en chef de l'armée d'Italie (et dont certaines lui furent portées à Paris, avant son départ) et au *Recueil des actes du Directoire exécutif*, publié par Antoine Debidour entre 1910 et 1917.

Dans la campagne d'Italie, comme nous allons le voir, Bonaparte n'a pas « *désobéi avec génie* » aux instructions du Directoire ; bien au contraire, il les a suivies pas à pas avec rigueur et efficacité, et ce fut là son talent. Le reste n'est que légende et propagande, une propagande que Napoléon s'est empressé de diffuser par ses « Relations » aux Directeurs (précurseurs de ses « Bulletins de la Grande armée »), par ses proclamations et, à partir du moment où il prit conscience du fait que ses succès militaires pouvaient déboucher sur des succès politiques, par des journaux qu'il fit publier dès l'été 1797 (par exemple : *Le Courrier de l'armée de l'Italie*, fondé le 20 juillet 1797 ; *La France vue de l'armée de l'Italie*, fondé le 10 août 1797 ; *Journal de Bonaparte et des hommes vertueux*, fondé en 1797, avec un premier numéro qui porte l'épigraphe suivante, digne d'un publicitaire moderne : « *Annibal dormit à Capoue. Mais Bonaparte actif ne dort pas à Mantoue* »).

Examinons donc de plus près comme s'est préparée la campagne d'Italie.

Depuis 1792, les deux membres du Comité de salut public qui dirigeaient la section de la Guerre (Carnot et Prieur de la Côte-d'Or), assistés d'un Comité topographique où tourbillonnent de jeunes généraux, imaginatifs, qui rêvent d'un beau commandement, étudient les différentes manières possibles de faire la guerre à l'Autriche, l'ennemi n° 1 de la France. L'idée de base était de marcher sur Vienne à travers l'Allemagne, après avoir franchi le Rhin, par deux voies convergentes vers la capitale autrichienne : l'une par la Bohême et l'autre par le Danube ; l'armée d'Italie était chargée de faire diversion et de marcher sur le Milanais.

On a vu précédemment comme ont évolué les opérations préliminaires en Italie. Carnot, n'a que mollement approuvé les petites avancées de l'armée d'Italie vers Oneglia et Saorge, en 1794 (voir ci-dessus p. 228). Puis il a fini par se ranger à l'avis des membres du Comité topographique ; Directeur chargé de coordonner l'ensemble des affaires militaires (réorganisation des armées, campagnes), il s'oriente, dès juillet 1795, vers la solution italienne et il demande aux généraux du Comité (dont fait partie Bonaparte) de lui faire des études et des propositions.

Le plan final concerne non plus une opération de diversion dans la partie de l'Apennin qui domine l'arrière-pays ligure, au-dessus de Savone, mais d'une invasion du Piémont poussant le roi de Sardaigne à traiter et à abandonner, en conséquence, ses alliés autrichiens. Il est décrit dans quatre pièces qui ont été *abusivement* attribuées à Bonaparte et intégrées dans le tome I de sa *Correspondance*, comme s'il en était l'auteur (ce qui n'est absolument pas le cas : elles ne sont pas de sa main, elles ne portent aucune correction de sa main et elles ne sont pas signées). Ces documents, que nous analysons dans l'Annexe n° 10, sont les suivants (ils portent tous la date « Premiers jours de Thermidor an III », c'est-à-dire fin juillet 1795) :

1. DOCUMENT N° 1 : *Mémoire pour l'armée d'Italie* (publié sous le n° 49 dans le tome I de la *Correspondance)*.

Il apparaît pour la première fois dans la *Biographie des premières années de Napoléon Bonaparte* (Paris-Valence, 1840, II, pp. 320-327), publiée par le baron de Coston qui affirme qu'il a été écrit par Junot (aide de camp de Napoléon, auquel il n'a pu qu'être dicté) et qu'il porte des corrections de la main de Bonaparte (ce que rien ne prouve, sinon l'affirmation de Coston). De plus, la pièce n'est pas signée (alors que Bonaparte signait tous les documents qu'il écrivait ou qu'il dictait lui-même).

2. DOCUMENT N° 2 : *Mémoire militaire sur l'armée d'Italie* (publié sous le n° 50 dans le tome I de la *Correspondance*).

Ignoré de Coston. Il provient du « Dépôt de la Guerre » (ancien nom des Archives historiques de l'armée). L'éditeur de la *Correspondance* affirme qu'il a été écrit par Junot (sous la dictée de qui ?). La pièce ne porte aucune correction et n'est pas signée.

3. DOCUMENT N° 3 : *Instruction militaire pour le général en chef de l'armée des Alpes et d'Italie* (publié sous le n° 52 dans le tome I de la *Correspondance*).

Publié pour la première fois par Coston (*op. cit.*, p. 327 *sq.*).

Ni Coston, ni l'éditeur de la *Correspondance* ne donnent le nom du scripteur ; la pièce ne porte aucune correction et n'est pas signée.

4. DOCUMENT N° 4 : *Instruction pour les représentants du peuple et le général en chef de l'armée d'Italie* (publié sous le n° 53 dans le tome I de la *Correspondance*).

Publié pour la première fois par Coston (*op. cit.* p. 332) et reproduit avec quelques variantes dans la *Correspondance* d'après le document du Dépôt de la guerre. Coston et l'éditeur de la *Correspondance* en attribuent la rédaction à Junot, avec quelques corrections dues à Bonaparte ; la pièce n'est pas signée.

Ainsi donc, les quatre mémoires définissant le plan de la campagne d'Italie, réalisés pendant l'été 1795, ne sont pas de Bonaparte (sinon, il les aurait signés, comme il l'a fait sur deux notes postérieures, portant le n° 75 et le n° 83 dans sa *Correspondance*, et qui résument les idées développées dans les quatre documents précédents). Ils sont le produit d'une œuvre collective du Bureau topographique de l'armée, à laquelle a sans doute participé Napoléon en 1795, revu, corrigé et accepté par le comité de la Guerre du Directoire, qui a donné au commandant en chef de l'armée d'Italie l'ordre impératif de l'appliquer.

Ce plan était simple dans ses principes ; il se résume en une phrase, que nous extrayons d'une *Instruction pour le général en chef de l'armée d'Italie,* remise à Bonaparte le 7 mars 1796, en même temps que sa lettre d'affectation :

> « Tout nous commande de chercher, par tous les moyens qui sont en notre pouvoir, de faire repasser le Pô aux ennemis [*aux Piémontais*] et de porter nos plus grands efforts dans la direction du Milanais. Cette opération essentielle paraît ne pouvoir avoir lieu, sans qu'au préalable l'armée française s'empare de Ceva [*forteresse montagneuse, dans la haute vallée du Tanaro, verrouillant la route conduisant à la plaine piémontaise, entre les Alpes et l'Apennin, à égale distance de San Remo et de Gênes*]. » (Texte reproduit dans A. Debidour, *Recueil des actes du Directoire exécutif,* I, p. 717 *sqq.*)

Le programme général des opérations dicté par le Directoire à Napoléon est donc le suivant (voir carte p. 254) :

1° prendre Ceva aux Piémontais, contenir l'armée sardo-piémontaise sur sa gauche (vers Coni, de nos jours Cunéo) et menacer le Piémont et Turin, sa capitale ;

2° pourvoir d'urgence aux besoins de l'armée française en utilisant pour cela les ressources du pays (autrement dit, en vivant sur l'ennemi, y compris pour payer les prêts et les soldes de l'armée) ;

3° diriger ensuite ses forces contre les Autrichiens, leur faire repasser le Pô et marcher sur le Milanais, en s'assurant les places d'Asti et de Valenza ;

4° déterminer par ces succès le roi de Piémont-Sardaigne à accepter de signer un armistice, puis un traité de paix avec la France.

C'est exactement ce que Bonaparte a fait. Il s'est préoccupé avant toute chose de prendre Ceva, en envoyant vers cette place forte deux colonnes : l'une, commandée par Sérurier, a suivi la haute vallée du Tanaro, déjà aux mains des Français qui tiennent les localités d'Orméa et de Garessio ; l'autre, partie d'Albenga et de Savona, avec comme chefs Masséna, Laharpe et Augereau, doit atteindre Ceva en passant par le col de Cadibona, Altare, Carcare, Millesimo et Montezemolo (toutes ces localités ne sont que de minuscules villages).

Les ordres de mouvements sont partis le 4 avril (voir tableau chronologique ci-après, p. 258), mais dès le 6 avril Bonaparte est soucieux : il craint une attaque surprise des Autrichiens (qui sont à Dego), qui risquent de s'opposer à l'avancée de ses troupes vers Ceva par le col de Cadibona (voir à ce sujet la lettre n° 121 du tome I de sa *Correspondance*). Toutefois cette menace ne le trouble par outre mesure, puisque, le 9 avril encore, il se propose de se rendre d'Albenga à Garessio pour conférer avec le général Sérurier ; mais il y renonce très vite, en raison de mouvements « *imprévus* » des Autrichiens, comme il l'explique lui-même (lettre n° 128 du tome I de la *Correspondance*) :

« Au général de division Sérurier
quartier général, Albengo,

*20 Germinal an IV (9 avril 1796)*

Je vous préviens, Général, que des mouvements imprévus forcent le général en chef d'aller à Savone, au lieu de se rendre à Garessio aujourd'hui, comme il l'avait d'abord décidé. Vous recevrez des ordres ultérieurs quand il pourra se rendre dans ce dernier lieu.

Par ordre du général en chef »
(non signé)

Le billet ne comprend que ces quelques lignes et il a été dicté rapidement par Bonaparte (sans doute à son aide de camp Junot) et, de toute évidence, le général en chef a été surpris par ce qu'il appelle des « *mouvements imprévus* », à savoir par l'attaque à laquelle il s'attendait depuis le 6 avril : le 10, le général von Beaulieu, commandant en chef de l'armée autrichienne d'Italie, a mis à mal la brigade française en poste à Voltri, près de Savone, tandis que son lieutenant, von Argenteau, lance, le lendemain, une opération en direction de Montegino. Les Français doivent reculer, mais Napoléon regroupe ses forces dans la nuit, leur fait franchir les petites hauteurs de l'Apennin et tombe, le 12 avril, sur l'armée autrichienne, devant Montenotte, où Laharpe et Masséna battent les Impériaux (Bonaparte s'est contenté d'assister, de loin, à la bataille, sur la colline de Casa Bianca) : les Autrichiens, vaincus, se replient.

Les historiens napoléophiles écrivent, sans sourciller, tel Garnier (*op. cit.*), et il est loin d'être le seul : « *Le premier acte* [de la campagne d'Italie] *en est la manœuvre de Montenotte et la séparation des alliés sardes et autrichiens.* » Je suis désolé de contredire cet éminent historien militaire. Le premier acte de la campagne d'Italie fut le mouvement convergent des colonnes françaises vers Ceva, par la vallée du Tanaro et par le col de Cadibona, ordonné par Bonaparte conformément aux instructions de Paris.

La « manœuvre » de Montenotte n'a donc pas été une opération destinée à enfoncer le centre des forces ennemies et à séparer les Sardes des Autrichiens, repoussant les premiers vers

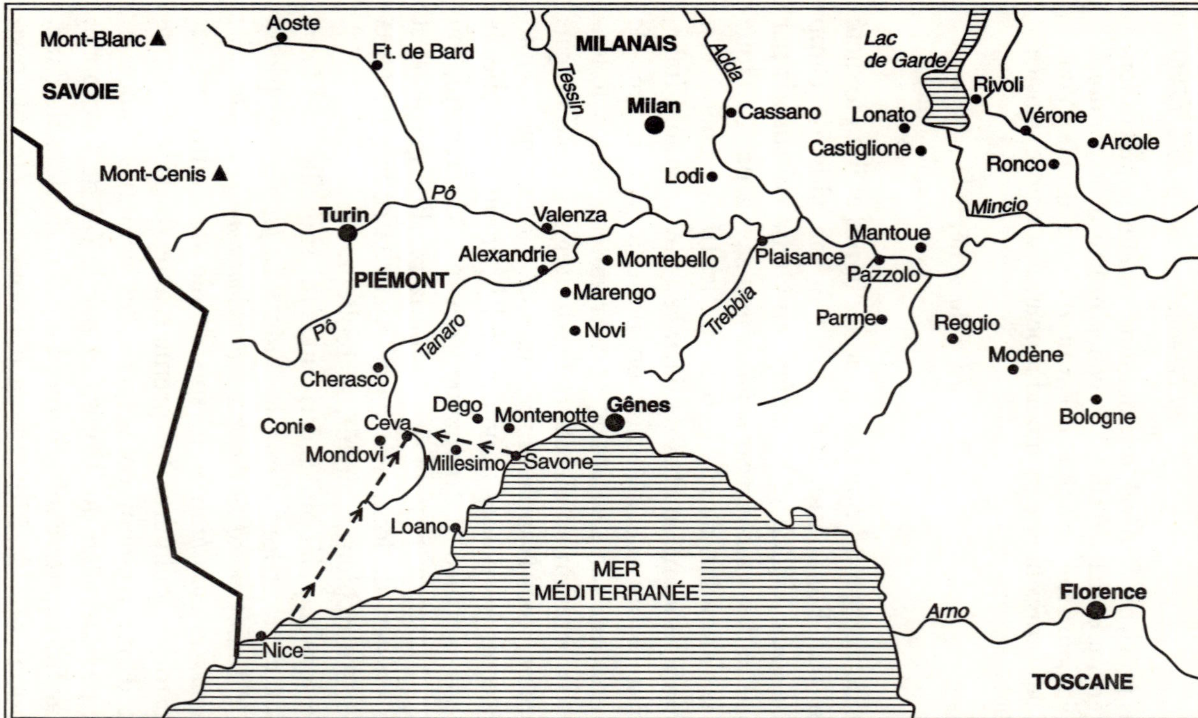


- - - - Marche des armées françaises vers Ceva depuis Vintimille (près de Nice) et depuis Savone

**Le début de la campagne d'Italie**

*On a indiqué la marche des deux colonnes françaises sur Ceva. La colonne Sérurier (partie de Vintimille, près de Nice) s'est appuyée en chemin sur les localités conquises par les Français antérieurement (Orméa, Garessio) ; la colonne partie de Savone est passée par le col de Codibona, Millesimo, etc., et la jonction s'est faite à Ceva, dont la prise a ouvert la plaine du Piémont aux armées françaises.*

Turin et les seconds vers Milan, action qu'aurait décidée Bonaparte en désobéissant – « *avec génie* » chantent les thuriféraires aveugles – au Directoire : ce fut la réaction inévitable du général en chef à cette attaque-surprise, montée de toutes pièces par les Autrichiens pour empêcher les Français de progresser vers Ceva. Bonaparte a su y faire face avec sang-froid, et, le danger passé, il est revenu au plan des stratèges parisiens et il n'a jamais renvoyé les Impériaux vers Milan et les Piémontais vers Turin.

Les louanges qu'on lui tresse quant à la suite des opérations entretiennent l'imposture. Après avoir prétendu, au mépris des faits et des textes, que Bonaparte a enfoncé « *génialement* » le centre des forces ennemies à Montenotte pour les séparer, les napoléophiles affirment qu'il a désobéi une seconde fois au Directoire, après Montenotte, toujours avec autant de « *génie* », en laissant les Autrichiens se replier et en se retournant contre les Piémontais, qu'il est allé assiéger à Ceva. Or, bien au contraire, après Montenotte – qui a été interprété par Napoléon lui-même et par le Directoire comme un événement « *imprévu* » – Bonaparte a appliqué les directives du Bureau parisien qui lui avaient été confirmées le 7 mars (voir ci-dessus, p. 241) : ne rien faire d'essentiel qu'il n'ait d'abord pris Ceva.

Il obéit donc et ne prend aucune autre initiative. Le lendemain de Montenotte, il ordonne la reprise de la marche sur Ceva, par la vallée du Tanaro et par Millesimo, comme le lui a préconisé le Directoire. Si Montenotte avait été une manœuvre soi-disant géniale, il aurait exploité sa victoire et poursuivi les Autrichiens ; en fait, il se contente simplement de faire prendre Dego par Masséna (14-15 avril), pour couper les communications entre les Impériaux, qui sont au-delà de Dego, et les Sardes, qui sont à Ceva (voir la carte : la route la plus courte, en provenance de Dego et dans la direction de Ceva, et qui passe par Millesimo, est donc interdite aux deux alliés, qui doivent utiliser, pour communiquer, la route de la plaine piémontaise, qui va jusqu'à Turin).

Quant à Ceva, vers laquelle Bonaparte fonce le 16 avril, le Directoire, qui avait primitivement envisagé son siège (voir dans l'Annexe n° 10 le *Mémoire militaire* constituant le DOCUMENT N° 2 cité ci-dessus), a formellement annulé cette instruction :

> «... Il ne doit être entrepris aucun siège avant que l'ennemi, qui pourrait l'inquiéter, ne soit totalement en déroute et hors d'état de rien tenter, et dans tous les cas, le général en chef doit bien se garder de porter sa grosse artillerie sur un point quelconque, où, par un léger succès des ennemis, elle pourrait être compromise. » (Debidour, *op. cit.*, I, p. 722).

Pour un officier d'artillerie comme Bonaparte, cet ordre est une absurdité. Mais il obéit encore et tente d'enlever Ceva à la baïonnette, le 16 avril : il subit un échec cuisant. Que faire ? Le dieu des guerriers le tire de ce mauvais pas : le 17 avril, le commandant en chef de l'armée sarde, le général Colli, évacue la place et n'y laisse qu'une petite garnison qui capitulera quelques jours plus tard. Ensuite, tout se passe comme par miracle : Bonaparte n'a plus qu'à lire l'*Instruction* qui lui a été remise le 7 mars. Elle lui laisse beaucoup plus de latitude pour agir que les deux premiers *Mémoires* pour l'armée d'Italie : au cas où les ennemis (les Piémontais) se retireraient vers Turin, le Directoire, dit cette *Instruction*, autorise le général en chef « *à les suivre, à les combattre à nouveau, et même à bombarder cette capitale si nécessaire* ».

Une « autorisation » du Directoire, c'est presque un ordre, pour un général. Ce n'est donc pas en vertu d'une intuition pseudo-géniale que Bonaparte poursuit les Piémontais ; il est même hautement raisonnable de le faire, ne serait-ce que pour exploiter la prise de Ceva et pour amener le roi Victor-Amédée III de Piémont-Sardaigne à rompre avec ses alliés et à demander l'armistice, comme le souhaitait le Directoire. Et tout se déroule comme l'avaient prévu – ou espéré ? – les subtils Directeurs. La poursuite commence. Bonaparte subit un nouvel échec devant San Michele le 19 avril, il bat les Piémontais deux jours plus tard devant Mondovi, et Colli continue sa retraite vers Cherasco. Enfin, le 23 avril, au matin, Napoléon reçoit les offres d'armistice de Colli ; le soir même il transporte son quartier général à Carru, puis, le 25, à Cherasco. Les pourparlers préliminaires à la signature d'armistice durent encore trois jours ; la convention est signée dans la nuit du 28 au 29 avril, à deux heures du matin. Le Directoire et Napoléon ont vaincu.

Résumons-nous. Le plan de la campagne contre les Austro-Sardes a été intégralement concocté par les Directeurs, qui se sont appuyés sur les travaux des officiers du Comité topographique de l'armée pendant les années 1794-1795. Ce plan prévoyait, dans un premier temps, la conquête du Piémont, conditionnée par la chute du verrou de Ceva, et la signature d'un armistice avec le roi de Sardaigne-Piémont. Bonaparte a suivi ces instructions sans y changer un iota, et a fait face, par nécessité, à l'attaque imprévue des Autrichiens à Montenotte. Il est donc faux, nous le répétons, de prétendre qu'il a eu l'idée géniale de désobéir à ce plan, de prendre l'initiative d'attaquer les Autrichiens à Montenotte pour séparer les deux armées alliées puis celle de poursuivre les Piémontais jusqu'à l'armistice de Cherasco. La guerre contre les Austro-Sardes a été entièrement conçue par l'équipe militaire de Paris, sous la surveillance prudente des Directeurs. Napoléon a consciencieusement exécuté les ordres qu'il avait reçus, y compris celui de ne pas utiliser l'artillerie pour assiéger Ceva et, surtout, il a su admirablement mener ses hommes, qui se sont remarquablement battus, et ce fut là son principal talent qui, joint à la rapidité de ses réactions, lui permit de vaincre.

Car, si Bonaparte a apporté une note personnelle dans l'art de la guerre, au cours de cette première phase de la campagne d'Italie, ce n'est pas en improvisant une manœuvre à Montenotte (à ce stade de la campagne, elle n'avait, en elle-même, aucun intérêt du point de vue du Directoire, dont le but était de signer *d'abord* une convention d'armistice avec les Piémontais, et de se retourner *ensuite* contre les Autrichiens, qui étaient le véritable ennemi à battre), c'est en tenant compte de ce qu'on appellerait aujourd'hui le *facteur psychologique et humain*, totalement négligé dans les guerres traditionnelles du XVII^e^ et du XVIII^e^ siècle.

Autrement dit, sur le plan stratégique (marche des armées, déroulement chronologique des opérations) et logistique (pourvoir aux besoins des armées), il n'a été qu'un bon exécutant et il a suivi rigoureusement le plan des Directeurs, qui se disaient sans doute, déjà, que la guerre était une chose trop sérieuse pour en laisser les initiatives aux militaires ; mais, sur le plan humain, il a tout innové, spontanément, en se laissant aller à son tempérament méditerranéen, emphatique et démagogue. Il a, sans difficulté, troqué son rôle de général en chef contre celui de chef de bandes, tel le légendaire Robin des Bois ou – plus historique – son contemporain, le bandit calabrais Fra Diavolo (1771-1806). Et c'est pour cela, aussi, qu'il a réussi en Italie, par son habileté à manœuvrer les consciences.

**Tableau chronologique sur la première phase de la campagne d'italie**
(25 mars-28 avril 1796)

| Dates | Événements et opérations |
|---|---|
| **1796** | |
| 11 mars | Départ de Napoléon de Paris, avec Junot et l'ordonnateur en chef Chauvet (celui qui l'avait remarqué à Toulon). |
| 20 mars | Passage à Marseille. |
| 24 mars | Passage à Toulon. Il reçoit les autorités navales. |
| 25 mars | Conférence avec Berthier, son chef d'état-major, à Antibes. |
| 26-28 mars | À Nice. Conférence avec les généraux de division de l'armée d'Italie (Sérurier, Macquart, Masséna, Laharpe et Augereau). Revue des troupes. Sérurier doit partir vers la vallée du Tenoro et Macquart vers celle de La Roya. |
| 2 avril | Départ de Nice pour l'Italie avec le reste de son armée (Masséna à Savone, Augereau à Loano et Albenga). |
| 4 avril | À Oneglia, puis à Albenga où il installe son quartier général. Il y apprendra la mort de Chauvet le lendemain. |
| 9 avril | Napoléon projette d'aller conférer avec Sérurier, à Garessio. |
| 10 avril | Coup de main imprévu des Autrichiens (von Beaulieu) à Voltri, près de Savone ; Bonaparte annule son déplacement à Garessio. |
| 11 avril | À Savone : journée de conférences avec ses généraux et de préparatifs. Il apprend que les Autrichiens sont partis de Dego et se dirigent vers Montegino et le col de Cadibona ; il décide de se porter au-devant d'eux. |

| Dates | Événements et opérations |
|---|---|
| 12 avril | Bataille de Montenotte, gagnée par Laharpe et Masséna ; les Autrichiens se replient au-delà de Dego. |
| 13 avril | Bonaparte envoie Augereau sur Montezemolo, par Millesimo, avec l'ordre de « s'emparer de toutes les positions qui avoisinent Ceva » (lettre n° 144 du vol. I de la *Correspondance*). |
| 14 avril | Prise de la forteresse de Casseria et de Dego (où sont les Autrichiens). La division Sérurier quitte ses quartiers d'Orméa et de Garessio et s'avance vers Ceva, par la vallée du Tanaro. |
| 15 avril | Deuxième combat de Dego. Les communications entre les Piémontais et les Impériaux de von Beaulieu sont coupées. |
| 16 avril | Bonaparte tente de prendre d'assaut la place forte de Montezemolo, mais il est repoussé, avec des pertes sérieuses. |
| 17-18 avril | Bonaparte transporte son quartier général à Millesimo : l'heure d'attaquer Ceva approche. Mais déjà Colli a abandonné la forteresse, qui tombe entre les mains des Français, qui poursuivent les Piémontais sur la route de San Michele et Mondovi. |
| 19 avril | Combat sanglant de San Michele et échec de Bonaparte, mais retraite des Piémontais vers Mondovi (où Bonaparte arrive le 21 au soir). |
| 22 avril | Combat de Mondovi et retraite des Piémontais. |
| 23 avril | Colli fait les premières offres d'armistice ; Bonaparte transporte son quartier général à Carru et lui répond ; il envoie un communiqué de victoire à Barras. |
| 25 avril | Bonaparte transporte son quartier général à Cherasco. |
| 26 avril | À Cherasco : Bonaparte proclame la victoire à ses troupes. |
| 28 avril | À Cherasco : longs pourparlers d'armistice avec les plénipotentiaires du roi de Sardaigne. L'armistice est signé à 2 heures du matin. Dès le 1er mai, Bonaparte reprendra la campagne contre les Autrichiens : elle durera dix-huit mois, jusqu'à la paix de Campo-Formio, le 17 octobre 1797. |

## Les lauriers usurpés (suite) : c'est Carnot qui a conçu et dirigé la campagne d'Italie (mai 1796-octobre 1797)

L'armistice de Cherasco était un armistice providentiel, qui a surpris Bonaparte lui-même. D'après des sources anglaises (Trevor, ambassadeur d'Angleterre à Gênes), il aurait dit au représentant de la France auprès de la République génoise, Faypoult de Maisoncelle (un ancien Jacobin, qui avait été un temps ministre des Finances au début du Directoire) :

> « Je ne puis revenir de mon étonnement que la cour de Turin ait pu accepter les conditions si dures de l'armistice, car, si elle les eût rejetées, je me serais contenté d'un armistice sans dépôt [...] » (cité par G. Ferrero, *Aventure, Bonaparte en Italie*, p. 25).

Et, toujours selon Trevor, Bonaparte aurait ajouté que, si l'armée piémontaise avait tenu vingt-quatre heures de plus, il aurait dû se replier, car il n'avait plus ni vivres, ni munitions.

À Paris, Carnot et les autres Directeurs étaient moins étonnés que Bonaparte. Ils connaissaient l'existence d'un « *parti de la paix* » à Turin et ils entretenaient ses menées, par l'entremise de leurs diplomates et de leurs espions. Le roi Victor-Amédée III lui-même ne trouvait que des inconvénients à être l'allié des puissants Autrichiens et n'attendait qu'une bonne occasion pour quitter la coalition. Le Directoire cherchait donc à négocier avec le souverain piémontais un traité de paix qui lui permettrait de conserver Nice et la Savoie, dans le cadre du droit international et non plus de celui des conquêtes, et de conforter les frontières naturelles de la France du côté des Alpes.

Néanmoins, comme c'est le cas pour tous les gouvernements en période de crise, il leur fallait profiter de la victoire, attendue, des armées françaises en Italie pour exalter l'opinion ; et, tandis que Bonaparte inventait déjà mille moyens démagogiques pour devenir l'idole de ses soldats, les Directeurs découvraient l'intérêt que pouvait avoir un général victorieux pour un régime en état de décomposition économique, monétaire et sociale comme l'était celui du Directoire. Montenotte, le seul engagement sérieux de la campagne, fut qualifié de « grande victoire », et l'armistice de Cherasco devint, dans les proclamations gouvernementales, une « paix glorieuse ».

À la différence des régimes monarchiques, incontestés en tant que tels, dont les défaites ou les victoires à l'extérieur n'ébranlaient ni ne renforçaient les assises, les régimes nés de la Révolution avaient besoin, pour se maintenir, à défaut de réussite économique et sociale, de succès rapides et claironnants, de coups d'éclats, de « *stars* » guerrières. Ce petit général qu'on disait corse, qui avait lui aussi découvert les bienfaits du *star-system*, tombait à pic pour faire oublier au peuple la banqueroute récente des assignats, la faillite prochaine des *mandats territoriaux* qui les remplaçaient (dès le premier jour de leur émission, le 23 décembre 1795, le mandat-papier de 100 livres ne valait plus que 18 livres en monnaie métallique), la misère grandissante du peuple et la fortune insolente des profiteurs.

Aussi, à peine le communiqué annonçant l'armistice de Cherasco arrivé à Paris, Carnot dictait-il sa réponse au général Bonaparte, alors inconnu d'à peu près tous les Français et victorieux :

> « Quel glorieux succès ! La joie est générale, les espérances sont immenses : encore une victoire sur les Autrichiens, et l'Italie est à nous. [...] Au moment où le Directoire vous écrit, vous êtes sans doute dans le Milanais. Puissent les heureux destins de la République y avoir porté quelques colonies françaises avant que l'Autrichien [*le feld-maréchal von Beaulieu*] ait pu repasser le Pô. Puissent-ils vous mettre en situation de couper ses communications directes avec Milan et la cour de Vienne ! [...] Ne le perdez pas un instant de vue ; votre activité et la plus grande célérité dans vos marches peuvent seules anéantir cette armée autrichienne qu'il faut détruire. Marchez, point de repos funeste, et c'en est fait de la perfide coalition... » (*in* Debidour, *op. cit.*, II, p. 328).

Voilà donc Bonaparte hissé au pinacle et, comme il est de l'intérêt du régime qu'il y reste, le Directoire va accumuler sur son front tous les lauriers de la campagne d'Italie, de Montenotte et Cherasco à Campo-Formio, qui étaient dus, en fait, à Carnot et au travail de fourmi, acharné et minutieux, des officiers du Bureau topographique de la Guerre. Aujourd'hui encore, à peu près tous les historiens, de tous les pays, s'émerveillent sur le « génie stratégique dont Napoléon a fait preuve dans l'affaire italienne, en s'appuyant sur les communiqués, les proclamations, les journaux (dont lui-même surveillait la publication, comme nous l'avons déjà signalé plus haut) et sur le tissu de mensonges que constitue le *Mémorial de Sainte-Hélène.* Nous allons voir qu'il n'en fut rien, et que toute la campagne d'Italie est à mettre au crédit de Carnot et des Directeurs : Bonaparte ne fut que leur docile et talentueux exécutant. Et, de même que nous devons attribuer à ces derniers les lauriers dont la postérité, abusée, a couvert celui qu'on appellera, après la bataille de Lodi, « le petit caporal », de même nous devons faire peser sur leurs épaules la responsabilité du pillage éhonté des villes italiennes ; Napoléon n'a été que leur complice et n'a fait qu'obéir à leurs ordres, sans état d'âme et sans aucun scrupule, d'ailleurs.

Ce livre n'étant pas une biographie, nous ne nous attarderons pas, ici, à conter par le menu l'histoire de cette grande campagne d'Italie qui, après Cherasco, fut marquée, notamment, par les victoires françaises de Lodi, Castiglione, Arcole, Rivoli et Mantoue (voir le tableau chronologique ci-après, p. 273). Nous allons tenter de montrer qu'elle a été l'œuvre, pour l'essentiel, de Carnot... et de François de Guibert (1744-1790), dont l'*Essai général de tactique* (1772) fut la bible militaire de Napoléon.

Après avoir signé la convention d'armistice de Cherasco, le 28 avril 1796 dans la nuit, Bonaparte envoie immédiatement une lettre au Directoire pour l'informer de ses prochains mouvements :

> « En attendant [*la signature des accords de paix avec le roi de Sardaigne-Piémont*], je marche demain sur Beaulieu, je l'oblige à passer le Pô, je le passe immédiatement après, je m'empare de toute la Lombardie... » (*Correspondance,* vol. I, lettre du 28 avril 1796).

Ce sont là, on les reconnaît, les instructions de Carnot (voir Annexe n° 10) : Bonaparte est un général obéissant. Toutefois, fort de son succès, il ose annoncer une initiative personnelle et il ajoute, à la fin de sa lettre :

> « Avant un mois, j'espère être sur les montagnes du Tyrol, trouver l'armée du Rhin et porter de concert la guerre dans la Bavière. Ce projet est digne de vous, de l'armée et des destinées de la France. » (*ibid.*)

La lettre parvient aux Directeurs le 7 mai, et ils y répondent le jour même : le général Bonaparte n'a pas à prendre d'initiatives et doit se contenter de faire ce qu'on lui dit de faire. Napoléon reçoit leur lettre le 14 mai, quatre jours après avoir remporté la bataille de Lodi (voir ci-après, p. 267), et il fait la grimace : Carnot lui interdit d'envahir les États allemands, lui ordonne de rester en Italie, et de respecter les instructions de Paris. La lettre des Directeurs est prudente (on le serait à moins) et on ne peut plus explicite :

> « Le plan de campagne [*proposé par Napoléon*] est digne des Français et de l'armée que vous conduisez à la victoire, mais il présente des obstacles majeurs et des difficultés pour ainsi dire insurmontables. Le Directoire [...] doit [...] se circonscrire dans un cercle moins étendu que celui que vous proposez de parcourir, et auquel le ramène la nécessité impérieuse de terminer la guerre pendant cette campagne : il doit craindre tout ce qu'un insuccès peut entraîner de désastres ; il compte sur les victoires de l'armée d'Italie ; mais quelles ne seraient pas les suites d'une entrée en Bavière par les montagnes du Tyrol, et quel espoir pourrait-on concevoir d'une retraite honorable en cas de revers ? [...] Et [*que se passerait-il*] si la cour de Turin, que nous forçons à la paix [*le 7 mai, elle n'est pas encore signée*], se laissait circonvenir de nouveau, et reprenait les armes pour couper nos communications ?» (Debidour, *op. cit.*, II, p. 239).

Autrement dit, le Directoire *ne veut pas* porter la guerre en Allemagne, ce qui entraînerait *ipso facto* la Prusse à reprendre les hostilités contre la France (hostilités qui ont pris fin depuis la paix de Bâle, du 5 avril 1795). Carnot fait remarquer à Napoléon que ses effectifs se limitent à 40 000 hommes (avec les troupes qu'on lui a envoyées des Pyrénées, notamment), et qu'il ne pourrait combattre à la fois contre l'Autriche, la Prusse et les Sardo-Piémontais, si ces derniers rompaient l'armistice de Cherasco. Le Directoire pense toujours, et il a raison, que l'ennemi à craindre est l'Autriche, et que la meilleure façon de l'atteindre, pour la France, est de contrôler l'Italie du Nord et l'Italie centrale ; en conséquence, il propose au général Bonaparte d'exécuter une grande campagne en Italie : Faites d'abord la conquête du Milanais (qui est, ne l'oublions pas, une possession autrichienne), lui ordonne Carnot, repoussez l'ennemi dans les montagnes du Tyrol, et partagez ensuite votre armée en deux :

> « Que la plus faible partie reste dans le Milanais et en assure la possession par sa présence [...]. Elle y sera secondée par les troupes piémontaises [*après la signature du traité de paix...*] et ces dernières seront particulièrement chargées de la conservation des gorges du Tyrol [...]. Mais les troupes républicaines resteront dans le Milanais [...]. Le Directoire destine au général Kellermann le commandement des forces françaises dans le Milanais [...]. La seconde [*partie de l'armée*], qui sera la plus forte possible, côtoiera en partie la mer. Après que vous vous serez emparé du libre passage à travers Gavi [...] elle se portera sur Livourne et menacera ensuite Rome et Naples. » (Debidour, *op. cit.*, II ; pp. 329 *sq.*).

Le Directoire est formel : pas d'invasion de l'Allemagne, la chose est trop aventureuse ; en revanche, il envoie Bonaparte à la conquête de la botte italienne. Le général Bonaparte peut dire adieu à son plan allemand. Pire encore : on l'expédie vers l'Italie centrale et l'on rappelle le général Kellermann pour commander l'armée d'occupation du Milanais. Napoléon proteste immédiatement : la lettre du 7 mai est arrivée entre ses mains le 14, et il y répond le jour même, en ne cachant pas son mécontentement, tant en ce qui concerne Kellermann qu'en ce qui concerne le rejet de son plan allemand :

> « Chacun a sa manière de faire la guerre. Le général Kellermann a plus d'expérience et la fera mieux que moi ; mais tous les deux ensemble nous la ferons très mal [...]. L'expédition sur Livourne, Rome et Naples est très peu de chose. [...] Je vous soumets un grand projet, l'invasion de l'Allemagne ; vous m'offrez une promenade dans l'Italie centrale, facile et sans importance. » (*Correspondance*, vol. I, lettre du 14 mai 1796).

Ces quelques lignes sont significatives. Elles dépeignent merveilleusement ce qu'on pourrait appeler la personnalité guerrière de Napoléon, qui a bien varié depuis le siège de Toulon et qui est en passe de se fixer. Sous les murs de Toulon, il n'était encore qu'un bon artilleur, sachant placer ses canons où il fallait pour bombarder l'escadre anglaise ; il y avait gagné ses deux étoiles de général de brigade, mais il n'y avait pas goûté la jouissance du général victorieux, dictant ses conditions à l'ennemi vaincu, comme à Cherasco. Toutefois, à Cherasco précisément, ce n'était pas lui qui avait été le véritable vainqueur, c'étaient Carnot et les Directeurs, qui lui avaient dicté, en quelque sorte pas à pas, comment vaincre, et qui étaient restés constamment maîtres de la stratégie, même à distance, ne lui laissant que les initiatives des mouvements et des opérations sur les champs de bataille (et encore : ils avaient été jusqu'à lui interdire l'usage de l'artillerie lors du siège de Ceva).

Maintenant, Napoléon ressent le besoin inexorable non seulement de bien se battre et de vaincre, mais aussi d'être l'auteur de sa victoire, c'est-à-dire de concevoir le plan de sa campagne. Mais, ce besoin, il ne pourra pas l'assouvir : les sages Directeurs se réservent la gestion stratégique de la guerre, et ne lui accordent qu'un rôle d'exécutant.

N'ont-ils pas cependant raison ? Soit, Bonaparte veut ouvrir une campagne d'Allemagne après celle d'Italie, mais que sait-il de ce qui se trame dans les chancelleries allemandes ? Que connaît-il de l'importance des forces armées que lui opposeront les États allemands ? Quelles informations topographiques, climatiques, démographiques et autres les officiers du Service topographique de la Guerre ont-ils réunies sur les pays allemands, qui sont, pour beaucoup, *terra incognita ?* Napoléon déclare aux Directeurs qu'il répugne à entreprendre une guerre-promenade, facile et sans importance, en Italie : mais n'est-ce pas préférable à une expédition aventureuse et difficile en Allemagne ? Dans un cas, la victoire est déjà en route ; dans l'autre ce peut tout aussi bien être la défaite. Fort heureusement pour lui et pour la République, Carnot et les Directeurs avaient la situation bien en main et ils n'écoutèrent pas le général piaffant que Bonaparte était devenu : la grande campagne d'Italie fut leur œuvre. Mais ils ne purent empêcher Napoléon, qui avait goûté à la gloire, de s'en attribuer les mérites dans ses proclamations d'abord, dans ses journaux ensuite, ce qui leur convenait parfaitement : ce général républicain qui gagnait les batailles en obéissant aux Directeurs, qui les lui préparaient si méthodiquement, était en train de devenir l'étendard doré du régime, au moment où celui-ci voyait poindre la renaissance de l'agitation monarchiste.

Quels que fussent ses sentiments, ses projets et ses plans, aussi grande que devînt – grâce aux Directeurs – sa renommée, Bonaparte se soumit, sans trop protester, aux ordres et à la stratégie que lui dictèrent les Directeurs, Carnot, bien entendu, mais aussi La Revellière-Lépaux et Reubell : comme ils le lui avaient ordonné, il franchit le Pô (le 3 mai 1796), harcela von Beaulieu, envahit la Lombardie et entra dans Milan (18 mai 1796), imposa les volontés du Directoire à toutes les puissances, petites ou grandes, de la péninsule, violant sans scrupule, comme Paris lui avait ordonné de le faire, leur neutralité et les traités qui la garantissaient, imposant à toutes, toujours sur ordre du Directoire, d'énormes contributions monétaires et pillant froidement, encore et toujours sur ordre du Directoire, les églises et les palais. Même Rome et les États pontificaux n'échappèrent pas à l'occupation militaire et aux razzias. Pour reprendre un raccourci célèbre de Mérimée (dans *Colomba*), il a été l'œil qui a visé et la main qui a tiré (ou volé), mais les têtes qui ont tout pensé et tout décidé furent celles de Carnot et des Directeurs. Après Campo-Formio, pour les raisons qu'on a déjà dites, le Directoire le laissera poser au surhomme, au grand capitaine, au grand propagateur de la sainte Révolution française par-delà les Alpes : ce furent là des lauriers intégralement fabriqués, dont les historiens découvrent à peine, depuis quelques dizaines d'années, qu'ils sont une imposture, qui a coûté très cher à la France.

## Résumé de la campagne d'Italie

Toutes les phases de la campagne d'Italie ont été entièrement dirigées de Paris par Carnot et les autres Directeurs, au moyen d'ordres écrits qui, émis de Paris, arrivaient environ six ou sept jours plus tard entre les mains de Bonaparte (lui-même tenait le Directoire tout aussi régulièrement informé de ses mouvements et de ses actions). Le simple rappel de ces documents, dans l'ordre chronologique, rend évident le rôle primordial de Carnot, le Directeur spécialiste des affaires militaires, dans la réussite de la campagne d'Italie, réussite que la propagande du temps et la légende dorée de l'empereur ont attribuée faussement à Napoléon.

1° Carnot avait ordonné à Bonaparte de prendre d'abord Ceva, puis d'amener les Piémontais à demander l'armistice, sans se préoccuper particulièrement des Autrichiens (voir Annexe n° 10) ; Bonaparte lui a obéi et a signé l'armistice de Cherasco (28 avril 1796).

2° Il lui avait ensuite ordonné de franchir le Pô et de traquer Beaulieu et son armée, afin de repousser les Autrichiens vers le Tyrol (*Instruction* du 2 mars 1796 : « [Le général] *rejettera les ennemis au-delà du Pô, s'occupera des moyens de passer ce fleuve* »), mais de ne pas aller au-delà, malgré le désir qu'avait le général d'entreprendre une campagne d'Allemagne (lettre du 7 mai 1796 ci-dessus), et le général lui a obéi à nouveau (il franchit le Pô le 7 mai, à Plaisance, voir le résumé chronologique ci-après p. 273 et p. 277).

3° Le Directoire avait ordonné à Bonaparte de frapper tous les États italiens qu'il envahirait de lourdes contributions (toujours dans la lettre du 7 mai, à propos du duché de Parme et de la Lombardie) :

> « Ses États [*ceux du duc de Parme, dont le duché était cependant neutre*] devront nous fournir ce dont nous avons besoin, et des secours en numéraire ; [...]. C'est le Milanais surtout qu'il ne faut pas épargner ; levez-y des contributions en numéraire sur-le-champ et pendant la première terreur qu'inspirera l'approche de nos armées. » (Debidour, *op. cit.*, II, p. 329, *sq.*).

4° Bonaparte devait ensuite envahir la Lombardie et occuper Milan ; il obéit encore, bat les Autrichiens à Lodi (10 mai 1796), mais la victoire n'est pas décisive et Beaulieu va s'enfermer dans Mantoue. Napoléon défile avec son armée dans Milan le 18 mai 1796 et, le lendemain 19 mai, il impose à la Lombardie une contribution (exorbitante) de 20 millions de livres. De même, un ordre du 7 mai 1796 (voir l'Annexe n° 11) lui enjoignait de faire main basse sur les richesses artistiques des États italiens envahis, ordre qui fut scrupuleusement et honteusement exécuté.

5° Le 18 mai 1796, les Directeurs adressent de nouvelles directives à Bonaparte (qui les recevra vers le 25 mai) ; elles confirment en partie les ordres du 7 mai concernant le franchissement du Pô et la poursuite des Autrichiens, et elles réitèrent l'ordre d'envahir l'Italie centrale et d'en « *évacuer* » les richesses vers la France (numéraire, œuvres d'art, confiscation d'armes et de munitions, etc.) :

> « Vos marches vers le sud de l'Italie doivent être vives et rapides : les ressources immenses qu'elles vous procureront seront dirigées sans délai vers la France. Ne laissez rien en Italie de ce que notre situation politique nous permet d'importer et qui peut nous être utile. »

À la fin de la lettre, les Directeurs précisent qu'une fois ces opérations terminées, il deviendra possible « *de reprendre vers l'automne l'entreprise de pénétrer dans le cœur de l'Allemagne.* »

6° Le 21 mai 1796, nouvelle lettre en provenance de Paris (Debidour, *op. cit.*, II, p. 438). Les Directeurs rassurent Napoléon : il conservera son commandement unique, et Kellermann ne sera pas envoyé à l'armée d'Italie, mais Bonaparte ne doit rien entreprendre qu'il n'ait d'abord vaincu Beaulieu. Napoléon est toujours aussi obéissant : il marche vers Mantoue, où Beaulieu s'est réfugié avec son armée, et, le 3 juin 1796, il commence le blocus de la ville. Mais la situation devient difficile, car le général alsacien Wurmser, qui commande l'armée autrichienne sur le Haut-Rhin, accourt pour débloquer Beaulieu (il y a alors 50 000 soldats autrichiens en Italie, contre à peine 40 000 Français). Le blocus de Mantoue va durer six mois ; Wurmser, battu à Lonato et à Castiglione va devoir se réfugier dans la ville, et l'arrivée du général Alvinczy, qui le remplace à la tête des troupes autrichiennes, ne fait pas avancer le problème : ce dernier est battu successivement à Arcole (15-17 novembre 1796) et à Rivoli (14 janvier 1797). Le 2 février 1797, Wurmser capitule : le blocus de Mantoue a coûté 7 000 morts aux Français et 18 000 aux Autrichiens.

7° Tandis que se prolongeait ce blocus, le démon de la politique s'éveille chez Bonaparte : que faire des territoires occupés par l'armée française ? Au mois de mai 1796, après la prise de Milan, il a interrogé les Directeurs :

> « Si ce peuple [*celui du Milanais*] demande à s'organiser en république, doit-on le lui accorder ? Voilà la question qu'il faut que vous décidiez, et sur laquelle il serait bon que vous manifestiez vos intentions. »

Le Directoire lui a répondu le 31 mai qu'on ne pouvait rien décider pour le moment, et que, le Milanais étant une possession autrichienne, il fallait attendre les clauses du traité de paix avec Vienne pour décider quoi que ce soit. Cependant la question était d'actualité : il y avait un peu partout, dans les États italiens (qui, il faut souligner, possédaient tous une organisation d'Ancien Régime), des hommes qui avaient été conquis par les idées de la Révolution française, et le gouvernement de la République française pouvait se demander, à juste titre, s'il était de l'intérêt de la France de provoquer l'établissement d'une ou de plusieurs Républiques en Italie. Charles Delacroix, ministre français des Relations extérieures, avait posé la question aux Directeurs (en juillet 1796) et ceux-ci avaient répondu par la négative, ce qui n'était pas pour étonner le ministre : lui-même pensait que, si le Milanais était érigé en République, « ... il n'aurait pas une consistance assez vigoureuse pour exister par lui-même. La République milanaise ne pourra trouver de soutien que dans la République française. De là des semences éternelles de guerre que le Directoire ne voudra pas jeter sur sa route. » (cité par Guyot, *Le Directoire et la paix de l'Europe*, Paris, 1911, p. 190).

La cause est donc entendue : avec sagesse, les Directeurs n'exporteront pas la Révolution en Italie, ne serait-ce que pour protéger les acquis de la Révolution en France.

8° À la fin de l'année 1796, il est clair que les Autrichiens, barricadés dans Mantoue, ont perdu la guerre italienne et que, dans la péninsule, les forces de l'Ancien Régime sont vacillantes.

Seul le pape reste puissant et combat, idéologiquement et efficacement, les idées de la Révolution. Toutefois, dans les instructions qu'ils envoient à Napoléon, les Directeurs insistent sur la nécessité de maintenir le *statu quo* politique en Italie et sur le fait qu'il serait imprudent d'encourager les peuples du Milanais, du duché de Modène, de Bologne et autres à se révolter contre leurs souverains : les désordres qui en résulteraient anéantiraient tous les résultats positifs de la campagne. C'est pourquoi, lorsque Bonaparte leur propose, le 2 octobre 1796, de constituer une République « Cispadane » (c'est-à-dire au sud du Pô) réunissant le duché de Modène et la partie septentrionale des États du pape (l'Émilie, la Romagne, Bologne et Ferrare) ; le Directoire lui répond, le 28 octobre :

> « Il serait imprudent, ainsi que nous vous l'avons mandé dans nos précédentes dépêches, d'allumer trop fortement en Italie un incendie révolutionnaire qui pourrait, par la suite, devenir funeste aux peuples que nous voulons encourager à se rendre libres [...] ; la lassitude de la guerre se manifeste avec force dans l'intérieur de la République [...], il convient de penser sérieusement à la paix, l'objet des vœux de tous, et peut-être ne pourra-t-elle avoir lieu qu'en disposant en faveur de quelques princes d'Allemagne d'une partie des conquêtes que l'armée d'Italie a faites. » (Debidour, *op. cit.*, IV, p. 153).

En bref, le Directoire a bien l'intention d'expulser la Maison d'Autriche hors de l'Italie, mais sans précipitation. Oui, il faut entretenir les Modénais et les Milanais dans leurs sentiments à l'égard de la France, mais la République n'a pas les moyens, pour l'instant, de garantir leur indépendance future. De sorte que la République Cispadane, organisée de bric et de broc par Bonaparte, en décembre 1796, pour le seul duché de Modène, avec une Constitution sur le modèle de celle du Directoire, ne vécut que quelques semaines (elle devait être incorporée, en juin 1797, dans la République Cisalpine, créée en avril 1797, avec Milan comme capitale, voir ci-dessous, p. 272).

9° Les ordres du Directoire sont clairs : ne pas faire de politique républicaine en Italie pour l'instant, obtenir la capitulation de Mantoue, marcher sur Vienne et contraindre les Autrichiens à traiter. La victoire obtenue sur Alvinczy par Bonaparte à Rivoli, le 14 janvier 1797, fut décisive et, le 2 février 1797, on l'a dit, Wurmser capitulait et l'armée autrichienne se repliait. Logiquement, Napoléon aurait dû la poursuivre ; mais il avait reçu un ordre inattendu du Directoire, daté du 3 février 1797 :

> « Le Directoire exécutif vous invite donc à faire tout ce qui vous paraîtra possible [...] pour détruire le gouvernement papal. » (Debidour, *op. cit.*, IV, p. 787).

Bonaparte obéit encore. Il ne se lance pas vers l'Adige et le Frioul, où sont les Autrichiens, mais vers les États pontificaux et cette avancée militaire vers les territoires de l'Église porte rapidement ses fruits. Le pape demande la paix, qui est signée le 19 février 1797, à Tolentino : il cède Avignon et le Comtat Venaissin à la France, abandonne Bologne, Ferrare et la Romagne, et doit verser une indemnité de 30 millions de livres. Puis, une fois la paix conclue, Bonaparte se retourne vers les Autrichiens, conformément aux ordres de Paris.

Le 2 mars, Napoléon est à Mantoue, et, obéissant toujours aux instructions de Carnot, il fonce maintenant vers les Alpes de Carinthie et le Tyrol, c'est-à-dire vers l'Allemagne, par Bassano, Valvasone, Pontebba et Tervis. Le plan du Directoire est de coincer l'armée ennemie, que commande l'archiduc Charles (le frère de l'empereur François II), entre les 50 000 hommes de l'armée d'Italie et les 30 000 hommes des armées qui arrivent d'Allemagne et que commandent Masséna et Joubert. Le dénouement approche.

De fait, Bonaparte, qui se déplace de plus en plus vite avec son immense armée, bat l'archiduc Charles sur les rives du Tagliamento (16 mars 1797), puis au col de Tarvis (24 mars 1797) et à Judenburg (7 avril 1797), près de Klagenfurt, où l'a rejoint Joubert. Le soir, deux généraux autrichiens, Bellegarde et Merveldt, sollicitent un armistice : Bonaparte le leur accorde, mais c'est un armistice provisoire, qui doit prendre fin le 13 avril. Le général victorieux peut écrire au Directoire :

> « Tout me porte à penser que le moment de la paix est arrivé, et que nous devons la faire dans un moment où nous pouvons dicter les conditions, pourvu qu'elles soient raisonnables. »

En fait, il n'a pas à juger des conditions. Le Directoire a chargé le général Clarke de négocier secrètement avec l'Italie et – soit dit en passant – de surveiller Bonaparte. Celui-ci, à Judenurg, pense que, pour faire la paix, il faudra restituer Milan et la Lombardie à l'Autriche. Or tel n'est pas le point de vue du Directoire, qui s'en explique longuement dans une lettre fleuve envoyée à Napoléon le 7 avril et qui lui parvient le 14 ou le 15 avril (voir Annexe n° 12) : dans cette lettre, revenant sur ses hésitations premières, le Directoire ordonne à Bonaparte d'organiser une grande République Cisalpine, constituée du Milanais, du Mantouan et des pays au sud du Pô (ceux qui formaient la Cispadane, qui ne vécut donc que quelques mois), destinée à servir d'État-tampon, aussi bien politique que militaire, entre l'Autriche monarchiste et la France républicaine. À peu près tous les historiens attribuent cette création à Bonaparte. C'est une légende de plus : Napoléon avait *suggéré*, on l'a vu, une initiative de ce genre aux Directeurs (qui n'avaient pas besoin de lui pour y songer), mais ces derniers avaient alors jugé l'entreprise prématurée et avaient repoussé sa suggestion. Maintenant que la guerre contre les Autrichiens était sur le point de se terminer, la fondation d'un grand État républicain était à l'ordre du jour et Napoléon, une fois de plus, ne jouera en la matière qu'un rôle d'exécutant. Ainsi fut créée la République Cisalpine, qui ne doit à peu près rien à Bonaparte et tout aux Directeurs : les chantres napoléoniens qui célèbrent sont génie de législateur républicain se sont visiblement trompés de héros.

## Petite chronologie de la campagne d'Italie de Cherasco à Campo-Formio

| Dates | Événements |
|---|---|
| **1796** | |
| 28 avril | Armistice de Cherasco avec les Sardo-Piémontais. |
| 6 mai | Bonaparte franchit le Pô à Plaisance ; ce faisant il viole la neutralité du duché de Parme, auquel appartient Plaisance. Il part à la poursuite de Beaulieu, dont il rattrape l'arrière-garde à Lodi. |
| 7 mai | Lettre de Carnot et des Directeurs prescrivant à Bonaparte de faire la conquête du Milanais, puis d'envahir l'Italie centrale (Bonaparte répond le 14 mai qu'il leur obéira). Lettre du Directoire invitant Bonaparte à piller les objets d'art d'Italie. |
| 10 mai | Bataille de Lodi. Le soir de Lodi, ses soldats l'auraient promu caporal. |
| 12 mai | Bonaparte passe l'Adda et va à Crema, puis retourne à Lodi. |
| 15 mai | Entrée à Milan. |
| 19 mai | À Milan : Bonaparte promet la liberté au peuple de la Lombardie (qui était une possession autrichienne), abolit les institutions autrichiennes et rétablit provisoirement la Constitution ancienne du Milanais. Il impose à la Lombardie une contribution de 20 millions de livres. |
| 1er juin | Masséna prend Vérone sans tirer un coup de fusil. |
| 5 juin | Convention avec Naples, qui sort de la coalition. |
| 12 juin | Entrée de Bonaparte dans le Nord des États de l'Église. |
| 19 juin | Occupation de la Légation de Bologne (Augereau), dans les États de l'Église ; 2 millions de livres de contribution. |
| 23 juin | Armistice avec le pape (par l'entremise d'un plénipotentiaire espagnol). |
| 27 juin | Occupation de Livourne. Émeute anti-française à Faenza. |
| 4 juillet | Émeute anti-française à Imola. |
| 10 juillet | Arrivée de l'armée autrichienne commandée par Wurmser. |
| 31 juillet | Bonaparte lève le siège de Mantoue et se porte au-devant de Wurmser. |
| 3 août | Victoire de Bonaparte à Lonato. |
| 5 août | Victoire de Castiglione. Les Autrichiens se replient vers le Tyrol. |
| 7 août | Reprise du siège de Mantoue. |
| 30 août | Nouvelle offensive de Wurmser ; victoire de Bonaparte à Roveredo. |
| 4 octobre | Occupation du duché de Modène. |
| 16 octobre | Proclamation, à l'instigation de Bonaparte, d'une République Cispadane (Modène + Nord des États pontificaux). |

| Dates | Événements |
|---|---|
| 2 novembre | Arrivée de nouvelles forces autrichiennes en Italie (Tyrol et Frioul). |
| 6 novembre | Défaite de Bonaparte à Bassano. |
| 15 novembre | Début de la bataille d'Arcole. |
| 17 novembre | Victoire de Bonaparte à Arcole. |
| **1797** | |
| 7 janvier | Arrivée de l'armée autrichienne commandée par Alvinczy. |
| 14 janvier | Victoire de Bonaparte à Rivoli sur Alvinczy. |
| 2 février | Capitulation de Mantoue. |
| 9 février | Occupation d'Ancône : le pape contraint à négocier. |
| 19 février | Paix de Tolentino avec le pape. |
| 9 mars | Bonaparte marche vers le Tyrol, au-devant de l'armée de l'archiduc Charles. |
| 12 mars | Bonaparte passe le Piave. |
| 16 mars | Passage du Tagliamento. |
| 21 mars | Les troupes françaises prennent le col de Tarvis. |
| 22 mars | Prise de Bolzano. |
| 23 mars | Bernadotte prend Trieste. |
| 28 mars | Masséna et Bonaparte prennent Klagenfurt. Ils marchent sur Vienne. |
| 7 avril | Lettre de Carnot et des Directeurs à Bonaparte en vue de la création de la République Cisalpine. Armistice provisoire entre la France et l'Autriche. |
| 13 avril | Préliminaires de Leoben entre Bonaparte et les plénipotentiaires autrichiens. |
| 17 avril | Insurrection anti-française à Vérone. |
| 18 avril | Signature des Préliminaires de Leoben. |
| 27 avril | Massacre des insurgés de Vérone. |
| 30 avril | Le Directoire ratifie les Prémiliminaires de Leoben. |
| 2 mai | Bonaparte déclare la guerre à la Sérénissime République de Venise. |
| 16 mai | Bonaparte négocie avec le doge de Venise. |
| 29 mai | Ultimatum au doge de Venise. |
| 10 juin | Installation d'un gouvernement constitué par Bonaparte à Gênes. |
| 9 juillet | Fondation de la République Cisalpine. |
| 4 septembre (18 Fructidor an V) | À Paris : coup d'État des Directeurs républicains contre les députés néomonarchistes. |
| 17 octobre | Signature du traité de Campo-Formio par Bonaparte. |
| 26 octobre | Ratification du traité de Campo-Formio par le Directoire. |

## Les Préliminaires de Leoben : un fiasco diplomatique camouflé en victoire (avril 1797)

Commencées au mois d'avril 1796 dans les montagnes de Ligurie (à Montenotte, Dego et Ceva), les opérations militaires de la campagne d'Italie se sont donc terminées un an plus tard, près de Klagenfurt, à quelque 200 km de Vienne, dans les Alpes de Carinthie, avec l'armistice de Judenburg. Commandée avec énergie par Bonaparte, auquel le Directoire avait interdit toute initiative stratégique, et qui exécutait avec brio les ordres qu'il recevait régulièrement de Paris, l'armée d'Italie avait gagné à peu près toutes les batailles qu'elle avait engagées. La gloire de ces victoires, dues au génie méthodique et silencieux de Carnot et de ses collaborateurs, avait rejailli sur la personne de ce général à l'accent italien qui, infatigable, savait entraîner ses hommes, mais aussi se montrer impitoyable avec l'ennemi quand il le fallait et qui semblait fermé à tout sentiment de pitié.

L'impressionnante série de succès obtenus par Bonaparte avait trois raisons bien distinctes.

1° Le plan général de la campagne, que Carnot et le Comité topographique avaient mis plus de deux ans à préparer, ne laissait absolument rien au hasard (voir le DOCUMENT N° 53 de l'Annexe n° 10 par exemple) ; bien exécuté, il avait toutes les chances de réussir.

2° Bonaparte, qui avait été choisi pour en assurer l'exécution et *rien que l'exécution,* avait toutes les qualités requises : il faisait preuve d'une remarquable résistance physique, due à son âge (vingt-sept ans en 1796) et à son tempérament ; il était intelligent, volontaire, acharné même, méticuleux (entre avril 1796 et octobre 1797, il a écrit – ou plutôt dicté – près de 2 000 lettres, notes, proclamations ou ordres à destination des Directeurs, de ses généraux ou de ses collaborateurs, soit une moyenne de 11 documents par jour) et, nous l'avons déjà dit, relativement insensible (n'oublions pas le général Vendémiaire qui a toujours sommeillé en lui, quel que soit l'adversaire sur qui il fallait tirer). Par ailleurs, le commandement inespéré qui lui avait été offert par le Directoire était la chance de sa vie : en cette période de Révolution finissante, s'il réussissait, toutes les ambitions lui étaient permises, s'il échouait, il pouvait leur dire adieu.

3° Carnot et les Directeurs, s'ils étaient intraitables quant à leur plan de campagne et à la *stratégie* qu'ils avaient établie, avaient laissé Bonaparte libre d'en déterminer les modalités d'application, c'est-à-dire la mise en œuvre d'une *tactique* de son choix (à condition, cependant, qu'ils en fussent informés : toutes ses actions importantes devaient être couvertes par un ordre de Paris). Or, comme de nombreux jeunes officiers à cette époque, Bonaparte est un adepte inconditionnel des théories développées par le général de Guibert (1744-1790), auteur de deux ouvrages fondamentaux qui ont bouleversé l'art militaire à la fin du XVIIIe siècle : l'*Essai général de tactique* (1772) et la *Défense du système de la guerre moderne* (1779) dont il nous faut dire quelques mots.

Dans la guerre classique (celle des armées du XVIIIe siècle), ce qui importait, c'était l'importance d'une armée, sa *masse.* Les maréchaux de l'Ancien Régime avaient abandonné les habitudes des guerres du Moyen Âge et de la Renaissance (des armées composées de soldats de métier et/ou de mercenaires, vivant sur le pays de pillage et d'exactions) ; la « guerre en dentelles » se faisait avec des armées très lourdes, dont la marche était ralentie par les *magasins,* où étaient entreposés ou transportés le matériel, les munitions, les provisions. Guibert propose d'alléger les armées et d'augmenter leur vitesse de déplacement, de remplacer les professionnels d'âge mûr (qui avaient entre trente et quarante ans), par des hommes jeunes, aux jambes rapides, de supprimer les encombrants magasins et de rétablir la bonne vieille méthode qui consistait à vivre sur l'habitant. Or les armées autrichiennes qui opéraient en Italie, sous le commandement de Beaulieu, de Wurmser ou d'Alvinczy, étaient d'énormes troupes, paralysées par leurs magasins, qui devaient se diviser en colonnes pour progresser ; de sorte que Bonaparte, utilisant la mobilité de ses forces, pouvait facilement les harceler, les attaquer par surprise tantôt sur leurs flancs, tantôt sur leur arrière-garde, menaçant tantôt une colonne, tantôt une autre.

On donnera ici un exemple de la réussite de la « méthode Guibert ».

Au début du mois de mai 1796, après l'armistice de Cherasco, Bonaparte, appliquant à la lettre le plan de Carnot, se dirige vers Valenza, pour y franchir le Pô, comme l'y autorise un article de la convention d'armistice (Valenza est une ville piémontaise). Von Beaulieu, qui commande alors l'armée autrichienne, s'est retranché derrière trois affluents de ce fleuve (l'Agogna, le Terdoppio et le Tessin), l'unique pont qu'il y avait en cet endroit sur le Pô a été détruit et von Beaulieu a fait brûler toutes les barques. Le prochain pont est à une centaine de kilomètres de Valenza, à Plaisance (c'est sur ce pont que passe l'ancienne route romaine, la voie Émilienne), où il y a aussi de nombreuses barques.

Bonaparte n'hésite pas. Le 3 mai 1796, tandis que les Autrichiens s'attendent à le voir déboucher du côté de Plaisance, il se replie sur Tortone (voir la carte ci-après), laisse ses soldats s'y reposer et, le 7 mai, lance son avant-garde vers Plaisance : elle parcourt les 64 km qui séparent les deux villes en trente-six heures, franchit le fleuve à Plaisance, où elle trouve non seulement un pont en bon état, mais aussi de nombreuses barques, et tombe sur les arrières de Beaulieu (le reste de l'armée, qui a suivi le cours du fleuve, le rejoindra un jour plus tard). Il n'aurait jamais réussi un tel exploit avec une armée encombrée de ses magasins et des soldats incapables de marcher vite.

Toutefois, cette marche « feinte » de Plaisance, qualifiée de « géniale » par les napoléophiles, inaugurait une nouvelle méthode de faire la guerre : celle qui consiste à considérer les accords et les traités comme des chiffons de papier. En effet, Plaisance appartenait au « duché de Parme et de Plaisance », qui était un État neutre : en l'envahissant avec son armée pour franchir le Pô, Bonaparte violait cette neutralité, garantie par le traité d'Aix-la-Chapelle (1748). Au vu du droit international et des règles de la guerre, il se comportait comme Hitler envahissant la Belgique, État neutre, pour attaquer la France, en 1940. Mais l'un des caractères de cette campagne d'Italie fut, précisément, de ne respecter aucune des lois, aucun des traités

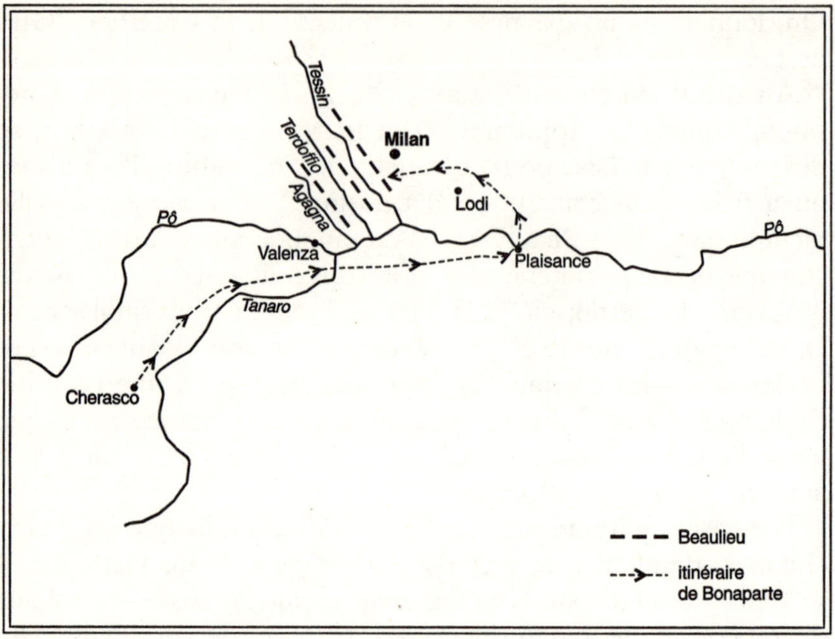


*La marche enveloppante de l'armée d'Italie qui a surpris Beaulieu, retranché en trois lignes (rectangles noirs), derrière les affluents du Pô.*

remontant à l'Ancien Régime : Carnot et les Directeurs approuvèrent Bonaparte, au nom de la République, et les lois de la guerre continuèrent d'être violées pendant la durée de toute la campagne : tous les États de la péninsule italienne furent envahis les uns après les autres, au mépris des droits des peuples, et soumis à des contributions énormes (en numéraire), y compris ceux du pape, les églises et les palais furent méthodiquement pillés, l'armée guibertienne de Bonaparte vécut largement sur le pays, les populations furent maltraitées et l'Italie mise en coupe réglée.

Il nous reste, pour en finir avec cette guerre italienne, à essayer de comprendre comment et pourquoi elle se termina par les fameux Préliminaires de Leoben (signés le 18 avril 1797 par Bonaparte, ratifiés le 30 avril par le Directoire) et par le traité de Campo-Formio (signé le 17 octobre 1797 par Bonaparte, ratifié le 26 octobre par le Directoire). Ici aussi la légende a la vie dure. Dans un fameux manuel d'histoire qui a bercé des générations de lycéens, on peut encore lire :

> « Bonaparte ne s'était pas révélé seulement un grand capitaine. Dès ses premiers succès, il avait agi en maître, impatient de tout diriger et de tout dominer. Sans instructions, il avait fait office de négociateur à Cherasco et à Leoben [...]. Le Directoire, débordé et subjugué, laissait faire. Le coup d'État de Fructidor scella son accord avec Bonaparte et fit prévaloir la politique de conquêtes : l'Autriche, qui avait fait traîner les négociations en longueur, dut signer alors le traité de Campo-Formio... »

Tout cela est faux, évidemment. On l'a vu, Bonaparte ne s'est pas révélé en Italie comme un grand capitaine, mais comme un excellent exécutant (le « grand capitaine », ce fut Carnot). Il n'a pas agi en maître dès ses premiers succès, bien au contraire : il a obéi systématiquement aux ordres stratégiques du Directoire. Il n'était pas « sans instructions », le Directoire l'en inondait, et l'armistice de Cherasco, demandé par les Piémontais, était dans ses attributions de général en chef (le traité de paix avec le roi de Piémont-Sardaigne fut négocié et signé à Paris, le 15 mai 1796). Nous allons voir que c'est tout aussi faux en ce qui concerne la paix avec l'Autriche : en Italie, Napoléon a gagné dix-huit batailles et soixante-cinq combats, pris un nombre incalculable de drapeaux, volé – pour le compte de la France – les plus beaux trésors artistiques de la péninsule, mais il a finalement perdu la guerre d'Italie à Leoben.

Et pourtant, à Judenburg, cette guerre, la France était sur le point de la gagner et l'Autriche sur le point de la perdre. Mais le désordre qui s'installait dans les États italiens pouvait être tout aussi nocif pour l'Autriche que pour la France où les monarchistes reprenaient du poil de la bête et où la situation économique devenait de plus en plus grave. Les deux adversaires avaient donc intérêt à faire la paix et Bonaparte avait un ultime combat à livrer, le combat diplomatique. Il eut lieu autour d'une table de négociation, à moins de 150 km de Vienne, dans une petite bourgade des Alpes autrichiennes qui abrite de nos jours une modeste station de sports d'hiver (520 mètres d'altitude) : Leoben.

Au début de l'année 1797, le Directoire manifeste secrètement ses intentions d'en finir avec l'état de guerre par deux initiatives : 1° il envoie un ancien général de l'armée du Rhin, le général Clarke, en Italie, avec comme mission de surveiller discrètement Bonaparte et de préparer d'éventuelles négociations avec l'Autriche, mais sans consignes particulières ; 2° le 7 avril 1797, les Directeurs adressent à Bonaparte, « quelque part en Italie » la lettre dont nous avons déjà parlé, relative à la création d'une République Cisalpine comme rempart contre l'Autriche et aussi, sans doute, comme ferment républicain en Italie (compte tenu de la distance Paris-Judenburg, la lettre a dû lui arriver alors qu'il était à Leoben : il fallait bien sept ou huit jours à un coursier pour faire le trajet depuis Paris).

À Judenburg, le 7 avril 1797, Bonaparte accorde un armistice provisoire de cinq jours aux Autrichiens, et, pour la première fois depuis le début de la campagne d'Italie, il prend une initiative : il demande au général Merveldt, qui a signé l'armistice pour l'Autriche, de courir à Vienne et d'en ramener des ministres plénipotentiaires, afin de signer un accord préliminaire de paix ; il lui déclare – ce qui est absolument faux – qu'il a les pleins pouvoirs pour en discuter et pour signer. Il ajoute même, menaçant, qu'il est déterminé à venir chercher la signature de l'Empereur *manu militari* à Vienne, qui n'est qu'à cinq ou six jours de marche, si la Cour s'obstine dans la guerre. Il nous faut souligner ce changement d'attitude chez Bonaparte qui, victorieux, semble vouloir se passer de l'autorisation du Directoire pour dicter à l'Autriche ses conditions de paix. Vous n'avez pas d'artillerie, observe Merveldt, vous ne pourrez pas prendre Vienne ! Napoléon lui répond qu'il n'a pas besoin de canons, et que le mécontentement du peuple viennois suffira à décider l'Empereur et le chancelier Thugut, surnommé à Vienne « le baron de la Guerre », à accepter ses conditions.

Merveldt part transmettre le message à Vienne, où la menace de Bonaparte ne semble pas émouvoir outre mesure Thugut. Le chancelier croyait connaître déjà – par diverses informations en provenance de Turin – les conditions de paix que doit lui exposer Clarke au nom du Directoire et qu'ignore encore Bonaparte : la France demanderait à l'Autriche de lui céder par traité la Belgique (qu'elle avait annexée de fait en octobre 1795), et lui proposerait, à titre de compensation, un État allemand, comme la Bavière, ou encore un des États de l'Église. C'est pourquoi le chancelier n'est pas pressé de traiter : entre Bonaparte, qui menace de bombarder Vienne et qui n'a pas entre ses mains les propositions du Directoire, et Clarke, qui va bientôt arriver, souriant, avec des instructions officielles précises, il choisit Clarke. Le 11 avril, il désigne Merveldt et le marquis de Gallo comme plénipotentiaires et les envoie à Leoben, où les a convoqués Bonaparte, avec comme consigne première d'obtenir une prolongation de l'armistice, en attendant l'arrivée du plénipotentiaire français, muni d'un plan de paix précis.

À Leoben, le 13 avril, à 17 heures, Bonaparte reçoit les représentants de l'Empereur et accepte de prolonger la suspension des hostilités jusqu'au 20 avril. La première conférence a lieu le 15 avril, sans la présence de Clarke, qui n'est pas encore arrivé. À la grande surprise de Merveldt, Bonaparte ne menace plus ; il propose aux Autrichiens son propre plan de paix, sous la forme d'une alternative :

1° ou bien l'Autriche consent à ce que la rive gauche du Rhin (tout entière, et non pas seulement dans les Pays-Bas autrichiens, c'est-à-dire en Belgique) devienne la frontière de la France de Mulhouse à l'estuaire de l'Escaut, en échange de la restitution à Vienne de toutes ses possessions italiennes et d'une partie du territoire de l'aristocratique République de Venise ;

2° ou bien la France se contente de contrôler la rive gauche du Rhin dans les seules provinces belges, qui deviendraient donc françaises, et de créer une République lombarde indépendante, « sœur » de la République française, tandis que l'Autriche recevrait, en dédommagement de la Lombardie, la plus grande partie de la Vénétie.

Qu'est-ce qui a provoqué ce soudain revirement de Napoléon ? Lui qui tenait tant à la rive gauche complète du Rhin, avec restitution de Mayence, voilà qu'il accepterait, à certaines conditions, de se contenter de la fraction belge de cette rive gauche ! Pourquoi donc cette marche arrière ? Deux hypothèses sont possibles, sans qu'on puisse trancher en faveur de l'une ou de l'autre : ou bien les ressources alimentaires des territoires que traversait son immense armée (50 000 hommes), beaucoup moins riches et moins peuplés que la plaine du Pô et l'Italie centrale, étaient insuffisantes et il était menacé, loin de toutes ses bases, par le manque de vivres ; ou bien l'arrivée annoncée de Clarke, muni des instructions du Directoire, lui imposait de ne pas s'opposer de front aux Directeurs : la campagne d'Italie était sur le point de se terminer et il lui fallait penser à la suite de sa carrière.

Les plénipotentiaire de Sa Majesté l'Empereur exposent alors à Bonaparte les propositions du chancelier Thugut :

1° l'Autriche cédera les Pays-Bas autrichiens (la Belgique) à la France, sans la région de l'estuaire de l'Escaut, qui resterait autrichienne ;

2° elle recevra de la France des dédommagements territoriaux proportionnels ;

3° ces territoires ne sauraient en aucune façon être des territoires appartenant à l'Empire allemand (tel la Bavière, par exemple) ;

4° si ce sont des territoires italiens, ils devront avoir été cédés légalement à la France, par un traité, et non simplement conquis par elle ;

5° la France devra restituer à l'Autriche toutes ses autres possessions italiennes ;

6° Vienne n'exclut pas « *un arrangement à prendre relativement au Milanais, supposé qu'on puisse offrir à Sa Majesté l'Empereur quelques autres équivalents de sa convenance.* »

Les instructions aux plénipotentiaires autrichiens se terminent par la consigne dilatoire suivante, motivée par le fait que, le 15 avril, le plénipotentiaire français – Clarke – est absent et que l'on n'a, sur les intentions de la France, que « *des notions vagues et sans lesquelles Sa Majesté ne peut donner ni instructions ni pouvoir déterminés à ses plénipotentiaires.* »

Quel camouflet pour Bonaparte : Thugut lui demande de

jouer le jeu classique de la diplomatie, c'est-à-dire d'attendre l'arrivée des propositions officielles du Directoire que doit présenter Clarke et lui assène ses propres conditions, comme si l'armée française n'était pas aux portes de Vienne. Qu'importe ! Bonaparte est pressé. Clarke est absent ? Ce n'est pas un problème : et de tendre aux envoyés autrichiens une lettre du Directoire lui enjoignant de commencer les pourparlers. Merveldt conteste la valeur de ce document, du point de vue du droit international, et lui fait remarquer qu'il n'est pas dans ses attributions de négocier un accord de paix. Bonaparte passe outre : s'il n'est pas de son ressort officiel de négocier, du moins, en tant que commandant en chef des forces françaises en Italie, il est maître de prolonger ou non l'armistice, et il le prolonge de cinq jours (jusqu'au 20 avril).

Le mardi 18 avril 1797, à 2 heures du matin, l'acte qu'on appelle les *Préliminaires de Leoben* est signé par Gallo, Merveldt et Bonaparte au château d'Eggenwald, en l'absence de Clarke. Les historiens napoléophiles l'ont présenté comme une prouesse de leur idole, qui, selon eux, se révélait, par cet accord, comme un grand diplomate et comme un grand faiseur de paix. En fait, c'était un fiasco diplomatique : la France souhaitait le contrôle de toute la rive gauche du Rhin, jusqu'à l'estuaire de l'Escaut, elle n'en recevait qu'une partie (par la cession de la Belgique), l'Autriche perdait le Milanais, intégré dans la nouvelle République Cisalpine, mais les clauses secrètes de l'accord lui accordaient la majeure partie des territoires qui constituaient la République de Venise (la *Vénétie*).

Le 20 avril, Clarke arrivait à Leoben. Le traité signé par Bonaparte lui apparut d'abord comme un désastre, puis comme un moindre mal. Quant à Bonaparte, il se demandait comment allait réagir les Directeurs, auxquels il avait écrit, la veille, une longue lettre pour se justifier (voir Annexe n° 13). En particulier, il présentait les Préliminaires comme une « *opération militaire* », imposée par la « *position des choses* » (c'est-à-dire par la pénurie de vivres qui s'annonçait pour l'armée, et qui exigeait que l'on traitât le plus vite possible). Et il conclut sa lettre... par une offre de démission (qui est peut-être une sorte de chantage à l'égard des Directeurs) :

> « Quant à moi, je vous demande du repos. J'ai justifié la confiance dont vous m'avez investi ; je ne me suis jamais considéré pour rien dans toutes les opérations, et je me suis lancé aujourd'hui sur Vienne, ayant acquis plus de gloire qu'il n'en faut pour être heureux, et ayant derrière moi les superbes plaines de l'Italie, comme je l'avais fait au commencement de la campagne dernière en cherchant du pain pour l'armée que la République ne pouvait plus nourrir.
>
> La calomnie s'efforcera en vain de me prêter les intentions perfides [*la prise du pouvoir par un putsch militaire, par exemple*] ; ma carrière civile sera comme ma carrière militaire, une et simple. Cependant vous devez sentir que je dois sortir de l'Italie, et je vous demande avec instance de renvoyer, avec la ratification des préliminaires de paix, des ordres sur la direction à donner aux affaires d'Italie, et un congé pour me rendre en France. » (Lettre n° 1745 du vol. III de la *Correspondance*).

Après s'être ainsi épanché, Napoléon n'a plus qu'à attendre Clarke. Celui-ci arrive à Leoben dans la nuit du 20 au 21 avril. Il commence par s'irriter : ce traité préliminaire qui avantage territorialement le vaincu, dit-il, est impossible à ratifier. Mais, deux jours plus tard, sans doute convaincu par les arguments de Bonaparte, il écrit au Directoire que, vu la situation alimentaire critique de l'armée, qui « *n'est pas sans danger* », il fallait se décider avec promptitude, et que l'accord préliminaire signé par Bonaparte était le moins mauvais qu'on puisse faire, compte tenu des circonstances.

À Paris, les Directeurs sont furieux. Ils ne s'attendaient pas à ce que Vienne exigeât la destruction à son profit de la République vénitienne et fût aussi intraitable quant à la rive gauche du Rhin. Trois d'entre eux – Reubell, Barras et La Revellière – sont d'abord d'avis de ne pas le ratifier, et Delacroix, le ministre des Relations extérieures aussi ; mais ils changent assez rapidement d'avis (sauf Reubell), en partie en raison de la situation critique de l'armée d'Italie (50 000 hommes sur le point de mourir de faim dans les Alpes, selon Bonaparte), en partie parce qu'ils craignent les réactions de l'opinion publique (les menées des royalistes et de la « *droite* » contre la guerre). De sorte qu'ils ratifient les Préliminaires et qu'ils décident de les présenter à l'opinion comme une grande victoire de la République, alors qu'ils les considéraient eux-mêmes comme un véritable désastre.

## De Leoben à Campo-Formio

Dès le 22 avril, quatre jours après avoir signé l'accord de Leoben, Bonaparte le met en œuvre. Le problème le plus délicat concerne Venise : l'Empereur veut bien l'accepter des mains de la France, mais non pas en tant que territoire conquis *de facto* par elle, mais en tant que territoire cédé à la France en vertu d'un traité, signé soit d'un commun accord (ce qui était tout à fait improbable), soit comme conclusion d'une guerre victorieuse ; ainsi la cession de Venise à l'Autriche sera incontestable du point de vue du droit international.

Pour transformer les Préliminaires de Leoben en traité de paix définitif, il faut donc, écrit Bonaparte aux directeurs (lettre n° 1748, du 22 avril 1797, vol. III de la *Correspondance*) : 1° s'assurer de l'organisation républicaine de la Lombardie, qui, dit-il, « *est à notre disposition* » ; 2° déclarer la guerre à Venise (les prétextes ne manquent pas, comme on l'explique ci-après) ; 3° envoyer au général Clarke les pleins pouvoirs pour traiter avec l'Empereur « *dans une ville quelconque de l'Italie sans y appeler les alliés [les membres de la première coalition*]. » 4° Faire passer en Italie 25 000 hommes supplémentaires et 5 000 cavaliers, car on ne sait comment les événements vont tourner.

Huit jours plus tard, les pourparlers avec l'Autriche sont terminés et Bonaparte peut écrire au Directoire : « *Monsieur de Gallo* [...] *m'a montré les préliminaires de paix ratifiés par l'Empereur...* » ; il ajoute que Gallo lui a confié que l'Autriche désirait « *serrer son système politique avec celui de la France...* », que les Anglais sont furieux et qu'ils taxent l'Empereur de mauvaise foi (Lettre n° 1755, du 30 avril 1797, vol. III de la *Correspondance*).

Les Préliminaires de Leoben étant dûment ratifiés, Napoléon

va pouvoir régler la question vénitienne. La *Serenissima*, comme on la nommait dans les chancelleries, était la doyenne des États italiens (elle avait été créée sous Pépin le Bref et avait longtemps fait partie de l'Empire romain d'Orient) ; non inféodée à l'Autriche, elle était restée neutre pendant la campagne d'Italie, et une partie de ses territoires de terre ferme avait été sinon envahie, du moins pénétrée par les troupes françaises. Les rapines de celles-ci entraînaient des insurrections épisodiques, dont la plus violente avait eu lieu à Vérone, le jour de Pâques (17 avril 1797) : ce jour-là, la populace avait massacré un grand nombre de blessés français (ce furent les *Pâques véronaises*) ; le 20 avril, un navire de guerre français qui croisait au large de la lagune essuyait le feu des canons de la citadelle du Lido. Bonaparte prit prétexte de ces incidents pour déclarer la guerre à la *Serenissima* le 2 mai 1797 : « *Je serai un Attila pour Venise* », dit-il au doge vénitien ; le 15 mai la totalité du territoire de la République était occupée par les Français sans qu'ils aient eu besoin de tirer un seul coup de feu, et, le 16 mai, un traité de paix était signé avec la Nouvelle République de Venise.

Tout était maintenant en place et le traité avec l'Autriche pouvait être enfin signé. Toutefois il subsistait un monceau de petits détails à régler et les exigences tatillonnes et formalistes des diplomates autrichiens durèrent encore cinq bons mois. Les plénipotentiaires viennois étaient installés à Udine, en Vénétie et Napoléon à quelques kilomètres d'eux, dans le village de Passeriano. Le 17 octobre, le chef de la légation autrichienne, Cobenzl (futur chancelier d'Autriche) se déclare prêt à signer ; on convient de choisir comme lieu de signature la localité de Campo-Formio, à mi-chemin entre Udine et Passeriano. La signature définitive eut lieu à la lueur des bougies : il était minuit. Personne n'était satisfait (voir Annexe n° 14) : ni les Autrichiens, qui allaient devoir s'expliquer avec leurs alliés anglais sur ce traité séparé et qui voyaient d'un très mauvais œil l'idéologie politique révolutionnaire s'installer à Milan et dans quelques autres viles italiennes ; ni les Français, qui n'avaient pas obtenu la rive gauche du Rhin jusqu'à la mer du Nord ; ni les Anglais, qui avaient été tenus à l'écart du traité ;

ni les États allemands, qui se demandaient à quelle sauce ils seraient mangés un jour ; ni les anciens membres de la première coalition qui voyaient se profiler à l'horizon l'ombre d'une Europe dominée par la France et l'Autriche.

Bref, la paix de Bonaparte était lourde de conflits potentiels. Le nouveau ministre (depuis le 18 juillet 1797) des Relations extérieures de la France l'avait compris ; il se nommait Talleyrand-Périgord et avait écrit le 1er octobre à Bonaparte de tout refuser à l'Autriche en Italie. Le nouveau Directoire, installé après le coup d'État de Fructidor (9 septembre 1797), où Carnot ne siège plus (voir ci-après, p. 292) est du même avis et lui enjoint par écrit, au début octobre, de rompre les pourparlers. Tous ont compris que la paix que va instaurer le traité de Campo-Formio ne sera pas une véritable paix : ce ne sera qu'une trêve, comme le seront par la suite tous les traités napoléoniens. Ils avaient compris, mais un peu tard, que la paix, comme la guerre, était une chose trop sérieuse pour être laissée entre les mains d'un militaire : Campo-Formio rimait avec fiasco.

## CHAPITRE XI

# Naissance d'un dictateur

*Bonaparte et le Directoire... vu de loin (juillet-novembre 1797). – Le Directoire et Bonaparte (26 novembre 1797-25 janvier 1798). – La campagne d'Égypte : une idée de Talleyrand (26 janvier-19 mai 1798). – La campagne d'Égypte : le deuxième fiasco de Bonaparte (19 mai 1798-22 août 1799). – Vers Brumaire. – Le coup d'État des 18 et 19 Brumaire (9 et 10 novembre 1799).*

L'ambition du petit Bonaparte, à l'école de Brienne, était sans doute celle de tous les écoliers : avoir de bonnes notes et quelques prix, mais aussi ne point paraître indigent aux yeux de ses camarades (voir Annexe n° 3). L'ambition de l'adolescent Bonaparte, étudiant à l'École militaire de Paris, était de défendre les idées et la personne de Pascal Paoli. L'ambition du lieutenant en second au régiment de La Fère, à Valence, était d'être un écrivain politique ou un historien de la Corse. L'ambition de l'officier d'artillerie, à Auxonne, était d'être un bon artilleur et de gagner des grades dans cette arme. Puis il eut l'ambition d'être un patriote corse, ou du moins de le paraître et, une fois la Révolution bien assise, il se serait volontiers vu – si son âge le lui avait permis – député de la Corse à la Constituante ou à la Convention. À défaut, il pouvait toujours être un officier de la République, et gagner des grades lentement dans les troupes de ligne, ou rapidement dans la Garde nationale locale. À cette époque il avait vingt-trois ans, possédait une grande confiance en lui-même, il n'avait pas soif de pouvoir, mais de renommée (pas encore de gloire) et se dirigeait au gré des circonstances, en bon opportuniste qu'il était déjà. L'activité politico-militaire dont il fait preuve à Ajaccio et à Bastia, entre l'automne 1789 et le printemps 1793, paoliste d'abord et jacobin ensuite, est caractéristique à cet égard.

Quand il revient sur le continent, en 1793, il n'a plus d'ambition que militaire. Sa réussite à Toulon l'a fait rêver un temps et lui a fait côtoyer quelques « grands » du moment : Barras, qui va devenir bientôt « le roi Barras », Saliceti, Robespierre le Jeune, des généraux illustres, comme Dugommier, et lui-même va arborer, non sans fierté, un uniforme de général de brigade le jour de Noël de l'année 1793. À cette époque, il a bien pris conscience qu'il ne sera jamais un nouveau Rousseau – ce qui était son rêve de jeunesse – mais il n'a pas de modèle héroïque qui pourrait faire naître en lui ou entretenir une grande ambition. Alexandre le Grand rêvait, dans sa jeunesse, d'être un nouvel Achille, César, à trente-deux ans, se lamentait de ne pas être Alexandre, Bonaparte, général à vingt-quatre ans, ne rêvait à rien. C'était un général anonyme, qui allait bientôt devenir un général fonctionnaire, au Comité topographique de l'armée.

On a vu comment Barras le tira de l'anonymat, en lui confiant le soin de faire mitrailler les émeutiers royalistes rue Saint-Roch, le 13 Vendémiaire, et comment il fut désigné pour commander en chef l'armée d'Italie. Sa carrière était belle, mais elle ne devait rien à l'ambition et tout au girouettisme et à l'opportunisme.

Puis vient la campagne d'Italie. Pendant vingt et un mois, il va être le maître absolu de la péninsule, n'ayant de compte à rendre qu'aux lointains Directeurs parisiens. Tout le monde lui obéit, au doigt et à l'œil, les plus grands personnages s'inclinent devant lui, et les journaux parisiens chantent à longueur de journée les prouesses du « nouvel Alexandre », du « second Annibal ». Il entasse victoire sur victoire. L'une d'elles semble l'avoir marqué, et pourtant ce ne fut, selon ses propres termes, qu'une « petite chose », la bataille de Lodi (11 mai 1796). À Sainte-Hélène, il l'évoquera en ces termes :

« Après Lodi, je me regardai non plus comme un simple général, mais comme un homme appelé à influer sur le sort d'un peuple. Il me vint à l'idée que je pourrais bien devenir un acteur décisif sur notre scène politique. Alors naquit la première étincelle de la haute ambition. »

La suite de la campagne avait de quoi entretenir cette étincelle, on s'en doute : il avait fait plier devant lui le roi de Piémont-Sardaigne, Milan, Modène, le pape, l'Empereur, les doges de Venise, et les plus grands princes de l'Italie. Qu'allait-il maintenant devenir, à son retour en France, vêtu du grand manteau de gloire que lui avaient tissé le génie stratégique de Carnot, la propagande habile des Directeurs et son sens non pas de la communication – ce serait trop lui prêter – mais de la publicité bien orchestrée dont sauront si bien se servir, pour le malheur des peuples, les dictateurs européens du XX^e^ siècle, tels Mussolini, Hitler ou Franco ?

## Bonaparte et le Directoire... vu de loin (juillet-novembre 1797)

Le Directoire, dont on peut dire qu'il a engendré Bonaparte sous toutes ses formes (le général Vendémiaire, la star guerrière de la campagne d'Italie, le dictateur du Consulat, l'Ogre impérial, le maniaco-dépressif mégalomaniaque du *Mémorial de Sainte-Hélène*), est né d'une réaction contre le jacobinisme républicain qui avait été abatttu – avec Robespierre – le 27 juillet 1794 (9 Thermidor an II).

Ce régime, institué par la Constitution du 5 Fructidor an III (22 août 1795), proclamée le 25 septembre 1795, confiait le pouvoir législatif à deux assemblées formant le *Corps législatif* : le Conseil des Anciens et le Conseil des Cinq-Cents ; elles étaient élues au suffrage censitaire à deux degrés (les *citoyens* élisaient des *électeurs* qui élisaient les membres du Corps législatif) et renouvelables par tiers chaque année. Le pouvoir exécutif appartenait à un Directoire de cinq membres, renouvelable par cinquième annuellement ; chaque Directeur était élu sur une liste de dix candidats, établie par les Cinq-Cents (par élection) et un tirage au sort désignait, chaque année, le nom du Directeur sortant. Les Directeurs ne pouvaient être choisis que parmi les citoyens qui avaient été préalablement soit membres du Corps législatif, soit ministres. Il fallait avoir trente ans révolus pour être membre du Conseil des Cinq-Cents et quarante ans révolus pour être membre du Conseil des Anciens ou Directeur.

Le régime favorisait donc la classe relativement fortunée (pour être électeur il fallait justifier d'un revenu égal à la valeur d'environ 150 journées de travail), mais il écartait tout risque de dictature, car les Directeurs n'avaient aucun moyen d'action sur les Conseils, et ceux-ci n'avaient aucun moyen d'action sur les Directeurs. En cas de conflit entre l'exécutif et le législatif ou entre les Directeurs, aucune solution n'était prévue.

Le premier Directoire, élu en 1795, comprenait : Barras, Carnot, La Revellière-Lépaux, Letourneur et Reubell ; le tableau ci-dessous décrit comment évolua sa composition jusqu'en 1799.

| **1795** | **1796** | **1797** *après Fructidor* | **1798** | **1798** *après Floréal* |
|---|---|---|---|---|
| Barras | Barras | Barras | Barras | Barras |
| Carnot | Carnot | **François de Neufchâteau** | **Treilhard** | **Gohier** |
| La Revellière Lépaux | La Revellière Lépaux | La Revellière Lépaux | La Revellière Lépaux | **Moulin** |
| Letourneur | **Barthélémy** | **Merlin de Douai** | Merlin de Douai | **Roger Ducos** |
| Reubell | Reubell | Reubell | Reubell | **Sieyès** |

*Évolution de la composition du Directoire, depuis la proclamation de la Constitution de l'an III jusqu'au coup d'État du 18 Brumaire (en gras : les noms des nouveaux Directeurs).*

Les élections de 1795 et 1796 se déroulèrent comme le prescrivait la Constitution de l'an III, et, par l'effet du *décret des deux tiers* (voir ci-dessus, p. 238), ce fut une majorité de gauche (modérée) qui domina dans les deux Conseils. L'opposition de droite, néomonarchiste et constitutionnelle, était alors entretenue par les menées royalistes du *club de Clichy*, une société politique installée dans un local, au bas de la rue de Clichy, qui s'était formée après la chute de Robespierre, et qui réunit d'anciens députés de la Plaine (la « droite » de l'ancienne Convention), comme Boissy d'Anglas, ainsi que des néoroyalistes, partisans de la restauration de la monarchie. Les *clichyistes* forment alors plus qu'un groupe de pression : ils ont une presse très virulente (*L'Éclair, Les Nouvelles politiques, Le Messager du soir* par exemple) et ils comptent de nombreux élus dans les deux Conseils.

Aux élections partielles d'avril 1797, la droite néomonarchiste, qui s'est présentée sous l'étiquette du « *parti de l'ordre* », obtient 300 sièges sur les 750 que représente l'ensemble du Corps législatif (205 des 216 conventionnels sortants sont battus). L'annonce de la paix avec l'Autriche, qui signifie le retour prochain de Bonaparte à Paris, émeut le club de Clichy, où les royalistes n'ont pas oublié le général Vendémiaire, et la presse de droite tire à boulets rouges sur lui.

En juillet 1797, la tension entre les clichyistes et les républicains s'aggrave ; il ne se passe pas de jour qu'on n'ait à déplorer des incidents, des bagarres, voire des meurtres. À Milan, où il vient d'inaugurer la République Cisalpine, Bonaparte en profite pour fortifier le moral de ses troupes : « *Guerre implacable aux ennemis de la République et de la Constitution* », dit-il à ses soldats dans une proclamation lors d'une prise d'armes, le 15 juillet 1797. Et, le même jour, il écrit aux Directeurs une lettre désabusée :

> « Vous trouverez ci-joint la proclamation que j'ai faite à l'armée : elle a produit le meilleur effet. Il n'y a pas un seul homme ici qui n'aime mieux périr les armes à la main que de se faire assassiner dans un cul-de-sac à Paris.
>
> Quant à moi, je me suis accoutumé à une abdication totale

de mes intérêts ; cependant je ne puis pas être insensible aux outrages, aux calomnies que quatre-vingts journaux répandent tous les jours et à toute occasion sans qu'il y en ait un seul qui les démente [...]. N'est-il donc plus en France de républicains ? et, après avoir vaincu l'Europe, serons-nous donc réduits à chercher quelque angle de la terre pour y terminer nos tristes jours ?

Vous pouvez d'un seul coup sauver la République, deux cent mille têtes peut-être qui sont attachées à son sort, et conclure la paix en vingt-quatre heures : faites arrêter les émigrés ; détruisez l'influence des étrangers. Si vous avez besoin de force, appelez les armées. Faites briser les presses des journaux vendus à l'Angleterre, plus sanguinaire que ne le fut jamais Marat.

Quant à moi, Citoyens Directeurs, il est impossible que je puisse vivre au milieu des affections les plus opposées : s'il n'y a point de remède pour finir les maux de la patrie, pour mettre un terme aux assassinats et à l'influence de Louis XVIII, je demande ma démission... »

(Lettre n° 2014, du 15 juillet 1797, vol. III de la *Correspondance*).

Comme on peut le juger d'après ces lignes, en politique, Bonaparte est plutôt partisan de la manière forte et les Directeurs, qui commencent à craindre un coup d'État de droite en vue de restaurer la monarchie, tout républicains qu'ils soient, vont avoir besoin d'y recourir en septembre 1797, avec l'aide de l'armée, ardemment républicaine, et des généraux Hoche et Augereau, ce dernier venu tout exprès de l'armée d'Italie avec, vraisemblablement, la bénédiction de Bonaparte.

Le 4 septembre 1797 (18 Fructidor an V), au petit matin, une force de 30 000 hommes fut massée sur la rive droite de la Seine, prête à intervenir (la Constitution de l'an III interdisait, en effet, à toute force armée d'approcher du lieu de réunion des Conseils), et les murs de Paris, qui s'éveillait, étaient recouverts d'affiches dénonçant la trahison de Pichegru et le complot qui se tramait contre la République. Augereau procédait immédiatement à l'arrestation de Pichegru et des principaux députés de la majorité ; les élections furent annulées dans 49 départements (la mesure touchait 177 députés de droite), les advesaires de la République furent envoyés non pas à la guillotine, comme en 1793, mais en Guyane et la liberté de presse fut supprimée pour un an ; Carnot et Barthélemy qui, précisément parce qu'ils étaient républicains, n'avaient pas approuvé le principe du coup d'État, étaient remplacés par François de Neufchâteau et Merlin de Douai. Le coup d'État de Fructidor avait sauvé la République.

Lorsque parvient en Italie la nouvelle du coup d'État, Bonaparte est à Passeriano, en train de mettre la dernière main au traité de Campo-Formio. Il a conscience, comme tout le monde d'ailleurs, du désordre qui règne en France, et de l'impuissance de ses gouvernants face à des assemblées mouvantes et à des groupes de pression puissants. Dans une lettre qu'il écrit à Talleyrand, alors ministre des Relations extérieures, il lui fait part de ses idées sur la réforme constitutionnelle dont a besoin la République pour sortir du chaos politique :

> « [...] Un gouvernement honnête et fort, voilà ce que je veux [*noter qu'il n'écrit pas* "ce que je souhaite"]. Une administration confiée à des mains pures, un pouvoir exécutif qui ait l'autorité nécessaire pour se faire obéir... » (lettre n° 2223, du 19 septembre 1797, vol. III de la *Correspondance*).

Ce sera aussi le langage qu'il tiendra au conseiller Miot, le 19 novembre, à Turin, avant de quitter définitivement l'Italie :

> « Ces avocats de Paris qu'on a mis au Directoire n'entendent rien au gouvernement. Ce sont de petits esprits. Je vais voir ce qu'ils veulent faire à Rastadt. Je doute fort que nous puissions nous entendre et rester longtemps d'accord. Ils sont jaloux de moi, je le sais, et malgré tout l'encens qu'ils me jettent au nez je ne suis pas leur dupe ; ils me craignent plus qu'ils ne m'aiment. [...]. Quant à moi, mon cher Miot, je vous le déclare, je ne puis plus obéir. J'ai goûté du commandement et je ne saurais y renoncer. Mon parti est pris : si je ne puis être le maître, je quitterai la France ; je ne veux pas avoir fait tant de choses pour la donner à des avocats... » (Miot de Melito, *Mémoires*).

Les « avocats de Paris », ce sont les Directeurs pro-républicains que le coup d'État de Fructidor a portés au pouvoir, en septembre 1797. Bonaparte a maintenant près de trente ans, il se fait une haute idée de sa valeur, et l'expérience qu'il a vécue, pendant près de deux ans, en Italie, a véritablement fait de lui un autre homme. Il ne peut se faire à l'immobilisme politique engendré par la Constitution de l'an III, ni à ce régime des partis qui conduit essentiellement les gouvernants à ménager sans cesse la chèvre et le chou. Il veut agir politiquement et fermement, au plus haut niveau du pouvoir.

Ce qui est remarquable, dans cette forme d'ambition, c'est qu'elle n'est inspirée ni par l'intérêt, comme c'était le cas chez Barras, ni par l'amour de la patrie républicaine, comme chez Robespierre ou chez de Gaulle, ni par une idéologie nationaliste, comme chez Paoli, ou sociale, comme chez Lénine, ou encore dominatrice et raciste, comme chez Hitler. Il veut être constitutionnellement le maître d'une France qui sort à peine de la tourmente révolutionnaire, qui a besoin d'être unifiée, réorganisée et, s'il ne le peut pas, il tentera sa chance ailleurs.

Cette disposition d'esprit permet de comprendre l'évolution psycho-politique de Bonaparte entre son retour d'Italie et le coup d'État du 18 Brumaire.

## Le Directoire et Bonaparte (26 novembre 1797-25 janvier 1798)

Il est de fait que le retour de Bonaparte embarrasse les Directeurs. Comme tous les généraux vainqueurs, il jouit d'une popularité considérable qui les effraye ; d'autre part, il est honni des royalistes, qui lui reprochent toujours Vendémiaire, et des néo-jacobins qui le blâment d'avoir tué la République de Venise pour en faire présent à un monarque, en l'occurrence à l'Empereur. Aussi les Directeurs hésitent-ils : se rapprocher de Bonaparte, c'est donner prétexte aux clichyistes et aux néojacobins de s'agiter, s'en éloigner, c'est courir le risque de le voir créer son propre parti. Que faire ? Seul Barras a un plan : un général de la qualité de Bonaparte peut lui être utile et même indispensable en cas de sédition, royaliste ou néojacobine, à condition qu'il ait une armée à sa disposition. Mais à quel titre lui donner une armée ? la solution est toute trouvée : des puissances qui participaient à la première coalition, il ne subsiste plus en lice que l'Angleterre, qu'on lui donne donc une armée pour achever sa tâche et vaincre cette dernière. Comme une armée destinée à envahir l'Angleterre ne se crée pas en quelques jours, le Directoire aura ainsi sous la main une force militaire à sa disposition et un Bonaparte sur les côtes de la mer du Nord ou de la Manche – donc proche de Paris – pour la commander. D'où la stratégie subtile de Barras : 1° tenir, dans l'immédiat, Bonaparte éloigné de Paris en le nommant représentant de la France au congrès de Rastadt, prévu par les puissances signataires du traité de Campo-Formio afin de discuter du transfert de souveraineté à la France des territoires se trouvant sur la rive gauche du Rhin, et des dédommagements à accorder aux princes allemands intéressés ; 2° nommer Bonaparte général en chef d'une « armée d'Angleterre » qui doit être rassemblée « *sur les côtes de l'Océan* » ; 3° rappeler Bonaparte à Paris, sous un prétexte anodin, et envisager avec lui comment il conçoit son avenir.

Voici donc d'abord Bonaparte à Rastadt. Il y arrive le 26 novembre 1797, dans la soirée. Mais il n'y reste pas longtemps, car, le 30 novembre, il reçoit une lettre du Directoire, datée du 26, l'invitant à faire un voyage *momentané* à Paris, ainsi rédigée :

> « Le Directoire exécutif présume, citoyen général, que vous êtes arrivé à Radstadt. Il est impatient de vous voir et de conférer avec vous sur les intérêts majeurs et multiples de la Patrie. Il désire donc que vous puissiez apporter vous-même l'échange des ratifications et la nouvelle des dispositions faites pour l'entrée des Français dans Mayence ou de cette entrée même [...]. Ce voyage momentané que vous ferez à Paris, remplira d'abord le désir du Directoire exécutif de vous témoigner publiquement son extrême satisfaction et d'être envers vous le premier interprète de la reconnaissance nationale. Il est d'ailleurs utile que vous connaissiez les intentions du gouvernement sur les suites ultérieures des grandes opérations dont vous êtes chargé... » (document extrait des *Archives Nationales*).

Le 5 décembre suivant, Bonaparte est à Paris ; il y arrive en vêtements civils, dans une voiture de poste, sans escorte. Il se rend dans la maison de la rue Chatereine (aujourd'hui rue de la Victoire) où il habitait avec Joséphine avant de partir en Italie et dont il est toujours locataire.

Comme il le prévoyait, car il connaissait les roueries de Barras, son séjour ne fut pas « momentané » : Bonaparte ne retournera pas à Rastadt. Il recevra quelques honneurs, évitera comme la peste les représentants des différents partis qui lui demandaient audience, mais il aimera recevoir des écrivains et des savants rue Chatereine, où il donne des dîners, et où l'on rencontre Bernardin de Saint-Pierre, Berthollet, Monge, Laplace, Lagrange : le salon de Bonaparte est un lieu où l'on ne parle pas politique. Le seul projet qui semble l'intéresser est alors celui de devenir membre de l'Institut (créé par la Convention en octobre 1795). Il y est élu, le 25 décembre 1797, à la première classe (celle des mathématiques), au siège de Carnot (qui n'était, d'ailleurs, pas plus mathématicien que lui), exilé en Suisse ; il a exigé une séance de réception sobre et discrète.

En entrant à l'Institut, le général se met du côté des « intellectuels » qui, depuis le temps des Lumières, avaient leur mot à dire sur les choses politiques. À l'époque, les maîtres à penser, ce sont les *idéologues* (chefs de file : Cabanis, Destutt de Tracy, Roederer, Sieyès, Volney), qui veulent faire de la métaphysique, des sciences économiques et politiques, de la psychiatrie et de quelques autres disciplines des sciences expérimentales, à la manière des sciences physico-chimiques ; ils ont joué un rôle de premier plan dans la vie sociale française (un peu comme Sartre et les « existentialistes » après 1945) : ils croient aux vertus de l'éducation, à la perfectibilité des êtres humains, à la laïcité, mais leur influence s'évanouira après Brumaire.

Si Bonaparte ne retourne pas à Rastadt, et s'il ne s'intéresse pas, apparemment, à la politique, que fait-il donc à Paris, en dehors d'être membre de l'Institut ? Officiellement, son métier de général en chef de l'armée d'Angleterre : il consulte des cartes, des dossiers avec méthode et méticulosité, comme à son ordinaire, il multiplie les rendez-vous avec le ministre de la Marine, les amiraux, les plus riches banquiers de Paris, envisage de créer une base de départ à Saint-Malo et laisse complaisamment filtrer quelques informations que les journaux parisiens détaillent avec éloquence.

En fait, ce débarquement en Angleterre, souhaité par les Directeurs, lui semble être un rêve impossible né dans l'imagination d'« avocats » qui n'ont jamais eu à se poser la question de transporter une armée d'un point à un autre sur la terre ferme, ou par-delà les mers. Mais il ne laisse pas voir son scepticisme ; bien au contraire, il ne parle que de cette expédition future, dont la préparation justifie sa présence à Paris, et il ne se compromet avec personne. Il se méfie de tout et de tous, car, on l'a vu, il a des ennemis politiques dans tous les partis et la situation est telle, dans la capitale, que la vie d'un homme n'y vaut pas grand-chose. Toute parole imprudente, même dite sur le ton de la plaisanterie, peut se retourner contre son auteur.

Dans ses *Mémoires*, Barras rapporte qu'un soir de janvier, alors qu'il discutait en tête à tête avec son ancien protégé, celui-ci lui confie qu'il avait été tout-puissant en Italie et ajoute, d'un ton léger, que, s'il l'avait voulu, il aurait pu devenir duc de Milan ou roi d'Italie. À ces mots, Barras se fige et Bonaparte, qui s'en aperçoit, le rassure aussitôt :

– ... Mais je ne pense à rien de semblable, dit-il.

– Vous faites bien de ne pas y songer en France, lui dit gravement Barras ; si le Directoire vous envoyait demain à la prison du Temple pour une pareille idée, il n'y aurait pas quatre personnes à Paris pour s'y opposer ; n'oubliez pas que nous sommes en République.

Une République où personne ne voulait d'une dictature, où tout le monde aspirait au pouvoir, et où l'on se tuait pour un mot, pour une remarque. Témoin ce fait divers qui avait ému l'opinion : le 15 janvier 1798, vers onze heures du soir, une bagarre avait éclaté entre deux groupes de jeunes gens, dans un café-glacier de la rue de la Loi, le *Café Garchi*. Commencée à coups de poings, elle s'était terminée à coups de sabre et il y avait eu deux morts, un jeune aristocrate, le ci-devant marquis de Rochechouart, et l'un de ses compagnons, nommé Fournier. L'enquête tendait à montrer que la cause de l'altercation était politique : Rochechouart était un ex-émigré, et ses meurtriers étaient des néojacobins. Lequel des deux était visé ? on ne le sut jamais. Mais l'affaire était grave, car Fournier était l'aide de camp du général Augereau, donc un homme de l'armée d'Italie. Bonaparte sortit de sa réserve, se posa en champion de l'ordre et usa de son autorité et de ses rapports avec les Directeurs pour obtenir la démission du ministre de la Police, Sotin.

Bonaparte semblait craindre aussi pour sa vie. Il sortait peu, et, quand il sortait, il se faisait accompagner par un garde du corps, qui seul avait le droit de le servir à table ; dans les dîners auxquels il était convié, il ne touchait à un plat qu'après que les autres convives en eurent goûté (et cela, même chez Barras ou chez Talleyrand). De même, il évitait de participer aux manifestations officielles. Ainsi, prié par Talleyrand, au nom du Directoire, d'assister, le 21 janvier 1798, à la commémoration de l'exécution de Louis XVI, Bonaparte s'y refusa, arguant qu'il n'occupait aucune fonction publique et qu'il n'entendait pas être vu dans une telle cérémonie (en fait, il craignait de s'attirer la vindicte des néoroyalistes). Talleyrand répliqua que l'influence du vainqueur d'Italie sur l'opinion était telle, qu'il se devait d'y paraître, et trouva une solution de diplomate : Bonaparte y assisterait non pas en général vainqueur, mais en civil et comme membre de l'Institut, avec tous ses collègues.

Ce jeu de cache-cache avec le pouvoir et l'opinion publique ne pouvait durer éternellement. Bonaparte sent qu'il peut tenir un rôle de premier plan dans cette République qui se détériore, et connaître d'autres jouissances que celles de gagner des batailles et de perdre des traités. En dépit de ses proclamations triomphales, il a bien compris que Campo-Formio a été un échec. Son *Ego* a besoin d'une compensation que seul l'exercice du pouvoir suprême lui offrira, et ce pouvoir il ne peut l'atteindre que par Barras. S'il n'y parvient pas, il ira le chercher ailleurs, hors de France si nécessaire.

Le 22 ou le 23 janvier 1798, il va donc enfin trouver Barras, pour le mettre au pied du mur : ce pouvoir collégial des Directeurs qui n'en est pas un, accepterait-il de le concentrer entre ses mains à lui, l'apatride au teint olivâtre et aux longs cheveux plats ? Ce qui l'a décidé à aller poser la question de confiance au « roi du Directoire », c'est peut-être un article publié le 22 janvier dans le *Journal des hommes libres*, une des nombreuses feuilles républicaines parisiennes, qui disait ceci :

> « ... Outre la royauté des émigrés, nous avons à combattre la royauté des modérés ou des philosophes [...]. La royauté des émigrés fut battue en fructidor, nous battrons peut-être avant la royauté des métis ; nous démasquerons sa marche aristocratique, sa *chambre perpétuelle*, son *président perpétuel*, nous leur conseillerons même amicalement de ne pas se servir d'un pantalon [*bouffon*] aussi misérable que ce Mercier [*écrivain et journaliste, auteur des* Tableaux de Paris] pour donner *anodinement* ses leçons philosophiques de *Dictature* ; nous combattrons pour la démocratie représentative qui ne finira que se perfectionner par les attaques de l'aristocratie. » (cité par A. Espitalier, *Vers Brumaire*, Paris, 1913, p. 113).

Le régime directorial ne semble pas pouvoir durer, plaide Bonaparte. Il faut modifier la Constitution de l'an III ; et, comme le Corps législatif ne s'y résoudra jamais, on doit l'y forcer par un coup d'État qui viendrait du Directoire, comme ce fut le cas pour Fructidor et pour Floréal, et qui mettrait en place un pouvoir exécutif fort, concentré entre les mains de Barras et Bonaparte. Mais, pour cela, il faut que Bonaparte soit d'abord élu Directeur, à la place du prochain Directeur sortant. Barras n'ose pas s'engager dans une telle aventure et il refuse, invoquant la Constitution : Bonaparte n'a pas l'âge requis (quarante ans) pour être élu Directeur ; et il ajoute, usant du tutoiement révolutionnaire :

> « Tu veux renverser la Constitution, tu n'y réussiras pas et ne détruiras que toi-même si tu persistes dans ton idée. Sieyès a pu t'y pousser par des conseils perfides [*Bonaparte a eu une longue entrevue avec Sieyès le 27 décembre*], mais il ne t'a point donné son secret, tu ne lui as pas donné le tien et vous finirez mal tous les deux. » (Barras, *Mémoires*, cité par Espitalier, *op. cit.*, p. 120).

Quel que fût le prestige de Bonaparte auprès du peuple, il ne pouvait rien faire sans l'appui de Barras. L'époque où les Montagnards appelaient les sans-culottes parisiens à la rescousse est révolue. Un régime, une Constitution, un pouvoir politique, cela implique, en 1797, une énorme logistique politique, militaire, financière qui ne s'écroule pas du fait d'un simple coup de force. César lui-même, pour abattre la République sénatoriale honnie de toute une partie du peuple romain, n'avait pu arriver à ses fins que parce qu'il avait franchi le Rubicon à la tête d'une puissante armée victorieuse et qu'il avait pour lui et le peuple et une partie de la classe politique romaine ; et, même ainsi, il s'engagea dans une terrible guerre civile.

Bonaparte en était donc pour ses frais. Profondément déçu, il ne lui restait plus qu'à faire ce qu'il avait annoncé qu'il ferait aux Directeurs en juillet 1797 (voir p. 293) ou au conseiller Miot en novembre 1797 (voir p. 295) : s'en aller, quitter la France et aller chercher fortune ailleurs.

## La campagne d'Égypte : une idée de Talleyrand (26 janvier-19 mai 1798)

Nous l'avons déjà dit, Bonaparte est fondamentalement un opportuniste. Il sait admirablement utiliser les circonstances, s'y adapter, voire les dominer, mais, jusqu'à présent, il n'a jamais su les créer. Pire : il n'a jamais su les prévoir ou les rechercher. C'était déjà le cas en Corse, quand il avait vingt ans, ce fut le cas à Toulon, ce fut le cas, militairement et politiquement, en Italie et, maintenant. c'était le cas à Paris, et nous verrons que, par la suite, il n'a jamais construit sa destinée : il s'est adapté aux événements, soit en suivant les conseils (ou les ordres, quand il était jeune) de son entourage, soit de lui-même, avec méthode ou par un choix audacieux dans lequel entrait souvent une grande part de bluff, par ce qu'on peut appeler un coup de poker.

Le voici donc sur le carreau, au soir du 23 janvier, après son entretien avec Barras. Le lendemain, il assiste à une séance, à l'Institut, et « potine » avec ses savants collègues. Le 25 janvier, la porte est close, rue de la Victoire : peut-être Bonaparte rumine-t-il son échec, ou bien rêve-t-il à ce qu'il aurait pu devenir si, après l'Italie, il était parti « ailleurs », comme il en avait envie, au lieu de venir se fourrer dans le guêpier politique parisien. Un événement fortuit allait donner à ce rêve quelque réalité.

Le 26 janvier au matin, une dépêche est arrivée au ministère des Relations extérieures, annonçant la mort du général Aubert-Dubayet, ambassadeur de la République à Constantinople, le 7 décembre précédent. Elle intéresse au plus haut point le ministre en place depuis le 23 juillet 1797, Talleyrand, qui a toujours porté une attention extrême aux affaires d'Orient et qui avait faite sienne une vieille idée de la diplomatie française : l'occupation de l'Égypte, sur la route des comptoirs anglais de l'Inde, tant pour préserver le commerce français en Orient que pour surveiller, ou même gêner, celui des Anglais. Il l'avait exposée, en termes plus généraux d'expansion coloniale, devant les membres de l'Institut, le 3 juillet 1797.

Le ministre Talleyrand était subordonné au Directeur Reubell, qui, au sein du Directoire, avait la charge des Affaires étrangères ; il avait correspondu avec Bonaparte quand celui-ci était en Italie, et il partageait, discrètement, les opinions du général sur la Constitution de l'an III (voir p. 294). Les deux affaires principales que Talleyrand et Reubell avaient en cours étaient le congrès de Rastadt et l'éventuelle descente en Angleterre dont devait être chargé Bonaparte ; celui qu'on surnommera plus tard « le diable boiteux » avait eu l'occasion d'exposer, devant le Corps législatif et devant les Directeurs, que si l'invasion de l'Angleterre présentait des difficultés insurmontables, il pourrait être judicieux de menacer la route des Indes en allant occuper l'Égypte, afin de nuire à son commerce.

Le décès de l'ambassadeur Aubert-Dubayet fournissait à Talleyrand une excellente occasion de discuter à nouveau, avec les membres du Directoire, de l'opportunité d'une intervention en Égypte, car l'idée lui tenait à cœur ; mais, auparavant, il souhaitait s'en entretenir avec celui que tout le monde considérait comme le meilleur général des armées françaises, le général Bonaparte, qui, le 16 août 1797, lui avait écrit de Passeriano, alors qu'il travaillait à partager les territoires de feu la République vénitienne entre la France et l'Autriche, la lettre suivante (lettre n° 2103, du 16 août 1797, vol. III de la *Correspondance*), qui l'avait intéressé au plus haut point :

> « Les îles de Corfou, de Zante et de Céphalonie sont plus intéressantes pour nous que toute l'Italie ensemble.
>
> Je crois que, si nous étions obligés d'opter, il vaudrait mieux restituer l'Italie à l'Empereur et garder les quatre îles, qui sont une source de richesse et de prospérité pour notre commerce. L'empire des Turcs s'écroule tous les jours [*l'empereur ottoman est alors Sélim III, 1789-1807*] ; la possession de ces îles nous mettra à même de le soutenir autant que cela sera possible, ou d'en prendre notre part.
>
> Les temps ne sont pas éloignés où nous sentirons que, pour détruire véritablement l'Angleterre [*le seul pays encore en guerre contre la France, après la défaite de l'Autriche*], il faut nous emparer de l'Égypte. Le vaste empire ottoman, qui périt tous les jours, nous met dans l'obligation de penser de bonne heure à prendre des moyens pour conserver notre commerce du Levant [...]
>
> BONAPARTE »

Quant à Bonaparte, qui venait d'être éconduit par Barras, il avait besoin d'être conseillé. Les deux hommes se rencontrèrent donc, le 26 ou le 27 janvier ; on ignore si ce fut Bonaparte qui prit l'initiative de l'entrevue, ou s'il fut convoqué par Talleyrand, mais, étant donné le caractère confidentiel de leur conversation, elle ne put avoir lieu que dans la demeure de ce dernier, le somptueux Hôtel Galliffet, et non point au ministère. Talleyrand n'eut guère de mal à convaincre Bonaparte. La France, lui dit-il, pouvait se tailler en Méditerranée, aux dépens de l'empire ottoman en voie de décomposition, un empire colonial sans égal, qui remplacerait largement celui qu'elle avait perdu à la guerre de Sept Ans. Elle possédait déjà la Corse, elle y ajouterait Malte (qui était sur la route de l'Égypte), la Morée (la presqu'île du Péloponnèse), l'Égypte et – pourquoi pas – la Syrie : la Méditerranée deviendrait ce qu'elle était pour les anciens Romains, *mare nostrum*, « notre mer »... et Bonaparte serait le maître d'un empire à la hauteur de ses ambitions.

Talleyrand persuada sans mal Bonaparte de l'intérêt qu'il

aurait à partir à la conquête de l'Égypte, mais il lui fallut un mois pour convaincre le Directoire, un mois de tractations, de ruses, de double jeu et de non-dit, car les intentions et les intérêts des uns et des autres étaient très différents.

Bonaparte tenait à partir coûte que coûte hors de France, où il était confronté à une pénible alternative : ou bien obéir aux Directeurs et se taire, ou bien se rebeller et finir, au mieux, devant un peloton d'exécution, au pire, égorgé dans un caniveau. Il voulait renverser le régime, et les Directeurs refusaient d'abandonner leurs prérogatives ; seul un raz de marée populaire ou un complot meurtrier longuement préparé pouvait avoir raison de leur fermeté. Il s'en était confié à son ami et secrétaire, Bourrienne, le lendemain de son entrevue avec Talleyrand :

> « Je ne veux pas rester ici, il n'y a rien à faire. Je vois que si je reste, je suis coulé dans peu. Tout s'use ici, je n'ai déjà plus de gloire, cette petite Europe n'en fournit pas assez. Il faut aller en Orient. »

Les Directeurs se débarrasseraient volontiers de Bonaparte, mais pas au prix d'une expédition coloniale qui risquerait de leur coûter une flotte, une armée et des millions ; ils craignent sa popularité, sa présence à Paris paralysait toutes leurs actions et il affichait sa volonté de renverser le régime. Toutefois, ils ont besoin de lui, ne serait-ce que pour en finir avec le congrès de Rastadt et pour une éventuelle descente en Angleterre ; d'où leurs réactions contradictoires. Par ailleurs le Directeur Reubell est en conflit ouvert avec Talleyrand.

Talleyrand poursuit un rêve d'expansion coloniale en Méditerranée (qui sera repris par la France en 1830 vers l'Algérie, à la fin du XIXe siècle vers la Tunisie et en 1911 vers le Maroc), et il mise sur Bonaparte, dont les tendances dictatoriales ne le choquent pas.

Dans ce conflit larvé tripartite, le meneur de jeu fut Talleyrand. Il tenait à l'occupation de l'Égypte et il y poussa Napoléon ; l'idée de la campagne d'Égypte est de lui. Pour parvenir à ses fins avec le Directoire, il proposa à Bonaparte le plan suivant :

1° ne parler à personne ni de l'Orient, ni d'une campagne en Égypte, et afficher ouvertement son intention de mener à bien la descente en Angleterre ; demander à cet effet qu'on lui prépare des vaisseaux de guerre à Toulon ;

2° quitter Paris et se porter sur les côtes de la Manche ou de la mer du Nord, sous prétexte de vérifier les installations maritimes en vue de l'expédition contre l'Angleterre (ce pour qu'on ne soupçonne pas qu'il était de connivence avec Talleyrand) ; pendant ce temps, Talleyrand tenterait de persuader les Directeurs de la nécessité de l'expédition en Égypte, en leur commentant les rapports des consuls de France au Levant ;

3° démontrer, après inspection, l'impossibilité de réussir une quelconque invasion de l'Angleterre ;

4° Talleyrand pourra alors présenter son *Mémoire* sur l'expédition d'Égypte, et sur la manière de la présenter à l'empereur ottoman pour qu'il n'y voie pas une atteinte à son empire.

Ces manœuvres sont résumées sur le tableau ci-après.

**Comment Talleyrand a imposé l'expédition et la campagne d'Égypte au Directoire.**

| Dates | Manœuvres |
|---|---|
| **1797** | |
| 3 juillet | Discours de Talleyrand à l'Institut prônant l'expansion coloniale. |
| 29 juillet | *Mémoire abrégé sur l'Inde eu égard aux circonstances actuelles*, présenté au Directoire par Talleyrand qui propose une « diversion orientale » au cas où la descente en Angleterre serait impossible. |
| **1798** | |
| 22 janvier | Barras refuse de faire nommer Bonaparte au Directoire. |
| 26 janvier | La nouvelle de la mort d'Aubert-Dubayet, ambassadeur de France à Constantinople, arrive au ministère des Relations extérieures. |
| 27 janvier | Talleyrand propose à Bonaparte d'entreprendre une expédition en Égypte. |
| 29 Janvier | Bonaparte dévoile à Bourrienne le projet de Talleyrand. |

| Dates | Manœuvres |
|---|---|
| 31 Janvier | Suivant les conseils de Talleyrand, Bonaparte commence à préparer secrètement l'expédition d'Égypte ; ainsi, sous couvert de préparer la descente en Angleterre, il obtient du ministre de la Marine qu'on lui prépare cinq vaisseaux de guerre à Toulon. |
| 7 février | Bonaparte informe le ministre de la Guerre des régiments dont il va avoir besoin pour l'expédition d'Angleterre (en fait, pour l'Égypte). Il part en tournée d'inspection sur les côtes de la mer du Nord (pour donner le change) : « Je pars visiter la côte de l'Océan », écrit-il au ministre de la Guerre. |
| 14 février | Talleyrand propose l'expédition d'Égypte au Directoire, sans y mêler Napoléon, supposé préparer la descente en Angleterre ; il s'appuie sur le rapport de Magallon, consul de France au Caire, qui expose les exactions dans les *beys* appartenant à la dynastie mamlouk. La majorité du Directoire est d'accord avec son projet ; Talleyrand obtient qu'on retarde la nomination d'un nouvel ambassadeur à Constantinople (il souhaite y envoyer un homme à lui, Ruffin). |
| 20 février | Bonaparte revient de sa tournée d'inspection sur les côtes de l'Océan. |
| 21 février | Talleyrand convoque officiellement Bonaparte, au prétexte de parler avec lui du congrès de Rastadt, où il est censé se rendre incessamment. |
| 23 février | Lettre de Poussielgue, conseiller en mission à Malte, à Bonaparte ; cette lettre décide le général à intégrer l'occupation de Malte dans la campagne d'Égypte. |
| 24 février | *Mémoire* de Bonaparte au Directoire, présentant les conclusions de sa tournée d'inspection : la descente en Angleterre est une opération impossible à envisager, étant donné les insuffisances de la Marine française. Il propose de la remplacer par une expédition. |
| 24 février | Talleyrand obtient du Directoire qu'il signe l'arrêt nommant Ruffin chargé d'affaires à Constantinople « jusqu'à l'arrivée d'un nouvel ambassadeur.» |
| 25 février | Kléber, au retour d'une tournée d'inspection des ports, informe par écrit le Directoire qu'on ne peut compter sur les ressources des ports qu'il a visités pour faire une descente en Angleterre, ce qui confirme les conclusions de Bonaparte. |
| 26 février | Conférence de Desaix devant le Directoire : il est du même avis que Kléber et conclut qu'« il faut faire la guerre à l'Angleterre par d'autres moyens ». |
| 27 février | Talleyrand presse Bonaparte de partir pour Rastadt (toujours pour donner le change, et ne pas avoir l'air d'être de connivence avec lui). Dans le même temps, Bonaparte expose au Directoire l'intérêt d'une expédition vers Malte et en Égypte. Reubell, hostile à Bonaparte et à l'expédition égyptienne, mais qui ne perd pas de vue la nécessité, pour le Directoire, d'éloigner Bonaparte de Paris, lui propose une expédition en Irlande. |

| Dates | Manœuvres |
|---|---|
| Vers fin février | Conflit entre Bonaparte et Reubell quant au choix d'un nouveau ministre de la Guerre pour remplacer Schérer, qui quitte ce poste (Bonaparte propose le général Caffarelli du Falga, Reubell le général Joubert). Vive discussion : Bonaparte menace de démissionner. C'est finalement le général Milet de Mureau qui sera nommé. |
| 1er mars | Les Directeurs commencent à envisager un autre commandement que celui de l'armée d'Angleterre pour Bonaparte. |
| 2 mars | Rapport de Lambrechts (ministre de la Marine par intérim) défavorable à une expédition en Angleterre. Ce rapport, peut-être inspiré par le Directoire, qui ne veut pas avoir l'air de céder à Talleyrand et à Bonaparte, lui permet de donner son accord à l'idée d'une expédition en Égypte ; le but véritable est d'éloigner Bonaparte. |
| 5 mars | Tout le monde est d'accord. Carte blanche est donnée à Bonaparte pour organiser son expédition. Talleyrand ira à Constantinople, pour expliquer que la France ne fait pas la guerre à La Sublime Porte, mais aux beys mamlouks d'Égypte (en fait, Talleyrand restera à Paris et enverra en Turquie un de ses collaborateurs, Sainte-Croix d'Escorches). |
| 14 mars | La nouvelle arrive à Paris que l'Empire a accepté de prendre comme base du traité négocié à Rastadt la rive gauche du Rhin : la mission (théorique) de Bonaparte à Rastadt prend donc fin. |
| 19 mars | Le futur départ de Bonaparte pour l'Égypte est officiellement annoncé. |
| 22 mars | Les journaux parisiens font état d'un ordre envoyé à Marseille pour une levée de marins, de tous grades. la presse donne même le nom de certains généraux, qui doivent embarquer à Toulon (Lannes, Leclerc). |
| 26 mars | *Le Moniteur* publie des informations sur l'« énorme armement » que prépare Constantinople, dont « on ignore le motif ». Le même jour, Bonaparte fait donner ordre à un certain nombre de citoyens (civils) de se tenir prêts à partir au premier ordre : c'est la fameuse liste des savants et lettrés que Bonaparte a emmenés avec lui en Égypte. |
| 31 mars | Les indiscrétions se multiplient, dans la presse et dans les conversations. On s'interroge (voir Annexe n° 15).<br>Pour tromper l'Angleterre et pour détourner les bruits concernant l'expédition égyptienne, le Directoire signe un arrêté ordonnant à Bonaparte de partir pour Brest, et d'y prendre le commandement de l'armée d'Angleterre ; cet arrêté est envoyé à quatre journalistes. |
| 3 avril | L'arrêté précédent paraît dans la presse. L'opinion et les chancelleries sont persuadées que Bonaparte va lancer la descente en Angleterre. |

| Dates | Manœuvres |
|---|---|
| Début avril | De nombreuses nouvelles contradictoires circulent, dans la presse et dans les chancelleries sur l'expédition en préparation. Bonaparte commence son travail d'organisation des forces, avec la même rigueur qu'il avait montrée en préparant la campagne d'Italie : il envoie dix à vingt lettres, ordres ou notes par jour. |
| 27 avril | Barras se rend chez Bonaparte (rue de la Victoire) et l'informe qu'il doit partir pour Toulon au plus vite. |
| 4 mai | À trois heures du matin, Bonaparte quitte Paris. |
| 9 mai | Il arrive à Toulon. |
| 19 mai | Bonaparte est sur le navire amiral, *L'Orient* ; à 6 heures du matin, il donne l'ordre d'appareiller. À sept heures, il est en mer : la campagne d'Égypte est commencée. |

La lecture de ce tableau montre, s'il en était besoin, que Bonaparte n'a joué à peu près aucun rôle dans la genèse de l'expédition d'Égypte : c'est Talleyrand qui en a eu l'idée, c'est Talleyrand qui est parvenu à l'imposer aux Directeurs, et cette idée était excellente dans ses principes. Mais elle ne pouvait germer que dans le cerveau d'un homme de réflexion patient, comme l'était le ministre des Relations extérieures, et non pas dans celui d'un homme d'action opportuniste et pressé comme Bonaparte, car elle concernait une des plus délicates questions de politique internationale, qui remontait aux croisades, la *Question d'Orient.*

L'Empire ottoman était alors le plus vaste du monde. On y parlait cent langues, le christianisme y était presque aussi répandu que l'Islām, et, encore à la fin du XVIIe siècle, il s'étendait de la mer Caspienne au Maghreb, sur l'ensemble des Balkans et sur tout le Moyen-Orient. Cette énorme puissance, qui avait des frontières communes avec l'empire russe et l'empire autrichien, impossible à gérer du fait de son étendue, avait vu son importance décliner au tout début du XVIIIe siècle ; les États chrétiens d'Europe avaient progressivement récupéré sur les Turcs la Hongrie, la Morée (c'est-à-dire la presqu'île du Péloponnèse), la Pologne, l'Ukraine, une partie des Balkans et c'est alors qu'avait débuté la fameuse Question d'Orient.

Celle-ci ne fut qu'une interminable querelle entre quatre grands États : 1° l'Autriche, qui tenait à préserver et/ou à récupérer ses territoires dans les Balkans ; 2° La Russie, qui réclamait le contrôle des Détroits pour faciliter le passage de ses navires en Méditerranée ; 3° l'Angleterre, inquiète de voir les Détroits contrôlés par les Russes ; 4° la France, qui n'avait pas d'intérêts territoriaux dans cette région, mais qui était l'alliée et l'amie de la Turquie depuis que Sulayman Ier le Magnifique (1520-1566) était intervenu en arbitre dans les querelles qui divisaient la Maison de France et la Maison d'Autriche (Charles Quint).

Talleyrand avait appris la diplomatie internationale, en étudiant les traités qui, depuis quelques siècles, reliaient la France aux autres puissances européennes. Il avait conscience du déclin de l'Empire ottoman, il ne craignait pas trop l'Autriche qui venait de subir une punition « révolutionnaire » en Italie, ni la Russie, qui avait d'autres chats à fouetter ; avant toute chose, il considérait que l'ennemi n° 1 de la France, c'était l'Angleterre et que c'était elle qu'il fallait atteindre.

Or, il ne paraissait pas possible de la mettre en péril territorialement, en raison de son caractère insulaire ; on devait donc s'en prendre indirectement à son empire colonial, le lointain subcontinent indien, en menaçant la route des Indes, qui passait par l'isthme de Suez : d'où l'intérêt majeur, pour la France, d'une occupation de l'Égypte. Pour cela, il lui fallait d'une part convaincre le Directoire, ce qui ne fut pas difficile, et d'autre part trouver un bon militaire : le meilleur était au chômage, à Paris, c'était Bonaparte. On vient de voir qu'une fois convaincus par Talleyrand d'entreprendre l'occupation de l'Égypte, les Directeurs le choisirent d'eux-mêmes. Ce choix, ils avaient au moins deux bonnes raisons pour le faire : 1° il avait pour effet de confier le sort d'une expédition lointaine et difficile, mais néanmoins décidée, entre les mains du seul général qui fût capable de la gérer, celui qui était revenu vainqueur de la campagne d'Italie et dont la présence, à la tête de la future armée d'Orient, rassurerait les banquiers auxquels il faudrait bien demander de l'argent pour la financer ; 2° il éloignait de France un agitateur encombrant, qui proclamait à qui voulait l'entendre que le régime des Directeurs était pourri, qu'il fallait le remplacer par une dictature stable, avec un pouvoir exécutif fort entre les mains d'un seul homme (et non pas de cinq !), une sorte de « *président perpétuel* », et que le renouvellement annuel, par tiers, du Corps législatif était une source d'instabilité politique et de troubles.

La première raison était, de loin, la plus évidente et la plus normale administrativement : Bonaparte avait été désigné pour commander en chef une armée qui devait débarquer en Angleterre, et on le déplaçait à la tête de l'armée d'Orient parce que les études préliminaires – les « inspections » – tendaient à montrer que ce débarquement était irréalisable et qu'il était plus utile de couper la route des Indes à l'ennemi, en occupant des positions stratégiques en Méditerranée. La seconde était la plus urgente, si l'on voulait préserver la paix civile, déjà suffisamment troublée par les néojacobins et par les néomonarchistes.

Car on parlait beaucoup de « dictature » à Paris, depuis le mois de janvier 1798, sans trop savoir, d'ailleurs, ce que ce mot signifiait vraiment, car il ne faisait pas partie du vocabulaire politique du temps. Le premier, Marat l'avait employé, dans ses pamphlets, en se faisant l'apologiste d'une dictature momentanée qui sauverait la République et qu'il était prêt à assumer ; on commençait à le voir réapparaître sous la plume de quelques publicistes. Par exemple, dans *L'Indépendant* du 2 février 1798, un journaliste (qui ne signe pas son article) imagine qu'il devise avec « Monsieur Gobemouche », nom d'un personnage de d'une pièce de Favart, intitulée *La Soirée des Boulevards* (1759), qui incarnait le type du badaud bon vivant, niais et crédule, se laissant abuser par tout ce qu'on lui dit ; il lui annonce un « *président perpétuel* » qui viendrait remplacer les Directeurs, et Gobemouche se contente de s'esclaffer :

> « Monsieur Gobemouche... Tout est culbuté !
> – Ha ! Ha !
> – Les Conseils [*les Cinq-Cents et les Anciens*] vont sauter.
> – Ah ! Diable !
> – Ou du moins être réduits, on ne sait trop lequel.

– Voyez-vous !
– Nous aurons un président perpétuel.
– Peste !
– Un généralissime.
– Ho ! Ho !
– Ceci est très sérieux. On se le disait à l'oreille depuis quelque temps. Aujourd'hui on se le dit tout haut. »

Dans le même journal, le 13 mars 1798, le chroniqueur politique Destival analyse le concept institutionnel, qu'il prend au sens de l'ancienne Rome où, lorsque la République était jugée en danger, le Sénat nommait, pour six mois ou exceptionnellement pour un an, un magistrat possédant les pleins pouvoirs, appelé *dictator* :

« Qu'est-ce qu'un dictateur ?

« Quelle est donc cette Dictature dont on parle depuis quelque temps ? Jusqu'où s'étend son pouvoir ? Quelle raison a-t-on de la redouter ? En avons-nous besoin ?... Frappez du pied, disait-on à Pompée, les légions sortiront de dessous terre. N'en peut-on pas dire autant du Directoire ? Il ne commande pas les armées, il est vrai, mais il commande les généraux. Que ferait-il d'un dictateur ? Cette souveraineté précaire l'anéantirait lui-même. [...] Et si ce dictateur une fois nommé ne voulait plus abdiquer ? Si le droit de la tyrannie se trouvait appuyé par le droit du glaive que deviendrait alors la République ? Nous en avons la conviction intime, les républicains l'immoleraient au pied de la statue de la liberté. Le téméraire qui oserait accepter ce *titre dangereux* annoncerait peut-être encore plus de démence que de courage. »

Le « téméraire » auquel il est fait allusion, par ce journaliste républicain, c'est évidemment Bonaparte. Dans Paris, les conversations vont bon train, à tel point que le Directoire s'en émeut et commande une enquête à Dondeau, ministre de la Police. Celui-ci remet son rapport au Directoire le 28 janvier 1798 : il est d'une naïveté incomparable ; selon le ministre, il n'y aurait ni agitateurs, ni agitation dans Paris, mais simplement des bruits qu'on aurait répandus : « *d'un côté on accole le citoyen Barras au général Bonaparte pour s'emparer de l'autorité, de l'autre on associe ce général au citoyen Reubell* » dit le fameux rapport. Et Dondeau de conclure, avec l'assurance des Dupond et Dupont de *Tintin*, le héros de Hergé : « *Jusqu'ici il n'y a rien, j'en réponds sur ma tête. Je dis plus, il n'y aura rien.* »

Barras, Reubell et les autres étaient plus subtils. Ils ont compris qu'il fallait éloigner Bonaparte à tout prix, en dépit de la guerre européenne qui s'annonce (ce qui prouve la vanité du traité de Campo-Formio). Barras le déclare formellement dans ses *Mémoires* :

> « Une nouvelle coalition [*la deuxième, dans laquelle entrera la Russie*] se trame secrètement en Europe, l'expédition contre l'Égypte l'accélérera. Tous nos moyens militaires auraient dû être conservés dans l'intérieur, principalement sur les côtes qui font face à l'Angleterre, *mais Bonaparte doit s'éloigner, sa présence pèse réellement au Directoire.* Mes collègues croient excuser cette conduite faible en disant : on parlera de nous en Asie. » (cité par Espitalier, *op. cit.* p. 183 *sq.*).

Autrement dit, bien que la France ait besoin de toutes ses forces pour faire face à la deuxième coalition qui se prépare, l'éloignement de Bonaparte est indispensable, même si cela doit priver le pays d'une partie de ses forces. Sa présence « pèse » aux Directeurs non pas tellement parce qu'ils craignent un coup d'État, mais parce qu'ils ont besoin d'avoir les mains (... et la tête) libres, pour se préparer à affronter le conflit, qui est sur le point d'éclater.

Ainsi donc les choses sont claires. Après Campo-Formio, Bonaparte traîne ses bottes dans Paris et pense plus à la politique qu'à partir en campagne. Après avoir été le « patron » de l'armée d'Italie, il aimerait être le « maître » sinon de la France (il n'a pas encore cette ambition), du moins de son gouvernement. Il a beau être extrêmement discret, ne faire aucune déclaration, ni en public, ni en privé, ne laisser échapper aucune « petite phrase », sa présence est un danger potentiel pour l'équilibre fragile du régime directorial. Aussi, avant même qu'il soit arrivé à Paris, les Directeurs ont-ils décidé qu'il irait représenter la France au congrès de Rastadt et qu'il s'occuperait ensuite d'envahir l'Angleterre : il a reçu cette double nomination alors qu'il était encore à Milan, le 5 novembre 1797.

C'est Talleyrand qui a perturbé ce plan, en lançant l'idée d'une expédition en Égypte qu'il a proposée à Bonaparte. Celui-ci, après s'être aperçu que les portes du pouvoir lui étaient closes, aussi bien *de jure* (il est trop jeune pour être éligible) que *de facto* (Barras refuse l'offre qu'il lui fait d'un coup d'État), n'hésite pas un instant : en bon opportuniste qu'il est, il choisit l'aventure, d'autant que, si elle réussit, elle peut avoir des suites prometteuses dans cette Méditerranée orientale où le pouvoir est vacant. Comme on va le dire, l'aventure tournera à la déroute, à la désertion de Bonaparte aux premières « horreurs de la guerre ». Plus tard, la propagande orchestrée par le Premier Consul transformera cette campagne perdue en « miracle des pyramides ».

## La campagne d'Égypte : le deuxième fiasco de Bonaparte (19 mai 1798-22 août 1799)

La campagne d'Italie méritait d'être contée pour trois raisons : 1° nous avons pu montrer qu'elle n'avait pas été l'œuvre du soi-disant « génie guerrier » de Bonaparte, mais le résultat d'un long travail préparatoire (deux ans) dirigé par Carnot, qui a guidé pas à pas un exécutant obéissant et consciencieux, lequel, lorsqu'il a tenté d'agir par lui-même sur le plan diplomatique, a échoué (Leoben, Campo-Formio) ; 2° elle a été le premier grand exemple d'application des théories militaires de Guibert ; 3° la personnalité opportuniste et dominatrice de Bonaparte s'y est révélée progressivement.

La campagne d'Égypte a beaucoup moins d'intérêt du point de vue de l'histoire militaire : elle a été improvisée (tant dans sa décision que dans son déroulement), les actions militaires, victorieuses ou non, se sont déroulées sans plan d'ensemble, au fur et à mesure des circonstances : par exemple, la désastreuse marche sur la Syrie a été une réponse à l'intervention des armées ottomanes, non prévue par l'apprenti conquérant, mais pourtant prévisible. Livré à lui-même, dans un univers géographique et humain qu'il ignorait, Napoléon y a fait la guerre comme on joue aux dés ou au poker ; malheureusement, les mises n'étaient pas des jetons : c'étaient des vies humaines. Le caractère inutilement sanglant et répugnant de cette guerre a été blâmé par tous les historiens, et la fuite honteuse, quasi clandestine, de ce commandant en chef, abandonnant derrière lui son armée et les meilleurs généraux français pour aller faire avec Sieyès le coup d'État dont Barras n'avait pas voulu, est une véritable désertion.

Le but de ce livre étant, non pas de raconter par le menu la vie de Bonaparte, mais de montrer qu'il est temps de réviser les jugements traditionnels sur ce personnage qu'une légende dorée délirante a transformé en un génial « Monsieur-je-réussis-tout » sans aucune vérité historique, nous ne nous attarderons pas sur les détails militaires de la campagne d'Égypte, résumés ci-après. Retenons simplement qu'après s'être emparé au passage de l'île de Malte (9-11 juin 1798), et avoir échappé, par miracle, à Nelson qui croisait dans les parages, à la recherche de la flotte française (280 embarcations), Bonaparte a mis le cap sur Alexandrie (qui tombe le 2 juillet 1798), où l'armée d'Orient (50 000 hommes) a débarqué. Puis, laissant la totalité de sa flotte à Aboukir (erreur suicidaire, comme on le verra plus loin), il est parti, à pied (ou plus précisément, lui à cheval et ses 50 000 soldats à pied), « libérer » le peuple égyptien et son gouverneur, le pacha d'Égypte (nommé par l'empereur ottoman), de la tyrannie des 470 chefs mamlouks (descendants de la dynastie turque qui avait régné sur l'Égypte avant la conquête ottomane ; voir ci-dessous la *Proclamation* du 22 juillet 1798). La campagne s'est alors déroulée en trois temps :

– juillet-octobre 1798 : prise d'Alexandrie et invasion (plus que conquête) par Bonaparte de la Basse-Égypte (le delta, Le Caire) ; le 1er août, Nelson retrouve la flotte française à Aboukir et en coule tous les navires ; un an plus tard, le 25 juillet 1799, Bonaparte y remportera une victoire terrestre sur les Turcs de Mustapha-Kemal, aidés par les Anglais : ce sera « une vraie bataille napoléonienne, une bataille de destruction » (Tulard).

– octobre 1798-avril 1799 : invasion de la Haute-Égypte par Desaix ;

– février-juin 1799 : campagne de Syrie contre les armées ottomanes descendues de Constantinople, par Bonaparte, Kléber, Lannes et Murat, marquée par la prise d'El-Arich, de Gaza, du port de Jaffa (où la peste fait des ravages), et par le long siège, qui n'aboutit pas de Saint-Jean-d'Acre (printemps 1799).

Si les détails de cette guerre sanglante et désordonnée ne nous intéressent pas ici, le comportement de Bonaparte en Égypte mérite qu'on s'y arrête. La proclamation à son armée, qu'il rédigea à bord de *l'Orient* le 22 juin 1798 (voir Annexe n° 16) est une merveille d'hypocrisie. Il y expose les raisons officielles de l'expédition : détruire la puissance des 470 beys mamlouks, qui favorisent exclusivement le commerce anglais (l'Égypte était une province de l'Empire ottoman ; les beys étaient des gouverneurs de provinces appartenant à l'ancienne dynastie turque des Mamlouks) ; mais surtout il prodigue à ses soldats des conseils sur la manière de se comporter avec des musulmans qui ne manquent pas d'intérêt. Tout aussi édifiante est la proclamation qu'il fait au peuple du Caire le 22 juillet 1798 (4 thermidor an VI) en entrant dans la ville (Napoléon avait pris la précaution d'emporter de Paris tout un matériel d'imprimerie, avec des caractères arabes et grecs, et des spécialistes des langues orientales, notamment de l'arabe) :

« PROCLAMATION

*Quartier général, Gyzeh, 4 thermidor an VI*

Peuple du Caire, je suis content de votre conduite. Vous avez bien fait de ne pas prendre parti contre moi. Je suis venu pour détruire la race des Mamlouks, protéger le commerce et les naturels du pays.

Que tous ceux qui ont peur se tranquillisent ; que ceux qui se sont éloignés rentrent dans leurs maisons ; que la prière ait lieu aujourd'hui comme à l'ordinaire, comme je veux qu'elle continue toujours. Ne craignez rien pour vos familles, vos maisons, vos propriétés, et surtout pour la religion du Prophète, que j'aime [*en France, Napoléon était un républicain laïc et anticlérical*].

Comme il est urgent que la tranquillité ne soit pas troublée, il y aura un divan [diwan, *terme arabe désignant un conseil d'administrateurs, ou de notables*] de sept personnes qui se réuniront à la mosquée d'al-Azhar. Il y en aura toujours près du commandant de la place, et quatre seront occupées à maintenir la tranquillité et veiller à la police [*Napoléon invente le système pétiniste de la collaboration avec l'occupant*]. »

Et, le même jour, il fait savoir au pacha d'Égypte (que le bey mamlouk Ibrahim a fait prisonnier) : « *Je suis très fâché de la violence que vous a faite Ibrahim pour vous forcer à quitter Le Caire et à le suivre. Si vous en êtes le maître* [le supérieur hiérarchique, comme l'implique la fonction de pacha], *revenez au Caire, vous y jouirez de la considération et du rang dus au représentant de notre ami le Sultan.* »

Enfin, il faut dire deux mots des savants et des artistes que Bonaparte emmena avec lui sur les bords du Nil. Les napoléophiles s'extasient sur cette initiative ; la première du genre remontait à Jules César, elle n'avait rien que de très banal à l'époque : la plupart des grandes expéditions commerciales ou militaires du XVIIIe siècle, qui fut le siècle de la glorification de la science, ont eu leurs cohortes de géographes, de linguistes, de botanistes, de zoologistes, de géologues, de médecins, de dessinateurs ; l'originalité de l'expédition de 1798 fut d'avoir été une expédition militaire, financée par l'État, donc disposant de moyens importants, que n'avaient ni les Cook, ni les Bougainville, ni les Lapérouse. Mais, bien que la création de l'Institut d'Égypte par Napoléon soit une décision culturelle majeure, il est faux de dire que l'égyptologie est née avec la campagne d'Égypte. Les Anciens s'étaient déjà extasiés sur les temples et sur les pyramides, et, en ce qui concerne le déchiffrement des hiéroglyphes, il a commencé vers 1650, avec les travaux du jésuite allemand Athanase Kircher ; l'expédition d'Égypte a tout simplement fourni aux orientalistes une documentation plus abondante, qui leur a permis de percer les secrets de l'écriture des anciens Égyptiens, qui intriguait tant les Grecs. Quant à la pierre découverte par l'officier du génie Bouchard à Rosette (près d'Alexandrie), qui servit plus tard aux travaux de Champollion, elle tomba, à l'époque, entre les mains des Anglais et c'est à Londres, au *British Museum*, qu'on peut encore la contempler.

Oublions les massacres, les pestiférés de Jaffa euthanasiés à l'opium, la propagande fallacieuse de Bonaparte qui commençait toutes ses lettres adressées à des beys par une invocation au Coran (à l'Alcoran, comme on disait alors), à Allah et à son Prophète, pour nous attacher au comportement de Bonaparte dans cette campagne. Il a dû se rendre compte assez vite que le rêve de Talleyrand, créer un empire méditerranéen français avec les dépouilles de l'Empire ottoman, était une vue de l'esprit, et il attendait l'occasion, l'événement, qui lui permettrait de rentrer en France et d'y installer le régime qui la sortirait de son anarchie post-révolutionnaire.

Recevait-il des nouvelles de France ? Sans doute, au moins de ses frères, ou de Joséphine ; mais il fallait au minimum six semaines, et même davantage, à une frégate pour faire le trajet Toulon-Alexandrie, et ce n'était pas sans danger. Donc les nouvelles étaient rares, mais elles arrivaient ; on dit qu'après la bataille terrestre d'Aboukir, le 25 juillet 1799, un porte-parole qu'il aurait envoyé à la flotte anglaise pour un échange de prisonniers serait revenu avec des journaux récents (le *Courrier Français*, qui paraissait à Londres, et la *Gazette de Francfort* des mois de mai et juin précédents). Admettons le fait, il n'est pas invraisemblable ; mais Bonaparte aurait pu tout aussi bien recevoir des dépêches par un autre canal. Or, au mois de mai, en France, rien ne va plus : l'armée d'Italie connaît revers sur revers et les élections d'avril 1799 ont donné la majorité à la gauche, aux néojacobins, tant au Conseil des Cinq-Cents (qui siège au Palais-Bourbon) qu'à celui des Anciens (qui siège aux Tuileries), alors que le Directoire (qui siège au Palais du Luxembourg) était maintenant plutôt à droite et comptait, dans ses rangs, un grand revenant : Sieyès, la « taupe de la Révolution », comme l'appelait Robespierre. L'auteur de *Qu'est-ce que le tiers-état ?*, le pamphlet qui avait ouvert la Révolution, en 1789, n'était pas un partisan du régime ; lui aussi en tenait, discrètement, pour un exécutif fort, et il disait de Bonaparte qu'il était « *le plus civil des militaires* ». Les guerres de la deuxième coalition avaient éclaté un peu partout, les meilleurs généraux français étaient en Égypte et la majorité néojacobine du Corps législatif réclamait aux Directeurs des mesures de « salut public ». Dans le même temps, sous la pression des Conseils, qui y avaient introduit des hommes de gauche, comme Gohier et Roger Ducos, le collège directorial se désorganisait. Les députés avaient voté une sorte d'impôt sur la fortune (l'« impôt progressif »), déguisé en emprunt forcé, l'anarchie menaçait le pays et l'on disait que Sieyès envisageait de pressentir Joubert pour faire un coup d'État. Bonaparte avait toutes les raisons de retourner en France : c'était pour lui le moment ou jamais, et, vraisemblablement, ce moment il l'attendait depuis qu'il avait mis le pied sur le sol égyptien. Marmont écrira plus tard, dans ses *Mémoires*, qu'il prétendait qu'à son arrivée, sa présence rendrait la confiance aux citoyens et à l'armée, et qu'il partait parce que la France avait besoin de cela ; c'était faux, bien entendu : depuis deux ans qu'il était parti, il n'avait eu aucune nouvelle de France, et il ignorait tout de l'état de l'opinion publique. En fait, il prenait ses désirs pour des réalités et se donnait par la même occasion une bonne excuse pour partir en laissant son armée s'enliser dans les sables des déserts syriens et égyptiens. Cela ne lui coûtait guère de quitter l'Égypte : il y avait sans doute quelque chose à gagner, pour Bonaparte, des défaites et de l'anarchie françaises.

Il lui fallait partir discrètement, sans éveiller les soupçons des navires anglais qui croisaient autour d'Alexandrie, ni surtout ceux de son armée, qui risquait de se mutiner et de l'empêcher de partir si elle avait vent de ses intentions. Le 15 août 1799, au Caire, il apprend par Marmont que l'amiral anglais qui surveillait les côtes d'Alexandrie, Sydney Smith, vient de prendre la route de Chypre. C'est le moment. Mais, avant de partir, il lui faut transmettre, dans le plus grand secret, son commandement et ses consignes à un général fidèle, en l'occurrence à Kléber. Mais Kléber est loin du Caire, et Bonaparte n'a pas le temps de l'attendre ; il prépare un pli cacheté à son intention et convoque le général Menou, qui est à Rosette, pour le lui remettre :

AU GÉNÉRAL MENOU, À ROSETTE

« *Quartier général, à 3 lieues d'El-Rabmânyehn*
*3 fructidor an VII (20 août 1799)*

Il est ordonné au général de division Menou de partir de Rosette une demi-heure après ma réception du présent ordre, pour se rendre, de sa personne, à la fontaine entre Alexandrie et Aboukir, où était le quartier général, le jour de la bataille d'Aboukir.

J'ai à communiquer au général Menou des ordres qui sont de la première importance. Il faut que le général Menou soit rendu demain 4 fructidor, à deux heures après midi, à la fontaine entre Alexandrie et Aboukir.

Cet ordre est du général Menou à moi ; il ne doit pas en donner communication.

Par ordre du général en chef

Le général Menou aura avec lui son escorte, qu'il laissera à Aboukir. »

On notera le luxe de précautions dont s'entoure Bonaparte ; il donne rendez-vous à Menou en rase campagne, auprès d'une fontaine, et Menou doit y venir seul, sans escorte. On remarquera aussi l'urgence du message : Menou doit partir une demi-heure après avoir reçu l'ordre de son général en chef. Que lui a dit Bonaparte, au cours de ce rendez-vous secret ? Sans doute qu'il allait partir pour la France prochainement et qu'il comptait sur lui pour prévenir Kléber. Quoi qu'il en soit, deux jours plus tard, Napoléon est à Alexandrie et il a décidé du jour et de l'heure de son départ ; il en informe Menou par une lettre du 22 août (5 fructidor an VII), lui confiant le commandement des côtes d'Alexandrie, un pli cacheté pour Kléber et une lettre pour le général Dugua, qui commande la place du Caire.

AU GÉNÉRAL MENOU,

« *Quartier général, Alexandrie, 5 fructidor an VII*

Vous vous rendrez de suite à Alexandrie, Citoyen Général ; vous prendrez le commandement d'Alexandrie, de Rosette et du Bayreh.

Je pars ce soir pour la France.

Le général Kléber doit être rendu dans deux ou trois jours à Rosette. Vous lui ferez passer le pli ci-joint, dont je vous envoie un double que vous lui ferez passer par une occasion très sûre.

Le général Marmont part avec moi. Je vous prie, pour empêcher les faux bruits, d'envoyer au général Kléber un bulletin de notre navigation, jusqu'à ce qu'on n'ait plus connaissances des frégates. [...]

BONAPARTE »

La lettre à Kléber est longue (huit pages manuscrites). Bonaparte y joint les journaux anglais et allemands (de Francfort) qu'il a reçus dans les conditions qu'on a dites plus haut, et dont les plus récents sont du 10 juin 1799. Ils relatent les premières grandes défaites françaises en Europe, et notamment la perte de l'Italie, et lui donne officiellement l'autorisation de conclure la paix avec Constantinople si l'épidémie de peste, née à Jaffa, se répand en Égypte, « *quand bien même l'évacuation de l'Égypte devait en être la condition principale* », non sans souligner de ne se résoudre à cela que le plus tard possible et il ajoute :

« Si La Porte répondait aux ouvertures de paix que je lui ai faites [*première nouvelle pour Kléber !*], vous devez déclarer que vous avez tous les pouvoirs que j'avais, entamer la négociation, persister toujours dans l'assertion [...] que l'intention de la France n'a jamais été d'enlever l'Égypte à La Porte, demander que La Porte sorte de la coalition et nous accorde le commerce de la mer Noire, et enfin six mois de suspension d'hostilités... »

(Lettre n° 4374, du 22 août 1799, vol. V de la *Correspondance*.)

Enfin, le même jour, il fait ses adieux à son cher Junot (lettre n° 4379, du 22 août 1799, vol. V de la *Correspondance*) :

AU GÉNÉRAL JUNOT

« *Quartier général, Alexandrie, 5 fructidor an VII*

Lorsque tu recevras cette lettre, je serai bien loin de l'Égypte. J'ai regretté de ne pouvoir t'emmener avec moi ; tu t'es trouvé trop éloigné du lieu de l'embarquement. Je donne à Kléber l'ordre de te faire partir dans le courant octobre. Enfin, dans quelque lieu et dans quelque circonstance que nous nous trouvions, crois à la continuation de la tendre amitié que je t'ai vouée.

Salut et amitié.

BONAPARTE »

Il n'oublie pas non plus son armée, à qui il doit un minimum d'explications (lettre n° 4380, du 5 fructidor an VII, vol. V de la *Correspondance*) :

À L'ARMÉE

« *Quartier général, Alexandrie, 5 fructidor an VII*

Les nouvelles d'Europe m'ont décidé à partir pour la France.

Je laisse le commandement de l'armée au général Kléber.

L'armée aura bientôt de mes nouvelles ; je ne puis en dire davantage [*on le comprend ; il ignore absolument ce qu'il va devenir : va-t-il tomber entre les mains des Anglais au cours de son long voyage en Méditerranée ? Va-t-il être arrêté pour désertion à son arrivée en France ? Va-t-il prendre le pouvoir par un coup d'État ?*]. Il me coûte de quitter les soldats auxquels je suis le plus attaché ; mais ce ne sera que momentanément, et le général que je leur laisse a la confiance du Gouvernement et la mienne.

BONAPARTE »

Un fois terminée cette laborieuse correspondance, il lui faut partir rapidement et furtivement. Le 22 août 1799, à dix-neuf heures, Bonaparte, accompagné de Berthier, Murat, Marmont, Duroc et Lannes, embarque devant Alexandrie sur la frégate *La Muiron*, escortée par trois autres bâtiments (une deuxième frégate et deux chébecs, avec, à bord, plus de deux cents hommes et des armes. Il abandonne ses soldats, ses autres généraux, une grande partie des savants qu'il avait emmenés avec lui.

Il n'était pas prudent de prendre la même route qu'à l'aller, car la Méditerranée, entre la côte égyptienne et Malte, était infestée de navires anglais ; les fuyards se dirigèrent donc vers la Tunisie, en longeant la côte africaine, et, arrivés à Tunis, piquèrent au large vers la Corse. Le 30 septembre, *la Muiron* entrait dans le golfe d'Ajaccio : le temps d'une promenade sans doute nostalgique dans la ville natale du général, d'une visite aux *Milelli*, et Bonaparte quittait son île le 6 octobre au soir. La mer était mauvaise : *la Muiron* pénétra dans la baie de Saint-Raphaël vers midi. Le 16 octobre, à six heures du matin, il arrive, à l'improviste, chez lui, rue de la Victoire. Il y trouve sa mère, quant à Joséphine, elle n'est pas là : elle dort dans le lit d'un de ses nombreux amants.

## Vers Brumaire

La Révolution française n'a pas été, fondamentalement, une révolution politique, contrairement à ce qu'on pourrait penser. Elle a simplement substitué à la « tyrannie » du monarque, la « tyrannie » de l'État. Contrairement à ce que l'on pense classiquement, le pouvoir du premier était bien loin d'être absolu, et confronté à plusieurs contre-pouvoirs : ceux des lois fondamentales du royaume de France quant à la transmission du pouvoir monarchique, des Parlements, des jurandes et des corporations, de l'Église et des Universités, des communes (« l'air des villes rend libre », disait-on déjà au Moyen Âge). Quant à la « tyrannie », de l'État, c'est celle d'une majorité (ne fût-elle que d'une voix) sur une minorité ; elle s'exprime par des lois (constitutionnelles, civiles, pénales, commerciales) votées par les représentants du peuple et par des règlements d'administration.

En revanche, ce qui se passa entre 1789 et 1799, ce fut une révolution de société, dans la mesure où : 1° les pouvoirs changèrent de mains, et passèrent de celles des privilégiés (noblesse, haut clergé) dans celles des élus et des fonctionnaires ; 2° les richesses foncières changèrent elles aussi de propriétaires, elles furent transformées, pour la plupart, en biens nationaux et vendues, de sorte qu'un nouveau type de richesses fit son apparition, générées par la spéculation monétaire (née en grande partie de la vente des biens nationaux) ; 3° les libertés individuelles furent limitées par des lois *votées* et non plus par des traditions séculaires ou par la volonté des puissants ; les « ordres » de la nation (noblesse, clergé, tiers-état) disparurent et laissèrent la place aux « classes sociales » : il y eut des riches et des pauvres, des paysans (plus de 80 % de la population) et des citadins (avec parmi eux des bourgeois, des intellectuels et un « petit peuple »), des politiques (parfois aussi militaires) et des administrés.

La tâche des gouvernants sous la Ire République, une fois passée la phase violente de la Convention, fut, à l'époque du Directoire, de maintenir en équilibre cette société française issue de la Révolution et d'empêcher qu'elle ne tombât dans l'anarchie, vers laquelle l'entraînait la grave crise économique dans laquelle elle se débattait.

Il ne faut pas oublier, à ce sujet, que la Constitution de l'an III, qui définit le régime du Directoire, a été rédigée par la Convention (qui avait été précisément élue pour doter la France d'une Constitution républicaine ; son principal rédacteur fut Daunou), et qu'elle avait pour but, entre autres, d'empêcher : 1° que le pouvoir exécutif ne devînt une dictature (c'est pourquoi il est exercé collégialement par cinq Directeurs) ; 2° que le pouvoir législatif ne devînt le pouvoir des sans-culottes (c'est pourquoi le suffrage est censitaire et à deux degrés).

On pensait ainsi éviter la venue d'un nouveau Robespierre (qui avait sans doute été inévitable, sinon indispensable, en son temps), c'est-à-dire la dictature ; mais la Constitution n'avait rien prévu pour éviter les conséquences du dysfonctionnement qui pouvait résulter d'un conflit entre l'exécutif et le législatif (notons, au passage, que les Constitutions des Républiques n° III et IV n'ont résolu ce problème que par l'institution de la responsabilité de l'exécutif devant le législatif ; la Constitution de la Ve République a conservé le même principe en ce qui concerne le Premier ministre et son gouvernement et l'a complété par l'institution de la « cohabitation » entre le Président de la République et le gouvernement issu d'une majorité qui ne serait pas la sienne).

Le Directoire, premier régime républicain qu'ait vraiment connu la France, a vécu peu de temps (quatre ans, d'octobre 1795 à novembre 1799), mais il a fait de grandes choses.

Sur le plan extérieur, il a vaincu la première coalition en Italie, il a résisté à la deuxième coalition naissante, dont l'initiatrice est toujours l'Angleterre, mais dans laquelle le rôle principal va être joué par la Russie du tsar Paul Ier (victoires de Masséna sur les Russes, à Zürich en septembre 1799, et de Brune sur les Anglo-Russes en Hollande : point n'était besoin de Napoléon pour cela).

Sur le plan intérieur, s'il n'a pas résolu les problèmes économiques et financiers liés au bouleversement de la société française dont on vient de parler et à l'état de guerre permanent dans lequel se trouvait la France, il n'en a pas moins rétabli la paix civile (fermeture du club néojacobin du Panthéon en février 1796, surveillance du club de Clichy), réorganisé l'administration financière du pays (le ministre des Finances Ramel de Nogaret a créé le cadastre et l'administration des contributions ; auparavant c'étaient les élus qui en étaient chargés, avec tous les excès que l'on peut imaginer). Il a aussi complété l'œuvre de la Convention en matière d'instruction publique ; celle-ci avait créé les écoles primaires laïques (une ou plusieurs par canton), gratuites pour les indigents, payantes pour les autres, et les grands établissements scientifiques (l'École des langues orientales, le Bureau des Longitudes, le Muséum d'Histoire naturelle, le Conservatoire des Arts et Métiers, les Archives Nationales, le Musée du Louvre, l'École Polytechnique, l'Institut de France, etc.) ; le Directoire (plus précisément le ministre de l'Intérieur, François de Neufchâteau) a multiplié les écoles centrales et créé le système des *bourses*. Cette œuvre n'a pas été aussi spectaculaire, certes, que la campagne d'Italie ; mais celle-ci a été un lamentable gaspillage (de sang, d'argent, d'énergie), alors que celle-là a permis peu à peu une véritable démocratisation de l'instruction et de la culture.

Toutefois le régime avait été obligé de faire la guerre (défensive) contre la première coalition, et l'on ne fait pas la guerre sans ressources financières. Les impôts rentraient mal (d'où les réformes de Ramel, qui ne portèrent leurs fruits que plus tard) et le Trésor était vide. Suivant l'exemple de la Convention, le Directoire fit fonctionner à jet continu la planche à billets, en l'occurrence la planche à assignats ; ceux-ci se déprécièrent rapidement et plus on en fabriquait, plus on en manquait. On comprend dès lors les consignes de pillage systématique données par les Directeurs à Bonaparte, quand il était en Italie. Dans le même temps, le Directoire pensait à l'avenir et avait renoué avec les coutumes de l'Ancien Régime des enquêtes industrielles et des plans terriers. C'est François de Neufchâteau, encore lui, qui lança en août 1798 le projet d'une description statistique – démographique et économique – des départements.

Toutefois, ces initiatives ne permettaient pas de faire face à la grande dépression économique de 1796-1801 qui a touché tous les grands pays européens, y compris l'Angleterre : pendant cette courte période, la monnaie métallique disparut, le loyer de l'argent fut multiplié par trois, les prix agricoles chutèrent spectaculairement (le prix de l'hectolitre de blé baissa de 17 %). Et la spirale, maintenant bien connue, de la déflation se déroula : les paysans (qui représentaient 80 % de la population française) virent leurs revenus diminuer, la consommation rurale diminua d'autant, le secteur industriel (la soierie lyonnaise, les industries textiles du Nord) et le secteur commercial (notamment le commerce parisien et l'activité des villes portuaires) suivirent le mouvement et le chômage fit son apparition.

Sur le plan politique pur, le collège des Directeurs était soumis à la pression des deux partis qui se disputaient la majorité au Corps législatif, les néojacobins (la « gauche ») et les néomonarchistes (la « droite »), qui avaient instauré une sorte de guerre civile larvée, non seulement à Paris, mais aussi dans les grandes villes de province : les services du ministère de la Police avaient du pain sur la planche. Quant au Corps législatif, il se modifiait peu à peu, au fur et à mesure des renouvellements annuels par tiers des deux Congrès.

Le vice fondamental de la Constitution de l'an III était, précisément, cette fluctuation annuelle des trois majorités : celle du Directoire, où, chaque année, entrait un nouveau Directeur pour remplacer le sortant, tiré au sort et celles des deux Congrès (des Anciens et des Cinq-Cents). Entre le Corps législatif et le Directoire le conflit fut donc constant, puisque rien ne prévoyait la cohabitation de deux majorités différentes, celle des Directeurs et celle des deux assemblées ; ce vide constitutionnel explique les « petits » coups d'État de Fructidor (4 septembre 1797, voir p. 294) et de Floréal (11 mai 1798, un tripatouillage électoral qui permit l'invalidation de 106 députés néojacobins : ce fut un « coup d'État » dans le cadre de la loi).

Ces difficultés conduisirent un petit groupe d'hommes politiques à considérer qu'une révision de la Constitution de l'an III était indispensable. Leur leader fut Sieyès, qui ne l'avait jamais approuvée, on les appelait les *révisionnistes*. La formation de la deuxième coalition et les revers de l'armée française en Égypte et Italie (défaites de Cassano, de La Trébie et de Novi, au cours du printemps et de l'été 1799) donnèrent de plus en plus de poids à ce mouvement : il devenait évident que seul un coup d'État changerait les choses et Sieyès, après son entrée au Directoire (16 mai 1799) disait à qui voulait l'entendre qu'il était prêt à le faire, mais qu'il lui fallait une épée (le mot parvint peut-être à Bonaparte alors qu'il était encore en Égypte), et il avait fait des avances à Joubert, qui se battait en Italie. La mort de celui-ci à la bataille de Novi (15 août 1799) l'obligea à repousser le coup de force que maintenant tout le monde attendait. L'arrivée à Paris de Bonaparte, le 16 octobre 1799, au petit matin, allait tout arranger... ou tout déranger.

## Le coup d'État des 18 et 19 Brumaire an VIII (9 et 10 novembre 1799)

Si Bonaparte était rentré d'Égypte, ce n'était pas, on s'en doute, pour voler au secours de la République chancelante, vaincue à l'extérieur par les Russes et les Autrichiens et menacée à l'intérieur par les extrémistes (néojacobins et néomonarchistes). C'était pour prendre enfin le pouvoir suprême dont il ne pouvait plus se passer depuis qu'il y avait goûté lorsqu'il était le seul maître en Italie, après ses victoires, en 1796-1797. Certes, en Égypte, il avait retrouvé le plaisir d'être le maître, sans avoir de compte à rendre à qui que ce soit, mais l'Égypte n'était qu'un os à ronger que lui avait tendu Barras après qu'il lui eut proposé un « coup d'État à deux », en janvier 1798, pour se débarrasser de lui.

Le voyage triomphal que fit Napoléon, de Saint-Raphaël (où il avait débarqué le 9 octobre) à Paris (où il arrive le 16 octobre au matin), le conforte dans cette double idée que, d'une part, tout va de plus en plus mal en France, et que, d'autre part, les notables et les affairistes, troublés par la crise économique qui battait alors son plein, plus troublés encore par l'impôt progressif sur la fortune qui a été institué, souhaitent un pouvoir fort, qui saura rétablir l'ordre et garantir la prospérité de l'industrie naissante et du commerce. Ses frères, le tranquille Joseph et le bouillant Lucien Bonaparte sont venus à sa rencontre ; traversent avec lui les villages pavoisés et le mettent au courant de la situation politique (ils sont tous deux députés au Conseil des Cinq-Cents). Lucien, qui, au Conseil, attaquait tour à tour les néomonarchistes, les catholiques et les néojacobins, lui dit que, le 15 septembre 1799, il a rappelé à la tribune des Cinq-Cents qu'il existait une loi, toujours en vigueur, mettant hors la loi quiconque porterait atteinte à la sécurité des membres du Corps législatif (ce qui signifiait que, dans les milieux parlementaires, on pensait au changement de Constitution, mais qu'on espérait qu'il se ferait sans coup de force).

Le 17 octobre, lendemain de son arrivée à Paris, Bonaparte

est reçu par les Directeurs, au Palais du Luxembourg. Il sait à quoi s'en tenir sur leurs dispositions : Barras – qui espère se maintenir à la tête du gouvernement directorial – ainsi que Gohier et Moulin souhaitent le nommer à la tête de l'armée d'Italie, et l'envoyer rétablir la situation militaire dans la péninsule ; Sieyès et Roger Ducos sont partisans non pas d'un coup d'État, mais d'une révision sérieuse de la Constitution, et Ducos a même fait fermer, aux Tuileries, le club du Manège, où se réunissaient les néojacobins, le 13 août 1799.

Les jours suivants, Bonaparte ne se montre guère. Le 19 octobre, il écrit un petit mot de cinq lignes au mathématicien Laplace, pour le remercier de lui avoir envoyé son livre sur la mécanique céleste, qu'il termine ainsi : « *Si vous n'avez rien de mieux à faire, faites-moi l'amitié de venir dîner demain à la maison. Mes respects à madame Laplace.* » (lettre n° 4384, du 19 octobre 1799, vol. V de la *Correspondance*) ; l'invitation n'est pas innocente, car le général tient à se concilier les intellectuels (et en particulier les idéologues). Il consulte chez lui, rue de la Victoire, où Joséphine est parvenue – du moins elle le croit – à faire pardonner ses infidélités. L'un des premiers à venir lui rendre visite est Talleyrand, qui lui aussi est un antijacobin. Il reçoit aussi Réal, un homme de Barras (il l'avait conseillé au moment du 13 Vendémiaire), commissaire du Directoire auprès de l'administration du département de Paris et celui-ci lui recommande chaudement de voir Fouché : « *C'est un des hommes qu'il faut dans une pareille affaire,* lui dit-il, *d'ailleurs il sait tout ; je vous le déclare, je l'ai mis dans le secret* » (d'après Fabre, député de l'Aude aux Cinq-Cents, cité par Thiry, *Le Coup d'État du 18 Brumaire*, Paris, 1947, p. 61).

Bonaparte reçoit donc longuement Fouché, il comprend rapidement les avantages qu'il pourra tirer de la collaboration d'un tel personnage, en apparence prêt à trahir n'importe qui en faveur du pouvoir de l'heure : à partir de cette entrevue, Fouché le tint régulièrement au courant de toutes les décisions du Directoire et c'est ainsi que débuta une étroite collaboration policière entre les deux hommes, qui ne devait se terminer qu'en 1815. Bonaparte apprend ainsi que de nombreux membres du Conseil des Anciens et du Conseil des Cinq-Cents, le parti modéré des notables, qui craignent le déclin des affaires et qui sont contre l'impôt progressif sur la fortune, souhaitent qu'il prenne le pouvoir et qu'il modifie la Constitution.

Le milieu des affairistes, qui s'étaient bien accommodés de Barras, qui était l'un des leurs, à la belle époque des Thermidoriens, souhaite un nouveau Thermidor, instauré par les militaires, tout comme les milieux industriels et financiers de l'Allemagne de Weimar soutenaient, en sous-main, les faiseurs de putsch, comme Kapp ou un certain Adolf Hitler. La Revellière-Lépaux, un ancien Girondin qui fut le premier président du Conseil des Anciens, puis Directeur de 1795 à 1798, artisan, déjà, du coup d'État de Fructidor et de celui de Floréal, a écrit avec clairvoyance, dans ses *Mémoires*, que « *Ce fut la faction des militaires, jointe à celle des voleurs* [entendez : les affairistes], *qui renversa la République* » (*Mémoires,* III, p. 333).

Ainsi, tous les partisans d'un changement de régime défilaient dans la maison de Bonaparte, rue de la Victoire, mais les hommes avec lesquels celui-ci aurait voulu s'entretenir, c'étaient les deux directeurs favorables à une modification de la Constitution, Roger Ducos et surtout Sieyès, l'oracle constitutionnel par excellence. Ces derniers, notamment Sieyès, étaient prêts à le rencontrer, mais ils souhaitaient que ce fût Napoléon qui se dérangeât, et qu'il vînt au Palais du Luxembourg ; le général, de son côté, considérait que c'était à eux de se déranger. On fit appel à un diplomate pour régler ce petit conflit, en l'occurrence à Talleyrand, qui convainquit Napoléon de se rendre au Luxembourg.

L'entrevue eut lieu le premier jour du mois de Brumaire (23 octobre 1799). Bonaparte trouva encore le moyen de prendre la mouche trois fois : en arrivant au Palais du Luxembourg, il fut froissé de ne pas entendre les tambours de la garde lui rendre honneur en battant aux champs ; puis il se renfrogna, car il dut attendre quelque temps avant d'être reçu ; enfin il fit remarquer qu'on aurait pu ouvrir devant lui la porte du Conseil à deux battants. Puis le climat s'apaisa, Bonaparte plaisanta avec Sieyès sur la petite querelle de protocole qui avait retardé sa venue : « Nous nous sommes comportés comme deux duchesses se disputant un tabouret », lui dit-il, puis il adressa des louanges à l'homme qui avait mis la Révolution sur les rails avec son fameux pamphlet de 1789 et lui dit qu'il avait un plan d'action pour sauver la patrie de l'anarchie tout en préservant les libertés fondamentales. Sieyès l'écouta, s'offrit à le seconder dans son entreprise, mais ne lui demanda pas de lui communiquer son fameux plan. Le même jour, Lucien Bonaparte, qui avait jeté aux orties sa défroque de néojacobin depuis qu'il s'était enrichi dans une lucrative affaire de course maritime (plus prosaïquement : de piraterie), est élu président du Conseil des Cinq-Cents, où il siégeait (bien qu'il n'eût pas l'âge requis) depuis 1798 comme député de Liamone (département correspondant à l'actuelle Corse-du-Sud), ainsi que l'aîné des Bonaparte, Joseph.

Napoléon pouvait donc compter sur Sieyès et Roger Ducos, il avait l'appui du ministre de la Police, celui de son frère Lucien, qui saurait, éventuellement, manipuler les Cinq-Cents, la faveur des militaires et celle d'une grande partie de l'opinion publique, bernée par la propagande entretenue autour de son nom. Cependant, méticuleux à l'extrême, en politique comme sur un champ de bataille, il ne voulait pas s'engager dans l'aventure sans la bénédiction de Barras, qui, jusque-là, ne s'était pas prononcé. Il dîne chez lui, en petit comité, le 8 Brumaire (30 octobre 1799), et s'entend dire par son ancien protecteur que la République est moribonde, qu'il lui conseille de retourner sur les champs de bataille, et que lui, Barras, n'a plus qu'à prendre une retraite bien méritée.

Bonaparte le quitte, déçu et méfiant. En arrivant rue de la Victoire, il y trouve Talleyrand, Fouché, Réal et Roederer, qui avait été, un 1792, en jacobin modéré, et leur annonce la défection de Barras : « Quel imbécile ! » dit à peu près Réal, et il part chez Barras avec Fouché, afin de l'endoctriner. On ignore comment ils s'y prirent, mais, le lendemain 9 Brumaire (31 octobre 1799), à huit heures du matin, Barras se présentait rue de la Victoire. Bonaparte lui fait dire qu'il était encore au lit ; Barras force la porte et explique au général qu'il s'est mal fait comprendre la veille, et qu'il est prêt à le soutenir dans son action. Napoléon trouve cette volte-face suspecte : tant que le coup d'État n'est pas accompli, Barras est le maître du Directoire et il a le pouvoir de le faire arrêter, pour complot contre la République, ou de le faire assassiner ; il lui répond qu'il a changé d'avis, qu'il ne peut s'habituer au climat humide de Paris, qu'il regrette le climat sec et chaud de l'Égypte. Et la conversation se clôt sur ces banalités. Exit Barras.

À partir de cette matinée, les proches de Bonaparte qui avaient leurs entrées au Luxembourg – Talleyrand, Roederer, Réal – ne cessent de rassurer les deux autres Directeurs, Gohier et Moulin, qui tiennent à maintenir la Constitution de l'an III : si Bonaparte tente quelque chose contre la République, ils les préviendront, pour qu'ils puissent réagir. Inversement, Moulin passe tous les matins, entre huit et neuf heures, rue de la Victoire, sous le prétexte de lui demander conseil sur les affaires du jour, civiles ou militaires.

Les modalités du coup d'État furent arrêtées le 10 Brumaire (1er novembre 1799) par Sieyès et Bonaparte, au cours d'une entrevue ménagée dans la maison de Lucien. Sieyès tenait à ce que les apparences constitutionnelles fussent conservées. Les deux hommes décidèrent donc que le coup d'État se déroulerait en deux temps :

– dans un premier temps, le Conseil des Anciens voterait l'application des articles 102, 103 et 104 de la Constitution de l'an III, qui donnaient au Conseil, en cas d'urgence, le droit de déplacer le lieu des débats de tout le Corps législatif – c'est-à-dire des deux Conseils – pour le soustraire à la pression des mouvements populaires et nommerait Bonaparte commandant en chef des forces armées ; Sieyès et Roger Ducos s'associeraient à cette décision, feraient pression sur les Directeurs Gohier et Moulin pour qu'ils n'y fassent pas opposition et sur Barras pour qu'il démissionne ; les deux Conseils seraient alors déplacés le jour même à Saint-Cloud ;

– dans un deuxième temps, le lendemain de ce déplacement des députés, les deux Conseils voteraient une nouvelle Constitution pour la République, avec un pouvoir exécutif fort et une ou deux commissions législatives, chargées d'élaborer des textes nouveaux.

Le plan était hasardeux, et Sieyès, inquiet, demanda à Bonaparte : « *Où est la garantie du succès ?* » ; « *Nulle part, aurait répondu Napoléon, mais dans une grande affaire, on est toujours forcé de donner quelque chose au hasard.* » (rapporté par Vandal, *L'Avènement de Bonaparte*, Paris, 1915, t. I, p. 272). Ce mot est bien dans l'esprit de Bonaparte, qui, en politique comme dans l'art militaire, a toujours misé sur le hasard (même à Austerlitz), et qui a finalement tout perdu, comme tous les joueurs.

Pour que les chances de réussite du coup d'État fussent assurées, il fallait en outre de l'argent et l'adhésion des troupes de la garnison de Paris. Bonaparte avait rapporté une fortune de sa campagne d'Italie, et il l'avait confiée à Joseph : sa famille considérait qu'elle lui appartenait et ne tenait pas à s'en dessaisir. On fit donc appel aux financiers et aux hommes d'affaires parisiens, à qui l'on promit l'abolition de l'impôt progressif. Quant aux troupes cantonnées à Paris (même pas 10 000 hommes, mais c'était largement suffisant), les unes étaient constituées d'anciens soldats de l'armée d'Italie, entièrement dévoués à leur ancien chef, les autres avaient été sous les ordres de Bonaparte en 1795, quand il commandait l'armée de l'intérieur (il s'agissait principalement du régiment de chasseurs à cheval qui avait contribué au succès de Vendémiaire) et elles étaient sûres. Seuls les 200 grenadiers à cheval qui constituaient la garde du Directoire et les 1 280 grenadiers à pied qui formaient la garde des Conseils, presque tous d'anciens Jacobins et fiers de l'être, pouvaient être dangereux pour Napoléon et pour ses complices. Il fallait aussi redouter quelques généraux jacobins : Augereau, qui pestait contre celui qu'il appelait « l'échappé d'Égypte », Jourdan, Moreau, Jubé (commandant de la garde directoriale). Le premier était redoutable sur un champ de bataille, mais, sur le terrain de la politique, c'était surtout un beau parleur ; Jourdan fut invité à dîner rue de la Victoire, le 16 Brumaire (7 novembre 1799) et neutralisé, Bonaparte acheta Moreau (il reçut un damas orné d'un diamant estimé à 100 000 francs) et Jubé ne broncha pas.

Le tableau ci-après résume les détails de la réalisation du coup d'État, qui se déroula en deux jours : le 18 Brumaire (9 novembre 1799) eut lieu le déplacement des Conseils à Saint-Cloud, et, le 19 Brumaire (10 novembre 1799), fut votée la loi qui servit de Constitution provisoire à la France jusqu'au 25 décembre 1799.

| Dates | Événements |
|---|---|
| **18 Brumaire** *(9 novembre)* | |
| 5-6 heures | Les Anciens reçoivent, à domicile, leurs convocations pour une séance extraordinaire aux Tuileries. Les Cinq-Cents (non convoqués) se réunissent au Palais-Bourbon, sous la présidence de Lucien Bonaparte. |
| 7-8 heures | Séance du Conseil des Anciens, présidée par Lemercier. Vote du décret transférant les deux Conseils du Corps législatif au Palais de Saint-Cloud, où ils siégeront dans deux ailes séparées, et chargeant Bonaparte de prendre toutes les mesures nécessaires à l'exécution du décret, après avoir prêté serment au sein du Conseil. |
| 8 h 30 | Bonaparte reçoit le décret, rue de la Victoire, où il a convoqué ses généraux et les cavaliers. La brume matinale n'est pas encore levée, il ne pleut pas et la journée s'annonce pâlement ensoleillée. |
| Vers 9 heures | Bonaparte, à cheval, débouche sur les boulevards, à la tête d'un cortège de 1 500 cavaliers (ils ont été prévenus la veille). Le banquier Ouvrard, qui les voit passer, écrit immédiatement à ses agents en Bourse pour leur donner des ordres d'achat : les fonds publics vont monter, pense-t-il. La foule acclame Bonaparte. Le cortège se dirige vers les Tuileries. |
| 10 heures | Les Directeurs restent au Luxembourg, sauf Sieyès, qui part, à cheval, vers les Tuileries. Aux Tuileries : Bonaparte, entouré de tous les généraux, pénètre dans la salle du Conseil, prononce une courte allocution qui se termine par : « *Nous voulons une république fondée sur la vraie liberté, sur la liberté civile, sur la représentation nationale...* » et prête serment à la Constitution. À la sortie des Tuileries, il interpelle Bottot, représentant Barras : « *Qu'avez-vous fait de cette France que je vous avais laissée si brillante ? Je vous ai laissé la paix, je retrouve la guerre* [...]. *Je vous ai laissé des millions d'Italie, j'ai retrouvé partout des lois spoliatrices* [l'impôt progressif] *et la misère...* » |

| Dates | Événements |
|---|---|
| 12 heures | Aux Tuileries : Talleyrand et l'amiral Bruix font signer à Barras sa lettre de démission du Directoire, qui déclare rentrer « *avec joie dans les rangs de simple citoyen* ». On prétend qu'il aurait touché une forte somme de Talleyrand pour ainsi abdiquer. Bonaparte le fait accompagner par une escorte de 100 dragons jusqu'à son château de Grosbois. Dans l'après-midi, Bonaparte enverra une garde autour du Palais du Luxembourg, où se trouvaient encore trois Directeurs (Moulin, Gohier et Roger Ducos). |
| Après-midi | Revue des troupes par Bonaparte, aux Tuileries. |
| 19 heures-minuit | Aux Tuileries : Bonaparte réunit huit députés (cinq des Cinq-Cents, trois des Anciens) ; il est décidé de supprimer le Directoire et de créer un Consulat provisoire (Bonaparte, Sieyès, Cambacérès) chargé de procéder à la réforme de la Constitution. |
| **19 Brumaire** *(10 novembre)* | |
| À l'aube | Il a plu dans la nuit ; la journée s'annonce humide et froide. |
| Au petit matin | Les dragons et les chasseurs, cavaliers et fantassins, partent vers Saint-Cloud. |
| 13 heures | Les députés se rassemblent dans la salle réservée au Conseil des Cinq-Cents. Lucien Bonaparte déclare la séance ouverte. Le député Gaudin, favorable au coup d'État, demande la constitution d'une commission chargée de proposer des mesures en rapport avec la situation ; en attendant la fin des travaux de cette commission, toute délibération serait suspendue. Tumulte, opposition violente des députés jacobins. Le Conseil décide qu'avant toute chose, tous les députés prêteront, un à un, serment à la Constitution de l'an III. |
| Un peu avant 16 heures | Ouverture de la séance au Conseil des Anciens. Débat de procédure. Bonaparte, qui s'impatiente, pénètre dans la salle du Conseil des Anciens (ce qui était illégal). Il prononce un discours maladroit pour justifier son action. Puis il se retire. |
| Vers 17 heures | Bonaparte pénètre dans la salle de l'Orangerie, où siègent les députés des Cinq-Cents. Près de 300 députés (jacobins pour la plupart) se lèvent en criant : « Mort au tyran ! Mort au dictateur ! À bas Cromwell ! » Bonaparte est entouré, bousculé, molesté. Murat, Lefebvre et Gardanne se précipitent à son secours ; le grenadier Thomé, cherchant à le protéger, tombe et se déchire la manche de son habit (plus tard les vainqueurs de Brumaire prétendront qu'il a reçu un coup de stylet qui était destiné à Bonaparte, mais c'est faux). Les opposants (qui sont en majorité) réclament un décret proclamant Bonaparte hors la loi ; Lucien passe la présidence à Chazal (partisan du coup d'État), qui cherche à temporiser. |

| Dates | Événements |
|---|---|
| Vers 18 heures | Bonaparte décide d'envoyer un capitaine et dix hommes dans la salle de l'Orangerie, pour y délivrer le président de l'assemblée (Lucien), ce qui est fait rapidement. Lucien s'adresse aux troupes et leur demande de pénétrer dans la salle des Cinq-Cents où « *un petit nombre de représentants du peuple à stylets* » menacent de mort leurs collègues. Bonaparte ordonne à Murat de pénétrer dans l'Orangerie avec la troupe, en colonnes serrées, mais il interdit qu'on verse le sang. Les Cinq-Cents évacuent la salle, en déroute. |
| 19 heures | Les Anciens votent (inconstitutionnellement, puisque les Cinq-Cents n'ont pas délibéré) le décret nommant Bonaparte, Sieyès et Roger Ducos consuls provisoires (Cambacérès a été écarté, il reviendra plus tard) ; 62 membres des Anciens, Jacobins notables et opposants affirmés, sont déclarés déchus de leur mandat. Suspension de séance (pour le dîner !). |
| Dans la soirée | Reprise de la séance aux Cinq-Cents, qui votent, vers vingt-trois heures, la motion des Anciens, qui devient ainsi la « loi du 19 Brumaire ». Bonaparte dicte une proclamation destinée à être affichée le lendemain (voir cette proclamation à l'Annexe n° 17). |
| 2 heures du matin | À l'Orangerie : les Consuls provisoires prêtent serment de « *fidélité inviolable à la souveraineté du peuple, à la République française une et indivisible, à l'égalité et au système représentatif.* » Ils recommencent la même cérémonie dans la salle des Anciens, puis les deux Conseils nomment les douze commissaires chargés de rédiger la Constitution prévue par la loi du 19 Brumaire. |
| 3 heures du matin | Tout est terminé. Bonaparte confie alors à Bourrienne qu'il devrait peut-être déporter Gohier (pour l'avoir dénoncé au Corps législatif, et diffamé) et Bernadotte (pour ne pas l'avoir suivi) ; mais le premier est aimé de Joséphine et le second de son frère, Joseph ; il ne le fera donc pas, mais il le regrette et dit à son compagnon de jeunesse : « *Ah ! que c'est une sotte chose que les considérations de famille !... Bonsoir, Bourrienne !... À propos, nous coucherons demain au Luxembourg.* » (Bourrienne, *Mémoires*, t. II, p. 73). |

## CHAPITRE XII

# Les impostures du Consulat

*La Constitution de l'an VIII :* Evviva il Duce ! – *L'opinion muselée : la censure. – L'opinion bafouée : la propagande comme force politique (*Heil... ?*). – Le rétablissement de l'esclavage aux Antilles : « Blanc, je suis avec les Blancs. ». – La comédie de la paix d'Amiens. – La rupture de la paix d'Amiens : une guerre de douze ans qui se termine à Waterloo.*

Le Consulat n'est pas une dictature déguisée, c'est une dictature officiellement affirmée, consciente et organisée. Bonaparte, lorsqu'il prend possession de son appartement du Palais du Luxembourg, au lendemain du coup d'État, révèle définitivement sa personnalité politique. Il a maintenant tous les pouvoirs, il n'a plus besoin de faire le joli cœur auprès des puissants, car le plus puissant, c'est lui ; il n'a plus besoin de séduire ou d'argumenter, il lui suffit d'ordonner ; il n'a plus besoin de s'interroger sur la sincérité de ses amis ou collaborateurs, il n'a qu'à consulter les fiches de police que va lui établir, méthodiquement, journellement, l'indispensable Fouché (qui le servira jusqu'en 1815) ; il n'a même plus besoin de s'occuper d'une quelconque opposition : il ressuscite cette abominable sorcière, la censure, que la Convention avait remise en honneur et que le Directoire avait abolie. Il est plus puissant que tous les rois qui ont régné sur la France depuis Clovis, et seul un restant de pudeur politique le retient encore de se faire proclamer monarque absolu de ce pays qu'il emprisonne, enjôle et hypnotise tout à la fois, mais il en caresse secrètement l'idée.

Ainsi qu'il l'avait promis à Bourrienne, en quittant Saint-Cloud, il s'installe au Palais du Luxembourg (au début de la période du Consulat, Bonaparte logera et travaillera dans un appartement du petit Luxembourg, rue de Vaugirard ; Joséphine y aura aussi son appartement privé ; à partir de l'an X, il se transportera aux Tuileries, qui seront aussi sa demeure sous l'Empire) et, sans plus attendre, il va remettre la France en ordre ou, plus exactement, il va tirer les marrons du brasier éteint de la Révolution pour la remettre en ordre.

Politiquement d'abord, en promulguant un simulacre de Constitution, la Constitution de l'an VIII qui remet, en fait, tous les pouvoirs entre ses mains ; juridiquement et administrativement ensuite, en menant à bon terme l'œuvre lancée par la Législative et poursuivie sous la Convention et sous le Directoire ; socialement, en faisant régner la paix civile à l'aide d'une police efficace, trop efficace même, et surtout d'une police secrète d'État (en allemand : *Geheimnisstaatspolizei* ou *Gestapo*) qui deviendra le modèle de toutes les polices secrètes futures (en particulier de la Gestapo hitlérienne).

De même, sur le plan économique, la réussite du Consulat ne doit presque rien aux talents de Bonaparte : elle est liée, pour l'essentiel, à la fin de la grande crise européenne qui avait débuté en 1795 et qui se termine en 1801. De sorte que, dans cette France bien surveillée, les banquiers, les financiers, les fournisseurs aux armées, les grandes compagnies commerciales, les notables bourgeois et les grands propriétaires pour lesquels avait été conçue la Constitution de l'an VIII, ont pu prospérer.

Dans le domaine de la politique internationale, le seul succès qu'on puisse inscrire à l'actif du Premier Consul est d'avoir normalisé les relations entre le gouvernement laïc de la France (dont la majeure partie des habitants étaient des chrétiens) et la papauté, par le Concordat de 1801 (accord dû principalement à ses négociateurs : un ancien prêtre réfractaire, Bernier, et le diplomate Cacault). En revanche, en ce qui concerne les rapports de la France avec ses deux principaux adversaires continentaux, l'Autriche et l'Angleterre, on peut dire que le Premier Consul a été le premier grand meurtrier de l'Europe (il y en aura bien d'autres par la suite).

En effet, la guerre de l'Angleterre contre la France n'avait pas cessé et, comme on l'a dit, le traité de Campo-Formio, admiré par les napoléophiles, avait été une aberration diplomatique. Quelques mois après sa signature, en octobre 1797, l'Autriche ralliait la deuxième coalition, à laquelle avaient adhéré – conséquence de la maladroite aventure égyptienne du général Bonaparte – la Russie (le tsar était protecteur des chevaliers qui tenaient l'île de Malte), l'Empire ottoman, suzerain de l'Égypte, et le royaume de Naples. La victoire de Desaix à Marengo (attribuée à Bonaparte par les communiqués officiels), le 14 juin 1800, et celle de Moreau à Hohenlinden, le 3 décembre de la même année, conduisent les Autrichiens à signer le traité de paix de Lunéville (9 février 1801) et l'Angleterre, maintenant isolée en Europe, se résout à signer le traité d'Amiens avec la France (25 mars 1802). On pourrait porter cette paix d'Amiens – une paix européenne après dix ans de guerre – au crédit de Bonaparte, s'il ne l'avait rompue quatorze mois plus tard, le 16 mai 1803, pour précipiter la France dans une hécatombe guerrière sans précédent, qui se terminera par la dégringolade finale de Waterloo, en 1815.

On dit habituellement du Premier Consul qu'il a rétabli l'ordre et l'autorité en France au sortir des secousses révolutionnaires, comme on le dira plus tard, imprudemment, des dictateurs européens des années 30. Il est vrai qu'il les a rétablis, mais à quel prix et avec quels moyens ? Au prix de l'instauration du premier régime totalitaire qu'ait jamais connu la France, de la suppression des libertés fondamentales de pensée et d'expression, du rétablissement de l'esclavage aux colonies, de la déportation des opposants au régime, d'une surveillance policière des Français dont on n'a pas d'autre exemple dans notre histoire.

En bref, dans l'œuvre du Consulat, tout, ou presque tout, a été trompe-l'œil et mensonge, à commencer par la Constitution de l'an VIII, et le régime n'a pu se maintenir qu'en raison de la reprise économique (qui ne doit rien à Bonaparte) et de l'usage totalitaire de la coercition des consciences. La seule œuvre vraie du Consulat a été la promulgation, en 1804, du premier *Code civil des Français* ; mais nous montrerons, dans le chapitre suivant, que le rôle de Napoléon, dans cette affaire, a été pratiquement nul, contrairement à la légende officielle qui a encore la vie dure.

## La Constitution de l'an VIII : *Evviva il Duce !* (13 décembre 1799)

Dès le 20 Brumaire an VIII (11 novembre 1799), Bonaparte se rend d'abord chez Sieyès, au Palais du Luxembourg (où celui-ci avait conservé son appartement de Directeur, comme Roger Ducos), auquel il demande, sans doute, de lui préparer un projet constitutionnel. Puis les trois Consuls désignés règlent quelques formalités de protocole. Ils décident de se réunir quotidiennement, chacun d'entre eux présidant à tour de rôle l'exécutif provisoire qu'ils constituent et ils nomment les nouveaux ministres. Les douze conseillers chargés d'élaborer une nouvelle Constitution sont réunis : Bonaparte veut une Constitution fondant un pouvoir autoritaire, Sieyès a des idées plus démocratiques, et les Commissaires désignés par le Corps législatif n'ont aucune idée du tout : ils ont compris qu'ils étaient là pour obéir ; il est décidé que Sieyès proposera un texte... quand il l'aura écrit, Bonaparte a demandé qu'il soit court.

Le premier projet que propose Sieyès, à la fin du mois de novembre, est un système très théorique, dans lequel les pouvoirs sont harmonieusement partagés et qui ressemble à une sorte de monarchie constitutionnelle sans monarque héréditaire ; il prévoyait notamment un Grand Électeur, gardien de la Constitution qui, après avoir nommé les deux Consuls (le pouvoir exécutif), n'aurait plus qu'un rôle honorifique, avec le château de Versailles comme résidence, une liste civile de six millions et une garde personnelle. Bonaparte, on s'en doute, refusa de devenir un « cochon à l'engrais », remercia Sieyès et imposa sa

Constitution à lui, brève (95 articles) et suffisamment ambiguë pour qu'il puisse la moduler à sa guise. En fait, ce n'était qu'un semblant de Constitution, qui revenait à concentrer tous les pouvoirs entre les mains du Premier Consul, et à n'en laisser aucun ni aux deux autres Consuls, dont le rôle devait être purement consultatif, ni aux deux assemblées législatives, par un double tour de passe-passe très subtil. Voyons cela par le détail.

1. *Le pouvoir exécutif.* Il est confié à trois Consuls nommés dans la Constitution (art. 39), désignés pour dix ans et indéfiniment rééligibles ; le Premier Consul est Bonaparte, le second Consul est Cambacérès, le troisième est Lebrun ; les Consuls des prochains trios consulaires seront nommés par le *Sénat conservateur* (voir plus bas). Dans les actes de gouvernement, les second et troisième Consuls ont voix consultative, ce sont en quelque sorte des « Consuls adjoints » ; ils ne peuvent que signer le registre de ces actes et y consigner, s'ils le veulent, leurs observations ; mais, dans tous les cas, la signature du Premier Consul suffit. Celui-ci décide de la paix et de la guerre, propose et promulgue les lois, nomme et révoque les ministres et tous les fonctionnaires.

2. *Le corps électoral.* Tout citoyen mâle, âgé de plus de vingt et un ans (il y en a environ 8 000 000 en 1799), est électeur... mais il n'élit aucun député (art. 7 à 10). Les citoyens d'une commune, réunis au chef-lieu de l'arrondissement de leur domicile, désignent par leurs suffrages 10 % d'entre eux, qu'ils considèrent comme les plus propres à gérer les affaires publiques : ce sont les *notabilités communales* (il y en a donc 800 000 dans toute la France). Les notabilités communales d'un département choisissent, à leur tour, 10 % d'entre elles (il y en a donc 80 000), ce sont les *notabilités départementales*, parmi lesquelles le gouvernement choisit les fonctionnaires du département ; elles choisissent à leur tour 10 % d'entre elles (il y en a donc 8 000 dans toute la France), qui sont les *notabilités nationales*, parmi lesquelles le Sénat conservateur (voir ci-dessous) désigne les citoyens qui doivent accomplir des fonctions publiques nationales.

Vous avez bien compris : il y a huit millions d'électeurs, mais aucun d'eux ne vote vraiment. Le peuple français avait fait la

Révolution, dix ans plus tôt, pour avoir notamment le droit de s'exprimer et de choisir ses représentants et ses gouvernants ; la Constitution de l'an VIII ne lui offrait qu'un simulacre de droit de vote aux conséquences hautement pernicieuses.

En effet, la qualité de citoyen français, définie par l'article 2 de la Constitution, impliquait son inscription sur un registre communal :

ARTICLE 2 DE LA CONSTITUTION DE L'AN VIII

> Art. 2. – Tout homme né et résidant en France, qui, âgé de vingt et un ans accomplis, s'est fait inscrire sur le registre civique de son arrondissement communal [*de sa commune*], et qui a demeuré depuis pendant un an sur le territoire de la République, est citoyen français.

Cet article semble, à première vue, très libéral : il accorde la qualité de citoyen (donc le droit de vote) aux adultes mâles, majeurs, nés en France et y résidant depuis au moins un an, et l'inscription sur un fichier civique est comparable à l'inscription sur une liste électorale. Mais les élections – qui se réduisaient, on l'a dit, à choisir les notabilités communales, départementales ou nationales – n'avaient pas lieu à scrutin secret. Pour les élections communales, par exemple, les membres d'une commune inscrivait leur vote (en le signant lisiblement de leur nom) sur une copie du registre civique, en face du nom du citoyen qu'il jugeait digne d'être désigné comme notabilité communale : dès la première consultation de ce genre, le pouvoir put ainsi connaître les tendances politiques des huit millions d'électeurs français.

3. *Le Sénat conservateur* (art. 15 à 24). Il est composé initialement de 60 sénateurs, âgés d'au moins quarante ans et inamovibles (nommés à vie), mais la Constitution prévoit que ce nombre sera augmenté de deux sénateurs chaque année, jusqu'à ce qu'il atteigne 80. Pour le premier Sénat, 30 sénateurs furent nommés par les deux derniers Consuls sortants du Directoire (Sieyès et Roger Ducos) et par les deux Consuls adjoints du premier trio consulaire (Cambacérès et Lebrun). Par la suite,

chaque année, les sénateurs en place choisiront les nouveaux sénateurs (deux par an jusqu'à ce que soit atteint le chiffre de 80 sénateurs) et procéderont au remplacement des sénateurs décédés par cooptation.

4. *Le pouvoir législatif* (art. 25 à 38). Il est exercé par deux Chambres : le *Tribunat* (100 membres d'au moins vingt-cinq ans) et le *Corps législatif* (300 membres, d'au moins trente ans) ; leurs membres sont choisis par les sénateurs dans la liste des notabilités nationales (8 000 personnes environ en 1799) et renouvelables chaque année par cinquième. La première assemblée discute les projets de loi proposés par le gouvernement (le Premier consul ou un ministre) et émet un *vœu* d'acceptation ou de refus ; la seconde prend connaissance du projet, ne le discute pas et se prononce par *oui* ou par *non* sur le vœu du Tribunat.

On comprend le mécanisme hypocrite de cette fausse Constitution, qui ne donne aux citoyens que l'illusion de participer aux affaires du pays : les Consuls (qui sont aux ordres du Premier Consul) choisissent les sénateurs inamovibles du Sénat conservateur (premier tour de passe-passe), et ceux-ci choisissent les membres des deux assemblées législatives (deuxième tour de passe-passe). Il ne peut donc jamais y avoir de conflit entre le Premier Consul et les Chambres, puisque celui-ci en a choisi indirectement les membres, par le biais du Sénat conservateur, composé d'hommes à lui.

5. *Le pouvoir judiciaire*. Il appartient aux juges, qui sont nommés par le Premier Consul ; les magistrats des tribunaux de première instance sont choisis sur les listes de notabilités communales, ceux des tribunaux d'appel sur les listes de notabilités départementales et ceux du tribunal de cassation sur la liste nationale.

6. *Le pouvoir administratif*. L'article 41 de la Constitution fonde le principe de la centralisation administrative, c'est-à-dire du pouvoir de l'État :

> « Art. 41. – Le Premier Consul promulgue les lois ; il nomme et révoque à volonté [...] les membres des administrations locales... »

Avec cet article, Bonaparte emboîtait le pas à l'idéologie centralisatrice de la Convention, qui envoyait déjà des représentants en mission, avec des pouvoirs étendus, dans les départements, considérés comme des îlots d'insoumission fédéraliste ; il a traduit en langage administratif le thème de la République une et indivisible en dotant chaque département d'une administration placée sous la direction unique et absolue d'un fonctionnaire nommé par le gouvernement, le *préfet* (loi du 28 Pluviôse an VIII = 17 février 1800) et dont les agents étaient nommés par le pouvoir exécutif. Cela dit, il ne faut pas s'extasier sur la prescience de Bonaparte : ses « préfets » ne sont ni les successeurs des représentants en mission (qui dépendaient d'une Assemblée nationale élue, en l'occurrence la Convention), ni les préfets de la République qu'il a mis en place, ce sont des préfets totalitaires, qui ne dépendent que de son bon plaisir.

7. *Le Conseil d'État.* Pour gouverner, il faut préparer des lois (qui sont adoptées ensuite par les assemblées, entièrement soumises au Premier Consul), rédiger des règlements d'administration afin de les appliquer, éventuellement les interpréter ou les développer. Cet important travail juridique et administratif est à la charge du *Conseil d'État*, institution de 30, puis de 45 hauts fonctionnaires, répartis en cinq sections (Législation, Finances, Guerre, Marine, Intérieur), créée par décret de Bonaparte du 26 décembre 1799. Le Conseil d'État du Consulat était l'équivalent de l'ancien Conseil du Roi, aboli à la Révolution ; certains de ses membres – les conseillers d'État – furent mis à la tête des Directions Générales des différents ministères : ils étaient plus les hommes du Premier Consul dans un ministère que les subordonnés des ministres.

La Constitution de l'an VIII a permis à Bonaparte de légiférer comme il l'entendait, sans se préoccuper de l'opinion publique, puisque les assemblées qu'elle avait instaurées ne représentaient personne, et de tendre sur la France une immense toile d'araignée administrative et policière, à laquelle aucun citoyen ne pouvait plus échapper. Elle a institué un régime totalitaire comme jamais le pays n'en avait connu.

## La censure

La censure est un dispositif administratif visant à interdire la *diffusion* de certaines doctrines, de certains sentiments ou certaines activités publiques qu'une autorité instituée considère, à tort ou à raison, comme nocifs à son image, à son action ou, plus banalement, à la moralité admise ou à l'intérêt du groupe. Elle peut agir *après* la diffusion, ou *préventivement*, en imposant aux diffuseurs une autorisation préalable. Il faut distinguer la censure de la surveillance policière (cette dernière est décrite à l'Annexe n° 26).

En France, la censure existait sous la monarchie elle frappait essentiellement les écrits et le théâtre, mais elle intervenait souvent après coup, par la saisie des œuvres incriminées, par l'interdiction de paraître faite à un journal ou à un périodique, ou par la fermeture d'un théâtre, par exemple. La Déclaration des droits de l'homme de 1789 avait pris une position ambiguë en la matière ; son article 11 l'interdisait, évidemment, mais dans certaines limites non précisées et laissées au bon vouloir de la loi et des juges (cet article sur la liberté d'expression fait suite à l'article 10 sur la liberté d'opinion, qui est tout aussi ambigu) :

ARTICLES 10 ET 11 DE LA DÉCLARATION DE 1789

« Art. 10. – Nul ne doit être inquiété pour ses opinions, même religieuses, pourvu que leur manifestation ne trouble pas l'ordre public établi par la loi.

Art. 11. – La libre communication des pensées et des opinions est un des droits les plus précieux de l'homme ; tout citoyen peut donc parler, écrire, imprimer librement, sauf à répondre de l'abus de cette liberté dans des cas déterminés par la loi. »

En 1791, la Législative n'en rétablit pas moins la censure, par le décret du 18 juillet 1791 réprimant « *la publication et le colportage des écrits séditieux* », avant de l'abolir solennellement dans la Constitution des 3-14 septembre 1791 qui, dans son *Titre premier*, garantit « *à tout homme de parler, d'écrire, d'imprimer et publier ses pensées, sans que ses écrits puissent être soumis à aucune censure ni ins-*

*pection avant leur publication* ». Mais, deux ans plus tard, la Convention, considérant que la République était en danger, rétablissait la censure préalable par le décret des 29-31 mars 1793, qui envoya vers la guillotine une vingtaine de journalistes et quelque cinquante écrivains :

DÉCRET DES 29/31 MARS 1793

> « Quiconque sera convaincu d'avoir composé ou imprimé des ouvrages ou écrits qui provoquent la dissolution de la représentation nationale, le rétablissement de la royauté ou tout autre pouvoir attentatoire à la souveraineté du peuple, sera traduit au tribunal extraordinaire et puni de mort. »

On retrouve ces mêmes contradictions sous le Directoire : la Constitution de l'an III, dans son article 353, abolit toute censure préalable, mais prévoit que l'auteur d'un écrit ou celui qui le publie peut en être jugé responsable « *dans les cas prévus par la loi* ». Après Fructidor, le régime retourne à la dureté de la Convention avec le décret du 18 Fructidor an V (4 septembre 1797), prescrivant de faire fusiller immédiatement toute personne qui tenterait de demander le retour de la monarchie ou la remise en vigueur de la Constitution de 1791 (qui avait instauré une monarchie constitutionnelle). Sous le Directoire, la censure préalable n'existait pas, mais elle s'exerçait *a posteriori* : 42 journaux furent supprimés, 45 directeurs et rédacteurs de journaux furent arrêtés et déportés, les presses de 11 journaux hostiles à Sieyès furent brisées.

Les hommes de la Révolution lui ayant montré la route, le Premier Consul n'allait pas s'arrêter en si bon chemin. Sous prétexte de préserver le secret des opérations militaires et d'empêcher les journaux d'attaquer de manière inconséquente les nations et les gouvernements européens avec lesquels la République voulait se réconcilier, il promulgua le décret du 27 Nivôse an VIII (17 janvier 1800) sur la presse. Avant le 18 Brumaire (8 novembre 1799), il paraissait à Paris soixante-treize journaux, deux mois plus tard, en vertu de ce décret, seuls treize titres furent autorisés à paraître ; ils furent bientôt réduits à dix, et les rescapés furent sévèrement surveillés par une censure préventive policière. Voici les principales mesures décidées par Bonaparte dans les semaines qui suivirent son installation au Luxembourg :

– limitation du nombre de titres autorisés (quotidiens) à neuf, en sus du *Moniteur*, qui était en quelque sorte le « Journal officiel » de la République consulaire (décret du 28 décembre 1799) : *Le Journal des Débats, Le Journal de Paris, Le Publiciste, La Clef du Cabinet, Le Citoyen français, La Gazette de France, Le Journal du Soir, Le Journal des Défenseurs de la Patrie, La Décade philosophique* ;

– création d'un Bureau de la presse au ministère de la Police, avec mission de surveiller non seulement les journaux autorisés, mais aussi l'édition de livres et de périodiques ;

– défense d'afficher sur les murs de Paris sans autorisation préalable du préfet de police ;

– défense aux marchands de journaux, fixes ou ambulants, de crier aucun titre de journaux ou de pamphlets sans un permis spécial délivré par le préfet de police ;

– défense aux marchands de gravures et d'estampes de rien exposer qui soit contraire aux bonnes mœurs et aux principes du gouvernement (on appréciera l'association des bonnes mœurs aux principes politiques) ;

– défense d'annoncer, par voie d'affiches ou par tout autre moyen, une pièce de théâtre au public sans la permission du ministre de l'Intérieur, accordée expressément au directeur du théâtre concerné ;

– à Paris, défense de représenter une pièce de théâtre nouvelle sans l'autorisation du ministre de l'Intérieur ;

– en province, défense de représenter une pièce de théâtre sans l'autorisation du préfet, qui devra la soumettre d'abord au ministre de l'Intérieur si elle est nouvelle ;

– obligation, pour les directeurs de théâtre de Paris et de province, de soumettre au ministre de l'Intérieur leurs répertoires de pièces anciennes, qui devront être approuvés par le ministre.

Le Premier Consul lui-même était tenu au courant de toutes les publications, dans la presse ou l'édition, par deux collaborateurs spécialement attachés à son cabinet : son bibliothécaire personnel, Louis-Madeleine Ripault, qui lisait tout ce qui paraissait, et par Joseph Fiévée, son conseiller. Ce dernier avait débuté dans la vie comme imprimeur, à l'époque de la Révolution (il publiait une feuille de tendance girondine, *La Gazette de France*, ce qui lui valut d'être arrêté au début de la Terreur, le 20 septembre 1793), puis il avait publié un roman satirique sur les mœurs du Directoire et il devint par la suite le pamphlétaire à gages de Bonaparte, comme l'écrit Tulard ; on lui doit ce mot fameux : « *La politique, même dans les gouvernements représentatifs, est ce qu'on ne dit pas.* » Le Premier Consul, qui trouvait ses idées trop libérales, le remplacera en 1804 par l'abbé Dubois.

## La propagande comme force politique (*Heil*... ?)

La censure a pour but de museler l'opinion et de faire taire les adversaires du pouvoir ; elle a comme complément la propagande, dont le but est de susciter l'adhésion d'un groupe à une action, à un homme, à une idéologie non point par la coercition, mais par une sorte d'intoxication subtile des consciences, en utilisant des moyens divers qui tous aboutissent à la création de *mythes*.

Le premier exemple que l'on peut donner de cette puissante arme psychologique est celui des monarques mésopotamiens et égyptiens, qui furent les premiers souverains de l'histoire humaine. Le *pateshi* de Sumer, le roi akkadien ou babylonien, le pharaon égyptien et plus tard le Roi des rois des Perses s'affirment tous comme d'ascendance divine aux yeux de leurs peuples ; les stèles, les colonnes, les pyramides qu'ils font élever, couvertes d'inscriptions commémorant leurs victoires et leurs hauts faits, sont les formes les plus marquantes, on pourrait dire les plus écrasantes, de la propagande de cette époque.

Plus tard, tous les aèdes, les rhapsodes de l'Hellade, qui allaient, de village en village, chanter les colères du bouillant Achille et les courroux de Poséidon ont été, sans le savoir, les agents d'une propagande qui a fortifié la solidarité de tous les peuples hellènes – mycéniens, ioniens, éoliens, doriens – contre les non-hellènes, les *barbares.* L'instrument de la propagande est alors l'art oratoire, aussi bien celui des poètes de l'*Iliade* et de l'*Odyssée* que celui de Démosthène vaticinant contre Philippe de Macédoine dans les *Philippiques.*

La Rome antique, sous la République et sous l'Empire, concevra une propagande plus pratique, plus terre à terre ; elle inventera l'art de la propagande électorale, puisque toutes les charges publiques étaient électives, et celui des combines et de la fraude qui en est l'adjuvant inéluctable. C'est Jules César qui transformera ce « bouche à oreille » en propagande officielle, assurée par un remarquable réseau de communication, matérialisé par les innombrables voies romaines. Après l'écroulement du monde romain, l'Église prendra le relais et mettra en œuvre des moyens puissants, allant du prédicateur en chaire à la construction de temples plus riches, plus beaux, plus nombreux que les Pyramides ou les temples grecs, à l'organisation de processions et de pèlerinages, dont les Croisades sont un exemple démesuré. Les découvertes techniques qui vont se multiplier à partir du XVe siècle, de l'imprimerie à la radio, la télévision et la communication électronique, élargiront encore le champ de la propagande, qui deviendra de plus en plus efficace au fur et à mesure que se développeront les sciences de la communication.

La Révolution française a utilisé systématiquement tous les moyens de propagande qui étaient à sa disposition en 1789 : les proclamations, la diffusion de brochures, les manifestations de masse, les slogans, les fêtes nationales, les serments solennels, les journaux, les modes vestimentaires même (les sans-culottes, les Incroyables et les Merveilleuses), les coiffures (l'abandon des perruques, les cheveux longs et flottants des sans-culottes et de Bonaparte jeune par exemple), etc.

En matière de propagande, Bonaparte se savait l'héritier de la Révolution ; il connaissait son importance et sut utiliser le façonnement de l'opinion publique comme soutien de son action. Déjà, lors de la campagne d'Italie, il avait fondé ses propres journaux, qui vantaient ses mérites et le présentaient comme un surhomme. Quand il partit pour l'Égypte, il emmena avec lui non seulement une commission de savants, comme c'était la coutume au XVIIIe siècle, mais des journalistes et des presses à imprimer, avec des jeux de caractères romains, arabes et grecs. Il créera une imprimerie nationale au Caire, où il publiera *Le Courrier d'Égypte*. Devenu le maître absolu de la France, il va se comporter comme les pharaons, construire lui-même son mythe, appliquant à la lettre avec deux siècles d'avance cette consigne que donnait l'ignoble Goebbels aux membres du parti nazi dans son discours du 6 septembre 1934, à Nuremberg :

> « La propagande politique, c'est-à-dire l'art de faire pénétrer solidement dans les masses les choses de l'État, de telle sorte que le peuple tout entier s'y sente lié profondément [*ne peut pas*] rester un simple moyen pour la conquête du pouvoir ; [*il faut qu'elle devienne*] un moyen de développer et d'approfondir le pouvoir une fois conquis. »

Napoléon a compris que la propagande qu'il devait mettre en œuvre devait avoir pour but non pas de convaincre le peuple qu'il allait le bien gouverner, mais de le rendre incapable, psychologiquement, de le critiquer, de le contredire, de médire de lui, autrement dit de créer son propre mythe. Déjà en 1797, dans les journaux qu'il avait édités pendant la campagne d'Italie (voir p. 249), il modèle son image ; ainsi ce portrait de l'artiste par lui-même qu'il trace, en 1797, dans son *Courrier de l'armée de l'Italie* :

> « Bonaparte vole comme l'éclair et frappe comme la foudre. Il est partout et il voit tout : il est l'envoyé de la Grande Nation [...] Il sait qu'il est des hommes dont le pouvoir n'a d'autres bornes que leur volonté quand la vertu des plus sublimes vertus seconde un vaste génie. »

Bonaparte fait ses premiers pas dans la carrière de chef, mais il sait déjà comment faire pour le rester. Les principaux éléments du mythe ont été élaborés par lui bien avant qu'il ne devienne Premier Consul : l'affection des soldats pour leur général, le surnom de « Petit caporal » que lui auraient donné ses hommes de l'armée d'Italie au soir de la bataille de Lodi (une légende, selon Tulard), son courage indomptable, les blessés mourants qui se dressent sur les champs de bataille pour l'acclamer, sa résistance à la fatigue, ses proclamations, son allure même (le fameux petit chapeau a été créé par le chapelier Poupart). Le mythe est aussi idéologique ; bien qu'il ait fait table rase de tous les principes révolutionnaires, il se fait passer pour le continuateur de la grande Révolution française. Aussi n'oublie-t-il pas, dans les innombrables brochures qu'il fait circuler, de faire préciser que la Révolution de 1789 a révélé la « nation », mais que celle de Brumaire en a fait une « Grande Nation » (avec des majuscules). On retrouvera tous ces thèmes dans les vers de mirliton des chantres posthumes comme Béranger ou Costa, l'auteur de *l'Ajaccienne.*

La propagande bonapartiste, puis napoléonienne s'adapte à toutes les classes de la société. Au peuple en général, par les slogans et les anecdotes ; aux paysans (plus des trois-quarts de la population de la France), par le maintien des importantes réformes du Directoire – celles de François de Neufchâteau – relatives aux statistiques départementales et au cadastre ; aux bourgeois et aux notables, plus difficiles à duper, par des mesures financières concrètes : la garantie du droit de propriété, la confirmation des acquisitions de biens nationaux, une législation très favorable aux industriels, aux financiers (aux « capitalistes ») et aux grandes sociétés commerciales.

Le principal moyen de cette propagande est la presse ; les fêtes nationales, qui plaisaient tant aux Révolutionnaires, et autres cérémonies du même genre passent au second plan.

Le journal qui donne le ton aux neuf autres feuilles autorisées sous le Consulat (elles ne seront plus que trois sous l'Empire) est *Le Moniteur*, édité par Panckoucke depuis 1789. Bonaparte en fait, en quelque sorte, *son* journal officiel (il en contrôle tous les numéros, y écrit lui-même des articles, etc.). Les buts assignés par le Premier Consul à cette presse sont ceux que lui assigneront tous les dictateurs futurs : construire et maintenir son image mythique de surhomme génial, exalter ses succès et présenter ses défaites comme des victoires. C'est ainsi qu'on pouvait lire, dans *Le Journal de Paris*, un an à peine après le coup d'État de Brumaire, cet éloge du cerveau, du cœur, du foie et des reins du Premier Consul :

> « La force prodigieuse du Premier Consul lui permet dix-huit heures de travail par jour, elle lui permet de fixer son attention pendant dix-huit heures sur une même affaire ou de l'attacher successivement à vingt, sans que la difficulté ou la fatigue embarrasse l'examen d'une autre ; la force d'organisation qui lui est propre lui permet de voir au-delà de toutes les affaires, en traitant chaque affaire. » (cité par A. Cabanis, *La Presse sous le Consulat et l'Empire*, Paris, 1975).

## Le rétablissement de l'esclavage aux Antilles : « Blanc, je reste avec les Blancs. » (12 mai 1802)

Après la guerre de Sept ans, en 1763, la France avait perdu, au profit de l'Angleterre, deux immenses territoires coloniaux, le Canada et l'Inde (à l'exception de cinq comptoirs). En 1789, il ne lui restait plus, outremer, qu'un empire colonial fragmenté :

– quelques établissements insulaires sur le continent africain, tels Gorée et Saint-Louis du Sénégal ;

– dans l'océan Indien, les « îles sœurs » de Bourbon (la Réunion actuelle) et de France (l'île Maurice actuelle) ;

– dans l'océan Atlantique, outre Saint-Pierre-et-Miquelon, la plupart des îles de l'archipel des Antilles dont les plus belles et les plus peuplées étaient : la Martinique, la Guadeloupe, Saint-Domingue (qu'elle partageait avec l'Espagne) et l'île de Tobago ;

– sur le continent sud-américain, la Guyane.

La population coloniale totale, dont la majeure partie était antillaise, comptait environ 700 000 personnes : 55 000 Blancs, 35 000 mulâtres et Noirs libres et 600 000 Noirs esclaves. Chaque colonie était administrée par un gouverneur, assisté d'une assemblée coloniale (blanche) analogue aux assemblées provinciales de l'Ancien Régime.

Jadis habitées par des Amérindiens, massacrés par la colonisation espagnole (il n'en restait plus que quelques milliers au milieu du XVIe siècle), les Antilles furent d'abord utilisées par les boucaniers et les pirates des Caraïbes. L'économie de plantation (canne à sucre, coton, cacao, aromates, tabac), fondée sur le travail des esclaves importés d'Afrique par les négriers, se met en place au XVIIIe siècle, après que les grands États européens se furent partagé les terres insulaires et que les premiers colons – nobles ou non – s'y furent installés ; leurs descendants étaient appelés des *créoles* : les Tascher de La Pagerie (la famille de Joséphine), par exemple, étaient une famille noble originaire du Perche, implantée à la Martinique au milieu du XVIIIe siècle.

Ces colonies lointaines subirent le contrecoup de la Révolution. Ainsi, à la Martinique, les riches planteurs, partisans d'un statut autonome, s'emparèrent un instant du pouvoir ; à la Guadeloupe on assista à des affrontements entre les planteurs – en général d'origine aristocratique – et les petits Blancs ; à Saint-Domingue, en août 1791, les esclaves se révoltèrent.

À Paris, avant même la Révolution, dans le sillage des Lumières, Brissot, le futur député girondin, et quelques autres avaient fondé, en 1788, une *Société des amis des Noirs* à laquelle adhérèrent un grand nombre de futures vedettes de 1789 : on y rencontrait notamment Condorcet, Mirabeau, La Fayette, Loménie de Brienne, Mirabeau, l'abbé Grégoire, et Pétion. Ses généreux – et utopistes – fondateurs réclamaient l'abolition immédiate de l'esclavage dans toutes les colonies, y compris dans les colonies anglaises. À Londres, toutefois, on était plus réaliste : les abolitionnistes anglais demandaient simplement, dans un premier temps, que fût interdit le commerce honteux de la traite.

En 1790, la Constituante avait fait un pas en avant dans le sens de l'abolitionnisme : elle avait voté, au mois de mars, un décret accordant des droits politiques aux mulâtres et aux Noirs qui avaient été affranchis de leur condition d'esclave par leurs maîtres ; il fallut attendre la Convention pour que fût voté le premier décret abolitionniste de l'histoire, le 16 Pluviôse an II (4 février 1794), en ces termes généreux :

« Décret du 16 Pluviôse an II

La Convention déclare l'esclavage des nègres aboli dans toutes les colonies ; en conséquence, elle décrète que tous les hommes [*entendre : les êtres humains*], sans distinction de couleur, domiciliés dans les colonies, sont citoyens français et jouiront de tous les droits assurés par la Constitution. »

En novembre 1799, lorsque Bonaparte prend le pouvoir, le régime esclavagiste persiste néanmoins dans toutes les colonies françaises, en dépit du décret de Pluviôse ; il est cependant en voie de disparition à Saint-Domingue, où les Noirs, menés par Toussaint-Louverture (voir ci-après) se sont révoltés en 1791, et à la Guadeloupe, où Victor Hugues, envoyé dans l'île par la Convention en 1794, a fait appliquer le fameux décret (voir ci-après, p. 356).

Quelques jours après Brumaire, le Premier Consul déclare aux élus de Saint-Domingue que « *les principes sacrés de la liberté et de l'égalité des Noirs n'éprouveront jamais* [...] *d'atteinte ni de modification* ». Mais, il doit aussi faire face aux instances du lobby sucrier des Antilles, dont l'avocat à Paris est Joséphine, la créole martiniquaise, et Bonaparte va se déjuger progressivement et rétablir finalement l'esclavage aux Antilles et le maintenir dans toutes les autres colonies françaises par le décret du 20 Floréal an X (12 mai 1802).

Pour comprendre la genèse de ce décret honteux, il faut connaître ce qui s'est passé aux Antilles (Saint-Domingue, Guadeloupe, Martinique) au cours des dix années qui l'ont précédé.

1. *Saint-Domingue.*

À Saint-Domingue, dont la moitié occidentale appartenait à la France et l'autre à l'Espagne, les Noirs esclaves s'étaient soulevés en 1791, sous la conduite d'un affranchi à la personnalité exceptionnelle, Dominique Toussaint, dit Toussaint-Louverture (1743-1803), homme de confiance du gérant d'une grande plantation. Après le décret de Pluviôse, Toussaint appelle tous les Noirs de l'île à soutenir la France contre l'Espagne ; le gouvernement français en fait un général de brigade, puis un général de division, et Toussaint-Louverture expulse les Anglais et les Espagnols de l'île.

Bien entendu, puisqu'il est abolitionniste, il se heurte aux planteurs esclavagistes, et comme il est nationaliste et proclame son intention de créer une république noire autonome, il se heurte bientôt aux représentants de la Convention. La suite de l'histoire de Saint-Domingue est originale et passionnante. Toussaint-Louverture impose son pouvoir sans se soucier des réactions lointaines du Directoire, ni, après Brumaire, de celles du Premier Consul. Il signe des traités de commerce avec les Anglais et les Espagnols qu'il avait chassés, rappelle les planteurs blancs, impose aux Noirs de revenir travailler sur les plantations, et non plus comme esclaves, mais en tant que salariés (son décret sur le « travail forcé des Noirs » est du 12 octobre 1800) ; en juillet 1801, il proclame une Constitution qui fait de lui le gouverneur à vie de Saint-Domingue, avec le droit de choisir lui-même son successeur.

Bonaparte se devait de réagir, et il envoie le général Leclerc, son beau-frère (l'époux de sa sœur Pauline) « pacifier » l'île.

La guerre de reconquête fut sanglante. Leclerc débarqua à Saint-Domingue en janvier 1802, Toussaint-Louverture résista quatre mois d'une façon acharnée, mais ses généraux noirs abandonnèrent le combat les uns après les autres ; il fut capturé le 5 juin 1802, et emmené en France où il mourut (en prison, au fort de Joux, près de Pontarlier) le 7 avril 1803 (ses cendres furent restituées au gouvernement haïtien... le 25 mars 1983 !). Après son arrestation, la lutte continua de plus belle. Leclerc sut attirer à lui l'un des généraux Noirs de Toussaint-Louverture, le général Dessalines, qui changea de camp et se mit à combattre ses frères de race avec une cruauté implacable : Dessalines pensait utiliser les forces de répression françaises pour éliminer les autres chefs noirs, puis se retourner contre les Français, les vaincre et rester seul maître de Saint-Domingue. C'est effectivement à peu près ce qui se passa ; de plus une épidémie de fièvre jaune survint à point, qui tua Leclerc (le 2 novembre 1802 ; il fut remplacé par Rochambeau) et ravagea le corps expéditionnaire. Finalement, les Français durent quitter l'île, vaincus par les rebelles et par la fièvre jaune, en juillet 1809. La « pacification » de l'île avait été un véritable génocide, dans lequel Dessalines eut sa part de responsabilité, et Leclerc lui-même l'écrivit à Bonaparte un mois avant de mourir :

### LE GÉNOCIDE HAÏTIEN

« Depuis que je suis ici, je n'ai eu que le spectacle d'incendies, d'insurrections, d'assassinats, de morts et de mourants. Mon âme est flétrie : aucune idée riante ne peut me faire oublier ces tableaux hideux. Je lutte ici contre les Noirs, contre les Blancs, contre la misère et la pénurie d'argent, contre mon armée qui est découragée. » (Lettre de Leclerc à Bonaparte, du 2 novembre 1802, *in* Paul Roussier, *Lettres du général Leclerc, commandant en chef de l'armée de Saint-Domingue en 1802*, Paris, 1937, citée par J.-M. Champion dans J. Tulard, *Dictionnaire de Napoléon*, Paris, Fayard, 1987).

Saint-Domingue, où Toussaint-Louverture avait aboli l'esclavage, devint, sous le nom indigène d'*Haïti* (« l'île montagneuse »), le deuxième État indépendant du continent américain (le premier était les États-Unis d'Amérique, depuis septembre 1783). Libre, mais ruinée et dépeuplée après sept années de guerre, Haïti commença son histoire dans le sang des dictateurs Noirs (Dessalines, Christophe) et ne fut officiellement reconnue comme une République indépendante qu'en 1825, par le roi Charles X.

2. *Guadeloupe.*

La Guadeloupe tomba entre les mains des Anglais en 1794. Elle fut reprise presque aussitôt par un capitaine de navire français originaire de Marseille, qui avait été boulanger à Saint-Domingue, puis franc-maçon et jacobin en France, Victor Hugues (1762-1826). Envoyé dans l'île par la Convention comme Commissaire en mission, donc, pratiquement, avec tous les pouvoirs, il y débarqua au mois de mai 1794 à la tête d'un petit corps expéditionnaire d'un millier d'hommes, en expulsa les intrus et instaura à la Guadeloupe une sorte de dictature jacobine : il y fit appliquer immédiatement le décret abolitionniste de Pluviôse, mit en place un tribunal révolutionnaire analogue à celui de Paris et, soucieux de développer économiquement l'île, imposa aux Noirs – qui n'étaient plus esclaves – une sorte de travail forcé (comme Toussaint-Louverture l'avait fait à Saint-Domingue) ; Hugues devait terminer sa carrière sous le Directoire, comme gouverneur de la Guyane.

3. *Martinique.*

Le sort de la Martinique fut différent. Occupée elle aussi en 1794 par les Anglais qui, conformément à la doctrine britannique et à l'intérêt évident des planteurs, y maintinrent l'esclavage et la paix civile. La paix d'Amiens (25 mars 1802) prévoyait la restitution de la Martinique à la France, ce qui eut lieu en septembre 1802 ; Bonaparte désigna l'amiral Villaret de Joyeuse pour réorganiser administrativement l'île, où l'esclavage, qui n'y avait jamais été aboli, fut maintenu.

La situation polititique aux Antilles était donc complexe, et, pour la régulariser, Bonaparte adresse, en novembre 1801, un message au Corps législatif dans lequel il impose, plus qu'il ne propose, ce qu'on pourrait appeler sans rire un statut « *nègre-blanc* » : dans les colonies où l'esclavage a été aboli (Saint-Domingue, Guadeloupe), il reste aboli, et, dans les autres (comme la Martinique), il est maintenu. Quelques mois plus tard, en avril 1802, il demande à Cambacérès, deuxième Consul et spécialiste en matière de droit constitutionnel, de prévoir un senatus-consulte instituant un statut colonial à deux vitesses, comme on dirait de nos jours : il y aurait des colonies à esclaves et des colonies sans esclaves. Ce statut fut jugé anticonstitutionnel par le Sénat conservateur, et Bonaparte – qui, d'ailleurs, s'en doutait – eut donc une très bonne excuse pour revenir sur son projet, mais aussi faire plaisir à Joséphine, et surtout au très riche lobby sucrier : il le remplaça par un décret rétablissement l'esclavage dans toutes les colonies françaises (décret du 20 Floréal an X = 12 mai 1802), arguant, à l'instar de nos modernes racistes : « *Blanc, je suis avec les Blancs.* »

Au nom de ce décret, la guerre génocidaire fit rage à Saint-Domingue jusqu'en 1809, les Martiniquais restèrent esclaves et les Guadeloupéens le redevinrent. L'esclavage ne sera aboli dans les colonies françaises qu'en 1848, par Victor Schoelcher.

## La comédie de la paix d'Amiens (27 mars 1802) et le Consulat à vie (2 août 1802)

Le traité de Campo-Formio avec l'Autriche (17 octobre 1797) avait mis fin aux guerres de la première coalition, qui opposaient « *l'Europe des rois* » à la France républicaine ; mais c'était, on l'a vu, un traité boiteux, et la deuxième coalition s'était constituée dans la continuité de la première, avec, en sus, l'entrée dans l'alliance contre la France de deux nouveaux belligérants : le royaume de Naples et la Russie. Les Autrichiens avaient été à nouveau battus (à Marengo, à Montebello et à Hohenlinden) et contraints de signer la paix de Lunéville (9 février 1801), qui reproduisait approximativement le traité de Campo-Formio.

L'Angleterre, isolée, à bout de souffle, au bord de la faillite, avait dû, à son tour, abandonner la lutte. William Pitt (qu'on appelle ordinairement « le Second Pitt » pour le distinguer de son père qui se nommait aussi William et qui avait été Premier ministre avant lui) avait démissionné en 1801, parce que le roi George III lui avait refusé l'émancipation des catholiques irlandais. Il y avait en Angleterre un parti de la paix, celui des financiers et des affairistes, impatients de profiter de la reprise économique qui s'amorçait en Europe dans le courant de l'année 1801, et le nouveau Premier ministre, Addington, était partisan de faire la paix sur le continent. Ainsi fut signée la paix d'Amiens (27 mars 1802) entre l'Angleterre d'une part, la France et ses alliés (la Hollande et l'Espagne) d'autre part.

Ce traité de paix venait après des victoires comme Marengo, Montebello et Hohenlinden, qu'une propagande éhontée attribuait au nouvel Alexandre, alors qu'elles étaient dues, en fait, à ses généraux (Bonaparte avait perdu Marengo, Desaix transforma la défaite en victoire ; à Montebello, il est arrivé après la bataille pour féliciter le vainqueur, Lannes, qui dînait dans une auberge italienne ; il était à Paris le jour de la bataille de Hohenlinden, gagnée par Moreau). Il a valu au Premier Consul une popularité immense qu'il exploita immédiatement.

Les victoires dont ses services de propagande proclamaient à tous les coins de rues qu'elles étaient siennes, et la paix d'Amiens, due à un changement de Premier ministre en Angleterre, justifiaient que les assemblées manifestassent leur reconnaissance à Bonaparte. C'est du moins ce que réclama le Tribunat, où les partisans d'un exécutif fort (Talleyrand, Cambacérès, Roederer) étaient nettement majoritaires ; le Sénat, plus républicain, ne proposa que la reconduction anticipée du Consulat pour dix ans. Cambacérès, fin politique et subtil juriste, conseilla alors à Bonaparte de répondre à cette offre qu'il n'accepterait cet honneur que « *si le vœu du peuple le lui commandait* », ce qui entraînait automatiquement une consultation populaire, c'est-à-dire un plébiscite.

Celui-ci eut lieu le 14 Thermidor an X (2 août 1802), La question posée au corps électoral fut la suivante : « *Napoléon sera-t-il consul à vie ?* » La réponse de la nation fut unanime : il y eut 3 577 259 *oui* contre 8 374 *non* !

Bonaparte – qui, pour la première fois dans un acte constitutionnel, se faisait appeler « Napoléon » – profita de ce mouvement d'opinion sans précédent pour modifier, deux jours après le plébiscite, la Constitution de l'an VIII qui devint, par un simple vote sans débat du Sénat, la Constitution de l'an X : elle lui donnait le droit de désigner son successeur, de présenter des candidats pour les fonctions de Consul et de Sénateur ; le Tribunat fut réduit de 100 à 50 membres ; les listes de notabilités qui servaient aux élections communales, départementales et nationales (voir p. 341) furent remplacées par des Collèges d'électeurs élus à vie parmi les 600 citoyens les plus imposés d'un département. Et ce qu'il restait de République en France mourut de sa belle mort. Napoléon était presque l'égal d'un roi.

Mais, avant de le devenir vraiment, avec un trône, une couronne et une consécration pontificale, il lui fallait régler le conflit latent qui l'opposait encore à l'Angleterre depuis le traité d'Amiens.

## La rupture de la paix d'Amiens (mars-mai 1803)

Le gouvernement anglais reprochait en effet à Bonaparte de ne pas respecter : 1° la clause de non-ingérence de la France dans les affaires de la Suisse (en 1798, le Directoire avait fait exploser la Confédération helvétique qu'elle avait transformée en un État unitaire ; en février 1803, par une convention dite *Acte de médiation*, Bonaparte avait ressuscité l'ancienne Confédération et s'était institué comme médiateur pour régler les conflits qui pourraient s'élever, à l'avenir, entre les cantons suisses ; 2° la clause de non-ingérence de la France dans la réorganisation de la Confédération germanique.

De son côté, Bonaparte reprochait à l'Angleterre de ne pas respecter : 1° la clause lui enjoignant d'évacuer l'île de Malte, qu'elle occupait *de facto* depuis le début de la campagne d'Égypte ; 2° la clause lui enjoignant d'évacuer l'île d'Elbe (qui appartenait précédemment au royaume de Naples) et de la laisser à la France ; 3° la clause lui enjoignant d'évacuer Alexandrie, où elle avait pris pied en 1799, pour contrer Bonaparte, au mépris des droits de La Sublime Porte sur cette province, qui faisait partie de l'Empire ottoman.

Or, en mars 1803, Bonaparte considérait que la France avait respecté ses obligations, ce qui était vrai à quelques détails près, mais que l'Angleterre n'avait évacué ni Alexandrie, ni Malte, que, de toute évidence, elle n'avait pas l'intention d'abandonner.

Cette île était, depuis Charles Quint, la propriété des chevaliers Hospitaliers (chevaliers de l'Ordre de Malte), qui en avaient fait un nid de corsaires chrétiens au XVII<sup>e</sup> siècle, puis, au siècle suivant, un grand relais du commerce français avec le Levant. Bonaparte avait occupé l'île en mai 1797, et y avait laissé une garnison ; lorsque les Maltais avaient appris la nouvelle du désastre naval d'Aboukir (2 août 1798), ils avaient appelé le royaume de Naples et l'Angleterre à leur secours, et les Anglais avaient profité de l'occasion pour s'emparer de l'île, dont ils devaient faire par la suite l'entrepôt de leur commerce avec l'Orient (ils en resteront d'ailleurs les maîtres jusqu'en 1921).

Il y avait donc, entre les deux pays, de nombreux *casus belli* potentiels, que Napoléon énumère dans une lettre au tsar Alexandre Ier, qui a succédé à son père en 1801 :

LETTRE DE NAPOLÉON À L'EMPEREUR DE RUSSIE

« *Paris, 20 Ventôse an XI (11 mars 1803)*

[...] Les affaires de Suisse, auxquelles Votre Majesté s'intéresse, paraissent heureusement terminées. J'ai fait tout ce qui a été possible pour calmer les passions et concilier les intérêts. C'est à l'expérience de déterminer si les mesures prises sont bonnes.

Les affaires d'Allemagne paraissent enfin heureusement terminées, grâce aux soins que Votre Majesté a bien voulu se donner...

[...] Une discussion plus importante s'élève en ce moment avec l'Angleterre : aux termes du traité d'Amiens, elle devait évacuer Malte dans trois mois, comme la France devait évacuer le port de Tarente pour la même époque. J'ai scrupuleusement évacué le port et la rade de Tarente. Ayant demandé pourquoi on n'évacuait pas Malte, on m'a répondu que le grand maître [*de l'ordre de Malte*] n'était pas nommé : c'était déjà ajouter une clause au traité. Le grand maître a été nommé : on m'a objecté qu'on attendait l'accession de Votre Majesté, qui est arrivée [*la nomination du grand-maître de l'Ordre était soumise à l'Empereur de Russie*] ; et à laquelle je me suis empressé de souscrire ; je l'ai fait signifier au cabinet britannique. Alors l'Angleterre a levé le masque et m'a fait connaître qu'elle désirait garder Malte pendant sept ans. J'avouerai à Votre Majesté qu'un manquement de foi si extraordinaire m'a fort étonné, et je crois qu'il est sans exemple dans l'histoire. Comment pourra-t-on donc traiter désormais, si l'on peut violer ainsi l'esprit et la lettre des traités ? Je suis bien loin, pour mon compte, de jamais consentir à un tel déshonneur, et je suis résolu à tout pour l'empêcher...

BONAPARTE »

(Lettre n° 6625, du 11 mars 1803, vol. IX de la *Correspondance*).

Il conclut de ces incidents que la paix sur les mers est en danger et il demande l'intervention du tsar : « *Je réclame l'inter-*

*vention de Votre Majesté ; elle me paraît nécessaire pour la continuation de la paix maritime, à laquelle elle a paru toujours s'intéresser.* »

Cette lettre de Napoléon à l'Empereur de Russie, datée du 11 mars 1803, trahit indiscutablement ses intentions : il envisage une épreuve de force contre l'Angleterre qui a, comme il dit, levé le masque ; le prétexte de Malte va lui servir, et la fin de la lettre est significative de ses intentions belliqueuses.

À partir de la mi-mars 1803, les événements vont se précipiter, et la guerre franco-anglaise va éclater le 16 mai 1803. Qui l'a voulue ? Qui avait intérêt à ce qu'elle éclatât ?

Ce n'était certainement pas l'Angleterre, dont l'intérêt est alors de développer son activité commerciale et financière ; la guerre ne peut qu'entraver son expansion économique, mais elle a besoin de conserver Malte pour les raisons qu'on a dites plus haut et de surveiller la route des Indes, ce qui lui interdit de faire quelque concession que ce soit en Méditerranée. En revanche, l'intérêt de la France, puissance mi-continentale, mi-maritime, c'est de retourner à une économie de paix, en développant ses relations continentales avec les autres pays d'Europe, mais aussi de se construire un empire colonial, de préférence méditerranéen, ce qui implique des conflits avec l'Angleterre. Cependant, entre les deux puissances, le système du pouvoir est différent : une monarchie traditionnelle comme l'Angleterre peut prendre le temps de poser ses pions les uns après les autres sur l'échiquier méditerranéen, de les avancer ou de les reculer selon les circonstances et agir autant par la diplomatie dans le temps que par la force dans l'instant ; Bonaparte a trente-trois ans, il veut tout tout de suite, et préfère la force, dont il sait se servir, à la diplomatie, dont il ignore tout (il en a fait la démonstration à Campo-Formio).

C'est pourquoi, à peine la paix d'Amiens signée, Napoléon entreprend-il une politique d'expansion qui va rendre la guerre avec l'Angleterre inévitable.

En Méditerranée tout d'abord. Conformément au traité d'Amiens, les Anglais ont évacué Alexandrie et le Premier Consul a retiré ses troupes des ports napolitains ; mais, cinq mois après avoir signé le traité, il annexe l'île d'Elbe, le Piémont et le duché de Parme (août-septembre 1802) pour le compte de la République Cisalpine (celle du traité de Campo-Formio), rebaptisée *République italienne* et dont il s'est fait élire président en janvier 1802. Aux Antilles ensuite : non seulement il y a récupéré la Guadeloupe et la Martinique, mais il a tenté de reconquérir Saint-Domingue par une guerre ignoble. Il a aussi des vues sur l'Inde, où il enverra le général Decaen avec la mission de soulever les peuples et les princes hostiles aux Anglais (cette mission fut postérieure à la rupture de la paix d'Amiens, mais les espions anglais avaient eu connaissance de sa préparation).

Bref, par les services de leur ambassade à Paris, par les voyageurs, par leur service de renseignements, les Anglais savent ce que prépare Bonaparte. À partir de la mi-mars, les événements vont se précipiter, et les Anglais vont tirer les premiers. Voyez plutôt :

– 30 janvier 1803 : Bonaparte publie (à dessein ?) dans son journal, *Le Moniteur*, un rapport de Sébastiani (qui n'est pas encore général) sur l'état du système défensif en Égypte, qui met en valeur la menace anglaise et la nécessité pour la France d'une nouvelle intervention militaire ;

– 13 mars 1803 : altercation avec l'ambassadeur d'Angleterre, Withworth, dans l'appartement de Joséphine, en présence du corps diplomatique ; Bonaparte le menace de guerre si Malte n'est pas évacuée : « *Vous voulez la guerre. Nous nous sommes battus pendant quinze ans. C'en est déjà trop. Mais vous voulez faire la guerre quinze années encore et vous m'y forcez !* » ; il se tourne ensuite vers les ambassadeurs de Russie et d'Espagne et leur dit : « *Les Anglais veulent la guerre ; mais s'ils sont les premiers à tirer l'épée, je serai le dernier à la remettre. Ils ne respectent pas les traités.* » ;

– après le 13 mars : nombreux rapports de police (Fouché) rapportant des conversations entre les Anglais, civils ou militaires, vivant à Paris, dans lesquelles on ne parle que d'une guerre prochaine ;

– 26 avril 1803 : ultimatum de l'Angleterre sommant la France d'accepter qu'elle garde Malte pendant dix ans et d'évacuer la Hollande et la Suisse avant le 16 mai 1803 ;

– 3 mai 1803 : note du Premier Consul à l'ambassadeur d'Angleterre (Withworth), dans laquelle il réitère sa demande d'évacuation de Malte (voir cette lettre à l'Annexe n° 18) ;

– 6 mai 1803 : lettre du Premier Consul au Landamman du canton de Schwitz (en Suisse) : « *J'ai éprouvé une vive satisfaction d'apprendre par votre lettre du 14 avril que vous étiez heureux par l'acte de médiation. L'oubli des querelles passées et l'union entre vous, voilà le premier de vos besoins.* » ;

– 12 mai 1803 : lettre écrite par ordre du Premier Consul à l'ambassadeur d'Angleterre, publiée dans *Le Moniteur*, relative à l'intervention de l'Empereur de Russie, qui accepterait de se porter garant de l'île de Malte si l'Angleterre l'évacuait (voir cette lettre à l'Annexe n° 19) ;

– 13 mai 1803 : lettre à Talleyrand, prié de proposer une transaction sur Malte (l'Angleterre garderait l'île pendant dix ans et la France occuperait à nouveau Tarente et Otrante ; voir cette lettre à l'Annexe n° 20).

Le 16 mai 1803, la rupture est consommée. La France n'a pas obéi à l'ultimatum du gouvernement anglais ; l'ambassadeur de France est rappelé, et le gouvernement anglais ordonne l'embargo sur tous les bateaux français mouillant dans les ports d'Angleterre. Bonaparte réplique à cette mesure en faisant arrêter tous les Anglais résidant en France. La guerre entre la France et l'Angleterre va commencer, et le Premier Consul s'en explique dans un long message au Sénat. Elle va durer douze ans et se terminera un soir de décembre 1815, sur le champ de bataille de Waterloo. En comparaison des conséquences de cette guerre pour la France, les réformes de l'État accomplies sous le Consulat et dont on attribue – à tort, nous le verrons dans le chapitre prochain – la paternité à Bonaparte (le droit, l'administration, la monnaie) ne pèsent pas lourd dans la balance.

## CHAPITRE XIII

# L'apocalypse impériale

*La Constitution de l'an XII : Auguste, Ubu Roi, ou Arturo Ui ? – L'imposture du « Code Napoléon », qui n'a de Napoléon que le nom. – L'homme de guerre, de Montenotte à Waterloo : ce ne fut pas un stratège, mais un tacticien (génial ou... joueur de poker, avec, pour mises, des vies humaines ?). – La fin : «* Waterloo, Waterloo, Waterloo, mourn is plain *» (James Joyce).*

Il n'y a pas de différences structurales fondamentales entre le régime dictatorial du Consulat décennal tel qu'il est défini par la Constitution de l'an VIII (13 décembre 1799), celui du Consulat à vie de la Constitution de l'an X (4 août 1802) et celui de l'Empire héréditaire, institué par la Constitution de l'an XII (18 mai 1804). Le Premier Consul devient « Empereur des Français » et les institutions du Consulat (Conseil d'État, Sénat conservateur, Tribunat et Corps législatif) sont conservées, avec quelques modifications. Ce qui va changer, ce sont les apparences, le protocole et l'apparition d'une noblesse d'Empire héréditaire qui fera longtemps jaser. Pour le reste, tout continua comme sous le Consulat : la censure, la surveillance policière (voir Annexe n° 26), la législation et, depuis la rupture de la paix d'Amiens, la guerre contre l'Angleterre et ses alliés (les troisième, quatrième, cinquième et sixième coalitions) qui remplit toute l'histoire de l'Empire. Il s'y ajouta toutefois une ultime ignominie, en 1808 : les premières lois antijuives de l'histoire de la France moderne (voir Annexe n° 25), avant celles de Pétain.

Cette histoire, notre intention n'est pas de la conter, elle a fait l'objet de milliers d'ouvrages qui en présentent les uns la légende dorée, les autres la légende noire, d'autres encore la légende sereine. Nous nous limiterons, ici, à examiner deux dossiers essentiels sur deux sujets qui ont alimenté, plus que tout autre, la légende napoléonienne, celui du législateur à l'œuvre impérissable et celui du guerrier de génie. Le lecteur trouvera, à l'Annexe n° 21, un résumé chronologique de l'histoire de l'Empire qui lui fournira les principaux points de repère.

## La Constitution impériale de l'an XII (18 mai 1804)

Le régime institué en 1802 par la Constitution de l'an X, le Consulat à vie, avait deux traits caractéristiques : 1° c'était une *monocratie*, tous les pouvoirs étant concentrés entre les mains d'une seule personne, le Premier Consul ; 2° c'était un régime *totalitaire*, c'est-à-dire qu'il interdisait toute opposition personnelle ou organisée et, à la limite, tout jugement personnel. Un tel régime ne peut durer qu'en se fondant sur une police puissante et tentaculaire, une censure rigoureuse et surtout une propagande systématique, qui dépersonnalise l'individu et le rend progressivement incapable de penser ou d'agir, sur le plan politique ou social, autrement que par référence aux normes et aux mythes distillés par cette propagande. Et c'est là que le bât blesse l'âne, en l'occurrence Napoléon, du moins en 1800 : cette assistance policière est limitée numériquement, donc elle ne peut pas tout surveiller, et elle manque de moyens de communication et de stockage des informations (on frémit en pensant à ce qu'aurait pu devenir l'Empire napoléonien, l'Empire russe ou le IIIe Reich si ces régimes avaient connu la civilisation électronique : Hitler n'avait à sa disposition que le télégraphe électrique et les ondes hertziennes, Napoléon qu'une ou deux lignes de télégraphie optique et la rapidité de ses coursiers).

Par ailleurs, l'institution du Consulat à vie garantissait la stabilité du régime, mais dans les seules limites d'une vie humaine, celle de Napoléon en la circonstance. Que deviendrait le régime, ses dignitaires et ses serviteurs et, en dernière analyse, le pays, à la mort du Premier Consul ? Devrait-on assister, périodiquement, à des guerres de succession, à des guerres civiles, comme au temps des Mérovingiens ? Certes, la Constitution de l'an X prévoyait la désignation par le Consul en place de son successeur, mais cette désignation était théorique : qui pouvait prévoir comment s'imposerait aux coteries le successeur désigné ? Du temps, encore récent, de la monarchie, qui est une forme de monocratie comme une autre, la question était résolue par les lois fondamentales du royaume qui n'avaient d'efficacité que pour une seule raison : parce que tout le corps social était structuré par l'existence d'une *noblesse* (dont la devise était « mon Dieu et mon Roi ») dont les membres occupaient toutes les charges, tous les postes de l'État. Et c'est précisément au moment où d'autres valeurs que les valeurs féodales sont apparues dans la société française, les valeurs financières et mercantiles de la bourgeoisie, que celle-ci s'est effondrée ; mais le corps qui a remplacé la Noblesse – le Tiers-État – manquait de cohésion et de traditions politiques et la nation risquait de devenir la victime des fanatiques, des profiteurs ou des aventuriers, ce qui s'était d'ailleurs passé en France.

Il n'est pas impossible que Napoléon se soit posé la question et qu'il ait songé à y répondre par l'institution d'une monocratie héréditaire doublée d'une noblesse héréditaire qui en serait issue. La lecture attentive des 142 articles de la Constitution de l'an XII (du 28 Floréal an XII = 18 mai 1804), instituant l'Empire, le suggère.

Ce qui est frappant, dans cette Constitution, c'est la brièveté de ses titres essentiels (le titre I, établissant que la « République » est confiée à un « empereur des Français » et que son premier empereur est Napoléon Bonaparte, le Premier consul, n'a que deux articles ; le titre II, qui définit la transmission héréditaire de la dignité impériale, en a six) par opposition à l'ampleur cocasse des titres III à VII qui énumèrent les éléments de la

Cour impériale (la famille, les dignitaires, les grands officiers de l'Empire) et des articles 101 à 133, qui décrivent les fonctions et les compétences de la Haute Cour impériale, destinée à juger les crimes contre la sûreté de l'État, les complots, mais aussi les fautes et délits des hauts fonctionnaires de l'Empire (prévarication, abus de pouvoir, forfaiture, etc.).

À partir de 1804, toute une série de décrets vont créer des titres héréditaires, instituant ainsi une noblesse d'Empire, qui fit longtemps sourire, mais qui avait pour but non seulement de récompenser l'héroïsme des uns ou les services rendus à l'Empire par les autres, mais de cimenter le système : les « nobles » d'Empire et leurs descendants ne seraient-ils pas les plus fidèles défenseurs du trône des Bonaparte, tout comme les titulaires de la légion d'honneur (créée en 1802) ?

L'Empereur, Napoléon premier du nom, la Cour impériale et ses dignitaires, la noblesse d'Empire, tel fut la « distribution », le *casting* comme disent les anglomanes, de cette abominable boucherie européenne que fut la brève histoire (1804-1815) de l'Empire dont nous allons tenter, dans ce chapitre, de détruire les légendes les plus répandues, qui nous semblent être, toutes, des impostures, mis à part l'héroïsme et la bravoure des centaines de milliers d'hommes qui ont été abusés par elles jusqu'à en mourir.

Ainsi donc, la France va retrouver, avec Napoléon, un régime monarchique d'un type spécial, celui d'un souverain qui n'a, en face de lui, aucun pouvoir à combattre. Il n'y a plus de parlements provinciaux, d'évêques, de traditions féodales, de corporations, de traités internationaux. Napoléon peut tout dire, tout faire. Il n'a plus besoin de louvoyer, comme au temps du Directoire, et il ne craint plus personne, protégé qu'il est de près par sa garde, de loin par sa police secrète, sa *Gestapo*.

Au moment de son avènement, Napoléon a trente-cinq ans. Il a atteint un tel degré de puissance qu'il n'a plus besoin ni de plaire, ni de ruser pour s'imposer. Il s'impose, tout simplement. L'adolescent renfermé de Brienne, l'officier studieux et un tantinet bluffeur de Valence ou d'Auxonne, le matamore d'Ajaccio et de Bastia ont disparu. Qui donc reconnaîtrait, dans cet empereur bedonnant aux cheveux courts, avec une mèche tombant sur son front, volubile ou muet quand il le faut, le jeune général de la campagne d'Italie, à la silhouette grêle, au visage maigre encadré de longs cheveux ? On a exalté sa puissance de travail, sa mémoire, la rapidité avec laquelle il saisissait une situation, politique ou militaire, mais a-t-on pensé un seul instant que ces qualités sont celles de tout être humain qui s'est attelé à une tâche qu'il considère comme son œuvre propre, tel un artiste obsédé par le cheminement de son œuvre, qu'il se nomme Balzac, Victor Hugo, Proust, Michel-Ange ou Picasso, ou même – pourquoi pas – un Facteur Cheval, ou l'un de ces êtres humains d'exception qui se consacrent aux souffrances des autres jusqu'à en mourir. Et, je le demande sincèrement à mes lecteurs, faut-il plus d'énergie pour être Napoléon ou pour être, toute une vie durant, Picasso, Tolstoï, saint François d'Assise ou Mère Theresa ?

Laissons donc là le pseudo-surhomme, et considérons son caractère. Dès ses premiers pas dans la vie publique, à Bastia ou à Ajaccio, il s'est montré incapable d'aucun sentiment généreux ou désintéressé, et il se comportait comme si tout était bon pour réussir. Il a trahi Paoli non pas pour ses idées nationalistes, mais parce qu'il s'était aperçu que l'aventure du *Babbu* était sans lendemain et qu'elle n'avait aucune chance de succès durable ; Jacobin à l'heure où il fallait être jacobin pour faire son chemin – lisez le *Souper de Beaucaire* et voyez son ardeur à Toulon – il court à la soupe thermidorienne sans vergogne, et il acceptera, impassible, la sale besogne de Vendémiaire. Il sera tout aussi docile lorsque le Directoire l'enverra en Italie et lui préconisera de violer toutes les lois de la guerre considérant les traités comme de vulgaires chiffons de papier et en pillant les villes conquises, et quand Talleyrand lui conseillera de se faire oublier en Égypte, il sautera sur l'occasion, tout à la fois poussé par la peur de disparaître dans la tourmente politique ambiante – en 1798, ils étaient nombreux, à Paris, les royalistes qui voulaient la peau de l'assassin de Vendémiaire – et attiré par le mirage oriental : il le confiera, le 20 février 1819, à Bertrand, qui l'avait accompagné à Sainte-Hélène : « *Je n'aurais pas fait l'expédition d'Égypte si je n'avais pas été trompé sur les richesses du pays. Je croyais trouver là trois cents millions, et tout le monde le croyait comme moi...* » Que cette confidence soit vraie ou fausse, il n'en reste pas moins qu'il quitta à la sauvette les déserts égyptiens dès qu'il eut vent de ce qui se tramait à Paris et, trois semaines après son arrivée, le général déserteur échappait au peloton d'exécution et devenait Premier Consul, conformément à la stratégie des arrivistes qui se nomme « la fuite en avant ».

C'est encore Mme de Staël qui a le mieux jugé cet homme qui ne croyait pas à la vertu :

> « Ce qui caractérise le gouvernement de Bonaparte, c'est un mépris profond pour toutes les richesses intellectuelles de la nature humaine : vertu, dignité de l'âme, religion, enthousiasme [...] Il voudrait réduire l'homme à la force et à la ruse et désigner tout le reste sous le nom de bêtise ou de folie. » (*Dix années d'exil*).

Même certains historiens officiels de la III^e^ République, pour lesquels Napoléon était un des génies de l'humanité, le reconnaissaient avec une grande honnêteté intellectuelle, tels Albert Malet et Jules Isaac, transmetteurs à des générations de bacheliers de l'historiographie classique :

> « ... Il était maître dans l'art de *conduire les hommes* en s'adressant à leurs passions : l'intérêt, la peur, l'amour-propre, la cupidité. Les hommes sont pour lui des instruments : "Je ne m'amuse guère aux sentiments inutiles", disait-il.
>
> Ce pessimisme et cette sécheresse, joints au sentiment de sa supériorité et un égoïsme monstrueux, expliquent l'exagération de son orgueil plus grand et plus personnel encore que celui de Louis XIV [*l'étalon de l'orgueil et de l'absolutisme pour les historiens républicains de l'époque*]. Lui qui, à l'origine, avait un sens si juste de la réalité, perdra tout sentiment de la mesure ; le mépris de ses adversaires l'entraînera à de fatales erreurs, le mépris de ses collaborateurs l'amènera à n'accepter aucun conseil. » (Malet et Isaac, *Cours d'Histoire, Classe de Première*, Paris, Hachette, 1924, p. 276).

## L'imposture du « Code Napoléon »

Le *Code civil des Français* a été promulgué le 21 mars 1804 (le jour de l'exécution du jeune duc d'Enghien, accusé de conspiration monarchiste, deux mois avant la proclamation de l'Empire). C'est un corps de lois fondant les rapports juridiques de tous les citoyens français, décrites par 2 281 articles, rangés méthodiquement sous 35 *Titres* (un Titre par loi), répartis en trois *Livres* et précédés d'un *Titre préliminaire* concernant la publication, les effets et l'application des lois en général. La totalité des historiens du Droit, des autres historiens, des utilisateurs du Droit et des politiques, même les napoléophobes, affirment et écrivent depuis deux siècles que Napoléon a été non seulement le chef d'État qui l'a promulgué, mais aussi l'inspirateur et le guide (mot qui se dit en allemand *führer* et en italien *duce*) qui en a surveillé, pas à pas, toute l'élaboration et la rédaction.

Voici par exemple Monsieur Thiers, l'un de ceux qui ont ensanglanté les égouts de Paris en 1871, qui écrit, dans son *Histoire du Consulat et de l'Empire* :

> « Tout le bien accompli, on l'attribua au Premier Consul, et *on avait* raison [*c'est nous qui soulignons*], car, d'après le témoignage de Cambacérès, il dirigeait l'ensemble, soignant lui-même les détails, et faisait encore plus dans chaque partie que ceux à qui elle était spécialement confiée. »

Voici un autre témoignage de Cambacérès, Deuxième Consul, qui aurait bien embarrassé Monsieur Thiers : il disait un jour à un conseiller d'État, à propos d'une observation maladroite de Bonaparte que le Premier Consul « *raisonnait comme des avocats de l'audience de sept heures* » (l'audience des menus litiges, que plaidaient des avocats inexpérimentés ou besogneux), et comme Bonaparte riait de sa remarque, Cambacérès ajouta :

> « Vous êtes bien le maître d'établir un nouveau système, mais vous ne contesterez pas que la jurisprudence n'y soit contraire. On ne nous persuadera pas qu'après trente ans d'études et d'expériences nous soyons des ignorants et des imbéciles. »

Après le Versaillais, voici un brave professeur de Droit à la Faculté de Poitiers, un certain H. Savatier, qui écrit, en 1927 :

> « On ne peut guère feuilleter Locré [*le rédacteur des procès-verbaux de 106 séances du Conseil d'État consacrées à l'examen du Code civil*] et Thibaudeau [*conseiller d'État*] sans être, comme Taine, comme Albert Sorel, frappé par le côté réaliste et puissant de cette magnifique intelligence, besognant dans le domaine du Droit.
>
> [...]
>
> Bien souvent, d'ailleurs, le Conseil d'État s'inclina devant l'opinion de Bonaparte qui fit remanier beaucoup de textes et souvent de façon heureuse. » (H. Savatier, *Le Code civil*, Poitiers, 1927).

Ce professeur Savatier n'a jamais feuilleté les cinq gros volumes in-quarto de Locré : il aurait pu constater que cette « magnifique intelligence » ne s'est à peu près jamais exprimée au cours de la centaine de séances du Conseil d'État et que nul n'a pu percevoir « *le reflet d'acier de sa parole de maître* » (cette audacieuse image est du professeur Savatier !). Ou bien il n'a fait que les feuilleter sans les lire.

Nous envisageons de montrer ici :

1° que Napoléon a indiscutablement eu la volonté de promulguer un *Code civil des Français,* mais que l'idée n'a jamais été de lui : c'était l'obsession des rois de France depuis François Ier, puis des pouvoirs révolutionnaires qui s'étaient succédé depuis 1789 ;

2° que l'initiative, en la matière, a été prise non pas par lui, mais par les Assemblées révolutionnaires ;

3° que la mise en œuvre de cette initiative a été le fait de la Convention qui a créé en son sein, au mois de juin 1793, un *Comité de législation* chargé d'élaborer un projet de Code civil et qu'il en est résulté trois projets, d'ailleurs imparfaits (le dernier datant de juin 1795), mais que ces travaux sont restés en sommeil durant tout le Directoire ;

4° que Bonaparte a relancé les travaux en signant l'arrêté du 24 Thermidor an VIII (12 août 1800), rédigé par Cambacérès, nommant une commission de quatre membres chargée de rédiger un nouveau projet de code, projet qui a été *rédigé en quatre mois* totalement en dehors de lui ;

5° que c'est ce projet, dit « projet de l'an VIII », qui a été discuté, article après article, par le Conseil d'État *pendant trente-deux mois*, entre le 17 juillet 1801 et le 19 mars 1804 (il a fallu huit fois plus de temps pour le discuter que pour le rédiger !), et que Bonaparte n'a joué qu'un rôle d'observateur quasi muet dans les séances du Conseil d'État pendant ces trente-deux mois,... quand il était présent. Le *Code civil des Français* sera finalement promulgué le 21 mars suivant par Napoléon, encore Premier Consul.

1. *Préhistoire du Code civil.* La France de l'Ancien Régime, c'est bien connu, n'était pas un État unifié : les lois, les poids et mesures, les impôts différaient d'une province à une autre. Une unité de longueur comme l'*aune* variait de 62 à 84 centimètres selon les lieux ; au sud d'une ligne allant de Genève à La Rochelle, les Français étaient soumis à peu près aux mêmes lois, inspirées de l'ancien droit romain (droit écrit), mais, au nord de cette ligne, on ne comptait pas moins de trois cents régimes juridiques différents (droit coutumier), et, comme l'écrivait Voltaire, « de poste en poste on changeait de jurisprudence en changeant de chevaux. » Même en pays de droit écrit, les lois étaient interprétées différemment par les parlements, ancêtres de nos modernes Tribunaux, jaloux de leurs prérogatives.

Cette disparité des unités de mesure et des lois choquait les bons esprits et rendait fort compliqués aussi bien le développement du commerce que l'administration de la justice. Aussi bien l'une des idées maîtresses des penseurs politiques du XVIII^e siècle fut-elle l'unification des rapports de droit. Louis XV, en particulier, promulgua une ordonnance unificatrice sur les donations (1731) et une autre sur les testaments (1735) qui furent des modèles du genre, et de nombreux juristes rédigèrent, bien avant la Révolution, des synthèses juridiques sur différents sujets particuliers.

Parmi ces auteurs, on peut citer Domat qui, en 1694, publia un traité sur *Les lois civiles dans leur ordre naturel*, Bourjon (auteur, en 1747, du *Droit commun de France et la coutume de Paris réduits en principes*) et surtout Robert-Joseph Pothier (1699-1772), professeur de Droit à l'université d'Orléans, dont l'œuvre balaye méthodiquement la quasi-totalité des lois civiles et que l'on doit considérer comme le père du *Code civil des Français* : ses traités – dont les huit derniers furent publiés après sa mort – ont servi de base aux travaux des juristes qui élaborèrent ce fameux monument juridique. flatteusement et politiquement baptisé « Code Napoléon ».

2. *Les initiatives révolutionnaires.* L'idée d'unification des mesures et des lois était donc dans l'air depuis Louis XIV. Le 8 mai 1790, la Constituante charge une commission de l'Académie des sciences de mettre au point le fameux *Système métrique* et, trois mois plus tard, elle vote les motions du 16-24 août 1790, qui disent, entre autres choses :

> « Il sera fait un Code général des lois simples, claires et appropriées à la Constitution. »

Ce projet est repris par la Constitution des 3-14 septembre 1791, qui va régir le régime de l'Assemblée Législative ; la dernière motion de son Titre I, qui énumère les dispositions fondamentales garanties par la Constitution, proclame :

> « Il sera fait un code des lois civiles communes à tout le royaume. »

La réalisation du Code civil est donc alors officiellement en marche. Où donc est Napoléon, à ce moment ? Il est sorti de l'École militaire de Paris à seize ans, en 1785, avec le grade de lieutenant en second et a passé la moitié de son temps... en congé (23 mois de congé entre novembre 1785 et février 1791 !) ; il n'a pas la moindre idée de ce que peut être un Code civil. Quant à la Législative, elle légifère, mais elle a trop à faire pour mettre en chantier le Code prévu par la Constitution de 1791.

3. *Le rôle de la Convention.* La Révolution a progressé et, à partir du 20 septembre 1792, la France est en République. En juin 1793, la Convention met en place un *Comité de législation*, présidé par un ancien président du tribunal criminel de l'Hérault, Cambacérès, qui s'est mis à l'écart de l'affrontement

entre Girondins et Montagnards (c'est un député du Marais, qui a alors quarante ans). Le Comité part des traités de Pothier, qui avait patiemment, pendant une vie entière, comparé tous les droits coutumiers de France entre eux et avec le droit écrit du Midi. Les juristes du Comité de législation travaillent vite ; en trois mois, ils vont proposer trois projets de code à la Convention :

– le premier est présenté le 8 juillet 1793 par un avocat de Rueil, Durand de Maillane, qui siège avec les députés de la Plaine : c'est plutôt une ébauche de code civil qu'un véritable code, et il n'est pas retenu par l'Assemblée ;

– le second est de Cambacérès, qui prétend avoir dépouillé en moins d'un mois, avec l'aide de ses amis politiques, 14 000 lois et décrets en vigueur à travers toute la France ; il contient 697 articles, mais il porte encore la marque de l'Ancien Régime, notamment en ce qui concerne le droit successoral, et le projet est rejeté par les Montagnards ;

– le troisième est encore présenté par Cambacérès, qui l'a réalisé avec la collaboration des membres du Comité de législation ; écrit dans un style lapidaire, il est réduit à 297 articles et tout imprégné de la philosophie naturaliste de l'époque : « *Nos lois,* déclare Cambacérès au nom du Comité, *ne seront que le Code de la Nature, sanctionné par la raison et garanti par la liberté...* ». La Convention consacre soixante séances à la discussion du projet Cambacérès, entre le 9 août et le 9 octobre 1795, en pleine Terreur : imparfait, insuffisant et surtout trop théorique, il est rejeté.

Pendant toute la durée du Directoire, d'octobre 1795 à novembre 1799, les luttes sournoises entre les coteries politiques, les difficultés financières et les problèmes militaires (guerre contre l'Autriche) firent passer au second plan les travaux législatifs des deux Conseils (les Cinq-Cents et les Anciens). Mais, patiemment, les députés se réunissaient, discutaient, amélioraient ces projets. Ils avaient abouti à l'établissement de divers recueils unitaires de lois, classées par titres, concernant les personnes (état civil, domicile, mariage, divorce, adoption, etc.), les biens (droits relatifs à la propriété, aux successions, aux donations, aux ventes, etc.) et les obligations (droit des contrats). À la veille de Brumaire, l'armature du futur Code civil était prête. Bonaparte, bien entendu, ignorait jusqu'à son existence : il ignorait tout du droit, méprisait, en bon militaire, les juristes, qu'il traitait dédaigneusement d'« avocats », et avait passé tout son temps à guerroyer en Italie et en Égypte.

4. *Le « Projet de l'an VIII ».* La Constitution substituant le régime dit du Consulat à celui du Directoire fut promulguée le 15 décembre 1799, mais le changement de régime n'interrompit pas pour autant les travaux du Comité de législation (d'autant que le Deuxième Consul était Cambacérès). Avant qu'il ne se sépare, il lui fut demandé de présenter un résumé des travaux accomplis, ce qui fut fait, en six jours à peine, par l'avocat Jacqueminot, député au Conseil des Cinq-Cents et rallié au nouveau régime : le 21 décembre, il présenta aux Consuls un inventaire simplifié de la législation civile issue de la Révolution, qu'on appela le « Code Jacqueminot ».

Puis Bonaparte part pour l'Italie faire la guerre aux Autrichiens, qu'il bat à Marengo (grâce à Desaix) le 14 juin 1800 ; quand il revient, il s'inquiète de l'état des travaux sur le Code, engage Cambacérès à mettre les bouchées doubles et promulgue le fameux arrêté du 24 Thermidor an VIII (12 août 1800), rédigé, d'ailleurs, par Cambacérès lui-même, instituant une Commission de quatre membres chargée de rédiger un ultime projet de Code civil, à partir des travaux antérieurs, accomplis, pour l'essentiel, sous la Convention.

Pour rédiger cette dernière version préparatoire du Code civil, qu'on appelle usuellement le « Projet de l'an VIII », Cambacérès nomme quatre hauts magistrats : Tronchet (président de la Cour de Cassation), Bigot de Préameneu (Commissaire près la Cour de Cassation), Jacques de Malleville (Conseiller à la Cour de Cassation) et Portalis (Commissaire près le Conseil des Prises, organisme chargé de statuer sur les prises maritimes). Il ne les a pas choisis au hasard : à l'exception de Bigot de Préameneu, qui est un défenseur du droit coutumier, ces magistrats sont tous des partisans du droit romain, qui est un droit écrit, bannissant les particularismes juridiques.

Pendant quatre mois, ces juristes se retrouvent, tous les jours, au domicile de Tronchet, président de la Commission, au 82 de la rue Saint-André-des-Arts, près de la place Saint-Michel ; ils prennent comme base de leur travail le projet à 697 articles que Cambacérès avait présenté à la Convention en 1793 et qui avait été remanié par la Commission de législation, et le Code Jacqueminot de 1799 : à la fin du mois de décembre 1800, la rédaction du « Projet de l'an VIII » est terminée. Il n'est pas inutile de souligner que Bonaparte ne parut jamais rue Saint-André-des-Arts : il ne joua rigoureusement aucun rôle ni dans la conception, ni dans la préparation, ni dans la réalisation de ce travail préliminaire fondamental, qui fut achevé d'imprimer le 21 janvier 1801. On lit dans l'excellent *Dictionnaire de Napoléon*, publié sous la direction de Jean Tulard, à l'article *Code civil*, (article sans nom d'auteur), que ce projet fut « *établi avec une rapidité que l'on ne devait jamais revoir ni en France, ni ailleurs* » ; c'est une erreur de jugement. La Commission Tronchet a été très rapide, c'est vrai, mais sa tâche se bornait à une mise en ordre et une mise en forme d'environ 2 000 articles, soit, en moyenne, une vingtaine d'articles par jour, de quelques lignes pour chacun : le travail de compilation, de synthèse et de normalisation de la législation préexistante avait commencé en 1793, huit ans plus tôt.

5. *La discussion au Conseil d'État.* Jusqu'à ce stade de l'élaboration du Code, le rôle de Bonaparte s'est limité à signer l'arrêté du 24 Thermidor et à demander une ou deux fois à Cambacérès de se dépêcher : c'est bien peu de chose, pour un nouveau Solon ! Il va avoir une autre occasion de se rendre utile en présidant, quand il le pourra et quand il le voudra, la section de législation du Conseil d'État qui doit examiner le Projet de l'an VIII et ce ne sera pas une mince tâche, car s'il avait fallu huit ans pour préparer le projet, et quatre mois pour le rédiger, il va falloir environ trois ans pour le discuter (du 17 juillet 1801 au 19 mars 1804).

Les séances d'examen du Projet de Code civil eurent lieu aux Tuileries, où se tenait le Conseil d'État. Y assistaient : les membres de la section de législation, qui comptait quatre anciens avocats (Boulay de la Meurthe, Berlier, Thibaudeau, Emmery), un ancien procureur, qui avait été aussi policier (Réal) et Bigot de Préameneu, déjà nommé plus haut ; le ministre de la Justice (le Grand-Juge Régnier) et son prédécessseur (Abrial). Elles étaient présidées soit par le Premier Consul, quand il était à Paris, soit par Cambacérès, Second Consul ; le conseiller Locré, secrétaire général du Conseil d'État, établissait le procès-verbal de chaque séance.

Le protocole était simple. Les membres de la section de législation étaient assis autour d'une table en forme de fer à cheval ; le ou les Consuls étaient sur une estrade ; Abrial, Régnier et Locré disposaient d'une petite table à part. Chacun parlait de sa place, il n'y avait pas de notes écrites. Locré prenait tout en note et rédigeait le procès-verbal de chaque séance ; ces documents ont été réunis, imprimés et édités ; imprimés, ils forment cinq gros volumes in-quarto, chacun d'environ cinq cents pages. Chaque procès-verbal ressemble à un dialogue de théâtre : le nom des orateurs et des intervenants est indiqué.

En les examinant méthodiquement, on constate d'abord que Locré annonce 102 séances, mais, en les comptant, on en trouve 106 (la plupart des ouvrages généraux se fient aux dires de Locré... ce qui prouve qu'ils ne sont pas allés aux sources et qu'ils perpétuent ainsi une erreur). On remarque ensuite que le Premier Consul est présent, en moyenne, une fois sur deux : nous avons relevé 55 présences sur 106 séances, ce qui est d'ailleurs beaucoup, car elles étaient longues et les journées de Bonaparte étaient chargées ; cela signifie aussi qu'il prenait un grand intérêt à entendre parler de droit. Il est intéressant de signaler qu'en particulier il a été absent :

– aux séances concernant l'état civil, la paternité, la filiation, la minorité, la jouissance ou la privation des droits civils, les successions ;

– aux séances concernant le mariage, le divorce, l'adoption et la puissance paternelle (contrairement à la légende qui voudrait qu'il ait réellement fait pression sur les législateurs pour faire adopter des lois antiféministes) ;

– aux séances concernant les contrats de mariage, le droit de propriété et les lois sur les biens.

S'il a été absent à ces séances, sans doute parce qu'il faisait la guerre quelque part en Europe, cette simple observation tend à montrer qu'il n'était pas présent lorsque le Conseil d'État a discuté les articles du Code relatifs au divorce : lorsqu'on accuse Napoléon du péché capital – à notre époque – de « machisme », en invoquant ses interventions sur l'adultère (dans l'ancien droit français, l'adultère du mari n'est une cause de divorce que s'il est pratiqué au domicile conjugal, tandis que l'adultère de la femme est une cause de divorce quel que soit le lieu où il est consommé), on est donc peut-être injuste, puisqu'il n'a pas pu intervenir (... mais il a pu chapitrer les conseillers à l'avance, quand il était présent !).

La lecture de ces procès-verbaux va nous permettre de mesurer, au sens strict, l'importance relative du rôle de Bonaparte dans l'élaboration du Code civil. Nous avons eu la curiosité – et la patience – de compter le nombre de lignes que représentaient ses diverses interventions pendant trois ans : le nombre total de lignes que nous avons relevées (avec certainement quelques erreurs) correspond à environ vingt-huit ou vingt-neuf sur les deux à trois mille que représentent les cent six procès-verbaux de Locré. Le détail statistique est donné au tableau de l'Annexe n° 22 : il montre, d'une manière péremptoire, que Napoléon, si fougueux et si prolixe lorsqu'il parlait, n'a pratiquement pas dit un mot au Conseil d'État au cours de ces trois années de délibérations. Mais, dira-t-on, s'il n'a rien dit, sans doute a-t-il inondé de notes et de lettres le président (c'était Boulay de la Meurthe) ou les membres de la Commission de législation : il faut le voir pour le croire, mais, sur les quelque 35 000 pièces que contiennent les trente-trois volumes (in-quarto) de sa Correspondance (éditée par les soins de Napoléon III), *il n'y en a pas une seule* qui soit relative au Code civil qu'on baptisera de son nom.

La conclusion est inévitable, et il faut s'y résoudre, *le Code civil n'est, en aucune façon, l'œuvre de Napoléon* : 1° *l'idée* de bâtir un Code civil unique pour tous les Français était une idée politique d'une banalité extrême, que les jurisconsultes et les empereurs romains (Théodose, Justinien) avaient d'ailleurs admirablement réalisée, qui avait pris corps sous la monarchie, depuis François I$^{er}$, et toutes les assemblées nées de la Révolution la considéraient comme primordiale pour souder juridiquement la société française, ce n'a jamais été une idée originale de Napoléon ; 2° *les décisions* qui sont à l'origine de l'élaboration d'un Code civil des Français n'ont pas été prises par Napoléon, mais par la Constituante ; l'acte initial qui en a promu la réalisation est la motion du 16 août 1790, votée par cette Assemblée, appelant à réaliser un « Code général des lois », confirmée par la motion du 24 août 1790, intégrée dans la Constitution des 3-4 septembre 1791 (la première véritable Constitution de l'histoire de France) ; 3° *la création* du Comité de législation, chargé de cette réalisation et présidé par Cambacérès, a été le fait de la Convention, en juin 1793 (à ce moment, Bonaparte s'enfuyait précipitamment de Corse avec sa famille, poursuivi par les sbires de Paoli) ; 4° *les travaux de ce Comité* n'ont pas cessé, entre juin 1793 et août 1800, tant sous la Convention que sous le Directoire et au début du Consulat ; 5° ce n'est que le 27 février 1800 que Bonaparte, Premier Consul depuis deux ou trois mois, s'enquiert auprès de Cambacérès, Second Consul, de l'état des travaux du Comité de législation : c'est sa *première intervention* en matière de Code civil, elle intervient *sept ans après* le début des travaux du Comité de législation créé par la Convention, qui n'avaient jamais cessé ; 6° l'arrêt de Thermidor an VIII, rédigé par Cambacérès et signé par Bonaparte, n'a rien d'extraordinaire en soi, il institue une Commission chargée de faire la synthèse des travaux du Comité de législation, synthèse connue sous le nom de *Projet de l'an VIII* ; 7° ce Projet a été ensuite soumis à l'examen des magistrats qui allaient devoir appliquer le futur Code civil, c'est-à-dire à la Cour de Cassation et aux différents tribunaux d'appel de France ; 8° enfin, comme l'exigeait la Constitution de l'an VIII, le Projet et les observations de ces tribunaux furent étudiés par le Conseil d'État, examen qui a duré trois ans, au cours duquel, nous l'avons montré, Bonaparte n'est *pratiquement jamais* intervenu ; 9° les trente-six lois composant le *Code civil des Français* ont enfin été proposées, morceau par morceau, aux assemblées législatives (le Tribunat et le Corps législatif) qui les votèrent avec une assez grande rapidité.

Nous pouvons donc renvoyer dos à dos les napoléophobes et les napoléophiles : les premiers ont tort de lui reprocher un certain nombre de dispositions du Code (sur la propriété, sur la famille, sur les droits de la femme, etc.), il n'est *en rien* l'auteur du Code, il n'a fait que le promulguer, comme l'aurait fait n'importe quel autre chef d'État à cette époque de l'histoire de France ; les seconds ont tort eux aussi, qu'ils lisent l'Annexe n° 22 pour s'en rendre compte. Quant à Thiers, aux innombrables professeurs de droit qui propagent la légende depuis deux siècles, et autres, nous leur opposons notre approche cliométrique, qui rien ne peut contredire.

Ajoutons une précision ultime, qui n'est pas sans intérêt. En 1804, on parlait couramment, dans les milieux juridiques comme dans la presse hautement surveillée du Consulat et de l'Empire naissant, du « Code Napoléon », ce qui n'a rien pour nous étonner : une propagande acharnée, du même niveau que la *Propagandastaffel* de sinistre mémoire, rapportait tout ce qui se passait en France au divin césar du moment (césar : nom tout ce qu'il y a de commun : Napoléon, le « césar », n'a rien à voir avec le grand César romain ; l'un fut constructeur, Bonaparte fut un petit césar destructeur). En 1852, Napoléon III publie une nouvelle édition, révisée, du Code promulgué par son oncle un demi-siècle plus tôt, mieux adaptée à la société industrielle et bourgeoise naissante ; il l'ouvre sur un décret de son cru qui lui attribue officiellement et légalement (c'est l'article 1 du Code révisé) la dénomination « Code Napoléon », pour, dit le décret, « *rendre hommage à la vérité historique* » (!), à « *l'énergique impulsion* » que son oncle a donnée à la rédaction et à la publication du Code, ainsi qu'à sa propre participation. Tuez les légendes, elles renaissent toujours.

## L'homme de guerre : de Montenotte à Waterloo (1796-1815)

Si l'on excepte les combats auxquels il a participé dans sa jeunesse sous les ordres de différents généraux (la tentative contre l'îlot sarde de La Maddalena, le siège de Toulon, les premiers combats en Italie vers Saorge), la carrière de guerrier responsable de Napoléon Bonaparte débute avec la campagne d'Italie, en 1796, et prend fin dix-neuf ans plus tard dans la « morne plaine » de Waterloo. Au cours de ces dix-neuf années, il a entrepris quatorze grandes campagnes terrestres (en Italie, en Égypte, en Allemagne, en Prusse, en Pologne, en Autriche, en Russie, en France, en Belgique), pour terminer lamentablement, après une série impressionnante de victoires, par les pitoyables campagnes de France et de Belgique ; il a aussi totalement échoué dans deux campagnes navales, l'une en Irlande, et l'autre en Angleterre (sans compter la catastrophe de Trafalgar en 1805).

Pourquoi tant de guerres ? Nous l'avons déjà expliqué. Avant le traité de Campo-Formio, il s'agit de terminer les guerres de la Révolution contre l'Europe des rois (première coalition) : Bonaparte est l'épée dont avait besoin le Directoire, il n'est pas le responsable de ces guerres. Après Campo-Formio, mauvais traité, elles reprennent et l'on ne peut pas dire que l'expédition d'Égypte dans laquelle il s'est engagé ait déclenché la deuxième coalition. En revanche, à son retour d'Alexandrie, tout va très vite : le démon de l'ambition, né le soir de Lodi, a grandi dans l'âme de Bonaparte, et il est rentré en France pour faire le coup d'État qu'il n'a pas pu faire en 1798. Trois semaines à peine après son arrivée à Paris (le 16 octobre), il prend le pouvoir par un coup de force (18 Brumaire an VIII = 9 novembre 1799), et termine les guerres de la deuxième coalition par les paix de Lunéville et d'Amiens (voir ci-dessus, p. 358, *sqq.*).

À la différence de Campo-Formio, Amiens était un bon traité, et l'Europe aurait pu vivre en paix. Mais le Bonaparte d'Amiens n'est plus un sage général qui obéit à son gouvernement. Il est devenu, à lui tout seul, le gouvernement de la France et il a maintenant un appétit d'ogre – de « l'Ogre » qu'il va devenir – et il ne peut l'assouvir que par des guerres et des conquêtes. Il brise la paix d'Amiens dans les conditions qu'on a dites, et ce fut le commencement de l'apocalypse impériale.

Sous le Directoire, entre janvier 1796 et 1799, il avait participé à deux campagnes : en Italie, où lui et ses généraux avaient livré quinze combats ou batailles (dont deux décisives : Arcole et Rivoli), et en Égypte, où ils avaient livré onze combats, tous gagnés (dont six par Bonaparte) et échoué devant Saint-Jean-d'Acre. Le palmarès du futur dictateur peut alors être considéré comme brillant, même si, en Italie, il n'était que l'exécutant de la stratégie de Carnot.

Après Brumaire, Bonaparte se trouve confronté à la deuxième coalition, nouée par l'Angleterre avec l'Autriche et la Russie ; la guerre de l'Europe contre la France durait depuis sept années déjà, et le rétablissement de la paix s'imposait : le Premier Consul n'oubliait pas que son immense popularité remontait, certes, à ses victoires dans la première campagne d'Italie, mais surtout à la paix de Campo-Formio et l'avenir du régime qu'il venait d'instaurer devait être assuré par le rétablissement de la paix. Il fit donc des offres de paix à l'Angleterre (dont le Premier ministre est Pitt) et à l'Autriche (dont le chancelier est Thugut) : elles sont repoussées ; Pitt va même pousser l'insolence diplomatique, jusqu'à déclarer qu'il n'y a rien de changé en France, sinon que le « jacobinisme » agressif des cinq Directeurs est maintenant concentré entre les mains d'un seul homme. Bonaparte tente alors de briser la coalition anglo-autrichienne en menaçant l'Autriche par une alliance de la France avec la Prusse ou avec la Turquie, mais Berlin n'offre qu'une tentative de médiation et il n'a rien à offrir à Constantinople, puisque les forces françaises viennent de capituler à El-Arich.

Or Bonaparte ne veut pas perdre l'Égypte. Non pas en vertu d'un « rêve oriental » (qu'il a peut-être fait en 1799, mais qu'il a remplacé par la perspective, bien réaliste, de surveiller la route des Indes) ; il n'est donc pas question qu'il négocie avec La

Sublime Porte, et il n'a plus qu'une solution pour en finir avec la deuxième coalition : la guerre.

Cette guerre, ce fut la double campagne de 1800, en Italie et en Allemagne, marquée par trois batailles : Montebello (3 juin), Marengo (14 juin) et Hohenlinden (3 décembre). Montebello fut emportée par les généraux Lannes et Victor, Hohenlinden par Moreau. Ce furent deux champs de bataille où Bonaparte n'a pas mis les pieds : le jour de la bataille de Montebello il était à Milan et le lendemain il applaudissait la chanteuse Giuseppina Grassini à la Scala ; le jour de la bataille de Hohenlinden, il était à Paris.

Reste Marengo : ce fut sa première imposture militaire. Il dormait profondément, à quelques kilomètres de cette plaine qui semble avoir été créée pour servir de champ de bataille, lorsqu'il fut réveillé par le bruit d'une canonnade : c'étaient les Autrichiens du général Melas qui attaquaient. Surpris, car il pensait prendre l'initiative du combat, Bonaparte fait face à l'offensive autrichienne (à 14 heures), mais la bataille est perdue et, à 17 heures, il se voit contraint d'ordonner la retraite. Melas poursuit mollement Bonaparte et l'armée française en déroute ; mais, à la fin de la journée, Desaix et ses troupes « fraîches » le rejoignent ; il se décide alors de livrer aux Autrichiens un combat d'arrière-garde : Desaix est tué d'une balle en plein front mais le général de brigade Kellermann lance une charge vigoureuse et audacieuse sur l'ennemi, et les Autrichiens s'enfuient. Bonaparte est sauvé presque par hasard ; dans le communiqué officiel – qu'il dut remanier quatre fois pour lui donner un semblant de consistance – il présente cette victoire inespérée, due à Desaix et Kellermann, comme une manœuvre géniale de sa part. Mais Desaix était mort : il ne risquait pas de le contredire.

La campagne de 1800 est un bon exemple de la manière dont Bonaparte faisait la guerre, qui s'applique à toutes les autres campagnes.

Il dispose de troupes nombreuses (800 000 hommes en 1807, par exemple), alimentées par la conscription, que la France est le seul pays à imposer (la Prusse exceptée, mais elle est beaucoup moins peuplée que la France). Ses divisions sont presque à pied d'œuvre, sur le Rhin, en Italie (notamment dans les Républiques-sœurs) et dans les Alpes ; elles sont commandées par des généraux jeunes, ambitieux, se déplacent rapidement et vivent sur le pays, selon la méthode Guibert.

En revanche, Bonaparte manque d'informations géographiques et climatiques précises sur l'Allemagne, les Balkans, la Pologne et la Russie ; les seules cartes disponibles en France sont celles des frontières et les cartes relevées au cours d'expéditions militaires par les ingénieurs du Dépôt de la Guerre (au temps de la première campagne d'Italie, Napoléon avait remarqué l'efficacité du chef du cabinet topographique, le dessinateur Bacler d'Albe, dont il fit, en quelque sorte, son géographe personnel : il suivit la Grande Armée à partir de 1805, et il put se procurer à Varsovie, en 1806, lors de la campagne de Pologne, un grand atlas de Russie, qu'il fit reproduire et qui servit à Napoléon en 1812).

En général, donc, Bonaparte devait improviser, et on ne compte plus le nombre de divisions qui sont arrivées en retard sur le champ de bataille tout simplement... parce qu'elles s'étaient perdues. Il ne peut pas envisager un plan de campagne à long terme, comme celui qui avait été utilisé contre les Piémontais en 1796, fondé sur l'occupation méthodique, jour après jour, des points stratégiques, suivi d'une invasion ; il doit rechercher la *bataille décisive,* qui anéantit rapidement l'ennemi et lui impose de traiter. Et lorsque le territoire deviendra trop vaste, comme en Russie, et qu'il se trouvera en présence d'un adversaire de la taille de Koutouzov, qui a l'intelligence et la patience – rares chez un chef militaire (et qu'on retrouvera chez certains chefs amérindiens quand ils auront à défendre leurs immenses territoires contre les conquérants américains) – de refuser le combat, et de guetter patiemment sa proie, jusqu'à ce qu'elle tombe d'elle-même, Napoléon y engloutira son immense armée : ils partirent huit cents mille, mais ils furent quelques milliers à revenir en France.

L'histoire des guerres napoléoniennes et la description, dans leurs moindres détails, des combats et des batailles qui furent livrés par le guerrier ajaccien ont fait depuis deux siècles les délices des stratèges en chambre, des généraux en retraite, des historiographes minutieux qui ont dépouillé des tonnes d'archives. Retenons cependant quelques chiffres, qui, à notre avis, expliquent tout :

– Napoléon a mené quinze campagnes, en comptant la première campagne d'Italie dont il fut l'exécutant, mais non le promoteur ;

– au cours de ces campagnes, lui et/ou ses généraux ont livré 148 batailles (voir l'Annexe n° 23), en y comprenant les combats ; lui-même n'a été présent qu'à 43 d'entre elles (toutes les autres ont été l'œuvre de ses généraux) ;

– 23 d'entre elles furent décisives, il les a toutes dirigées lui-même ;

– campagnes et batailles ont coûté à la France entre 1 300 000 et 1 800 000 hommes selon les estimations (qui n'étaient pas tous Français : il y avait beaucoup d'étrangers dans les armées françaises).

**Les campagnes napoléoniennes**

| Années | Campagnes | Batailles décisives |
|---|---|---|
| 1796-1797 | Italie | Ceva, Bassano, Mantoue, Rivoli |
| 1798-1799 | Égypte | Pyramides, etc. |
| 1800 | Italie et Allemagne | Marengo, Hohenlinden |
| 1805 | Allemagne | Ulm, Austerlitz |
| 1805 | Italie (Masséna seul) | Caldiero |
| 1806 | Prusse | Iéna, Auerstedt |
| 1806-1807 | Pologne | Eylau, Friedland, Danzig |
| 1807-1808 | Portugal (Junot) | Cintra, Vimeiro |
| 1807-1814 | Espagne | 30 batailles (guérilla) |
| 1809 | Italie | Piave |
| 1809 | Autriche et Allemagne | Eckmühl, Essling, Wagram |
| 1812 | Russie | Bérézina, Borodino |
| 1813 | Allemagne | Dresde, Leipzig, Lützen |
| 1814 | France | 21 batailles |
| 1815 | Belgique | Waterloo |

Dans la mesure où le sort de toutes les campagnes napoléoniennes, à l'exception de la première campagne d'Italie, s'est joué sur une ou deux batailles, il est intéressant de savoir *pourquoi* ces batailles ont été gagnées (ou perdues, dans le cas de la Bérézina ou de Waterloo). En général, les forces en présence étaient à peu près équivalentes ; les batailles de Napoléon – qui ont rarement duré plus d'une journée – ont été des succès essentiellement tactiques, liés à la réussite d'une manœuvre (exemple, la fameuse manœuvre d'Austerlitz) ou aux erreurs de ses adversaires, dont il a su profiter. On ne peut donc pas parler de son « génie militaire » pour expliquer ses victoires, il est plus juste de les rapporter à son sens de l'à-propos, à la rapidité de ses réactions sur le champ de bataille, ou, souvent, à la chance du joueur invétéré qu'il était. Voici quelques remarques sur quelques-unes de ses grandes victoires décisives (présentées dans l'ordre chronologique).

– À Rivoli (14 janvier 1797, au cours de la première campagne d'Italie), c'est le général autrichien Alvinczy qui a été l'artisan de sa propre défaite. Son but était de délivrer Mantoue, dont le blocus durait depuis le mois de juin 1796 (voir ci-dessus, p. 268). Alvinczy a commis l'erreur de diviser ses forces en six colonnes, qui devaient converger sur le plateau de Rivoli : quatre colonnes – l'infanterie – devaient passer par les montagnes et deux – la cavalerie et l'artillerie – devaient suivre la rive droite de l'Adige (voir carte p. 254). Renseigné sur les mouvements de l'ennemi, Bonaparte n'eut donc qu'à se placer sur les hauteurs qui commandaient l'accès au plateau, d'où il put empêcher la concentration des troupes autrichiennes.

– À Marengo (14 juin 1800, au cours de la deuxième campagne d'Italie), nous avons déjà dit (p. 376 ci-dessus) que le général autrichien Melas avait d'abord vaincu Bonaparte et que celui-ci avait déjà ordonné la retraite ; c'est l'arrivée de Desaix qui sauva Bonaparte, mais le communiqué officiel attribua à ce dernier toute la gloire de la victoire (Desaix ne risquait pas de protester : il était mort sur le champ de bataille).

– Austerlitz (2 décembre 1805, lors de la campagne d'Allemagne) est la plus fameuse bataille de Napoléon. La troisième coalition contre la France avait été ouverte par l'accord conclu à Saint-Pétersbourg entre l'Angleterre et la Russie le 11 avril 1805, suivi d'un traité d'alliance entre les deux nations en juillet, alliance que rallia l'empereur autrichien François II en août, ainsi que Naples et la Suède. Napoléon était sur ses gardes : de Boulogne, où il préparait une hypothétique invasion de l'Angleterre, il surveillait les Autrichiens et avait prévu de marcher sur Vienne par deux voies : par la Bavière (nation alliée de la France) et en suivant la vallée du Danube d'une part, à travers la Bohême-Moravie d'autre part. La première bataille importante de la campagne eut lieu à Ulm, où s'était enfermé le général autrichien Mack, qui capitula en octobre 1805 ; mais la bataille décisive eut lieu à Austerlitz (entre Prague et Vienne).

Le champ de bataille d'Austerlitz, choisi par Napoléon, était une vaste plaine, bordée par un ruisseau (le Goldbach), avec, au centre, un plateau (le plateau de Pratzen) dominant la plaine d'environ deux cents mètres. Le 29 novembre, au lieu de s'installer sur le plateau, Napoléon l'abandonne aux Austro-Russes, *feint* de battre en retraite et déploie son armée en arrière du Goldbach. Son plan était le suivant : inspirer aux alliés ennemis le projet de tourner l'armée française par sa droite, pour lui couper la route de Vienne (vers le village de Telnitz), ce qui les obligerait à dégarnir le plateau de Pratzen et à se diriger vers Telnitz.

Les Autrichiens tombèrent dans le piège, quittèrent le centre et allèrent défendre la route de Vienne du côté de Telnitz, tandis que les Russes, commandés par Koutouzov, occupaient le plateau le 30 novembre ; le 2 décembre, vers sept heures du matin, les Autrichiens se ruèrent à l'attaque de Telnitz et des villages voisins (tenus par Davout) et, pendant ce combat, Napoléon, *profitant* du brouillard très dense qui noyait la petite vallée du Goldbach et les flancs du plateau de Pratzen, envoyait Soult sur le plateau vers huit heures et demie : à neuf heures, le brouillard d'Austerlitz commençait à se dissiper et les Austro-Russes découvrirent qu'ils avaient perdu le centre du champ de bataille, occupé maintenant par les Français. Ils essayèrent de reconquérir Pratzen, mais n'y parvinrent pas : à 16 heures, la nuit tombait et Napoléon avait gagné la bataille d'Austerlitz. Mais comment ? Par un « coup de poker », comme l'écrit Jacques Garnier, spécialiste de l'histoire des batailles napoléoniennes.

Car, la manœuvre d'Austerlitz (laisser le plateau à l'ennemi, l'attirer à Telnitz et profiter du brouillard) ne pouvait réussir que sous plusieurs conditions : 1° que les Austro-Russes tombent dans le piège qui les attirait à Telnitz et dégarnissent le plateau ; 2° que le brouillard fasse son apparition au bon moment ; 3° qu'il persiste suffisamment longtemps, pour permettre aux Français d'escalader les flancs du plateau sans être vus. Quelle pythonisse pouvait prévoir tout cela ? À Austerlitz, Napoléon n'a pas fait preuve de génie, il a simplement joué au loto et gagné le gros lot. Encore fallait-il avoir le cran de miser.

– La victoire d'Iéna (14 octobre 1806, au cours de la campagne de Prusse) ne fut pas due à un pari, comme Austerlitz, mais à un coup de malchance pour les Prussiens. Le 13 octobre, Napoléon et son armée, au grand complet, atteignaient Iéna, juste en arrière des positions prussiennes ; il ignorait que le roi de Prusse et ses généraux, craignant d'être cernés, avaient décidé la retraite et que l'armée prussienne s'était divisée en deux colonnes, l'une sous le commandement du duc de Brunswick, l'autre commandée par Hohenlohe. Croyant donc avoir toute l'armée ennemie devant lui, il décide de l'enfoncer de front et d'envoyer Davout la tourner par Auerstedt, à vingt kilomètres au nord. La bataille a eu lieu, et Napoléon écrase sans mal Hohenlohe, qui n'a avec lui qu'une partie de l'armée prussienne. Le même jour, Davout sera vainqueur à Auerstedt.

– La campagne de Pologne contre les Russes, en 1806-1807, fut mal préparée. Eylau (8 février 1807) fut une boucherie inutile (le mot est de Napoléon lui-même) ; Friedland (14 juin 1807) fut une bataille improvisée, offensive, mais parfaitement réussie (les Russes étaient dans une position dangereuse, le dos à une rivière) ; huit jours après, les Russes demandaient l'armistice et le tsar Alexandre Ier rencontra Napoléon sur un radeau lancé au milieu du Niémen : la paix fut signée à Tilsit le 8 juillet 1807, c'était un traité napoléonien, c'est-à-dire une simple trêve, lourde de guerres futures (il prévoyait le démembrement de la Prusse et la résurrection partielle de la Pologne à laquelle la Russie ne risquait pas de souscrire).

– Après la campagne de Pologne, Napoléon décide d'asphyxier économiquement l'Angleterre par le *blocus continental,* initiative qui l'entraîna dans une politique de guerre et d'annexions, en particulier par deux interventions militaires qui devaient lui être fatales : au Portugal (en 1807) et en Espagne (1808). Il détrôna les dynasties régnantes, nomma son frère Joseph roi d'Espagne et dut faire face alors, dans la péninsule Ibérique, à une longue guérilla qui, soutenue par un corps expéditionnaire anglais (commandé par Wellington), eut enfin raison de Napoléon.

– La campagne de 1809, en Autriche et en Allemagne, a été marquée par les batailles d'Essling (21-22 mai) et de Wagram (4-6 juillet). La première fut perdue par Napoléon, qui cherchait un passage sur le Danube, à l'est de Vienne (qu'il occupait) pour débusquer le prince Charles et son armée. Il choisit d'utiliser l'île de Lobau, sur le fleuve, fait construire rapidement un pont, franchit le Danube, est repoussé par les Autrichiens à Essling, et doit se replier avec son armée dans l'île (où il se retrancha). Sa défaite était due principalement à la crue du Danube, pourtant prévisible à cette époque de l'année. Quarante jours plus tard, c'était la décrue, Napoléon et son armée purent quitter l'île de Lobau et l'empereur offrit la bataille à l'archiduc Charles dans la plaine dominée par le plateau de Wagram (4-6 juillet 1809), qui opposa l'armée française (190 000 hommes) à l'armée autrichienne (220 000 hommes). La victoire revint à Napoléon et à ses généraux (Masséna, Bernadotte, Oudinot, Davout), mais elle ne fut suivie d'aucun résultat tactique, puisque l'archiduc Charles put s'échapper et se replier en Bohême. Elle fut cependant suivie de la signature du traité de Vienne (14 octobre 1809)... et du mariage de Napoléon avec la fille de l'empereur autrichien, Marie-Louise, destiné à fonder une dynastie Bonaparte, puisque Joséphine n'avait pas donné d'héritier à l'empereur (il divorça le 16 décembre 1809, le mariage religieux fut annulé le 9 février 1810, et Napoléon épousa Marie-Louise le 1$^{er}$ avril 1810 ; un enfant, le *roi de Rome,* devait naître de cette union le 20 mars 1811).

– La rupture de l'alliance franco-russe qui avait été conclue à Erfurt fut la conséquence d'une part du rapprochement franco-autrichien après Wagram, d'autre part de la création du Drand-Duché de Varsovie, par Napoléon, en 1807, qui laissait présager une renaissance de l'État polonais que s'étaient jadis partagé la Russie et l'Autriche. Contre Napoléon, le tsar noua donc une sixième coalition avec les Anglais et la guerre éclata au mois de juin 1812. Une Grande Armée de près de 800 000 hommes partit, à pied, de Paris pour Moscou ; on sait qu'il n'en revint que quelques milliers. L'inefficacité totale de Napoléon en matière de stratégie se manifesta cruellement dans cette campagne de Russie ; il y fit les mêmes erreurs que Hitler plus d'un siècle plus tard : il partit avec une armée sans service sanitaire, sans train des équipages, presque sans service d'intendance, sans information géographique certaine (son meilleur instrument, en la matière, était un atlas de la Russie qu'avait rapporté Bacler d'Albe de Varsovie en 1807), avec l'intention de vivre sur le pays, mais en ignorant à peu près tout et de ses ressources, et de son peuple. Il n'avait pas prévu ni la stratégie de la terre brûlée adoptée par les généraux russes (notamment par Barclay de Tolly, qui fait le vide devant lui), ni l'extraordinaire stratégie de Koutouzov qui suivait la Grande Armée en attendant son heure, ni le froid russe, ni le dégel, ni qu'il prendrait une capitale en ruine, vidée de ses habitants et brûlée, ni la Bérézina. Le flambeau du guerrier Napoléon, qui avait fait illusion pendant dix-neuf ans était éteint. Le désastre de Russie était, selon le mot célèbre de Talleyrand, « *le commencement de la fin* ».

## La fin : Waterloo (18 juin 1815)

La fin, ce devait être d'abord l'alliance militaire contre la France, du roi de Prusse, Frédéric-Guillaume III (1770-1840), et du tsar Alexandre I^er^ (1777-1825 ; empereur de Russie en 1801). Le 17 mars 1813, ils déclaraient tous deux la guerre à la France. La campagne de 1813 se déroula principalement en Saxe, où les Français furent d'abord vainqueurs (Ney à Lützen, le 2 mai 1813 et Napoléon à Bautzen, le 20-21 mai), mais des victoires sans lendemain, car Napoléon n'avait plus de cavalerie pour poursuivre les Prussiens vaincus.

La fin, ce devait être ensuite, après l'échec d'une tentative de médiation autrichienne, la formation d'une croisade européenne contre la France, unissant aux Alliés de 1813 l'Autriche et la Suède, tandis que l'Angleterre, avec Wellington, expulsait les Français d'Espagne.

La bataille décisive fut la « *bataille des nations* », qui eut lieu sur les rives de la rivière Elster, près de Leipzig, les 16-19 août 1813 ; elle opposa 164 000 Français, commandés par pratiquement tous les généraux – encore vivants – de Napoléon à 185 000 Alliés, commandés par Blücher, Bernadotte, Schwarzenberg et Gortchakov. Dans cette bataille de trois jours, il n'y eut ni manœuvre, ni aucune subtilité tactique ; tout se joua en assauts et défenses, autour de quelques villages, et l'artillerie n'y joua qu'un rôle discret. Napoléon fut vaincu et contraint à la retraite (par un pont unique sur l'Elster, dans la nuit et le brouillard) : la bataille coûta 50 000 hommes du côté français, 60 000 hommes aux Alliés.

Et la France de Napoléon, comme en 1945 l'Allemagne de Hitler, fut envahie de toutes parts par les Alliés : Wellington franchissait la Bidassoa, puis les Pyrénées, les Prussiens, les Autrichiens, les Suédois et les Russes franchissaient le Rhin et une campagne de France, suite naturelle de la campagne de 1813 en Allemagne, commençait, le 1er janvier 1814. En dépit des premiers succès français (Champaubert, Montmirail, Château-Thierry, Vauchamps, Montereau), les Alliés firent leur entrée dans Paris le 31 mars 1814. Napoléon n'avait plus qu'à abdiquer, ce qu'il fit à Fontainebleau le 6 avril 1814. Le jour même, le Sénat impérial proclamait roi le comte de Provence, sous le nom de Louis XVIII.

Mais, on le sait, ce n'était pas la véritable fin de la tragédie napoléonienne. Les Alliés avaient accordé à leur ennemi la souveraineté de l'île d'Elbe, vers laquelle il partit le 20 avril 1814, après la cérémonie des « Adieux de Fontainebleau » : on sait qu'après le départ des Alliés, profitant des fautes politiques accumulées par Louis XVIII et par son frère, le comte d'Artois, Napoléon s'échappait de l'île d'Elbe et faisait dans Paris une rentrée triomphale. Le triomphe fut de courte durée – ce qui était à prévoir, mais nous commençons à comprendre, à la fin de ce livre, que, quoi qu'il en ait dit, Napoléon ne prévoyait jamais qu'il puisse perdre – car il ne dura que cent jours.

Dès que le débarquement de Napoléon en France fut connu à Vienne, la coalition contre lui se réforma et une déclaration solennelle des Alliés mit Napoléon au ban de l'Europe (13 mars 1815). L'ex-empereur retourna à ses rêves guerriers : il crut sincèrement qu'il allait encore pouvoir vaincre – ce qui était un pur délire – et reconstitua une armée de 124 000 hommes, qu'il conduisit en Belgique pour aller au-devant de l'armée de Wellington qui avait débarqué à Anvers et à celle de Blücher qui avait franchi le Rhin (210 000 hommes au total).

La lutte finale eut lieu près de Bruxelles, au sud du village de Waterloo, sur le plateau du Mont-Saint-Jean. La bataille s'engagea le 18 juin, dans la matinée, sur un champ de bataille détrempé par la pluie ; à neuf heures du soir l'armée française est en déroute. Même si les 30 000 hommes de Grouchy avaient pu arriver à temps, la bataille était perdue. Et, même si elle avait été gagnée, cela n'aurait eu d'autre effet que de priver Victor Hugo d'un vers fameux, mais peu raisonnable : il y aurait eu une deuxième bataille, en Belgique ou dans le nord de la France et Waterloo aurait été qualifié de baroud d'honneur.

# Conclusion

Pourquoi ?

Napoléon n'était pas Corse, il était Génois.

Napoléon n'appartenait pas à la noblesse : il était le fils de deux concubins génois, dont les familles, de petite origine, s'étaient installées à Ajaccio au moment où la Banque de Saint-Georges, office colonial privé auquel Gênes avait confié la concession de la Corse, avait fondé cette ville-citadelle, interdite aux Corses, vers 1492. Son père avait obtenu, grâce à l'intervention de Marbeuf qui louchait sur la jeune et jolie Letizia Ramolino, un titre de noblesse non héréditaire.

Le père de Napoléon n'a pas été le « secrétaire de Paoli ». Il a plus ou moins tourné autour de celui-ci quand il combattait les Français, qui avaient remplacé les autorités génoises dans l'île, tout en jouant un double jeu, comme agent de renseignements pour le compte des autorités françaises. Après la défaite de Paoli, il est passé ouvertement dans le camp des vainqueurs. Ce grâce à quoi le petit Napoléon a pu faire ses études en France, dans deux établissements réservés aux enfants de nobles désargentés, Brienne, puis l'École royale militaire de Paris, qui n'était pas un établissement militaire prestigieux, mais une sorte de collège secondaire où l'on enseignait aussi les belles manières à de futurs officiers. En sortant de cette école, dans un rang plus que modeste, il fit son apprentissage des choses militaires comme lieutenant en second d'artillerie dans le régiment de La Fère, stationné d'abord à Valence, puis à Auxonne.

Napoléon n'a pas été l'artilleur grâce au génie duquel l'armée révolutionnaire a pu reconquérir Toulon sur les Fédéralistes : il « passait par là », fuyant la vindicte des paolistes corses et Saliceti avait besoin d'un artilleur pour reprendre la ville. Bonaparte a obéi aux ordres, bien placé ses canons, et contribué à la prise de Toulon, mais au même titre que les autres officiers de l'armée de la Convention. Il les placera tout aussi bien contre les royalistes de la rue Saint-Roch lors de Vendémiaire : il n'avait pas d'états d'âme.

Napoléon n'a pas été le général génial qui a fait de la campagne d'Italie un modèle qu'on a longtemps cité en exemple dans les écoles militaires : il a continué d'obéir à ses supérieurs, qui préparaient cette campagne depuis plus de deux ans, et qui le guidaient de Paris. Mais cette campagne l'a révélé et aux autorités en place – les Directeurs – et à lui-même. La France révolutionnaire était en guerre contre l'Europe des rois, et un bon général, suffisamment jeune pour ne pas se fatiguer trop tôt, suffisamment volontaire et méticuleux (car la moindre erreur pouvait coûter très cher à celui qui la commettait en cette époque troublée), pouvait y faire son chemin. Et il est vrai qu'il avait le talent pour le faire.

Le talent, mais non pas le « génie ». Car, dès que, fort de ses succès en Italie, il a voulu voler de ses propres ailes, Napoléon le dira plus tard à Marmont, après la bataille de Lodi : « *De nos jours, personne n'a rien conçu de grand. C'est à moi d'en montrer l'exemple...* » L'exemple, il le montre à Leoben et à Campo-Formio, mais ce qu'il croyait avoir fait de grand (la paix définitive avec l'Autriche vaincue) eut lieu au bout de sept ans. Et dès qu'il fut rentré à Paris, le Directoire se débarrassa de lui en l'envoyant en Égypte, à l'instigation de Talleyrand, où, livré à lui-même, il échoua lamentablement et petitement, en désertant.

Si la carrière de Bonaparte s'était arrêtée là, elle n'aurait été qu'un épisode sans intérêt et sans lendemain de l'histoire de la France. Mais le malheur a voulu que cet opportuniste, ce joueur gagne sa partie de poker avec la France. Certes, il y a mis les formes, il n'a pas incendié son *Reichstag*, il a chassé de Paris les députés par la peur, le 18 Brumaire, et de Saint-Cloud par la force des baïonnettes. Il avait raison, Mirabeau, ce 23 juin de l'année 1789, quand il lançait son apostrophe fameuse à Dreux-Brézé : il n'y avait plus de République en France.

Talleyrand aurait dit de Waterloo que ç'avait été le « *commencement de la fin* » ; s'agissant de l'aventure de Bonaparte, il avait raison, mais s'agissant de la France il avait tort : le commencement de la fin, ce fut Brumaire.

J'entends d'ici les napoléophiles quand-même protester. Oui, l'Empire et ses guerres ont mis la France à bas pour un demi-siècle et elle a perdu, au Congrès de Vienne, ses frontières naturelles, mais le Consulat a accompli, grâce à l'énergie et à l'intelligence du Premier Consul, une grande œuvre juridique, administrative et monétaire qui a offert aux régimes futurs (y compris notre régime actuel) de splendides outils de gouvernement : les préfets et la centralisation administrative, un merveilleux Code civil unifié (et le code criminel qui l'accompagne), une justice à deux degrés (les tribunaux de première instance et les tribunaux d'appel, qui deviendront, en 1804, les cours d'appel), le franc de Germinal, qui est resté intact jusqu'au 25 juin 1928, date à laquelle il fut remplacé par le franc Poincaré, les collèges et les lycées d'État et, plus tard, l'Université impériale.

Ces jusqu'au-boutistes de la napoléophilie attribuent à César ce qui ne revient pas à César.

– Le fondement de la centralisation administrative est la division de la France en départements (ainsi qu'en arrondissements, cantons et communes), régime qui a été institué par la Constitution de 1791. La Constitution de l'an VIII, instaurant le Consulat, n'a fait que le confirmer.

– Le principe d'un administrateur unique, dans chaque département, relayant le pouvoir de l'État et dirigeant les administrations locales, a été affirmé et mis en œuvre par la Convention qui a envoyé dans chaque département des représentants en mission désignés par le Comité de salut public ; il avait été abandonné en 1795 par le Directoire, qui faisait administrer chaque département par un collège de cinq membres, élus et renouvelables par cinquième tous les ans (articles 174 et 177 de la Constitution de l'an III), surveillés par un *Commissaire* représentant le gouvernement central (article 191 de la Constitution de l'an III). Le Consulat a simplement remplacé les Commissaires par des *préfets,* avec des pouvoirs plus étendus, nommés par le chef de l'État, c'est-à-dire, en l'occurrence, par le Premier Consul) :

– le *Conseil d'État* est un corps consultatif, créé dans le cadre de la Constitution de l'an VIII, qui n'est autre que le Conseil du Roi de l'Ancien Régime ;

– le *Code civil des Français* n'est pas une création du Premier Consul, comme on l'a démontré au chapitre précédent ; il était prêt avant le coup d'État du 18 Brumaire, et il ne restait plus qu'à en préciser la teneur. et à le metre en forme.

– Quant au soi-disant « *franc de Germinal* », ainsi appelé par référence à un décret de la Convention voté le 18 Germinal an III (7 avril 1795), c'est une imposture scandaleuse que d'en faire une création du Premier Consul, qui mérite qu'on en conte l'histoire.

Sous l'Ancien Régime, l'unité monétaire était la *livre,* dont la valeur était définie par référence à un certain poids d'or, qui a varié selon les époques. En 1360, le roi Jean II le Bon, en pleine guerre de Cent Ans, promulgue une ordonnance disant notamment, dans le français et avec l'orthographe du temps :

> « Nous avons ordené [*ordonné*] & ordenons [*ordonnons*] que le Denier d'Or fin que Nous faisonz faire à présent & entendonz à faire continuer, sera appellé Franc d'Or. » (*Ordonnances des rois de France de la troisième race,* t. 3, p. 438.)

Par la suite, le mot « livre » avait prévalu, et on utilisait plus rarement son synonyme « franc ». En 1795, à l'époque où Bonaparte était à Marseille et contait fleurette à Désirée Clary, la Convention avait décrété, le 18 Germinal an III (7 avril 1795), que désormais la livre se nommerait « franc » :

> « L'unité monétaire portera désormais le nom de franc... »

Un autre décret de la Convention, du 28 Thermidor an III (15 août 1795) fixa la valeur du franc de Germinal par référence à l'argent (alors que la livre était antérieurement reliée à l'étalon or, mais l'or devenait rare, tandis que l'argent en provenance des colonies espagnoles d'Amérique affluait de nouveau en France, depuis la paix franco-espagnole de Bâle du 22 juillet 1795) :

> « Le titre de la monnaie d'argent sera de 9 parties de ce métal pur et d'une partie d'alliage ; la pièce d'un franc sera à la taille de 5 grammes. »

Par ces deux décrets de la Convention, la France adoptait pour sa monnaie l'étalon argent, relié à l'étalon or par le rapport 15,5 (1 kilogramme d'or valait 15,5 kilogrammes d'argent). Le décret de Germinal prévoyait aussi qu'il serait frappé non seulement des pièces d'argent, mais aussi des pièces d'or de 20 et 40 francs, selon ce même rapport : il instituait donc ce que les monétaristes appellent le *bimétallisme* or/argent.

Et le décret de notre Premier Consul, que vient-il faire dans cette histoire ? C'est tout simplement un décret du 7 Germinal an XI (28 mars 1803) précisant le poids et le titre des diverses pièces de monnaie, sur la base indiquée plus haut (pièce de 1 franc : 5 grammes d'un alliage métallique contenant 9/10 d'argent pur), sachant que le rapport or/argent est égal à 15,5. Conclusion : le franc de Germinal est le franc de la Convention, et non celui du Consulat.

Ainsi donc le Premier Consul nulle part n'a innové, et la France ne lui doit ni son administration, ni son Code, ni sa justice, ni sa monnaie ; en revanche, son autorité, fondée sur une police impitoyable, que créa et dirigea longtemps Fouché, a permis le rétablissement de l'ordre public et la restauration d'une certaine paix sociale. Mais au prix de l'introduction en France d'un régime policier sans précédent, annonciateur des régimes totalitaires et de l'Europe des dictateurs (voir l'annexe n° 26 sur la police napoléonienne).

La seule chose qu'on puisse porter véritablement au crédit du Premier Consul, c'est, sur le plan extérieur, d'avoir signé la paix de Lunéville avec l'Autriche (9 février 1801) et la paix d'Amiens avec l'Angleterre (25 mars 1802), et, sur le plan intérieur, d'avoir établi la paix religieuse en signant avec le pape Pie VII le *Concordat* du 15 juillet 1801. Malheureusement, il n'a pas tardé à gâcher cette œuvre de paix. D'abord en rompant la paix d'Amiens, et en entreprenant une œuvre de conquête unique dans l'histoire de l'Europe où aucun monarque n'avait jamais, avant lui, tenté d'imposer sa loi à tout le continent, de Gibraltar à Moscou.

Le seul chef d'État qui se lancera dans une telle aventure, ce sera Hitler, qui ira beaucoup plus loin que Napoléon dans le sens du despotisme, du policiérisme et du piétinement des droits de l'homme, avec le racisme et l'horreur des camps de concentration et des camps d'extermination en plus. Mais l'homme qui a rétabli l'esclavage aux Antilles, qui a, qu'on le veuille ou non, pris la responsabilité du génocide haïtien, qui a couvert les exactions du général Morand, envoyé en Corse, en 1803, pour y réprimer le nationalisme, qui a pris contre les « Juifs de France » les « *décrets infâmes* » du 17 mars 1808, du 16 juin 1808, du 22 juillet 1808 et du 19 octobre 1808 (décrets discriminatoires, interdisant aux Juifs de prendre domicile dans certains départements, d'exercer certaines professions, limitant certains de leurs droits ; décret instituant un consistoire central et des consistoires départementaux ; etc. ; voir l'Annexe n° 25) n'était indiscutablement pas sur la noble voie tracée par l'Assemblée nationale constituante qui avait accordé la citoyenneté française aux Juifs le 27 septembre 1791.

Je reviens au premier mot de cette conclusion : Pourquoi ? pourquoi des générations d'historiens, de politiques, de militaires, d'écrivains, de penseurs, et, ce qui est plus grave, d'éducateurs, ont-ils proclamé, écrit, enseigné la légende dorée qui a fondé le culte napoléonien ? Pourquoi se sont-ils rendus responsables – sciemment ou aveuglément – de cette imposture ?

Dès le début de l'aventure napoléonienne se sont constituées les deux sources – contemporaines – de son historiographie, à laquelle s'abreuvent les napoléophiles et les napoléopobes. La première est l'histoire officielle, élaborée par Napoléon lui-même, qui surveillait tous les écrits rédigés sur lui ou sur ses actions, et qui avait, on l'a dit souvent dans ce livre, un souci extrême de sa propagande : elle a contribué à former, dès 1796, la légende dorée et endiamantée de Napoléon. La seconde est celle de ses adversaires, elle a donné naissance à sa « légende noire » (Tulard).

La première est représentée par les journaux créés par Napoléon lui-même pendant la campagne d'Italie (*Le Courrier de l'armée d'Italie, La France vue de l'armée d'Italie, Le Journal de Napoléon et des hommes vertueux*), pendant la campagne d'Égypte (*Le Courrier de l'Égypte, La Décade égyptienne*) et quand il fut au pouvoir, à partir de 1799 (le *Bulletin de la Grande Armée*), et *Le Moniteur*, journal officiel depuis 1799. À cela, il faut ajouter les comptes rendus des séances des différentes assemblées du Consulat, puis de l'Empire. L'historiographe officiel de Napoléon fut Jean-Charles-Dominique Lacretelle dit le Jeune, qui écrivit, sur l'ordre de son maître, vers 1814, une *Histoire du Consulat et de l'Empire,* qui fut la première du genre ; elle avait cependant été précédée par une *Histoire de France depuis la mort de Louis XVI,* écrite à l'instigation du ministre de la Police d'alors, Savary, en 1811. Du vivant de Napoléon, ses adversaires ne pouvaient publier en France, évidemment, mais on les rencontre en Angleterre ; le premier fut un Juif londonien, Lewis Goldsmith (1763-1830), auteur d'une *Histoire secrète du Cabinet de Bonaparte* (1810) qui n'a pas grande valeur (la plupart des anecdotes qu'il raconte sont fausses).

Après 1815, c'est la curée pour les uns, le délire pour les autres. À Ajaccio, la population déboulonne les statues de son compatriote et les précipite au fond de la baie d'Ajaccio, et à Paris, où Louis XVIII a repris le trône des Bourbons, la légende noire se constitue, sous les plumes d'or de Chateaubriand (qui l'appelle « l'Ogre de Corse » dans un pamphlet de 1814, intitulé *De Buonaparte et des Bourbons*), de Benjamin Constant et de Mme de Staël. Mais, en 1823, Las Cases (1766-1842) chambellan de l'Empereur qu'il a suivi à Sainte-Hélène, publie les propos que celui-ci lui a tenu en 1815-1816 (il sera alors expulsé de Sainte-Hélène par le gouverneur britannique de l'île, Hudson Lowe), sous le titre fameux de *Mémorial de Sainte-Hélène* ; il contient la légende dorée de l'Empereur telle que celui-ci la concevait.

Puis les romantiques, qui sont nés avec le siècle et qui n'ont pas éprouvé les effets de la censure et de la suppression de la liberté d'expression sous le Consulat et l'Empire, tracent des portraits héroïques, faux, bien entendu, du personnage et créent le culte de l'Empereur : Stendhal, Alfred de Musset, Lamartine, Gérard de Nerval, et surtout Victor Hugo, spécialiste du colossal et de la démesure ; il ne se trouve qu'un poète peu connu pour reprocher au « Corse aux cheveux plats » d'avoir dompté la France, cette cavale qui était si belle « au grand soleil de Messidor » : c'est Auguste Barbier (1805-1882). Dans le même temps, une nuée de *Mémoires* de proches de l'Empereur, de généraux, de grognards, et de bien d'autres encore apportent leur contribution à la légende dorée.

La première grande œuvre historique est celle de Thiers (*Histoire du Consulat et de l'Empire,* vingt volumes parus entre 1845 et 1862), elle est favorable à Napoléon, et principalement descriptive (Thiers est un spécialiste de la description des batailles napoléoniennes). Puis vient le Second Empire ; Napoléon III va utiliser au maximum la popularité de son oncle pour fonder la sienne et fait publier les 32 volumes de la *Correspondance de Napoléon* entre 1859 et 1870, qui contiennent plus de 30 000 lettres écrites ou le plus souvent dictées par Napoléon entre 1796 et 1821. C'est à partir de cette époque que commencent à paraître les premières œuvres importantes contre Napoléon Ier, considéré comme le saccageur de la Révolution par les uns, comme un tueur d'Européens par les autres, et la polémique débute, très vite parfois, entre historiens pro- ou anti-napoléoniens. Parmi les « anti » : Edgar Quinet (*La Révolution,* 1865 : Napoléon a détruit les acquis de la Révolution, l'homme pour qui la force des armes l'emporte sur la confrontation des opinions) ; le journaliste Lanfrey, opposé à Napoléon III qu'il attaque par le biais d'une critique de l'action de Napoléon Ier (*Histoire de Napoléon Ier,* 1867-1875) ; Michelet, dans son *Histoire du XIXe siècle* (1875), accuse Napoléon d'avoir trahi l'idéal républicain de la Révolution et regrette que les Anglais aient commis l'erreur d'exiler Napoléon à Sainte-Hélène, ce qui a facilité la création du mythe napoléonien ; Taine, qui, en bon réactionnaire, dit le contraire et qui reproche précisément à Napoléon d'avoir véhiculé l'esprit de la Révolution à travers l'Europe ; le colonel Jung, pamphlétaire plus qu'historien, qui présente, en 1880, Napoléon comme un aventurier sans scrupules.

Comme on le voit, de 1815 à la fin du siècle, les avis sont partagés, fort heureusement pour la libre confrontation des idées. Tout change à partir de la Troisième République. Le diable, c'est maintenant Napoléon III, et l'obsession des politiciens et des citoyens français, c'est de récupérer l'Alsace et la Lorraine perdues, croit-on, à cause de Napoléon III. Le régime a besoin de héros nationaux, mais il se doit de les choisir en dehors de l'Ancien Régime et en dehors du Second Empire. C'est l'époque où l'on va créer le mythe de la « nation gauloise », ceux de Vercingétorix et de Jeanne d'Arc, où l'on cherche à galvaniser les énergies, à entretenir le désir de la revanche sur les Prussiens : quel meilleur exemple à donner à l'opinion publique que celui de l'homme aux 140 batailles ? Tous s'y mettent : Maurice Barrès (*Roman de l'énergie nationale,* en 1897), Edmond Rostand (le drame héroïco-larmoyant de *l'Aiglon,* en 1900), les historiens méticuleux qui retrouvent et publient tout ce qui peut contribuer à fortifier la légende dorée personnelle de Napoléon (Masson, Chuquet, de Coston) et, inévitablement, les historiens de la IIIe République. Une chaire d'histoire de l'Empire est créée à la Sorbonne, à peu près en même temps qu'on y crée une chaire d'histoire de la Révolution (celle d'Aulard) ; les travaux des universitaires se succèdent : Vandal, Albert Sorel, Driault ; et les livres des académiciens : Bainville, Gabriel Hanotaux, Louis Madelin, Octave Aubry, Jean Thiry. Le déroulèdisme aidant, la France a droit, simultanément et contradictoirement, à l'Affaire Dreyfus et à l'hagiographie napoléonienne, distillée dans les manuels des écoles primaires et des lycées que le grand homme a créés. Et Ajaccio devient une nouvelle Mecque.

La naissance de l'histoire scientifique, après la Première Guerre mondiale, a remis les choses au point, mais les vérités qu'elle a énoncées, sous la plume d'historiens comme Georges Lefebvre, Jacques Godechot, ou, plus récemment, de Jean Tulard, n'ont pas encore ébranlé l'opinion publique moyenne, qui reste prisonnière de légendes – noires ou dorées – et des idées toutes faites.

Voilà comment s'est bâtie l'imposture. Et comment les plus belles avenues de Paris portent les noms des lieux où des centaines de milliers de Français ont été massacrés pour contribuer à la légende d'un dictateur génois apatride qui se nommait Napoléone Buonaparte.

# ANNEXES

# ANNEXE N° 1

# La Corse, de 1731 à 1769

## Le Statut génois

La Corse, qui apparaît déjà dans les poèmes homériques (800 av. J.-C.) comme une île peuplée de bergers (Chant X de l'*Odyssée* : le pays des Lestrygons correspond aux terres riveraines du détroit de Bonifacio), et dont le nom grec – *Kyrnos* – nous est connu par la *Bibliothèque historique* d'Hérodote (Livre I, 163 *sqq.*), a fait partie, dans l'Antiquité, de l'Empire romain d'Occident, avec des statuts divers. D'après Diodore de Sicile (fin du Ier siècle avant J.-C.), elle aurait abrité, à l'époque où cet historien écrivait, 30 000 habitants (chiffre peu fiable, mais c'est le premier renseignement démographique que nous ayons sur cette île) ; parlant du peuple qui l'habite, il évoque leurs « mœurs justes » et leur « langue étrange » (sans doute un dialecte celtibère). Désertée dès le haut Moyen Âge, elle s'est repeuplée progressivement à partir du IXe siècle, c'est à cette époque qu'est née en Corse une langue que les linguistes classent dans le groupe italien des *parlers romans* pour la Corse du Nord et dans le *groupe sarde* pour la Corse du Sud et qui s'est toscanisée par la suite.

De 1284 à 1769, la Corse, terre qui appartient à la papauté du point de vue du droit international, était gérée et gouvernée par la République de Gênes, qui lui avait donné plusieurs statuts, dont les derniers étaient les *Statuti* de 1453, remaniés en 1572. On peut résumer comme suit son régime administratif avant la conquête française.

– L'unité territoriale est la *piève* (le mot a fait au pluriel *pièvi*), territoire plus ou moins étendu correspondant à nos cantons actuels, et comportant un nombre variable de *communes* (344 pour toute la Corse). Les statuts de 1572 ont redécoupé l'île en 66 *pièvi* civiles. Chaque *piève* élit, au suffrage universel (y compris les femmes) et obligatoire un *Podestat* (qui préside l'assemblée des chefs de famille de la *piève* considérée), un juge de paix et deux *Anziani* ou *Pères du Commun.* Tous les magistrats piévans sont des autochtones, sauf dans les villes (présides), où les Corses n'ont pas le droit de résider et qui sont administrées par un conseil municipal entièrement génois.

– L'île est divisée en deux parties, séparée par la haute chaîne de montagne centrale : le Nord et le Sud, correspondant à nos deux départements (Haute-Corse et Corse du Sud) actuels, et appelées respectivement (par référence à leur situation géographique vue de Gênes), l'*En-Deçà-des-Monts* (236 communes) et l'*Au-delà-des-Monts* (108 communes) ; avant 1572, l'En-Deçà était partagé en deux *districts*, celui de Bastia (chef-lieu Bastia) et celui de la Balagne (chef-lieu Calvi) ; l'Au-Delà était constitué par le seul district d'Ajaccio (chef-lieu Ajaccio).

– En 1572, les trois districts sont supprimés et remplacés par dix *provinces* : six dans l'En-Deçà (Balagne, Bastia, Calvi, Cap Corse, Corté, Aléria), regroupant 46 *pièvi*, et quatre dans l'Au-delà (Ajaccio, Bonifacio, Sartène et Vico) regroupant 21 *pièvi* (dont la *piève* de Bonifacio, qui bénéficie d'un statut particulier).

– L'administration générale de l'île est confiée à un *gouverneur* (obligatoirement génois), nommé pour deux ans et qui réside à Bastia il est assisté d'un *vicaire*. La province de Bastia est administrée par le gouverneur lui-même, les provinces de Calvi, Ajaccio et Bastia par des *commissaires*, désignés par le gouverneur, et les autres par des *lieutenants* nommés par Gênes. Les Corses sont exclus de ces fonctions, qui sont réservées aux Génois, bien entendu. Dans les villes (toutes génoises, et interdites aux autochtones, sauf quelques rares exceptions) siégeait un Conseil municipal élu (génois), qui déléguait ses pouvoirs à 3, 6 ou 8 de ses membres, les *anziani*.

– Auprès du Gouverneur siège, à titre consultatif, un *Conseil des Nobles Dix-huit* (douze pour le Nord et six pour le Sud) dont les membres – tous autochtones – étaient élus par les représentants des *pièvi* ; en cas de désaccord entre le Gouverneur et les Nobles (ceux-ci pouvaient déléguer un *orateur*, pour plaider la cause des insulaires devant le sénat génois (cette institution était destinée à tempérer l'arbitraire administratif des gouverneurs génois).

Les officiers publics (percepteurs, policiers, etc.) devaient rendre compte de leur gestion devant un organisme appelé le *Syndicat*, composé par moitié de Corses élus par leurs compatriotes, et par moitié par des fonctionnaires génois. Les impôts, taxes et droits douaniers étaient gérés par un magistrat nommé par Gênes, le *Signor Fiscale*.

Quand les circonstances l'exigent, une Assemblée générale de la nation, ou *Consulte* (le terme corse est *Consulta*), est convoquée ; elle est composée des représentants des 66 *pièvi*, Corses et Génois.

## Les révolutions de Corse

Les Corses, qui étaient dans l'ensemble des bergers et des paysans cultivant principalement le châtaignier, l'olivier et la vigne, se sont soulevés contre leurs maîtres génois au XVIIIe siècle ; ces « révolutions de Corse », comme on disait dans les salons parisiens, ont passionné les Lumières et nombre de penseurs politiques par leur originalité (la motivation nationaliste, qui était un fait nouveau dans l'Europe de l'Ancien Régime) et leur rapport avec la révolution américaine.

*1. Insurrection de 1730-1733.* Conduite par trois notables corses, Luigi Giafferi, Andrea Ceccaldi et l'abbé Marc-Aurèle Raffaelli. Revendications économiques (fiscales et douanières), religieuses (accession des Corses aux évêchés et aux abbayes) et sociales (constitution d'un ordre de la noblesse, héréditaire par primogéniture mâle) ; pas de revendication indépendantiste. Insurrection réprimée par l'intervention d'un régiment allemand, envoyé dans l'île par l'empereur Charles VI, à la demande de Gênes.

*2. Insurrection de 1733-1741.* Fomentée en secret par la France (Chauvelin), conduite par les notables corses et par le clergé corse. Les revendications sont essentiellement nationalistes et indépendantistes : *Déclaration d'Indépendance d'Orezza,* le 30 janvier 1735 ; rédaction d'une *Constitution du Royaume de Corse* par l'avocat Sébastiano Costa (exécutif confié à trois *Primats du Royaume,* Giafferi, Andrea Ceccaldi et Hyacinthe Paoli ; établissement d'une *Assemblée populaire* ou « *Consulta* » formée par les représentants élus des *pièvi.* Gênes demande l'aide de la France (plan de Chauvelin) : *Convention de Versailles* (1737), et intervention militaire française victorieuse, dirigée par Boissieux, puis par Maillebois (1738-1741). Les leaders (Giafferi, Hyacinthe Paoli) sont exilés ; Paoli part pour Naples, avec son fils Pascal, qui a alors quatorze ans.

3. *Insurrection de 1741-1755.* Le conflit s'internationalise, car l'impératrice Marie-Thérèse d'Autriche, l'Électeur de Saxe, le roi de Piémont-Sardaigne et l'Angleterre s'inquiètent de l'alliance franco-génoise. Le leader de l'insurrection corse est maintenant Jean-Pierre Gaffori. Le traité d'Aix-la-Chapelle impose l'évacuation de la Corse aux Autrichiens et aux Sardes ; seuls y restent les Français (à la demande des Génois), commandés par le marquis de Cursay. Celui-ci administre de Bastia les territoires occupés ; les insurgés contrôlent l'intérieur de l'île (le Niolo et la Castagniccia), et leurs dirigeants s'enferment dans la citadelle de Corté, sous la direction de Gaffori. Consulte de 1751, remplaçant les trois Primats de la nation corse par un chef unique, le *Général de la Nation,* Gaffori, assassiné en 1753 par des Corses vendus à Gênes (les frères Roméi). Une Consulte réunie à Corté choisit comme nouveau chef le fils aîné de Hyacinthe Paoli, qui est assisté d'un *Conseil de Régence.*

Les chefs de la révolution, tous notables, ne réclament pas l'indépendance de leur patrie, mais un changement de régime, accompagné d'un changement de souverain (le roi d'Espagne Don Carlos à la place de la République de Gênes).

4. *La révolution indépendantiste de Pascal Paoli.* Pascal Paoli a *inventé* la politique des temps modernes ; ses premiers disciples conscients furent les constitutionnels américains, puis français de la fin du XVIIIe siècle. Voici une brève chronologie.

| Dates | Événements |
|---|---|
| 6 avril 1725 | Naissance à Morosaglia, dans le Rostino. |
| 1739-1755 | Paoli en exil à Naples avec son père. À partir de 1754, les patriotes corses l'exhortent à rentrer en Corse, où il débarque le 16 avril 1755. |
| 1753 | Cursay, qui administrait la Corse de Bastia, rappelé en France à la demande des Génois (qui l'accusent et n'admettent pas sa bienveillance à l'égard des nationalistes corses). |
| 14 juillet 1755 | Consulte au couvent Saint-Antoine de la Casabianca (16 *pièvi* seulement, sur 66, sont représentées) : Paoli élu Général de la Nation Corse. Il gouvernera de Corté. |
| Novembre 1755 | Consulte de Corté. Adoption de la *Constitution* (première Constitution démocratique et parlementaire écrite de l'histoire). |
| 16 août 1756 | *Premier traité franco-génois de Compiègne.* La France accorde son aide militaire à Gênes pour réprimer l'insurrection corse. |
| 1758 | Paoli fonde L'Île-Rousse, pour concurrencer le préside génois de Calvi. |
| 1760 | Paoli fonde une Imprimerie nationale à Campulari (près de Corté) où est publié, en italien, le premier journal officiel de la Corse. |
| 1762 | Mise en chantier d'une flottille militaire corse. |
| 1762-1763 | Ralliement progressif des différentes régions de la Corse à Paoli (Cap corse, sud-ouest de l'île, plaine bastiaise) ; la Balagne, la région de Saint-Florent et les présides (Bastia, Calvi, Ajaccio, Bonifacio) restent fidèles à Gênes. |
| 15 juillet 1764 | Lettre de Paoli à Cursay sur la démocratie. |
| 6 août 1764 | *Deuxième traité franco-génois de Compiègne.* La France installe des corps expéditionnaires dans les présides corses (Bastia, Saint-Florent, Calvi, Ajaccio, Bonifacio) qui n'ont pas rallié Paoli, sous le commandement de Marbeuf. |
| 1765 | Paoli fonde une université à Corté ; c'est l'époque où Jean-Jacques Rousseau, en rapport avec le patriote Buttafuoco, rédige un *Projet de constitution pour la Corse.* |
| 1766 | Buttafuoco émissaire de Paoli auprès de Choiseul, qui tente une médiation entre les patriotes corses et Gênes. |
| 1766-1769 | De nombreux agents britanniques en Corse (l'Angleterre ne tient pas à ce que la France la concurrence en Méditerranée). |
| Mai 1767 | La flotte corse, commandée par Achille Murati, s'empare de l'île de Capraja (au large de Bastia, proche de l'île d'Elbe). |
| 15 mai 1768 | *Traité de Versailles* entre la France et Gênes : en échange de son aide militaire ; la France obtient la concession de l'île, qu'elle occupera et administrera jusqu'au total remboursement par Gênes de sa dette à la France pour cette aide. |
| 22 mai 1768 | Consulte de Corté : les représentants des *pièvi,* considérant le traité de Versailles comme une annexion déguisée, votent la déclaration de guerre à la France. |

| Dates | Événements |
|---|---|
| Juin 1768 | Début de la guerre franco-corse (les troupes françaises sont commandées d'abord par Chauvelin, puis à partir de décembre, par Marbeuf). Les premières opérations tournent à l'avantage des Corses. |
| 11 mars 1769 | Arrivée à Bastia d'un corps expéditionnaire français commandé par le comte de Vaux ; les forces en présence sont maintenant de près de 50 000 hommes du côté français, et de 12 000 hommes pour les Corses (peut-être partiellement armés par les Anglais). |
| Avril 1769 | Le commandement des troupes françaises est enlevé à Marbeuf et donné au comte de Vaux. |
| 5-6 mai 1769 | Les forces corses se replient vers le fleuve du Golo (sur la route de Bastia à Corté). Paoli décide d'organiser la résistance à l'avance française autour du « Pont-Neuf » (Ponte-Nuovu) qui franchit le fleuve. |
| 8 mai 1769 | Bataille de Ponte-Nuovu. Victoire des Français, commandés par le comte de Vaux (futur maréchal) : les troupes corses sont décimées : 4 324 morts, plus de 6 000 blessés. Il ne reste plus à Paoli que 537 combattants. |
| Mai-juin 1769 | Paoli se retire et renonce à organiser une résistance suicidaire. Il se dirige avec 300 compagnons vers Porto-Vecchio. |
| 13 juin 1769 | Une frégate anglaise vient chercher Paoli et ses compagnons à Porto-Vecchio. Il s'exile à Londres, où il restera jusqu'en 1790. |

## Le Statut sous l'Ancien Régime

Après la victoire française à Ponte-Nuovu, la Corse est administrée par la France, mais elle reste une possession génoise du point de vue des traités internationaux. Elle est appelée, officiellement, « Royaume de Corse ». À partir d'avril 1770, le commandant en chef des troupes est Marbeuf, qui demeurera en Corse jusqu'à sa mort, en 1786.

Le roi de France est représenté dans l'île par un *Gouverneur,* responsable de l'ordre public et commandant militaire. La division en *pièvi* et en *provinces* est conservée. Les habitants de la Corse, qu'ils soient génois ou autochtones, sont répartis, comme en France, en trois *ordres* : la Noblesse, le Clergé et le Tiers-État. L'appartenance à la noblesse se fait selon des critères généalogiques et économiques (ce n'est pas une noblesse féodale).

L'Assemblée générale de la Nation est maintenue, mais elle change de nom : elle devient les *États de Corse* (1772). Elle comprend 96 membres et son rôle est purement consultatif : elle éclaire le gouvernement royal sur les besoins de la Nation corse. L'assemblée des *Nobles Douze* (huit dans le Nord et quatre dans le Sud, élus) veille au bon usage des finances publiques et à l'application des lois civiles et criminelles. Celles-ci sont les mêmes qu'à la période génoise, augmentées des dispositions législatives et réglementaires françaises ; cet ensemble législatif, traduit en français, constitue le *Code corse,* dont l'édition bilingue (français-italien) fut publiée à Paris en 1778.

La Corse fut aussi dotée d'institutions judiciaires centralisées, avec neuf *juridictions royales* (équivalent de nos tribunaux) et un *Conseil Supérieur de la Corse,* sorte de Cour suprême, dont le président était nommé par le roi de France.

# ANNEXE N° 2

## Acte de baptême de Napoléon

Napoléon avait deux ans lorsqu'il fut baptisé (par son oncle Luciano). L'acte est en italien et paraphé par François Cunéo, procureur du roi, juge royal de la province d'Ajaccio). En voici le texte :

« *L'anno mille settecento settan'uno a vent'uno juglio, si sono adoprate le sacre ceremonie e preci sopra di Napoléone figlio nato di legitimo matrimonio dal signor Carlo del fu Giuseppe Buonaparte, et dalla signora Maria Letizia, sua moglie, al quale gli fu data l'acqua in casa di licenza, etc., dal maëstro reverentissimo Luciano Bonaparte, nato li quindici agosto des mille settecento sessanta nove, ed hanno assisto alle sacre ceremonie per padrigo, l'illustrissimo Lorenzo Giubeca di Calvi, procuratore del Re, et per madrigna la signora Gertruda, moglie del signor Nicolo Paravicini, presente il padre, quali unitamente a me si sono sottoscriti.*

*Ont signé :* Gio Ba[ta] (Jean-Baptiste) Diamante, economo ; Lorenzo Giubeca ; Gertruda Paravicini ; Carlo Buonaparte. »

Traduction :

L'an mil sept cent soixante et onze le vingt et un juillet, ont été faites les saintes cérémonies et les prières sur Napoléon fils né du légitime mariage de Monsieur Charles fils de feu Joseph Bonaparte, et de Madame Marie Letizia, son épouse, lequel avait été ondoyé à la maison avec la permission, etc., du très révérend Lucien Bonaparte, étant né le quinze août mil sept cent soixante-dix-neuf. Ont assisté aux saintes cérémonies pour parrain, l'illustrissime Laurent Giubeca de Calvi, procureur du Roi, et pour marraine, Dame Gertrude, épouse du Sieur Nicolas Paravicini, présent le père, lesquels tous ont signé ci-dessous avec moi.

Remarques :

a) l'acte mentionne que le baptême, dont le rite essentiel est une ablution accompagnée de l'invocation « Je te baptise au nom du Père, du Fils et du Saint-Esprit » a eu lieu « à la maison » (*in casa*) et non pas à la cathédrale d'Ajaccio ; « les saintes cérémonies et les prières » ont été faites et dites par l'économe d'Ajaccio, J.-B. Diamante ;

b) à la date de cet acte (21 juillet 1771), ni Carlo, ni son père, ni son grand-oncle ne portent de particule nobiliaire, et le nom de famille est indifféremment orthographié « Bonaparte » ou « Buonaparte » ;

c) l'acte de baptême comporte la formule traditionnelle « fils né du légitime mariage... » ; nous savons qu'il n'en est rien, puisque Carlo et Letizia n'ont jamais été mariés : à l'époque, pour un baptême, une simple déclaration orale suffisait, et la petite notoriété des Buonaparte était une garantie suffisante.

# Annexe n° 3

# Brienne

## Lettre de Napoléon à son père

5 avril 1781 : *De l'École militaire de Brienne* [Coston ; copie d'une lettre qui n'a sans doute jamais existé telle, mais qui reflète les états d'âme vraisemblables de Napoléon à l'époque.]

« Mon père,

Si vous ou mes protecteurs ne me donnent pas les moyens de me soutenir plus honorablement dans la maison où je suis, rappelez-moi près de vous, et sur-le-champ. Je suis las d'afficher l'indigence, et d'y voir sourire d'insolents écoliers qui n'ont que leur fortune au-dessus de moi, car il n'en est pas un qui ne soit à cent piques au-dessous des nobles sentiments qui m'animent. Eh quoi ! monsieur, votre fils serait constamment le plastron de quelques nobles *paltoquets* qui, fiers des douceurs qu'ils se donnent, insultent en souriant aux privations que j'éprouve ! Non, mon père, non. Si la fortune se refuse absolument à l'amélioration de mon sort, arrachez-moi de Brienne, donnez-moi, s'il le faut, un état mécanique. À ces offres, jugez de mon désespoir. Cette lettre, veuillez le croire, n'est point dictée par le vain désir de me livrer à des amusements dispendieux : je n'en suis pas du tout épris. J'éprouve seulement de montrer que j'ai les moyens de me les procurer comme mes compagnons d'étude.

Votre respectueux et affectionné fils,

De Buonaparte, cadet »

L'amertume dont fait preuve Bonaparte dans cette lettre – si tant est qu'il l'ait écrite dans ces termes – n'a pas de fondement, et l'on peut soupçonner celui qui l'a reconstituée de vouloir exagérer l'isolement social de Napoléon à Brienne. Ce n'était pas une école pour les enfants de nobles fortunés (ceux-ci étaient en général éduqués par des précepteurs ou dans les grands collèges tenus par les jésuites) ; Brienne était un établissement destiné à des jeunes gens de bonne famille, mais pauvres, susceptibles d'entrer dans la carrière militaire après leurs études. Brienne était dirigée, du point de vue administratif, par un vieux capitaine d'infanterie, Monsieur de Pernon, et, d'après un ancien élève de Brienne, qui y séjourna après Bonaparte, de 1788 à 1792, les mœurs de certains des élèves, qu'il surnomme « les nymphes », étaient plutôt douteuses à en juger par ce fragment, publié par Chuquet (t. I, p. 405 *sqq.*) :

« Outre les commodités où l'on trouvait malgré toute la surveillance et les précautions des supérieurs ; le moyen de se réunir pour se livrer à ces infâmes plaisirs, on trouvait encore le moyen de se les procurer sous les tables d'études, sous les tables de jeu, car nous avions la permission de jouer le whist, le reversis, le boston. Sous les tables, dis-je, et sans que le jeu fût interrompu, les plus effrénés, et c'étaient quelquefois d'ailleurs les meilleurs sujets, trouvaient le moyen de se satisfaire [...].

Ce vice était commun à toutes les Écoles militaires. [...] Les élèves de chacune de ces dernières avaient à Paris leur sobriquet sous ce rapport. C'étaient les *indécents* de Tournon, les *nymphes* de Brienne, etc. »

## ANNEXE N° 4

# Lettre à Paoli

Voici, en continu, la fameuse lettre écrite à Paoli par Napoléon, que nous avons commentée paragraphe par paragraphe, pp. 130, *sqq.*

« *Auxonne en Bourgogne, 12 juin 1789*

Général,

Je naquis quand la patrie périssait. Trente mille Français vomis sur nos côtes, noyant le trône de la Liberté dans des flots de sang, tel fut le spectacle odieux qui vint le premier frapper mes regards.

Les cris des mourants, les gémissements de l'opprimé, les larmes du désespoir environnèrent mon berceau dès mon enfance.

Vous quittâtes notre île et, avec vous, disparut l'espérance du bonheur ; l'esclavage fut le prix de notre soumission : accablés sous la triple chaîne du soldat, du légiste et du percepteur d'impôts, nos compatriotes vivent méprisés... méprisés par ceux qui ont la force de l'administration en main. N'est-ce pas la plus cruelle torture que puisse éprouver celui qui a du sentiment ? L'infortuné Péruvien périssant sous le fer de l'avide Espagnol éprouvait-il une vexation plus ulcérante ?

Les traîtres à la Patrie, les âmes viles que corrompit l'amour d'un gain sordide, ont, pour se justifier, semé des calomnies contre le Gouvernement national [*le gouvernement nationaliste institué par Paoli à Corté*] et contre votre personne en particulier. Les écrivains, en les adoptant comme des vérités, les transmettent à la postérité.

En les lisant, mon ardeur s'est échauffée et j'ai résolu de dissiper ces brouillards, enfants de l'ignorance. Une étude commencée de bonne heure de la langue française, de longues observations et des mémoires puisés dans les portefeuilles des patriotes m'ont mis à même d'espérer quelques succès. [...] Je veux comparer votre administration [*la manière dont Paoli a gouverné la Corse*] avec l'administration actuelle... Je veux, au tribunal de l'opinion publique, appeler ceux qui gouvernent, détailler leurs vexations, découvrir leurs sourdes menées et, s'il est possible, intéresser le vertueux ministre qui gouverne l'État [*il s'agit de Necker*] au sort déplorable qui nous afflige si cruellement.

Jeune encore, mon entreprise peut être téméraire, mais l'amour de la vérité, de la patrie [*la patrie corse, évidemment : Bonaparte renie la patrie française*], de mes compatriotes, cet enthousiasme que m'inspire toujours la perspective d'une amélioration dans notre état, me soutiendront. Si vous daignez, général, approuver un ouvrage où il sera si fort question de vous ; si vous daignez encourager les efforts d'un jeune homme que vous vîtes naître et dont les parents furent toujours attachés au bon parti, j'oserai augurer favorablement du succès.

J'espérai quelque temps pouvoir aller à Londres [*où résidait Paoli depuis 1769*] vous exprimer les sentiments que vous m'avez fait naître et causer ensemble des malheurs de la Patrie, mais l'éloignement y met obstacle : viendra peut-être un jour où je me trouverai à même de le franchir.

Quel que soit le succès de mon ouvrage, je sens qu'il soulèvera contre moi la nombreuse cohorte d'employés français qui gouvernent notre île et que j'attaque : mais qu'importe s'il y va de l'intérêt de la Patrie ! J'entendrai gronder le méchant et, si ce tonnerre tombe, je descendrai dans ma conscience, je me souviendrai de la légitimité de mes motifs, et, dès ce moment, je le braverai.

Permettez-moi, général, de vous offrir les hommages de ma famille... Eh ! pourquoi ne le dirai-je pas... de mes compatriotes. Ils soupirent au souvenir d'un temps où ils espérèrent la liberté. Ma mère, Mme Letizia, m'a chargé de vous renouveler le souvenir des années écoulées à Corté.

Je finis avec respect, général, votre très humble et très obéissant serviteur

NAPOLÉON BUONAPARTE »

Paoli reçut cette lettre à Londres, où il vivait, et il ne prit pas la peine d'y répondre. Il suivait attentivement les événements de France, où l'assemblée des États Généraux du royaume s'était autoproclamée Assemblée Constituante le 17 juin 1789 et, en fin politique qu'il était, il voyait dans les difficultés de la monarchie française les signes avant-coureurs de ce qui pourrait être la libération de sa patrie corse. Toutefois, la lettre du jeune Bonaparte, « le fils de Carlo » comme il l'appellera plus tard, était trop flagorneuse pour être sincère, et il ne se risqua pas à servir de protecteur de ce jeune ambitieux dans la République des lettres. Quand il rencontrera plus tard Napoléon, en octobre 1792, le courant ne passera pas entre le vieux nationaliste corse et le jeune officier français (voir chapitre VII).

# ANNEXE N° 5

## La pépinière des Salines

L'affaire de la pépinière de Letizia est une histoire aux rebondissements multiples sans aucun intérêt pour nous, mais c'était devenu une affaire d'État dans la famille Bonaparte. Il s'agissait d'un contrat passé par le père de Napoléon, en 1782, concernant l'achat par le Roi de mûriers plantés dans la propriété des Salines qui appartenait à la famille Bonaparte.

Après son bref séjour à Paris, à l'automne 1787, Napoléon retourne passer six mois de congé en Corse et ne s'occupe plus de cette affaire de pépinières. Il reprend ses démarches, par écrit, dès qu'il est de retour à Auxonne, en avril 1789, comme en témoigne cette lettre au nouvel Intendant des Finances de Louis XVI, Brienne, qui avait d'ailleurs d'autres chats à fouetter que les pépinières de Letizia Bonaparte. On notera le style maladroit de cette lettre et la naïveté de son contenu.

« *Auxonne, 2 avril 1789*

Monsieur, pardonnez si, jusqu'au centre des plaisirs, je viens vous importuner de mes affaires. Depuis trois ans que l'on nous avait promis des indemnités pour cause de la résiliation de notre contrat d'établissement d'une pépinière de mûriers, depuis trois ans que le procès-verbal en a été dressé et que vous avez eu la bonté de l'envoyer à la Cour, nous n'en entendons cependant pas parler. Ce retardement produit le tort le plus éminent à nos affaires que cette entreprise a beaucoup dérangées... Vous êtes convenu de la justice de nos prétentions et je sollicite aujourd'hui votre bonté, afin que, comme protecteur de la justice, vous daigniez nous la faire rendre.

Vous savez, Monsieur, que l'année dernière, nous n'avons reçu que quatre à cinq mille arbres, tandis que nous en avions six mille bons à être transplantés. Cette année, nous n'en avons livré que quelques centaines, et cependant le Roi devait encore en prendre dix mille. Cela fait de la cultivation qui nous ruine et je ne puis vous dissimuler que la pépinière est aujourd'hui dans le plus mauvais ordre.

Il faut cependant prendre un parti et il n'est pas juste que nous en soyons encore la victime... J'attends la réponse que vous aurez l'honneur de me faire, et tout aussitôt je prendrai des mesures en conséquence... Il faut bien jouer le tout ou rien lorsqu'il n'y a pas d'autre parti à prendre. Je suis charmé que cette circonstance me procure l'occasion de me renouveler à votre souvenir. »

Pour la petite histoire : l'affaire traîna longtemps et ne fut jamais réglée.

## ANNEXE N° 6

# Les manuscrits d'Auxonne sur l'artillerie

Pendant les dix-huit mois qu'il a passés à Auxonne, Napoléon a énormément travaillé, sous la direction du général du Teil. Celui-ci l'a même fait participer aux travaux d'une commission chargée d'étudier les conditions et les effets de tirs avec des mortiers de différentes grandeurs, des canons de 8, de 12 et de 16, en utilisant des bombes de tous calibres.

Napoléon a pris un grand nombre de notes, qu'il a conservées dans cinq grands cahiers, dont un seul a subsisté, qui contient cinq manuscrits :

– un manuscrit, sans date, intitulé *Principes d'artillerie* ;

– un cahier, daté de janvier 1789, sur l'histoire de l'artillerie ;

– un résumé d'histoire de l'artillerie, de février 1789 ;

– un *Mémoire sur la manière de disposer les canons pour le jet des bombes* (daté du 30 mars 1790) ;

– une lettre non datée au général du Teil.

## Annexe n° 7

# Adresse à la Constituante (31 octobre 1789)

Cette *Adresse* est le premier document politique écrit par Bonaparte et portant sa signature – Buonaparte – à côté d'une vingtaine d'autres, émanant de notables, de grands propriétaires et d'ecclésiastiques, Corses et Génois mélangés. Ce document qui a été publié par Coston (t. II, p. 94 *sqq.*) est assez long (il occuperait cinq pages entières de ce livre) ; nous en citons ici quelques extraits. Rappelons que les États Généraux du royaume avaient été ouverts à Versailles le 5 mai, les trois ordres réunis, et que, le 17 juin, le Tiers-État s'était constitué en *Assemblée nationale* (sur proposition de Sieyès), laquelle avait été rejointe par des députés du clergé et de la noblesse et s'était proclamée *Assemblée nationale constituante* le 9 juillet.

« À nosseigneurs de l'Assemblée nationale

*Ajaccio, le 31 octobre 1789*

Nosseigneurs,

Lorsque des magistrats usurpent une autorité contraire à la loi, lorsque des députés sans mission [*allusion à des Corses qui, sans mandat, avaient contrecarré les démarches des députés de la Corse, Cesari-Rocca et Saliceti*] prennent le nom du peuple pour parler contre son vœu, il est permis à des particuliers de s'unir, de protester et, de cette manière, de résister à l'oppression. Daignez donc, Nosseigneurs, jeter un coup d'œil sur notre position.

Arrachés à la liberté lorsque nous commencions à en goûter les douceurs [*allusion au « royaume de Corse » institué par Pascal Paoli de 1755 à 1769*], nous sommes depuis vingt ans incorporés à la monarchie.

Depuis vingt ans, nous vivions sans espoir, accablés par le joug d'une administration arbitraire, lorsque l'heureuse révolution qui a rendu à l'homme ses droits, au Français la patrie, a ranimé notre courage, a fait renaître l'espérance dans nos cœurs abattus.

[*suivent l'énumération des griefs des Corses : les Nobles Douze ont refusé la création de Gardes nationales, parce que cela coûterait trop cher ; les charges sont accordées aux intrigants ; l'administration en place avilit et pressure la population ; puis il conclut, s'adressant aux Constituants* :]

Vous, les protecteurs de la liberté, daignez quelquefois jeter un coup d'œil sur nous qui en avons été jadis les plus zélés défenseurs ; nous [*les Corses*] avons tout perdu en la perdant et nous n'aurons trouvé [*en devenant vos compatriotes*] que l'avilissement et la tyrannie : un peuple immense attend de vous son bonheur ; nous en faisons partie, nous sommes plus vexés que lui ; jetez un coup d'œil sur nous, ou nous périssons.

Nous sommes avec respect, Nosseigneurs, vos très humbles et très obéissants sujets.

BUONAPARTE, officier d'artillerie ; etc. »

# ANNEXE N° 8

## Lettre à Buttafuoco

Mathieu de Buttafuoco (1731-1801) est un de ces Corses qui ont fait leur carrière en France ; né à Vescovato, il était devenu colonel au régiment du *Royal-Corse* et il fut un ami et un correspondant de Jean-Jacques Rousseau. Ayant embrassé le parti français, il fut élu député de la Noblesse aux États généraux et il fit tout, à partir de 1791, pour détourner les Corses de Paoli. La lettre ouverte que lui écrivit Napoléon est très longue ; nous en donnons ici quelques extraits.

La lettre est signée « Buonaparte » – Napoléon n'a pas encore pris l'habitude de franciser son nom – et datée du « *23 janvier de l'an II* » ; il faut comprendre « an II de la liberté » (23 janvier 1790) et non pas « an II de la République » : le calendrier républicain n'était pas encore instauré, mais les fervents de la Révolution – qui n'étaient pas nécessairement républicains – considéraient que l'ère de la liberté avait commencé le 14 juillet 1789. Napoléon tient à être à la mode du jour. Par ailleurs il écrit, pompeusement, au bas de sa lettre : « *De mon cabinet de Milelli, le 23 janvier, l'an II* » (les *Milelli* étaient une propriété de la famille Bonaparte, au milieu d'une oliveraie, près d'Ajaccio). Là, le jeune officier d'artillerie (vingt et un ans) joue à l'écrivain politique important : il n'a évidemment jamais eu de « cabinet » aux Milelli et le bluffeur de Valence refait son apparition.

La lettre commence ainsi :

> « Monsieur,
>
> Depuis Bonifacio au Cap Corse, depuis Ajaccio à Bastia, ce n'est qu'un chorus d'imprécations contre vous. Vos amis se cachent, vos parents vous désavouent, et le sage même, qui ne se laisse jamais maîtriser par l'opinion populaire, est entraîné cette fois par l'effervescence générale.
>
> Qu'avez-vous donc fait ? Quels sont donc les délits qui puissent justifier une indignation si universelle, un abandon si complet ? C'est, monsieur, ce que je me plais à rechercher en m'éclairant avec vous. »

Suit un long paragraphe dans lequel Napoléon décrit l'évolution idéologique de Buttafuoco, telle qu'il la juge. Entré au service de la France bien avant la Révolution, Buttafuoco avait joué, un double jeu politique lors de la révolution indépendantiste de Pascal Paoli : il avait réussi à se faire nommer par ce dernier pour traiter à Versailles, et, en fait, il instruisait régulièrement Choiseul de ce qui se disait et se faisait dans le camp de Paoli. Alors, Bonaparte accuse :

> « Bientôt, au lieu du représentant d'un peuple libre, vous vous transformâtes en commis d'un satrape : vous lui communiquâtes les instructions, les projets, les secrets du cabinet de Corse. »

Puis il dévoile les agissements du personnage. Non seulement Buttafuoco a fait de l'espionnage pour le compte de Choiseul, mais encore a-t-il joué le rôle du mercenaire corrupteur : après le traité de Compiègne (voir annexe n° 1, p. 411), il est venu en Corse avec « *quelques millions* » offerts par Choiseul pour corrompre les patriotes et les attacher à la France, mais ce fut en vain :

> « Les Français, battus malgé leur or, leurs brevets, la discipline de leurs nombreux bataillons, la légèreté de leurs escadrons, l'adresse de leurs artilleurs : défait à La Penta, à Vescovato, à Loretto, à San Nicolao, à Borgo, à Barbaggio, à Oletta. »

Après avoir énuméré les malheurs des patriotes corses et rappelé leur terrible défaite à Ponte-Nuovu (« *Une partie des patriotes étaient morts en défendant leur indépendance ; l'autre avait fui une terre proscrite* »), Buttafuoco commence enfin à jouir du fruit de sa trahison ; mais 1789 approche et, déclare Napoléon, le traître corse va tourner casaque et se faire élire – paradoxalement – comme député de la noblesse corse aux États Généraux :

> « Vos coassociés du Conseil supérieur travaillèrent avec activité : menaces, promesses, caresses, argent, tout fut mis en jeu : vous réussîtes. [...] Arrivé à Versailles, vous fûtes zélé royaliste... »

Mais l'absolutisme royal était déjà mis à bas, une Constitution est en préparation, la Corse devient partie intégrante de la France et Mirabeau a rappelé Paoli, qui offre à Buttafuoco une carrière qu'il n'eût jamais espérée, et l'envoie plaider la cause de la Corse auprès du roi : « *Un peu d'or vous fit trahir sa confiance...* », accuse Napoléon, qui le menace :

> « Bientôt la cohue des honneurs, les lambris de l'opulence, vont disparaître ; le mépris des hommes vous accablera. [...] Ô Lameth ! ô Robespierre [*sic*] ! ô Peithyon [*sic*] ! ô Volney ! ô Mirabeau ! ô Barnave ! ô Bailly ! ô La Fayette ! voilà l'homme qui ose s'asseoir à côté de vous ! tout dégouttant du sang de ses frères, souillé par des crimes de toute espèce, il se présente avec confiance sous une veste de général, indigne récompense de ses forfaits !... »

Non, poursuit Bonaparte, Buttafuoco n'est pas l'élu du peuple, il n'a obtenu que les suffrages de douze nobles de Corse et, dans tous les cantons, son effigie a été brûlée sur les places publiques. Et sa lettre se termine sur une adresse aux Constituants :

> « Vous serez les premiers à chasser ignominieusement, dès que l'on vous aura instruits du tissu d'horreurs dont il a été l'artisan.
>
> J'ai l'honneur [etc.]
>
> BUONAPARTE »

## Annexe n° 9

# Chronologie comparée des événements de Corse et des événements politiques parisiens en 1793

On constate, en lisant ce tableau que la politique intérieure de la Convention s'est durcie très rapidement. L'Assemblée se méfiait de Paoli depuis le début février ; les dénonciations de Napoléon (rappelées en caractères gras dans le tableau) ont précipité les choses, et Paoli se jettera dans les bras des Anglais.

| La Convention | Bonaparte en Corse |
| --- | --- |
| 21/1 : Exécution de Louis XVI. | |
| Début février : Lucien Bonaparte lit une violente *Adresse* contre Paoli devant les Jacobins de Toulon. | |
| 7/2 : Paoli, convoqué à Toulon, par les Commissaires de la Convention, ne s'y rend pas. | |
| 17/2 : Invasion de la Hollande par Dumouriez. | |
| | 18/2 : À Bonifacio, tentative de départ de l'expédition ajournée pour cause de mauvais temps. |
| | 21/2 : Nouveaux préparatifs de départ. |
| | 22/2 : Débarquement des volontaires corses sur l'îlot de San Stefano, au nord de La Maddalena. |
| 24/2 : Décret de la levée en masse de 300 000 hommes. | 24/2 : Colonna-Cesari décide l'abordage de l'île pour le lendemain. |
| | 25/2 : Dans la nuit, l'équipage de la frégate *La Fauvette,* qui transporte les troupes de ligne, déclare ne pas vouloir débarquer le lendemain. |
| | 25/2 : Au matin, Cesari, de *La Fauvette,* ordonne la retraite. Les canons sont abandonnés à San Stefano. |
| | 26/2 : Arrivée de l'escadrille dans le golfe de Sant'Amanza. Altercation entre les officiers. |
| | 28/2 : Napoléon et 28 officiers signent une proclamation contre Cesari. |
| 1/3 : Annexion de la Belgique. | |
| | 2/3 : Napoléon et les officiers du bataillon de volontaires qu'il commande avec Quenza signent une protestation qu'ils adressent au général commandant l'armée des Alpes (Biron), à la Convention et à Paoli. |
| 3/3 : À la Convention, Volney prononce un réquisitoire violent contre Paoli. | |

| La Convention | Bonaparte en Corse |
|---|---|
| | Début mars : Tentative d'assassinat contre Napoléon à Bonifacio. |
| 10/3 : Création du Tribunal révolutionnaire | |
| 1/4 : La Convention apprend la trahison de Dumouriez. | |
| 2/4 : L'*Adresse* de Lucien arrive à la Convention, qui décrète l'arrestation de Paoli. | |
| 6/4 : Création du Comité de salut public. | |
| | 18/4 : Arrivée à Bastia du décret mettant Paoli hors la loi (Napoléon est à Ajaccio). |
| | 19/4 : Projet d'*Adresse* de Napoléon pour défendre Paoli (et surtout pour se mettre à l'abri de la vengeance des paolistes). |
| | 3/5 au 9/5 : Napoléon part pour Bastia (avec Santu Bonelli). Il tente de gagner clandestinement Bastia, à cheval et armé, mais, poursuivi par les paolistes, il doit rentrer à Ajaccio, d'où il repart par la voie maritime (sur une gondole). |
| | 10/5 : Napoléon débarque à Macinaggio. |
| | 11/5 : Il rejoint les Commissaires de la Convention à Bastia. |
| | 23/5 : Letizia s'enfuit d'Ajaccio avec ses enfants ; elle se réfugie à Calvi. |
| | 1/6 : Débarquement de troupes républicaines (400 hommes) à Ajaccio, en provenance de Saint-Florent. |
| 2/6 : Arrestation des députés girondins. | 2/6 : Rembarquement des Républicains. Napoléon retourne à Calvi à cheval. |
| | 11/6 : Calvi : Départ (fuite) de Napoléon et de sa famille pour Toulon. |

# Annexe n° 10

## La première partie de la campagne d'Italie (avril 1796)

Les documents établis par le Directoire en vue de la première partie de la campagne d'Italie, dont le commandement est confié à Napoléon le 7 mars 1796, sont au nombre de quatre, et ils proposent tous les quatre à peu près le même plan de campagne : se rendre maître de la forteresse de Ceva, qui verrouille l'accès à la plaine piémontaise, et forcer le roi de Piémont-Sardaigne à demander la paix.

Tous ces documents ont été élaborés par le Bureau topographique du ministère de la Guerre, sur les instructions des Directeurs (et en particulier de Carnot), et ils reposent sur les observationss recueillies par les officiers et les géographes des armées des Alpes et d'Italie depuis l'ouverture des hostilités dans cette région (et en particulier de Napoléon, qui avait déjà étudié le terrain au début de 1794, sur ordre de Dugommier et des représentants de la Convention, Ricord et Saliceti). La date qu'ils portent (« *Premiers jours de Thermidor an II* », c'est-à-dire fin juillet/début août1795) est leur date d'envoi. À cette époque, l'armée d'Italie était commandée par Kellermann.

Ces quatre documents ne sont donc indiscutablement pas l'œuvre de Bonaparte : ils émanent, en dernier ressort, des Directeurs, et en particulier de Carnot, qui était le Directeur spécialiste des affaires militaires. Toutefois ils ont été intégrés abusivement, comme on l'a dit p. 250, dans l'édition de sa *Correspondance* réalisée sur l'ordre de Napoléon III. Les deux premiers, qui portent les numéros 49 et 50 dans cette édition, sont intitulés *Mémoires* ; les deux autres (n^os^ 52 et 53) sont présentés comme des *Instructions.* Ils occupent au total seize pages (format grand in-4) dans le tome I de cette *Correspondance.* En voici les passages essentiels.

## 1. Document N° 49 *(Mémoire)*

Le début de ce *Mémoire* précise combien il est important de déloger les Austro-Sardes des positions qu'ils occupent (Vado et la « *superbe rade* » où mouille l'escadre anglaise), afin de faire renaître le commerce et l'activité de Toulon, que paralyse la présence de l'ennemi. En conséquence, dit le *Mémoire* :

> « Il faut par des opérations offensives :
> 1° porter la guerre dans États [*ceux du roi de Piémont-Sardaigne*], lui faire entrevoir la possibilité d'inquiéter même sa capitale [*Turin*] et le décider promptement à la paix ;
> 2° obliger les Autrichiens à quitter une partie des positions où ils maîtrisent le roi de Sardaigne, et se mettre dans une position où l'on puisse protéger le Piémont et entreprendre des opérations ultérieures.
> On obtiendra ce double avantage en s'emparant de la forteresse de Ceva, et en y rassemblant la plus grande partie de l'armée [...]. »

Par ailleurs, le *Mémoire* souligne qu'il est préférable de gagner le théâtre des opérations (Ceva) par la côte et par les vallées de l'Apennin, car :

> « Les vallées des Alpes sont toutes dans le sens de la frontière, de sorte qu'on ne peut pénétrer en Piémont qu'en s'élevant considérablement. L'Apennin a ses vallées plus régulièrement placées, de sorte qu'on les passe sans être obligé de s'élever et en suivant les ouvertures qui s'y rencontrent. [...].
> De Vado à Ceva, première place frontière de Sardaigne sur le Tanaro, il y a huit lieues sans jamais s'élever à plus de 2 à 300 toises au-dessus du niveau de la mer. »

Les stratèges parisiens considèrent que, dès le moment où les troupes françaises se seront emparées de Vado, les Autrichiens se sépareront des Piémontais et « *se porteront de préférence sur les points qui défendent la Lombardie* [qui leur appartient] » ; quant aux Piémontais, ils se mettront en position de défendre l'issue du Piémont. Les mêmes stratèges attachent une grande importance à cette séparation des armées adverses et annoncent, à la fin du *Mémoire* qu'ils détailleront « *dans les Instructions qui seront données les moyens d'accélérer cette séparation* ».

Suivent diverses propositions de mouvements des armées d'Allemagne et des Pyrénées vers l'armée d'Italie, et un résumé en dix points concernant l'organisation détaillée de la campagne (stratégie locale, tactique, équipement), sans oublier le génie militaire et le train des équipages.

## 2. DOCUMENT N° 50 *(Mémoire)*

Il est question, dans ce second *Mémoire,* non plus de l'asphyxie économique de Marseille et de Toulon, mais de politique internationale pour justifier l'entrée en campagne :

> « Dans la position actuelle de l'Europe, l'on peut tirer un grand parti de l'armé d'Italie, et la destiner à porter les coups décisifs pour la paix et très-sensibles à la Maison d'Autriche. »

Suivent les mêmes recommandations stratégiques que dans le document précédent : chasser l'ennemi de Loano et de Vado, assiéger et prendre Ceva, menacer le Piémont, puis envahir la Lombardie et « *détruire l'influence de la Maison d'Autriche en Italie* ».

## 3. DOCUMENT N° 52 *(Instruction)*

C'est une « *Instruction militaire destinée au général en chef de l'armée des Alpes et d'Italie* », donc, en principe (au moment de sa rédaction) à Kellermann, et réitérée, en mars 1796, à Bonaparte, son successeur.

Cette *Instruction* prévoit un autre itinéraire que celui de la vallée du Tanaro pour rejoindre Ceva : partir de Savone – et non pas de Vado – et monter dans l'Apennin vers Altare, Carcare et Montezemolo. Cette instruction parle aussi d'une attaque possible des Autrichiens (qui sont vers Dego et Montenotte) sur le flanc droit de l'armée des Alpes (attaque qui eut lieu, effectivement, en avril 1796 et qui fut qualifiée par Bonaparte d'« *imprévue* » !)

## 4. DOCUMENT N° 53 *(Instruction)*

C'est un ensemble d'instructions « *pour les représentants du peuple et le général en chef de l'armée d'Italie* » (il s'agit toujours de Kellermann, que remplacera Bonaparte) ; elles émanent du Comité de salut public. Le plan de la campagne n'a toujours pas changé, mais il s'y ajoute des recommandations nouvelles (numérotées 1°, 2°...), en particulier les suivantes :

> « 3° [...] Le premier principe qui doit nous animer dans la direction des armées de la République, c'est qu'elles doivent se nourrir par la guerre aux dépens des pays ennemis [...]. »
>
> ...
>
> « 6° [...] Nos armées d'Italie ont toutes péri par les maladies pestilentielles produites par la canicule ; le vrai moment d'y faire la guerre

et d'obtenir de grands succès, une fois introduite dans la plaine [*du Piémont*] c'est d'agir depuis février jusqu'en juillet. »

Les mêmes instructions *prévoient* les mouvements des Autrichiens, que Napoléon appellera « *mouvements imprévus* » dans sa lettre au général Sérurier du 9 avril 1795 (voir p. 253) :

« Les Autrichiens se retireront [...] sur Montenotte inférieur, Montenotte supérieur, afin de protéger l'évacuation de leurs magasins et d'observer les mouvements ultérieurs de notre armée. Il est indispensable de les chasser de ces positions intéressantes [...]. »

Nous avons vu (p. 255) que Napoléon n'a pas respecté ces instructions et qu'il n'a pas cherché à déloger les Autrichiens lorsqu'il marchait sur Ceva, mais que ce sont les Autrichiens qui ont été les premiers à l'attaquer – et qu'il les a d'ailleurs très efficacement repoussés à Montenotte le 12 avril 1795.

# ANNEXE N° 11

# Le pillage de l'Italie

Nous avons tenté de démontrer, dans ce livre, que la brillante et victorieuse campagne d'Italie est à porter au crédit de Carnot et des Directeurs, qui la dirigèrent à distance, et non pas à Bonaparte, qui ne fit qu'exécuter docilement les ordres reçus. C'est aussi le Directoire qui ordonna le pillage méthodique de l'Italie, crime de guerre dont Bonaparte ne fut que l'exécutant. Voici l'ordre (cynique) qu'il reçut à cet effet, daté du 7 mai 1796 (il le reçut le 14 ou le 15 mai). Le texte est extrait de Debidour, *op. cit.*, II, p. 333.

Il n'est pas impossible que l'idée de voler les richesses artistiques italiennes ait d'abord germé dans l'esprit de Bonaparte et que cette lettre soit, non pas un ordre, mais une autorisation de pillage.

> « Le Directoire exécutif est persuadé, citoyen général, que vous regardez la gloire des beaux-arts comme attachée à celle de l'armée que vous commandez. L'Italie leur doit en grande partie ses richesses et son illustration ; mais le temps est arrivé où leur règne doit passer en France pour affermir et embellir celui de la liberté. Le Musée National [*l'ancêtre de notre Musée du Louvre, créé en 1793 et installé dans la grande galerie du Louvre*] doit renfermer les monuments les plus célèbres de tous les arts, et vous ne négligerez pas de l'enrichir de ceux qu'il attend des conquêtes actuelles de l'armée d'Italie et de celles qui lui sont encore réservées. Cette glorieuse campagne, en mettant la République en mesure de donner la paix à ses ennemis, doit encore réparer les ravages du vandalisme en son sein et joindre à l'éclat des trophées militaires le charme des arts bienfaisants et consolateurs.
>
> Le Directoire exécutif vous invite donc à rechercher, à recueillir et à faire transporter à Paris les objets de ce genre les plus précieux et à donner des ordres précis pour l'exécution éclairée de ces dispositions dont il désire que vous lui rendiez compte.
>
> LETOURNEUR, CARNOT,
> LAREVELLIERE-LÉPAUX »

# ANNEXE N° 12

## La République Cisalpine

Voici les passages les plus importants de la lettre du 7 avril 1797, adressée par les Directeurs à Bonaparte, qui la reçut au moment de l'armistice provisoire de Judenburg. La minute de cette missive se trouve aux Archives Nationales, A.F., III, 442, n° 2. D'après G. Ferrero, cette lettre est une des clefs du problème des nationalités, tel qu'il se pose au XIXe siècle, tant à propos de l'Autriche qu'à propos de l'unité italienne.

La lettre est bien dans le ton des instructions du Directoire à ses généraux, car il s'agit, pour les Directeurs, d'expliquer à Bonaparte que sa République Cispadane n'est pas viable et qu'elle doit être remplacée par une autre unité territoriale solide et conforme aux intérêts de la France, tout cela sans le vexer, mais fermement.

La lettre commence ainsi :

« *13 Germinal an V (7 avril 1797)*

Le Directoire exécutif a médité sur l'état auquel vos victoires et votre sage politique ont amené l'Italie. Il est tel qu'on peut raisonnablement concevoir l'espérance d'établir, de ce côté, une puissante barrière entre la République française et la maison d'Autriche, en même temps qu'on pourrait y recueillir un fruit non moins doux et non moins glorieux de vos succès, c'est-à-dire la liberté d'une grande partie de l'Italie. »

Les Directeurs exposent alors les deux raisons pour lesquelles ils ont retardé le plus possible leur projet (la création d'un État-tampon républicain italien) : 1° exposer les peuples intéressés à la vengeance des tenants de l'Ancien Régime ; 2° mettre en révolution les peuples intéressés, ce qui risquerait de désorganiser l'armée d'occupation et de tarir ses ressources. De plus, il ne suffit pas de libérer les peuples de la péninsule du joug autrichien, il faut aussi leur donner un gouvernement solide et stable, sinon, « *ils se dévoreront d'eux-mêmes sans affermir leur liberté* ».

Puis ils expliquent avec subtilité que la Constitution conçue par Bonaparte pour la République Cispadane autour du duché de Modène est parfaite, mais qu'elle possède un défaut essentiel :

« Au lieu de faire choisir les membres de la trésorerie nationale par le Corps législatif, ils devraient l'être par le Directoire exécutif (*de la Cispadane*) et être placés sous la direction immédiate du ministère des Finances, sans quoi il n'y a pas d'unité d'action dans l'administration. »

Ces considérations achevées, le Directoire dicte ses ordres :

« Voici donc ce que vous devez faire. Vous déclarerez que l'administration actuelle de la Lombardie et du pays compris sous le nom de République Cispadane n'a ni assez de force ni assez de régularité pour assurer tout à la fois le service des armées françaises et le bien-être des habitants du pays ; [...] ; que, selon vous, [*l'organisation*] la plus propre à remplir cet objet est celle qui est proposée par le plan de Constitution présenté au Congrès cispadan, à quelques modifications près qui vous ont paru indispensables [...]. En conséquence, vous ordonnerez que ces contrées seront régies tant que les Français seront en Italie ainsi qu'il suit (là vous placerez le plan de Constitution présenté au Congrès cispadan que vous appellerez seulement règlement). »

On le voit, aucune initiative n'est laissée à Bonaparte : les Directeurs lui dictent même les mots qu'il doit employer. Puis, sans en avoir l'air, ils mettent à bas la Constitution cispadane, qui était en grande partie l'œuvre de Napoléon :

« Vous déclarerez en même temps que pour le moment vous jugez à propos de nommer les personnes qui doivent remplir les emplois de toute espèce... »

Napoléon avait prévu pour la Cispadane une Constitution démocratique analogue à celle du Directoire : le pouvoir législatif appartenait à deux Chambres élues, et le pouvoir exécutif à cinq Directeurs élus par ces Chambres. Le Directoire préfère *nommer* les responsables du futur État que de les voir élus par leurs administrés. Il va même plus loin, puisqu'il est écrit dans cette fameuse lettre du 7 avril 1797 :

« Cependant, il ne nous paraît pas utile que vous établissiez le Corps législatif. C'est à l'approche de notre retraite [*lorsque les troupes françaises quitteront l'Italie*] que vous le ferez élire suivant la Constitution bien réelle que vous aurez établie, mais que jusqu'alors, nous le répétons, vous n'aurez qualifié que de Règlement. »

Il est bien clair que le Directoire craint les désordres que peut causer une campagne électorale et qu'il tient à conserver la direction du pays lui-même, par des gouvernants nommés interposés. Il le précise nettement à Bonaparte : « *La volonté législative, tant que nous serons là, ne doit être manifestée que par vous.* »

Bien entendu, une fois la paix revenue et les Français partis, la jeune République Cisalpine devra se donner une législation dans tous les domaines (justice, administration, finances, armée, force de police, etc.). On ne peut confier une telle tâche à une assemblée élue et non expérimentée. Le Directoire propose donc à Bonaparte de nommer autant de commissions qu'il sera nécessaire pour bâtir cette législation, à l'image des commissions créées en France par les différentes Assemblées révolutionnaires (la Constituante, la Législative, la Convention, et les deux Conseils du Directoire, les Cinq-Cents et les Anciens) pour édifier un Code civil des Français et qui y travaillent depuis 1790.

Enfin, les Directeurs soulignent ce qui est à leurs yeux « *le point fort* » de leur projet :

> « C'est de mettre sous le même gouvernement et les pays au-delà et ceux en deçà du Pô. Ces deux parties prises séparément sont trop faibles pour se défendre et de funestes divisions soufflées par leurs voisins augmenteraient encore cette faiblesse. Leur réunion au contraire assure à la République française une barrière assez forte pour la mettre à l'abri de toute tracasserie de la part de l'Empereur [*autrichien*] sans néanmoins qu'elles forment une puissance capable de nous alarmer. »

La République Cisalpine recouvrait à peu près les régions modernes de Lombardie et de l'Émilie-Romagne ; le projet du Directoire était un premier pas vers l'unité italienne et les Directeurs prévoyaient déjà les difficultés que pouvait rencontrer cette mini-unification :

> « Les rivalités de Bologne et de Milan [*les deux capitales possibles de la République Cisalpine*] sont peut-être l'unique obstacle qu'on pourrait rencontrer ici ; mais il nous semble qu'il peut être facilement levé en faisant siéger le nouveau gouvernement que vous établirez dans un petit endroit central tel que vous l'aurez jugé propre à cela. »

La lettre se termine par un paragraphe à la fois ferme et flatteur, comme savaient les rédiger les Directeurs à l'intention de leurs généraux :

> « Tel est, citoyen général, le plan que vous devez suivre. [...].
> Le Directoire exécutif s'en rapporte entièrement à vous pour la parfaite exécution de ce plan ; il est convaincu, quelle qu'en soit l'issue, que vous aurez toujours été dirigé par votre attachement sincère à la République que vous servez et aux principes de la liberté. Il ne peut douter du zèle dont vous avez donné des preuves aussi éclatantes et aussi multipliées ! Puissent nos vœux se réaliser en faveur de la liberté de cette partie de l'Italie et vous aurez ajouté à la gloire d'un grand capitaine la gloire non moins satisfaisante, non moins solide du bienfaiteur et du législateur d'un peuple libre. »

# ANNEXE N° 13

## Lettre du 19 avril de Bonaparte aux Directeurs
(n° 1745, vol. III de la *Correspondance*)

C'est une lettre écrite à chaud, le 19 avril, immédiatement après que furent signés, dans la nuit (à 2 heures du matin), les Préliminaires de Leoben.

Bonaparte commence par rassurer les cinq Directeurs (Carnot et La Revellière-Lépaux, qui ont géré militairement la campagne d'Italie, mais aussi Barras, Reubell et Letourneur, qui s'intéressent au premier chef à ses conséquences diplomatiques) : l'intégrité territoriale de la France est respectée (les acquisitions de la Convention, comme Nice et la Savoie par exemple, ne sont pas en cause). Puis il s'explique confusément sur le sort futur de l'Italie :

> « La République lombarde se trouve non seulement confirmée, mais encore accrue de tout le Bergamasque [*région de Bergame*] et de tout le Crémasque [*région de Crema*], qui lui sont déjà réunis dans ce moment par l'insurrection de ces deux pays. La partie du Mantouan qui se trouve sur la rive droite de l'Oglio et du Pô s'y trouve également incorporée. Le duché de Modène et de Reggio, qui, par la partie du Mantouan cédé, touche au Pô et au Milanais, s'y trouve également compris. Nous aurons donc, dans le cœur de l'Italie, une république avec laquelle nous communiquons par les États de Gênes et par la mer ; ce qui nous donne, dans toutes les guerres futures en Italie, une correspondance assurée. Le roi de Sardaigne se trouve être entièrement à notre disposition. »

Reste l'abandon des droits acquis par la France (par voie de conquête) sur le nord des États pontificaux (Bologne, Ferrare et la Romagne) en échange de la partie du territoire vénitien qu'elle recevra (notamment les îles Ioniennes) : cette clause fera l'objet d'une entente ultérieure avec l'Empereur. Ensuite de quoi, Bonaparte justifie, à sa manière, la destruction de la République de Venise :

> « Le gouvernement de Venise est le plus absurde et le plus tyrannique des gouvernements [...]. Notre république n'a pas d'ennemis plus acharnés comme les émigrés et Louis XVIII d'amis qui leur soient

véritablement plus dévoués. Son influence se trouve considérablement diminuée, et cela est tout à notre avantage ; cela [*la cession de Venise à l'Autriche*] d'ailleurs lie l'Empereur à la France, et obligera le prince, pendant les premiers temps de notre paix, à faire tout ce qui pourra nous être agréable. Cet intérêt commun que nous avons avec l'Empereur nous remet la balance dans la main ; nous nous trouvons par là placés entre la Prusse et la maison d'Autriche, ayant des intérêts majeurs à arranger avec l'une et avec l'autre. »

Aurait-on pu signer des préliminaires plus avantageux pour la France ? Oui, si la position militaire avait été plus brillante ; mais, si Bonaparte a accumulé les victoires en Italie, il est maintenant dans une situation nouvelle et dangereuse :

« Le prince Charles et son armée se repliaient sur celle du Rhin, le peuple de la Hongrie et de toutes les parties des États héréditaires [*ceux de la Maison d'Autriche*] se levait en masse, et même, dans ce moment-ci, leur tête est déjà sur nos flancs ; le Rhin n'était pas passé, l'Empereur n'attendait que ce moment pour quitter Vienne et se porter à la tête de son armée. S'ils eussent fait la bêtise de m'attendre, je les aurais battus ; mais ils se seraient toujours repliés devant nous, se seraient réunis à une partie de leurs forces du Rhin et m'auraient accablé ; alors la retraite devenait difficile, et la perte de l'armée d'Italie pouvait entraîner celle de la République. »

Finalement, Bonaparte déclare avoir signé en catastrophe les Préliminaires pour sauver son armée, et que la marche sur Vienne a été une grave erreur, dont le Directoire doit supporter la responsabilité, puisqu'il lui a ordonné d'agir ainsi. Lui-même n'est responsable que d'avoir obéi. Enfin il a un mot pour Clarke :

« ... lorsque, après dix jours, j'ai vu qu'il n'était pas arrivé et que le moment commençait à passer, j'ai dû laisser tout scrupule, et j'ai signé. Vous m'avez donné plein pouvoir sur toutes les opérations militaires et, dans la position des choses, les préliminaires de la paix, même avec l'Empereur, sont devenus une opération militaire. »

La lettre s'achève par son offre de démission, que nous avons citée p. 284.

# ANNEXE Nº 14

## La paix de Campo-Formio

Le lendemain de la signature du traité, Bonaparte adressa au ministre des Relations extérieures (Talleyrand, qui avait remplacé Delacroix le 16 juillet 1797) une longue lettre pour se justifier, dont voici le début :

« AU MINISTRE DES RELATIONS EXTÉRIEURES

*Quartier général, Passariano,*
*27 vendémiaire an VI (18 octobre 1797)*

La paix a été signée hier, une heure après minuit, à Campo-Formio. J'ai fait partir, à deux heures, le général Berthier et le citoyen Monge pour vous porter le traité en original. Je me suis réservé de vous écrire ce matin, et je vous expédie à cet effet, un courrier extraordinaire qui vous arrivera en même temps et peut-être avant le général Berthier. C'est pourquoi je joins à cette lettre une copie collationnée du traité.

Je ne doute pas que la critique ne s'attache vivement à déprécier le traité que je viens de signer. Tous ceux, cependant, qui connaissent l'Europe et qui ont le tact des affaires, seront bien convaincus qu'il était impossible d'arriver à un meilleur traité, sans commencer par se battre et sans conquérir encore deux ou trois provinces de la Maison d'Autriche. Cela était-il possible ? Oui. Probable ? Non... »

Dans la suite de la lettre, Bonaparte assure qu'il fallait traiter, car, s'il avait dû se battre encore, il aurait été certainement vaincu, en raison de l'énorme supériorité numérique des Autrichiens :

« 1° L'Empereur a placé toutes ses troupes contre l'armée d'Italie ; et nous, nous avons laissé toute la force de nos troupes sur le Rhin. [...] Je ne devais pas avoir la probabilité de les vaincre, et les eussé-je vaincues, j'aurais perdu une partie des braves soldats qui ont, à eux seuls, vaincu la Maison d'Autriche et changé le destin de l'Europe...

2° Vous avez 150 000 hommes sur le Rhin, j'en ai 50 000 en Italie. L'Empereur, au contraire, a 150 000 hommes contre moi et au plus 40 000 au-delà d'Ulm. [...] »

# ANNEXE N° 15

## Premières indiscrétions sur l'expédition d'Égypte

À partir de la deuxième quinzaine de mars 1798, les indiscrétions se multiplient à propos de la campagne qui se prépare. Nous donnons ici un extrait d'un article paru dans *Le Publiciste* du 31 mars, qui est révélateur.

> « On assure que Bonaparte doit se mettre en route dans cinq à six jours pour une partie ignorée de nos côtes. Ce qui étonnera c'est que quelques personnes prétendent que ce pourrait être pour les côtes de la Méditerranée, pour Toulon même. Quelque peu vraisemblable que ce soit cette conjecture [*cette remarque tend à prouver que l'on croyait encore, à ce moment, que Bonaparte devait faire une descente en Angleterre : on s'attendait à ce qu'il parte vers la Manche ou la mer du Nord*], il paraît certain que des généraux se sont rendus en toute diligence à Toulon, que des préparatifs maritimes ont été faits dans ce port avec une grande activité, que 10 000 hommes de troupes y sont ou sont à la veille d'y arriver, et on les dit destinés à un embarquement. Nous ignorons ce qu'il faut penser des bruits d'une expédition en Égypte avec le consentement même du Grand Seigneur [*l'empereur ottoman*], que l'on débarrasserait ainsi de quelques pachas indociles [*c'était le prétexte invoqué par Talleyrand auprès de Constantinople : la France se proposait de faire la guerre aux beys mamlouks d'Égypte et non pas à la Turquie*] et auquel, à cette condition, on garantirait le reste de ses États. Nous ignorons jusqu'à quel point on peut avoir conçu l'espoir de s'approcher ainsi des Indes et d'y attaquer la puissance anglaise. Nous ignorons quel peut être l'objet du voyage d'une cinquantaine de savants que le gouvernement fait partir avec une très grande quantité d'instruments en tout genre et pour des recherches et pour une destination éloignée qu'on semble leur cacher à eux-mêmes... » (article du *Publiciste,* cité par Espitalier, *op. cit.*, p. 221 *sqq.*).

# Annexe n° 16

## Bonaparte en Égypte

Voici le texte de la proclamation que Bonaparte dicta, à bord de *l'Orient*, le 22 juin 1798, à destination de son armée, alors qu'il avait quitté Malte et qu'il voguait vers Alexandrie. Elle ne fut mise à l'ordre de l'armée que le 28 juin, deux jours avant d'arriver devant cette ville.

« *Quartier général, à bord de* l'Orient, *4 messidor an VI (22 juin 1798).*

Soldats !

Vous allez entreprendre une conquête dont les effets sur la civilisation et le commerce du monde sont incalculables.

Vous porterez à l'Angleterre le coup le plus sûr et le plus sensible, en attendant que vous puissiez lui donner le coup de mort.

Nous ferons quelques marches fatigantes ; nous livrerons plusieurs combats ; nous réussirons dans toutes nos entreprises ; les destins sont pour nous.

Les beys mameluks, qui favorisent exclusivement le commerce anglais, qui ont couvert d'avanies nos négociants et tyrannisent les malheureux habitants du Nil, quelques jours après notre arrivée n'existeront plus.

Les peuples avec lesquels nous allons vivre sont mahométans ; leur premier article de foi est celui-ci : « Il n'y pas d'autre Dieu que Dieu, et Mahomet est son prophète. »

Ne les contredisez pas ; agissez avec eux comme nous avons agi avec les juifs, avec les Italiens ; ayez des égards pour leurs muftis et leurs imams, comme vous en avez eu pour les rabbins et les évêques.

Ayez pour les cérémonies que prescrit l'Alcoran, pour les mosquées, la même tolérance que vous avez eue pour les couvents, pour les synagogues, pour la religion de Moïse et de Jésus-Christ.

Les légions romaines protégeaient toutes les religions. Vous trouverez ici des usages différents de ceux de l'Europe : il faut vous y accoutumer.

Les peuples chez lesquels nous allons traitent les femmes différemment que nous ; mais, dans tous les pays, celui qui viole est un monstre.

Le pillage n'enrichit qu'un petit nombre d'hommes ; il nous déshonore, il détruit nos ressources, il nous rend ennemis les peuples qu'il est de notre intérêt d'avoir pour amis.

La première ville que nous allons rencontrer a été bâtie par Alexandre. Nous trouverons à chaque pas des souvenirs dignes d'exciter l'émulation des Français.

BONAPARTE »

# ANNEXE N° 17

## Proclamation du 19 Brumaire

# PROCLAMATION

## DU GÉNÉRAL EN CHEF

# BONAPARTE.

*Le 19 Brumaire onze heures du soir.*

A mon retour à Paris, j'ai trouvé la division dans toutes les Autorités, et l'accord établi sur cette seule vérité, que la Constitution était à moitié détruite et ne pouvait sauver la liberté.

Tous les partis sont venus à moi, m'ont confié leurs desseins, dévoilé leurs secrets, et m'ont demandé mon appui. j'ai refusé d'être l'homme d'un parti.

Le Conseil des Anciens m'a appelé ; j'ai répondu à son appel. Un plan de restauration générale avait été concerté par des hommes en qui la nation est accoutumée à voir des défenseurs de la liberté, de l'égalité, de la propriété : ce plan demandait un examen calme, libre, exempt de toute influence et de toute crainte. En conséquence, le Conseil des Anciens a résolu la translation du Corps législatif à Saint-Cloud ; il m'a chargé de la disposition de la force nécessaire à son indépendance. J'ai cru devoir à mes concitoyens, aux soldats périssant dans nos armées, à la gloire nationale acquise au prix de leur sang, d'accepter le commandement.

Les Conseils se rassemblent à Saint-Cloud ; les troupes républicaines garantissent la sûreté au dehors. Mais des assassins établissent la terreur au dedans ; plusieurs Députés du Conseil des Cinq-cents, armés de stylets et d'armes à feu, font circuler tout autour d'eux des menaces de mort.

Les plans qui devaient être développés, sont resserrés, la majorité désorganisée, les Orateurs les plus intrépides déconcertés, et l'inutilité de toute proposition sage évidente.

Je porte mon indignation et ma douleur au Conseil des Anciens, je lui demande d'assurer l'exécution de ses généreux desseins ; je lui représente les maux de la Patrie qui les lui ont fait concevoir : il s'unit à moi par de nouveaux témoignages de sa constante volonté.

Je me présente au Conseil des Cinq-cents, seul, sans armes, la tête découverte, tel que les Anciens m'avaient reçu et applaudi ; je venais rappeler à la majorité ses volontés et l'assurer de son pouvoir.

Les stylets qui menaçaient les Députés, sont aussitôt levés sur leur libérateur ; vingt assassins se précipitent sur moi et cherchent ma poitrine : les Grenadiers du Corps législatif, que j'avais laissés à la porte de la salle, accourent, se mettent entre les assassins et moi. L'un de ces braves Grenadiers *(Thomé)* est frappé d'un coup de stylet dont ses habits sont percés. Ils m'enlèvent.

Au même moment, les cris de *hors la loi* se font entendre contre le défenseur *de la loi*. C'était le cri farouche des assassins, contre la force destinée à les réprimer.

Ils se pressent autour du président, la menace à la bouche, les armes à la main ; ils lui ordonnent de prononcer le hors la loi : l'on m'avertit ; je donne ordre de l'arracher à leur fureur, et six Grenadiers du Corps législatif s'en emparent. Aussitôt après, des Grenadiers du Corps législatif entrent au pas de charge dans la salle, et la font évacuer.

Les factieux intimidés se dispersent et s'éloignent. La majorité, soustraite à leurs coups, rentre librement et paisiblement dans la salle de ses séances, entend les propositions qui devaient lui être faites pour le salut public, délibère, et prépare la résolution salutaire qui doit devenir la loi nouvelle et provisoire de la République.

Français, vous reconnaîtrez sans doute, à cette conduite, le zèle d'un soldat de la liberté, d'un citoyen dévoué à la République. Les idées conservatrices, tutélaires, libérales, sont rentrées dans leurs droits par la dispersion des factieux qui opprimaient les Conseils, et qui, pour être devenus les plus odieux des hommes, n'ont pas cessé d'être les plus méprisables.

*Signé* BONAPARTE.

Pour copie conforme : ALEX. BERTHIER.

A PARIS, DE L'IMPRIMERIE DE LA RÉPUBLIQUE Brumaire an VIII.

# ANNEXE N° 18

# Note du Premier Consul à l'ambassadeur d'Angleterre

## NOTE POUR L'AMBASSADEUR D'ANGLETERRE

« *Paris, 14 floréal an XI (3 mai 1803)*

Après la dernière communication qui a été adressée à Son Excellence, on conçoit moins que jamais comment une nation grande, puissante, sensée, pourrait vouloir entreprendre de déclarer une guerre dont les résultats entraîneraient des malheurs si grands, et dont la cause serait si petite, puisqu'il s'agit d'un misérable rocher.

Son Excellence a dû comprendre que la double nécessité de s'entendre avec les puissances garantes du traité d'Amiens et de ne pas violer un pacte dont l'exécution intéresse aussi essentiellement l'honneur de la France, la sûreté de l'avenir et la loyauté des relations diplomatiques entre les nations européennes, avait fait une loi au Gouvernement français d'éloigner toute proposition diamétralement contraire au traité d'Amiens.

Cependant le Premier Consul, accoutumé depuis deux mois à faire des sacrifices de toute espèce pour le maintien de la pacification, ne repousserait pas un terme moyen qui serait de nature à concilier les intérêts et la dignité des deux pays.

Sa Majesté Britannique a paru croire que la garnison napolitaine qui devait être établie à Malte ne présenterait pas une force suffisante pour assurer véritablement l'indépendance de cette île.

Ce motif étant le seul qui puisse au moins expliquer le refus qu'elle fait d'évacuer l'île, le Premier Consul est prêt à consentir que l'île de Malte soit remise aux mains d'une des trois principales puissances qui ont garanti son indépendance, soit l'Autriche, la Russie ou la Prusse ; bien entendu qu'aussitôt que la France et l'Angleterre seront d'accord sur cet article, elles réuniront leurs demandes pour y porter pareillement les différentes puissances, soit contractantes, soit adhérentes au traité d'Amiens.

S'il était possible que cette proposition ne fût pas adoptée, il serait manifeste que non-seulement l'Angleterre n'a jamais voulu exécuter le traité d'Amiens, mais qu'elle n'a même été de bonne foi dans aucune des demandes qu'elle a faites, et qu'à mesure que la France eût cédé sur un point, les prétentions du Gouvernement britannique se fussent portées sur un autre ; et, si une pareille démonstration devait être acquise, le Premier Consul aura du moins donné encore un gage de la sincérité de son application à méditer sur les moyens d'éviter la guerre, de son empressement à les saisir, et du prix qu'il mettait à les faire prévaloir.

Par ordre du Premier Consul. »

Extrait du *Moniteur*.

# ANNEXE N° 19

## Lettre à l'ambassadeur d'Angleterre

À L'AMBASSADEUR D'ANGLETERRE

« *Paris, 22 floréal an XI (12 mai 1803)*

Le soussigné est chargé de faire connaître à Son Excellence lord Withworth, ambassadeur de Sa Majesté Britannique, que, le Premier Consul ayant proposé, dans la note du 14 de ce mois, que l'île de Malte fût remise dans les mains d'une des trois puissances garantes, la Russie, l'Autriche ou la Prusse, il ne suffirait pas, pour écarter cette proposition, d'arguer du refus que ferait S. M. l'empereur de Russie de recevoir ce dépôt, puisqu'il resterait à connaître les intentions de LL. MM. l'empereur d'Allemagne et le roi de Prusse ;

Que, d'ailleurs, l'assertion contenue dans la note de Son Excellence, en date du 20 de ce mois, et qui est exprimée en ces termes, « Par le refus de S. M. l'empereur de Russie de s'y prêter, » est entièrement contraire à la garantie que Sa Majesté Impériale a formellement offerte, sous la condition de quelques légers changements que le Premier Consul n'a fait aucune difficulté d'adopter, et auxquels il est à sa connaissance que le ministère anglais s'est refusé, méditant sans doute alors l'étrange prétention de garder Malte ;

Que, de plus, cette assertion se trouve encore en opposition absolue avec les assurances que le Premier Consul a reçues de Pétersbourg, depuis que le message de Sa Majesté Britanique y a été connu, et qui viennent de lui être renouvelées par une communication authentique que M. le comte de Markof a donnée hier des intentions de sa cour ;

D'où il résulte qu'il est impossible de concilier la dernière transmission faite par Son Excellence lord Withworth avec la nouvelle confirmation qui vient d'être acquise des dispositions de S. M. l'empereur de Russie, et qu'on ne peut se refuser à croire que Sa Majesté Britannique, mieux informée, sera elle-même empressée à faire donner à Son Excellence des instructions différentes de celle qu'elle a reçues et communiquées au nom de son Gouvernement.

Par ordre du Premier Consul. »

Extrait du *Moniteur*.

# ANNEXE N° 20

## Lettre à Talleyrand sur Malte

« AU CITOYEN TALLEYRAND
MINISTRE DES RELATIONS EXTÉRIEURES

*Saint-Cloud, 23 floréal an XI (13 mai 1803)*

Envoyez, Citoyen Ministre, la note à lord Withworth et au général Andréossy ; envoyez-la aussi en Espagne et en Hollande.

Donnez ordre au général Andréossy que, lorsqu'il sera assuré que le Gouvernement anglais a communication de cette note, il fasse connaître, par le citoyen Schimmelpenninck ou par tout autre moyen indirect, que, si l'Angleterre rejette absolument la proposition de remettre Malte à une des puissances garantes, on ne serait pas éloigné ici d'adopter que l'Angleterre resterait à Malte pendant dix ans et que la France occuperait la presqu'île d'Otrante et les positions qu'elle occupait, au moment de la signature du traité d'Amiens, dans le royaume de Naples, pendant le même espace de temps ; ainsi, il serait autorisé à signer une convention dans ces propres termes :

« Le Premier Consul, au nom du Peuple français, et Sa Majesté Britannique, animés du désir de maintenir la paix si heureusement rétablie à Amiens, conviennent de ce qui suit :

« I. Les troupes de Sa Majesté Britannique pourront occuper l'île de Malte pendant dix ans.

« II. Les troupes françaises occuperont, pendant le même espace de temps, les positions de Tarente et d'Otrante, telles qu'elles les occupaient au moment de la signature du traité d'Amiens et qu'elles n'ont évacuées qu'en conséquence de l'article 11 dudit traité.

« III. La présente convention sera ratifiée dans l'espace d'un mois ou de quinze jours, si faire se peut. »

Faites connaître au général Andréossy, 1° qu'il est important que, si cette proposition ne peut réussir, il n'en fasse aucune communication qui en laisse des traces, et qu'on puisse toujours nier ici que le Gouvernement ait pu adhérer à cette proposition ; 2° qu'il est autorisé à faire ces ouvertures dans le cas où il ne lui en aurait pas été fait quelque autre de la part de l'Angleterre, ou que les hostilités n'auraient pas recommencé.

On s'en remet donc entièrement à lui sur le parti à prendre, et on ne saurait lui recommander trop de prudence.

Recommandez-lui spécialement de se servir du citoyen Schimmelpenninck ; et, en parlant à lord Hawkesbury, il doit lui dire qu'il n'a pas d'autorisation précise, mais qu'il met sa responsabilité en avant, qu'il se fait fort de signer et qu'il ne sera pas désavoué.

BONAPARTE. »

Archives des affaires étrangères.
(En minute aux Arch. de l'Emp.)

# Annexe n° 21

# Résumé chronologique de l'histoire du Consulat et de l'Empire

| Dates | Événements |
|---|---|
| **1799** | *9-10 novembre :* coup d'État du 18-19 Brumaire an VIII. *25 décembre :* mise en vigueur de la Constitution de l'an VIII. *26 décembre :* création du Conseil d'État. |
| **1800** | Répression de la chouannerie. *13 février :* création de la Banque de France. *14 juin :* Marengo. *12 août :* création de la Commission du Code civil au Conseil d'État. *24 décembre :* attentat de la rue Saint-Nicaise contre Bonaparte. |
| **1801** | *9 février :* Paix de Lunéville. *16 juillet :* signature du Concordat. |
| **1802** | *25 mars :* Paix d'Amiens. *1er avril :* épuration et réorganisation du Tribunat. *1er mai :* création des lycées. *19 mai :* création de la Légion d'honneur. *16 août :* Constitution de l'an X et le Consulat à vie. |
| **1803** | *19 février :* intervention de la France en Suisse (Acte de médiation). *28 mars :* loi fixant la valeur du franc. *Début mai :* reprise de la chouannerie. *1-7 mai :* rupture de la paix d'Amiens. *Décembre :* complot de Pichegru. |
| **1804** | *Février/mars :* arrestation de Pichegru et de Moreau ; arrestation de Cadoudal. *15-21 mars :* arrestation et exécution du duc d'Enghien. *21 mars :* promulgation du Code civil des Français. *18 mai :* Constitution de l'an XII ; Napoléon est proclamé empereur des Français. *Avril :* chute d'Addington, retour de Pitt. *10 juillet :* Fouché redevient ministre de la Police. *11 juillet :* création de la Légion d'honneur. *2 décembre :* sacre de Napoléon. |
| **1805** | *18 mars :* Napoléon, qui était président de la République d'Italie (ex-Cisalpine) est proclamé roi d'Italie. *11 avril :* début de la troisième coalition. *Mai :* Méhémet Ali pacha d'Égypte. *9 août :* l'Autriche entre dans la troisième coalition. *25 septembre :* début de la campagne de 1805 en Allemagne. *Octobre :* début de la campagne de 1805 en Italie (contre les Autrichiens). *15-20 octobre :* combat et capitulation d'Ulm. *21 octobre :* Trafalgar. *Novembre :* Napoléon occupe Vienne. *2 décembre :* bataille d'Austerlitz (victoire sur les Austro-Russes). *26 décembre :* traité de Presbourg avec la Prusse et l'Autriche. |

| Dates | Événements |
|---|---|
| **1806** | *1er janvier :* suppression du calendrier républicain. *13 février :* Napoléon rompt avec le pape (Pie VII). *15 février :* traité de Paris avec la Prusse. *10 mai :* création de l'Université impériale. *12 juillet :* formation de la Confédération du Rhin (alliance militaire entre la France et les pays allemands), sorte d'État-tampon entre la France d'une part, la Prusse et l'Autriche d'autre part. *1er août :* Napoléon notifie la fin du Saint-Empire (remplacé par trois États : l'Autriche, la Prusse et la Confédération germanique). *1er octobre :* ultimatum de la Prusse à Napoléon. *14 octobre :* victoires françaises d'Iéna et d'Auerstedt sur les Prussiens. *27 octobre :* prise de Berlin. *21 novembre :* décret de Berlin, instituant le blocus continental de l'Angleterre. *27 novembre :* prise de Varsovie. |
| **1807** | *8 février :* bataille d'Eylau (contre les Prussiens et les Russes). *14 juin :* bataille de Friedland (victoire sur les Russes). *25 juin/7 juillet :* négociations de Tilsit entre Napoléon et le tsar. *7 juillet :* alliance franco-russe. *9 juillet :* paix avec la Prusse. *22 juillet :* création du grand-duché de Varsovie (début de l'indépendance polonaise). *9 août :* disgrâce de Talleyrand. *27 octobre :* traité de Fontainebleau en vue du partage du Portugal entre la France et l'Espagne. *2 novembre :* début des guerres d'Espagne. |
| **1808** | *1er mars :* création de la noblesse impériale. *17 mars :* création de l'Université impériale. |
| **1809** | *22 avril :* bataille d'Eckmühl. *17 mai :* réunion des États de la papauté à l'Empire. *12 juin :* le pape Pie VII excommunie Napoléon. *29 juin :* Conspiration du général Malet contre Napoléon. *6 juillet :* bataille de Wagram. *16 décembre :* divorce de Napoléon. |
| **1810** | *2 avril :* mariage de Napoléon et de Marie-Louise d'Autriche. *3 juin :* disgrâce de Fouché. *9 juillet :* annexion de la Hollande. |
| **1811** | *20 mars :* naissance du roi de Rome. |
| **1812** | *23 février :* annulation du Concordat. *8 avril :* ultimatum du tsar Alexandre à Napoléon. *8 mai :* le pape est transporté à Fontainebleau.<br>Campagne de Russie. *24 juin :* franchissement du Niémen ; *18 août :* Smolensk ; *7 septembre :* victoire de la Moskowa (Borodino) ; *14 septembre :* entrée dans Moscou incendié ; *27 novembre :* la Bérézina ; Napoléon quitte l'armée en retraite. |

| Dates | Événements |
|---|---|
| **1813** | *25 janvier :* Concordat de Fontainebleau. *24 mars :* le pape se rétracte. *17 mars :* la Prusse déclare la guerre à la France. *20 mai :* victoire de Lützen. *20 mai :* victoire de Bautzen. *4 juin :* armistice de Pleiswitz. *21 juin :* victoire de Wellington à Victoria, Napoléon perd l'Espagne. *12 août :* l'Autriche déclare la guerre à la France. *16 novembre :* perte de la Hollande. *16-19 octobre :* bataille de Leipzig. |
| **1814** | *Début 1814 :* bataille de France : Brienne, Champaubert, Montmirail, Montereau, Reims. *31 mars :* entrée des Alliés dans Paris. *2 avril :* le Sénat prononce la déchéance de Napoléon. *6 avril :* abdication de Napoléon. *20 avril :* adieux de Fontainebleau. *4 mai :* Napoléon à l'île d'Elbe. *30 juin :* traité de Paris. *1er novembre :* ouverture du Congrès de Vienne. |
| **1815** | *26 février :* Napoléon quitte l'île d'Elbe ; début des Cent-Jours. *9 juin :* acte final du Congrès de Vienne. *18 juin :* désastre de Waterloo. *3 juillet :* capitulation de Paris. *22 juin :* seconde abdication de Napoléon. *8 juillet :* Louis XVIII rentre à Paris. *15 juillet :* Napoléon monte sur le *Bellérophon*, il est transféré sur le *Northumberland* le 16 octobre. *13 octobre :* Ney est fusillé. *16 octobre :* Napoléon arrive à Sainte-Hélène, où il mourra le 5 mai 1821. Ses cendres seront rendues à la France le 15 décembre 1840. |

## Annexe n° 22

# Les interventions de Napoléon lors de la discussion du Code civil

## 1. Procédure

D'après Locré, le rédacteur des procès-verbaux, la Commission chargée d'examiner le projet de l'an VIII et de le mettre en forme se serait réunie 102 fois ; mais il n'y a que 84 procès-verbaux dans les cinq volumes de Locré, où ils occupent 2 575 pages (532 pages dans le tome I, 830 pages dans le tome II, 379 pages dans le tome III, 452 pages dans le tome IV et 382 pages dans le tome V qui contient en outre un index thématique alphabétique). Les séances étaient présidées par le Premier Consul, quand il était à Paris, et par Cambacérès, Deuxième Consul, quand il était absent. Les procès-verbaux des séances ont été rédigés par Locré, qui rapporte minutieusement les remarques, les propos et les discours des différents participants (les membres de la Commission cités p. 377-378).

Il fut arrêté préliminairement : 1° que le projet de Code civil, destiné à être proposé aux assemblées législatives prévues par la Constitution de l'an VIII (le Tribunat, pour le discuter, et le Corps Législatif pour l'accepter ou le refuser après le vote du Tribunat) comprendrait un *Livre préliminaire* (sur les lois en général), et trois autres Livres, concernant respectivement *les Personnes* (Livre I^er^), *les Biens et les différentes modifications de la Propriété* (Livre II), et *les différentes manières dont on acquiert la Propriété* (Livre III) ; 2° que chaque Livre autre que le Livre préliminaire serait divisé en *Titres,* dont l'ensemble constituerait le *Code civil des Français* ; il y aurait en tout 36 Titres, chaque Titre étant divisé en *chapitres,* les chapitres, éventuellement, en *sections* et les sections en *articles.* Le Livre préliminaire et chacun des 36 Titres feront l'objet d'un *projet de loi.*

La procédure d'examen de chacun des 36 projets de loi (qui avaient été préparés par les Commissaires, rue Saint-André-des-Arts) fut la suivante : 1° discussion du projet de loi ; 2° première rédaction du projet de loi ; 3° discussion de la première rédaction, suivie d'une deuxième rédaction ; 3° éventuellement, autres discussions de la deuxième rédaction, et ainsi de suite jusqu'à une rédaction définitive.

Chaque projet de loi définitif devait être ensuite communiqué au Tribunat, qui le discutait, puis au Corps Législatif, qui ne pouvait que l'adopter ou le refuser, sans le discuter ni le modifier.

## 2. Les subdivisions du Code civil (nous conservons les majuscules initiales des procès-verbaux de Locré)

### *Livre préliminaire*

1. *Sur la Publication, les Effets et l'Application des lois en général.*

### *Livre I (11 Titres)*

2. *Sur la Jouissance et la Privation des Droits civils.*
3. *Sur les Actes de l'état civil.*
4. *Sur le Domicile.*
5. *Sur les Absents.*
6. *Sur le Mariage.*
7. *Sur le Divorce.*
8. *Sur la Paternité et la Filiation.*
9. *Sur l'Adoption et la Tutelle officieuse.*
10. *Sur la Puissance paternelle*
11. *Sur la Minorité, la Tutelle et l'Émancipation.*
12. *Sur la Majorité, l'Interdiction et le Conseil judiciaire.*

### *Livre II (4 Titres)*

13. *Sur la Distinction des Biens.*
14. *Sur la Propriété.*
15. *Sur l'Usufruit, l'Usage et l'Habitation.*
16. *Sur les Servitudes et Services fonciers.*

*Livre III (20 Titres)*

17. *Sur les Successions.*
18. *Sur les Donations entre-vifs et les Testaments.*
19. *Sur les Contrats ou les obligations conventionnelles en général.*
20. *Sur les Engagements qui se forment sans convention.*
21. *Sur le Contrat de Mariage, et les droits respectifs des Époux.*
22. *Sur la Vente.*
23. *Sur l'Échange.*
24. *Sur le Contrat de Louage.*
25. *Sur le Contrat de Société.*
26. *Sur le Prêt.*
27. *Sur le Dépôt et le Séquestre.*
28. *Sur les Contrats aléatoires.*
29. *Sur le Mandat.*
30. *Sur le Cautionnement.*
31. *Sur les Transactions.*
32. *Sur la Contrainte par corps en matière civile.*
33. *Sur le Nantissement.*
34. *Sur les Privilèges et Hypothèques.*
35. *Sur l'Expropriation forcée et les Ordres entre créanciers.*
36. *Sur la Prescription.*

## 3. Travaux du Conseil d'État

Ils sont résumés dans le tableau suivant. Dans la colonne réservée à Napoléon, le nombre entre parenthèses qui suit la mention « présent » indique le *nombre de ses interventions* au cours de la séance considérée ; il est suivi par la proportion du nombre de pages (estimé, d'après le comptage des lignes) du procès-verbal que représentent approximativement ces interventions par rapport au nombre de pages du procès-verbal de la séance considérée (on a compté les interventions de pure forme : salutations, demandes de renseignements concernant la date à laquelle les travaux seraient terminés, etc., comme équivalentes à zéro ligne). On rappelle que la totalité des procès-verbaux remplit 2 575 pages de 38 lignes chacune (« C. » est l'abréviation utilisée par Locré pour « Conseiller »).

Les Conseillers discutaient sur des textes qui étaient destinés à être examinés ensuite par le Tribunat, puis acceptés ou repoussés par le

Corps Législatif, il convient donc d'appeler chacun d'eux *projet de loi* et non pas loi. Dans le tableau ci-après, nous avons donné aux projets les mêmes numéros que les lois qui en sont issues.

| Dates des séances | Textes discutés et/ou adoptés | Napoléon |
|---|---|---|
| **An IX**<br>28 Messidor<br>*(17 juillet 1801)* | Plan du Code : un Livre préliminaire et trois Livres divisés en Titres (un titre par loi). | présent (0) |
| 4 Thermidor<br>*(23 juillet 1801)* | Projet de loi n° 1, 1re rédaction. | présent (13)<br>1 page sur 14. |
| 6 Thermidor<br>*(25 juillet 1801)* | Projet de loi n° 1, 2e rédaction. | présent (10)<br>1 page sur 19. |
| 14 Thermidor<br>*(2 août 1801)* | Projet de loi n° 1, 2e rédaction (suite et fin).<br>Projet de loi n° 2, 1re rédaction. | présent (11)<br>2 pages 1/2 sur 24. |
| 16 Thermidor<br>*(4 août 1801)* | Projet de loi n° 2, 2e rédaction. | présent (17)<br>2 pages sur 23. |
| 24 Thermidor<br>*(12 août 1801)* | Projet de loi n° 2, 3e rédaction. | présent (5)<br>1/2 page sur 14. |
| 26 Thermidor<br>*(14 août 1801)* | Projet de loi n° 3, 4e rédaction. | absent<br>0 page sur 127. |
| 4 Fructidor<br>*(22 août 1801)* | Projet de loi n° 1, 3e rédaction.<br>Projet de loi n° 2, 5e rédaction. | absent<br>0 page sur 13. |
| 6 Fructidor<br>*(24 août 1801)* | Projet de loi n° 3, 1re rédaction. | présent<br>1/2 page sur 21. |
| 14 Fructidor<br>*(1er septembre 1801)* | Projet de loi n° 3, 1re rédaction (suite et fin). | présent (8)<br>1 page sur 23. |
| 16 Fructidor<br>*(3 septembre 1801)* | Projet de loi n° 4, 1re rédaction.<br>Projet de loi n° 5, 1re rédaction. | présent (19)<br>3 pages sur 24. |
| 24 Fructidor<br>*(11 septembre 1801)* | Projet de loi n° 3, 2e rédaction. | présent (18)<br>2 pages sur 30. |
| 26 Fructidor<br>*(13 septembre 1801)* | Projet de loi n° 6, 1re rédaction. | présent (11)<br>1 page sur 18. |
| **An X**<br>4 Vendémiaire<br>*(26 septembre 1801)* | Projet de loi n° 6, 1re rédaction (suite). | présent (25)<br>2 pages 1/2 sur 19. |

| Dates des séances | Textes discutés et/ou adoptés | Napoléon |
|---|---|---|
| 5 Vendémiaire<br>*(27 septembre 1801)* | Projet de loi n° 6, 1re rédaction (suite et fin). | présent (10)<br>1 page 1/2 sur 26. |
| 14 Vendémiaire<br>*(6 octobre 1801)* | Projet de loi n° 7, 1re rédaction (suite). | présent (18)<br>3 pages sur 19. |
| 16 Vendémiaire<br>*(8 octobre 1801)* | Projet de loi n° 7, 1re rédaction (suite). | présent (4)<br>2 pages sur 16. |
| 24 Vendémiaire<br>*(16 octobre 1801)* | Projet de loi n° 7, rédaction du C. Boulay et du C. Emmery. | présent (11)<br>2 pages sur 26. |
| 26 Vendémiaire<br>*(18 octobre 1801)* | Projet de loi n° 7, 1re rédaction (suite et fin). | présent (6)<br>1/2 page sur 19. |
| 22 Fructidor<br>*(9 septembre 1802)* | Projet de loi n° 3, rédaction définitive.<br>Projet de loi n° 7, rédaction communiquée au Tribunat. | absent<br>0 page sur 31. |
| 29 Fructidor<br>*(16 septembre 1802)* | Projet de loi n° 8, rédaction communiquée au Tribunat. | absent<br>0 page sur 12. |
| **An XI** | | |
| 8 Vendémiaire<br>*(30 septembre 1802)* | Projet de loi n° 10, rédaction communiquée au Tribunat. | absent<br>0 page sur 24. |
| 22 Vendémiaire<br>*(14 octobre 1802)* | Projet de loi n° 5, rédaction définitive.<br>Projet de loi n° 11, 1re rédaction. | absent<br>0 page sur 21. |
| 29 Vendémiaire<br>*(21 octobre 1802)* | Projet de loi n° 11, 1re rédaction (suite). | absent<br>0 page sur 14. |
| 6 Brumaire<br>*(28 octobre 1802)* | Projet de loi n° 2, nouvelle rédaction d'après la conférence avec les Tribunaux.<br>Projet de loi n° 6, rédaction définitive.<br>Projet de loi n° 11, 1re rédaction (suite et fin). | absent<br>0 page sur 37. |
| 13 Brumaire<br>*(4 novembre 1802)* | Projet de loi n° 8, rédaction définitive.<br>Projet de loi n° 12, 1re rédaction. | absent<br>0 page sur 17. |
| 20 Brumaire<br>*(11 novembre 1802)* | Projet de loi n° 2, rédaction d'après proposition du Tribunat.<br>Projet de loi n° 7, rédaction définitive.<br>Projet de loi n° 12, 1re rédaction. | absent<br>0 page sur 25. |
| 27 Brumaire<br>*(18 novembre 1802)* | Projet de loi n° 9, 1re rédaction. | présent (2)<br>1/2 page sur 14. |
| 4 Frimaire<br>*(25 novembre 1802)* | Projet de loi n° 2, rédaction définitive.<br>Projet de loi n° 12, rédaction communiquée au Tribunat.<br>Projet de loi n° 4, rédaction définitive. | absent<br>0 page sur 9. |

| Dates des séances | Textes discutés et/ou adoptés | Napoléon |
|---|---|---|
| 11 Frimaire<br>*(2 décembre 1802)* | Projet de loi n° 13, 2e rédaction. | présent (3)<br>0 page sur 10. |
| 18 Frimaire<br>*(19 décembre 1802)* | Projet de loi n° 11, rédaction définitive.<br>Projet de loi n° 13, 3e rédaction, puis rédaction communiquée au Tribunat. | absent<br>0 page sur 31. |
| 25 Frimaire<br>*(16 décembre 1802)* | Projet de loi n° 15, 1re rédaction. | présent (4)<br>0 page sur 14. |
| 2 Nivôse<br>*(23 décembre 1802)* | Projet de loi n° 15, 1re rédaction. | présent (0)<br>0 page sur 13. |
| 9 Nivôse<br>*(30 décembre 1802)* | Projet de loi n° 15, 1re rédaction. | absent<br>0 page sur 14. |
| 16 Nivôse<br>*(6 janvier 1803)* | Projet de loi n° 5, 1re rédaction. | présent (0)<br>0 page sur 6. |
| 23 Nivôse<br>*(13 janvier 1803)* | Projet de loi n° 15, 1re rédaction. | absent<br>0 page sur 23. |
| 30 Nivôse<br>*(20 janvier 1803)* | Projet de loi n° 16, 1re rédaction. | absent<br>0 page sur 14. |
| 7 Pluviôse<br>*(28 janvier 1803)* | Projet de loi n° 16, 1re rédaction. | présent (5)<br>1 page sur 12. |
| 14 Pluviôse<br>*(4 février 1803)* | Projet de loi n° 16, 1re rédaction. | présent (1)<br>0 page sur 21. |
| 21 Pluviôse<br>*(11 février 1803)* | Projet de loi n° 16, 1re rédaction. | présent (0)<br>0 page sur 17. |
| 28 Pluviôse<br>*(18 février 1803)* | Projet de loi n° 16, 1re rédaction. | présent (1)<br>0 page sur 12. |
| 5 Ventôse<br>*(24 février 1803)* | Projet de loi n° 1, exposé des motifs (retour sur le projet discuté en Messidor et Thermidor an II).<br>Projet de loi n° 15, rédaction définitive et communication au Tribunat.<br>Projet de loi n° 13, rédaction définitive.<br>Projet de loi n° 16, 1re rédaction. | présent (3)<br>0 page sur 59. |
| 12 Ventôse<br>*(4 mars 1803)* | Projet de loi n° 2, exposé des motifs.<br>Projet de loi n° 3, exposé des motifs.<br>Projet de loi n° 4, exposé des motifs.<br>Projet de loi n° 5, exposé des motifs.<br>Projet de loi n° 18, 1re rédaction. | absent<br>0 page sur 62. |
| 18 Ventôse<br>*(11 mars 1803)* | Projet de loi n° 1, votée par le Corps législatif devient le *décret du 14 Ventôse an XI.* | absent.<br>0 page sur 64. |

| Dates des séances | Textes discutés et/ou adoptés | Napoléon |
|---|---|---|
| | Projet de loi n° 2, devient de même le *décret du 17 Ventôse an XI.* Projet de loi n° 6, exposé des motifs (c'est la loi sur le *mariage* : Napoléon est absent). Projet de loi n° 7, exposé des motifs (c'est la loi sur le *divorce,* Napoléon est absent). Projet de loi n° 18, 1re rédaction. | |
| 21 Ventôse *(13 mars 1803)* | Projet de loi n° 3, devient le *décret du 20 Ventôse an XI.* Projet de loi n° 8, exposé des motifs. Projet de loi n° 9, exposé des motifs. Projet de loi n° 12, rédaction définitive. | absent 0 page sur 35. |
| 26 Ventôse *(18 mars 1803)* | Projet de loi n° 4, devient le *décret du 23 Ventôse an XI.* Projet de loi n° 5, devient le *décret du 24 Ventôse an XI.* Projet de loi n° 6, devient le *décret du 26 Ventôse an XI.* Projet de loi n° 10, exposé des motifs. Projet de loi n° 11, exposé des motifs. Projet de loi n° 18, 1re rédaction. | absent 0 page sur 23. |
| 27 Ventôse *(19 mars 1803)* | Projet de loi n° 18, 1re rédaction. | absent 0 page sur 29. |
| 3 Germinal *(24 mars 1803)* | Projet de loi n° 7, devient le *décret du 30 Ventôse an XI.* Projet de loi n° 8, décret du *2 Germinal an XI.* Projet de loi n° 9, devient le *décret du 2 Germinal an XI* | absent 0 page sur 39. |
| | Projet de loi n° 12, exposé des motifs. Projet de loi n° 18, rédaction communiquée au Tribunat. | |
| 15 Germinal *(6 avril 1803)* | Projet de loi n° 11, devient le *décret du 5 Germinal an XI.* Projet de loi n° 12, devient le *décret du 8 Germinal an XI.* Projet de loi n° 17, rédaction définitive. | absent 0 page sur 26. |
| 24 Germinal *(15 avril 1803)* | Projet de loi n° 17, exposé des motifs. Projet de loi n° 18, exposé des motifs. | absent 0 page sur 26. |
| 3 Floréal *(24 avril 1803)* | Projet de loi n° 17, devient le *décret du 29 Germinal an XI.* | absent 0 page sur 55. |
| **An XII** 6 Vendémiaire *(28 septembre 1803)* | Projet de loi n° 21 (sur le Contrat de mariage et les droits respectifs des époux), 1re rédaction. | absent 0 page sur 48. |
| 13 Vendémiaire *(6 octobre 1803)* | Projet de loi n° 21, 1re rédaction. | absent 0 page sur 23. |

| Dates des séances | Textes discutés et/ou adoptés | Napoléon |
|---|---|---|
| 20 Vendémiaire *(13 octobre 1803)* | Projet de loi n° 21, 1re rédaction. | absent 0 page sur 20. |
| 27 Vendémiaire *(20 octobre 1803)* | Projet de loi n° 14 (sur la Propriété), rédaction définitive. Projet de loi n° 15, rédaction définitive. | absent 0 page sur 20. |
| 4 Brumaire *(27 octobre 1803)* | Projet de loi n° 13, rédaction communiquée au Tribunat. Projet de loi n° 14, rédaction communiquée au Tribunat. Projet de loi n° 15, rédaction communiquée au Tribunat. Projet de loi n° 16, 1re rédaction. Projet de loi n° 21, 2e rédaction. | absent 0 page sur 75. |
| 11 Brumaire *(3 novembre 1803)* | Projet de loi n° 16, rédaction communiquée au Tribunat. Projet de loi n° 21, 2e rédaction. Projet de loi n° 19, 1re rédaction. | absent 0 page sur 72. |
| 18 Brumaire *(10 novembre 1803)* | Projet de loi n° 19, 1re rédaction. | absent 0 page sur 12. |
| 25 Brumaire *(17 novembre 1803)* | Projet de loi n° 19, 1re rédaction. | absent 0 page sur 26. |
| 2 Frimaire *(24 novembre 1803)* | Projet de loi n° 19, 1re rédaction. | absent 0 page sur 14. |
| 16 Frimaire *(8 décembre 1803)* | Projet de loi n° 19, rédaction communiquée au Tribunat. Projet de loi n° 20, rédaction communiquée au Tribunat. Projet de loi n° 32, 1re rédaction. Projet de loi n° 30, 1re rédaction. | absent 0 page. |
| 23 Frimaire *(15 décembre 1803)* | Projet de loi n° 31, 1re rédaction (sur la transaction). | présent (3) 1 page sur 8. |
| 30 Frimaire *(22 décembre 1803)* | Projet de loi n° 32, rédaction communiquée au Tribunat. Projet de loi n° 30, rédaction communiquée au Tribunat. Projet de loi n° 22, 1re rédaction. | absent 0 page sur 42. |
| 9 Nivôse *(31 décembre 1803)* | Projet de loi n° 22, 1re rédaction. Projet de loi n° 23, 1re rédaction. Projet de loi n° 24, 1re rédaction. | absent 0 page sur 36. |

| Dates des séances | Textes discutés et/ou adoptés | Napoléon |
|---|---|---|
| 14 Nivôse<br>*(5 janvier 1804)* | Projet de loi n° 13, rédaction définitive.<br>Projet de loi n° 14, rédaction définitive.<br>Projet de loi n° 15, rédaction définitive.<br>Projet de loi n° 16, rédaction définitive.<br>Projet de loi n° 24, 1re rédaction.<br>Projet de loi n° 25, 1re rédaction.<br>Projet de loi n° 29, rédaction communiquée au Tribunat.<br>Projet de loi n° 30, rédaction communiquée au Tribunat.<br>Projet de loi n° 26, rédaction définitive.<br>Projet de loi n° 27, 1re rédaction. | présent (1)<br>0 page sur 42. |
| 21 Nivôse<br>*(12 janvier 1804)* | Projet de loi n° 26, rédaction définitive.<br>Projet de loi n° 27, 1re rédaction. | présent (1)<br>0 page sur 42. |
| 28 Nivôse<br>*(19 janvier 1804)* | Projet de loi n° 13, exposé des motifs.<br>Projet de loi n° 14, exposé des motifs.<br>Projet de loi n° 15, exposé des motifs.<br>Projet de loi n° 23, rédaction communiquée au Tribunat.<br>Projet de loi n° 27, rédaction communiquée au Tribunat.<br>Projet de loi n° 24, 2e rédaction. | absent<br>0 page sur 47. |
| 5 Pluviôse<br>*(25 janvier 1804)* | Projet de loi n° 13, devient le *décret du 4 Pluviôse.*<br>Projet de loi n° 28, 1re rédaction.<br>Projet de loi n° 29, rédaction communiquée au Tribunat.<br>Projet de loi n° 19, rédaction définitive. | absent<br>0 page sur 60. |
| 7 Pluviôse<br>*(27 janvier 1804)* | Projet de loi n° 14, devient le *décret du 6 Pluviôse.*<br>Projet de loi n° 18, exposé des motifs.<br>Projet de loi n° 20, rédaction définitive.<br>Projet de loi n° 21, rédaction définitive.<br>Projet de loi n° 29, rédaction communiquée au Tribunat.<br>Projet de loi n° 28, 1re rédaction.<br>Projet de loi n° 26, rédaction communiquée au Tribunat.<br>Projet de loi n° 36, rédaction communiquée au Tribunat.<br>Projet de loi n° 22, 1re rédaction. | absent<br>0 page sur 140. |
| 12 Pluviôse<br>*(1er février 1804)* | Projet de loi n° 19, devient le *décret du 9 Pluviôse.*<br>Projet de loi n° 16, devient le *décret du 10 Pluviôse.*<br>Projet de loi n° 19, exposé des motifs.<br>Projet de loi n° 26, exposé des motifs.<br>Projet de loi n° 32, exposé des motifs. | présent (0)<br>0 page sur 117. |

| Dates des séances | Textes discutés et/ou adoptés | Napoléon |
|---|---|---|
| | Projet de loi n° 27, rédaction communiquée au Tribunat.<br>1er et 2e rapports sur les régimes hypothécaires (projet de loi n° 34). | |
| 19 Pluviôse<br>*(8 février 1804)* | Projet de loi n° 18, devient le *décret du 17 Pluviôse.*<br>Projet de loi n° 19, devient le *décret du 19 Pluviôse.*<br>Projet de loi n° 34, exposé des motifs. | présent (1)<br>0 page sur 26. |
| 21 Pluviôse<br>*(10 février 1804)* | Projet de loi n° 26, devient le *décret du 20 Pluviôse.* | absent<br>0 page sur 10. |
| 24 Pluviôse<br>*(13 février 1804)* | Projet de loi n° 20, devient le *décret du 23 Pluviôse.*<br>Projet de loi n° 21, devient le *décret du 24 Pluviôse.*<br>Projet de loi n° 5, rédaction communiquée au Tribunat. | absent<br>0 page sur 10. |
| 3 Ventôse<br>*(22 février 1804)* | Projet de loi n° 27, rédaction définitive.<br>Projet de loi n° 34, 1re rédaction. | absent<br>0 page sur 40. |
| 5 Ventôse<br>*(24 février 1804)* | Projet de loi n° 28, rédaction définitive.<br>Projet de loi n° 29, rédaction définitive.<br>Projet de loi n° 30, rédaction définitive.<br>Projet de loi n° 5, rédaction définitive.<br>Projet de loi n° 34, rédaction définitive. | absent<br>0 page. |
| 10 Ventôse<br>*(29 février 1804)* | Projet de loi n° 31, rédaction définitive.<br>Projet de loi n° 32, rédaction définitive.<br>Projet de loi n° 28, rédaction définitive.<br>Projet de loi n° 27, exposé des motifs.<br>Projet de loi n° 23, exposé des motifs.<br>Projet de loi n° 24, exposé des motifs.<br>Projet de loi n° 25, exposé des motifs.<br>Projet de loi n° 33, rédaction communiquée au Tribunat.<br>Projet de loi n° 34, 1re rédaction. | absent<br>0 page sur 84. |
| 12 Ventôse<br>*(2 mars 1804)* | Projet de loi n° 36, rédaction définitive.<br>Projet de loi n° 31, exposé des motifs.<br>Projet de loi n° 34, 1re rédaction.<br>Projet de loi n° 32, 1re rédaction.<br>Projet de loi n° 35, 1re rédaction.<br>Projet de loi n° 22, rédaction communiquée au Tribunat. | présent (0)<br>0 page sur 50. |
| 15 Ventôse<br>*(5 mars 1804)* | Projet de loi n° 27, devient le *décret du 15 Ventôse.*<br>Projet de loi n° 30, exposé des motifs.<br>Projet de loi n° 31, 1re rédaction suivie de la rédaction communiquée au Tribunat. | présent (1)<br>1 page sur 30. |

| Dates des séances | Textes discutés et/ou adoptés | Napoléon |
|---|---|---|
| 17 Ventôse<br>*(7 mars 1804)* | Projet de loi n° 28, devient le *décret du 16 Ventôse.*<br>Projet de loi n° 29, devient le *décret du 16 Ventôse.*<br>Projet de loi n° 30, devient le *décret du 17 Ventôse.*<br>Projet de loi n° 5.<br>Projet de loi n° 36, exposé des motifs.<br>Discussion d'un projet de loi sur le classement des lois dans le Code civil | absent<br>0 page sur 34. |
| 19 Ventôse<br>*(9 mars 1804)* | Projet de loi n° 31, devient le *décret du 18 Ventôse.*<br>Projet de loi n° 33, devient le *décret du 19 Ventôse.*<br>Projet de loi n° 32, devient le *décret du 19 Ventôse.*<br>Projet de loi n° 35, exposé des motifs.<br>Projet de loi n° 34, rédaction définitive.<br>Projet de loi pour réunir les lois du Code civil. | absent<br>0 page sur 35. |
| 22 Ventôse<br>*(12 mars 1804)* | Projet de loi n° 5, devient le *décret du 21 Ventôse.*<br>Projet de loi n° 34, exposé des motifs.<br>Projet de loi n° 34, conférence avec les membres du Tribunat.<br>Projet de loi n° 34, rédaction définitive.<br>Projet de loi n° 35, rédaction définitive.<br>Projet de loi n° 31, rédaction définitive. | absent<br>0 page sur 35. |
| 26 Ventôse<br>*(16 mars 1804)* | Projet de loi n° 32, devient le *décret du 23 Ventôse.*<br>Projet de loi n° 36, devient le *décret du 25 Ventôse.*<br>Projets de loi nos 22 et 23, exposé des motifs.<br>Projet de loi n° 31, exposé des motifs.<br>Projet de loi de réunion des 36 lois soumises à l'appréciation des assemblées en un seul corps, intitulé *Code civil du Français.*<br>Suit l'énumération des 36 lois, classées par Livres. | absent<br>0 page. |
| 29 Ventôse<br>*(19 mars 1804)* | Projets de loi n° 22 et n° 23, devient le *décret du 28 Ventôse.*<br>Projet de loi n° 31, devient le *décret du 29 Ventôse.*<br>Projet de loi sur la réunion des 36 lois dans un *Code civil des Français,* exposé des motifs. | absent<br>0 page sur 10. |
| 1er Germinal<br>*(21 mars 1804)* | Dernière séance de la Commission du *Code civil.* | absent<br>0 page. |

## 3. Bilan

Napoléon a assisté à 34 séances sur 84 ; mais ses interventions sont négligeables : elles représentent, au total, 28 ou 29 pages sur les 2 575 pages de procès-verbaux. On peut donc affirmer qu'il n'a joué qu'un rôle dans l'histoire du Code civil : celui de signer la loi le promulguant. C'est mieux que rien, mais cela ne lui donne aucun droit de paternité sur le Code.

## ANNEXE N° 23

# Batailles du Consulat et de l'Empire

Contrairement à ce qu'on pourrait croire, Napoléon n'a pas livré lui-même toutes les batailles dont on lui attribue la gloire. De 1796 à 1815, les armées françaises ont livré 148 combats et batailles : Napoléon n'a été présent qu'à 43 d'entre elles (il était absent pour toutes les autres). Dans le tableau ci-dessous, nous avons imprimé **en gras** les noms des batailles auxquelles il a été présent ; mais il ne faut pas oublier que, même dans ces batailles ses généraux (Murat, Masséna et les autres) ont souvent agi sans instruction, de leur propre initiative : sans eux, on ne parlerait pas aujourd'hui de la plupart des victoires de Napoléon.

| Dates | Batailles<br>* = sièges | Adversaires | Issue<br>+ = victoire<br>− = défaite |
|---|---|---|---|
| **1796** | | | |
| 12 avril | Montenotte | Autrichiens | + |
| 13 avril | Millesimo | Austro-Piémontais | + |
| 13-15 avril | Dego | Autrichiens | + |
| 18 avril | **Ceva*** | Piémontais | + |
| 21 avril | Mondovi | Piémontais | + |
| 28 avril | Armistice de Cherasco avec les Piémontais. | | |
| 15 mai | Traité de Paris avec le royaume de Piémont-Sardaigne. | | |
| 10 mai | **Lodi** | Autrichiens | + |
| 14 mai | Milan | Autrichiens | + |
| 30 mai | **Borghetto** | Autrichiens | + |
| 3 août | Lonato | Autrichiens | + |
| 5 août | **Castiglione** | Autrichiens | + |
| 15 septembre | Saint-Georges | Autrichiens | + |
| 8 septembre | **Bassano** | Autrichiens | + |
| 12 novembre | **Caldiero** | Autrichiens | − |
| 15-17 novembre | **Arcole** | Autrichiens | + |
| Début mai | Mantoue* | Autrichiens | blocus (début) |
| **1797** | | | |
| 14 janvier | **Rivoli** | Autrichiens | + |

| Dates | Batailles<br>* = sièges | Adversaires | Issue<br>+ = victoire<br>− = défaite |
|---|---|---|---|
| 2 février | Mantoue* | Autrichiens | + |
| Mars/avril | Marche sur Vienne | Autrichiens | |
| 7 avril | Armistice de Judenburg avec les Autrichiens. | | |
| 18 avril | Préliminaires de Leoben avec les Autrichiens. | | |
| 17 octobre | Traité de Campo-Formio avec les Autrichiens. | | |
| **1798** | | | |
| 11 juin | Malte* | Maltais | + |
| 2 juillet | Alexandrie | Mamlouks | + |
| 13 juillet | **Chebreiss** | Mamlouks | + |
| 21 juillet | **Pyramides** | Mamlouks | + |
| 1er août | Alexandrie | Nelson | − |
| 5 août | Kanqah | Mamlouks | + |
| 7 octobre | Sédiman | Mamlouks | + |
| **1799** | | | |
| 16 avril | **Mont-Thabor** | Turcs | + |
| 11 avril | Cana | Turcs | + |
| 5 avril | Nazareth | Turcs | + |
| 15-20 février | El-Arich | Mamlouks | + |
| 22 janvier | Samhoud | Mamlouks | + |
| 7 mars | **Jaffa*** | Turcs | + |
| Mars/mai | **Saint-Jean-d'Acre*** | Turcs | +/− |
| 25 juillet | **Aboukir** | Turcs | + |
| 22 août | Départ semi-clandestin de Bonaparte pour la France. | | |
| **1800** | | | |
| 24 janvier | Convention d'El-Arich signée par Kébler avec les Anglais. | | |
| 20 mars | Héliopolis | Turcs | + |
| 14 juin | **Marengo** | Autrichiens | + |
| 9 juin | Montebello | Autrichiens | + |
| 3 décembre | Hohenlinden | Autrichiens | + |
| **1801** | | | |
| 9 février | Paix de Lunéville avec l'Autriche. | | |
| 1er octobre | Préliminaires de paix à Londres. | | |
| 28 octobre | Intervention militaire française en Suisse. | | |
| **1802** | | | |
| 25 mars | Paix d'Amiens avec l'Angleterre. | | |
| Septembre/octobre | Annexion du Piémont, de Parme et de l'île d'Elbe. | | |
| **1803** | | | |
| 19 février | Acte de médiation pour la Suisse. | | |
| Avril | Occupation partielle de la Hollande par Bonaparte. | | |
| 16 mai | Rupture de la paix d'Amiens. | | |

| Dates | Batailles<br>* = sièges | Adversaires | Issue<br>+ = victoire<br>− = défaite |
|---|---|---|---|
| Mai | Occupation du Hanovre. | | |
| 2 décembre | Formation de l'armée d'Angleterre au camp de Boulogne. | | |
| **1804** | | | |
| 24 mai | Alliance défensive franco-russe. | | |
| Septembre | Rupture diplomatique franco-russe. | | |
| 6 novembre | Convention austro-russe. | | |
| 3 décembre | Alliance anglo-suédoise. | | |
| 2 décembre | Sacre de Napoléon. | | |
| 12 décembre | Guerre anglo-espagnole. | | |
| **1805** | | | |
| 11 avril | Convention anglo-russe de Saint-Pétersbourg. | | |
| 7 octobre | Donauwerth | Autrichiens | +/− |
| 9 octobre | Gunzbourg | Autrichiens | + |
| 11 octobre | Haslach | Autrichiens | − |
| 14 octobre | Elchingen | Autrichiens | + |
| 15-20 octobre | **Ulm** | Autrichiens | + |
| 21 octobre | Désastre naval de Trafalgar. | | |
| 30 octobre | Caldiero | Autrichiens | + |
| 8 novembre | Maria-Zell | Autrichiens | + |
| 11 novembre | Durrenstein | Russes | − |
| 2 décembre | **Austerlitz** | Austro-Russes | + |
| 15 décembre | Traité franco-prussien de Schönbrunn. | | |
| 26 décembre | Traité de Presbourg avec l'Autriche. | | |
| 27 décembre | Napoléon détrône les Bourbons de Naples. | | |
| **1806** | | | |
| 1er juillet | Maida | Anglais | − |
| 9 octobre | Schleiz | Prussiens | + |
| 14 octobre | **Auerstedt** | Prussiens | + |
| 14 octobre | **Iéna** | Prussiens | + |
| 17 octobre | Halle | Prussiens | − |
| 30 octobre | Stettin* | Prussiens | + |
| Octobre/novembre | Magdebourg* | Prussiens | + |
| 21 novembre | Blocus continental contre l'Angleterre. | | |
| 23 décembre | Biezun | Prussiens | + |
| 26 décembre | Golymin | Russes | − |
| 26 décembre | Pultusk | Russes | − |
| 26 décembre | Soldau | Prussiens | + |
| **1807** | | | |
| 25 janvier | Mohrungen | Russes | +/− |
| 3 février | **Allenstein** | Russes | − |
| 8 février | **Eylau** | Russes | + |
| Février/mars | Constantinople* | Turcs | + |

| Dates | Batailles<br>* = sièges | Adversaires | Issue<br>+ = victoire<br>− = défaite |
|---|---|---|---|
| 14 juin | Friedland | Russes | + |
| Novembre | Début de l'occupation de l'Espagne. | | |
| **1808** | | | |
| 18 juin | Bailen | Espagnols | − |
| 15 juin/août | Saragosse* | Espagnols | − |
| 14 juillet | Medina del Rio | Espagnols | + |
| 21 août | Vimeiro | Anglo-Portugais | − |
| 23 novembre | Tudela | Espagnols | +/− |
| 30 novembre | **Somo-Sierra** | Espagnols | + |
| 21 décembre | Saragosse* | Espagnols | + |
| **1809** | | | |
| 13 janvier | Eclès | Espagnols | + |
| 16 janvier | La Corogne | Anglais | + |
| 21 février | Saragosse* | Espagnols | |
| 29 mars | Porto | Anglais | + |
| 16 avril | Sacile | Autrichiens | − |
| 20 avril | **Abensberg** | Autrichiens | + |
| 22 avril | **Eckmühl** | Autrichiens | + |
| 23 avril | Neumarkt | Autrichiens | + |
| 23 avril | Ratisbonne | Autrichiens | + |
| 3 mai | Ebesberg | Autrichiens | + |
| 8 mai | Piave | Autrichiens | + |
| 13 mai | Nussdorf | Autrichiens | − |
| 21-22 mai | **Essling** | Autrichiens | − |
| 17 mai | Linz | Autrichiens | + |
| 14 juin | Raab | Autrichiens | +/− |
| 4-6 juillet | **Wagram** | Autrichiens | + |
| 10-11 juillet | Znaïm | Autrichiens | + |
| **1810** | | | |
| 6 janvier | Traité de paix franco-suédois. | | |
| 1er février | Séville | Espagnols | + |
| 5 février | Malaga | Espagnols | + |
| 9 juillet | Annexion de la Hollande. | | |
| Juillet/août | Almeida* | Anglais | + |
| 27 septembre | Busaco | Anglais | − |
| **1812** | | | |
| 1811-1812 | Badajoz* | Anglais | + |
| 22 avril | Ciudad Rodrigo* | Anglais | − |
| 26 juin | **Vilna** | Russes | + |
| 10 août | Proujankouf | Russes | + |
| 16-18 août | **Smolensk** | Anglo-Russes | − |
| 8 août | Inkowo | Russes | − |
| Août | Polotsk | Russes | +/− |
| 19 mai | Almaraz | Anglais | − |

| Dates | Batailles<br>* = sièges | Adversaires | Issue<br>+ = victoire<br>– = défaite |
|---|---|---|---|
| 17-27 juin | Salamanque* | Anglais | – |
| 22 juillet | Arapiles | Anglais | – |
| 23 juillet | Mohlev | Russes | + |
| 25 juillet | Ostrowno | Russes | + |
| 30-31 juillet | Jakoubowo* | Russes | + |
| Septembre | **Borodino** | Russes | + |
| 18 octobre | Taroutina | Russes | – |
| 19 octobre | **Début de la retraite de Russie.** | | |
| 3 novembre | Viazma | Russes | – |
| 24-28 novembre | **Bérézina** | Russes | – |
| **1813** | | | |
| Mars/octobre | Torgau* | Prussiens | – |
| 2 mai | Lützen | Alliés | + |
| 20-21 mai | **Bautzen** | Russo-Prussiens | + |
| 25 juillet | Maya (col de) | Anglais | + |
| 21 juin | Vitoria | Anglais + Alliés | – |
| Juin-oct. | Pampelune* | Anglais | – |
| Juillet/septembre | Saint-Sébastien* | Anglais | – |
| 28-30 juillet | Sorauren | Anglais | – |
| 26 août | Katzbach | Russo-Prussiens | – |
| 26-27 août | **Dresde** | Prussiens | +/– |
| 23 août | Gross-Beeren | Prussiens | – |
| 30 août | Kulm | Autrichiens et | – |
| 31 août | San Marcial | Anglo-Espagnols | – |
| 6 septembre | Dennitz | Prussiens | – |
| 7 octobre | Bidassoa | Anglais | – |
| 16-19 octobre | **Leipzig** | Alliés | – |
| 10 novembre | Nivelle (la) | Alliés | – |
| 13 décembre | Nive (la) | Alliés | + |
| **1814** | | | |
| 10 janvier | Saint-Dié | Bavarois | – |
| 11 janvier | Épinal | Prussiens | – |
| 27 janvier | Saint-Dizier | Russes | + |
| 10 février | **Champaubert** | Prussiens | + |
| 12 février | **Château-Thierry** | Prussiens | + |
| Février-mai | Bayonne* | Anglais | – |
| 14 février | **Montmirail** | Prussiens | + |
| 18 février | **Montereau** | Bohême | +/– |
| 27 février | Orthez | Anglais | – |
| Février-mai | Bayonne* | Anglais | – |
| 2 mars | Aire-s/Adour | Anglais | – |
| 7 mars | **Craonne** | Russo-Prussiens | – |
| 13 mars | **Reims** | Russes | + |
| 19 mars | Vic-Bigorre | Anglais | +/– |
| 20 mars | Tarbes | Anglais | +/– |
| 20-21 mars | **Arcis-s/Aube** | Alliés | – |

| Dates | Batailles<br>* = sièges | Adversaires | Issue<br>+ = victoire<br>− = défaite |
|---|---|---|---|
| 21 mars | Lyon | Autrichiens | − |
| 10 avril | Toulouse | Anglo-<br>Ibériques | +/−<br>− |
| **1815** | | | |
| 2-4 mai | Tolentino | Autrichiens | − |
| 16 juin | **Ligny** | Prussiens | + |
| 17 juin | **Genappe** | Prussiens | − |
| 18 juin | **Waterloo** | Anglais et Prussiens | − |
| 1er juillet | Rocquencourt | Prussiens | + |

## ANNEXE N° 24

# Waterloo : le dernier ordre de Napoléon

Voici l'ordre que Napoléon envoya à chacun des quatre commandants de corps d'armée, le matin de la bataille de Waterloo, sur les flancs du plateau du Mont-Saint-Jean. Les quatre généraux étaient : en première ligne à droite, Drouet d'Erlon ; en première ligne à gauche, Reille ; en deuxième ligne au centre, Mouton et à droite, Kellermann. Les cavaleries étaient en deuxième ligne et la Garde impériale – celle qui mourait et ne se rendait pas – en réserve.

« À CHAQUE COMMANDANT DE CORPS D'ARMÉE

*18 juin 1815, onze heures du matin.*

Une fois que toute l'armée sera rangée en bataille, à peu près à une heure après midi, au moment où l'Empereur en donnera l'ordre au maréchal Ney, l'attaque commencera pour s'emparer du village de Mont-Saint-Jean, où est l'intersection des routes. À cet effet, la batterie de 12 du 2e corps et celle du 6e se réuniront à celle du 1er corps. Ces vingt-quatre bouches à feu tireront sur les troupes de Mont-Saint-Jean, et le comte d'Erlon commencera l'attaque, en portant en avant sa division de gauche et la soutenant, suivant les circonstances, par les divisions du 1er corps.

Le 2e corps s'avancera à mesure pour garder la hauteur du comte d'Erlon.

Les compagnies de sapeurs du 1er corps seront prêtes pour se barricader sur-le-champ à Mont-Saint-Jean. »

Dépôt de la guerre.

# Annexe n° 25

## Les décrets contre les Juifs

Les vicissitudes du peuple juif avant l'apparition du christianisme ne relèvent pas d'une forme première de l'antisémitisme, mais des nécessités de l'histoire. Vainqueurs aujourd'hui, vaincus demain, les Juifs ont subi, avec tous les petits peuples du Moyen-Orient, l'oppression des Sémites les plus puissants du temps, ceux de Babylone et d'Assyrie. Avant le triomphe du christianisme, ils n'ont été victimes d'aucune discrimination particulière : leur sort était celui de tous les peuples faibles, dominés par les plus forts.

À partir du Moyen Âge, victimes de l'intolérance religieuse des États chrétiens, les Juifs étaient néanmoins utiles, et même indispensables à la société médiévale, car ils avaient la possibilité de pratiquer le prêt à intérêt, qu'on appelait l'*usure* (sans nuance péjorative d'abord, puis péjorativement) et qui était interdit aux chrétiens par l'Église romaine. De sorte que, si l'Église les réprouvait, les autorités civiles les recherchaient souvent : les marchands et les prêteurs juifs ont alors sillonné l'Europe, en concurrence avec les négociants et les financiers lombards, et plus tard, avec les banquiers protestants.

En France, à la veille de la Révolution, il existait deux communautés juives très différentes. À Bordeaux et à Bayonne étaient installés, depuis le début du XVIe siècle, quelque 5 000 *séfarades* (Juifs venus d'Espagne), reconnus par des lettres patentes de Louis XVI en 1776 ; ils étaient bien intégrés dans la bourgeoisie viticole bordelaise, parmi laquelle on comptait déjà des mariages mixtes. En Alsace et en Lorraine vivaient environ 20 000 *ashkénases*, de langue yiddish, groupés en 187 communautés ; ils étaient soumis à des lois discriminatoires (taxes spéciales, droits de péage et d'habitation, interdiction de résider à Strasbourg) et de nombreuses professions leur étaient interdites (en particulier ils n'avaient pas le droit de posséder de terres) : ils étaient, pour l'essentiel, négociants, marchands de bétail et prêteurs à intérêt. À ces deux communautés s'ajoutèrent, en 1790, les quelques milliers de séfarades d'Avignon et du Comtat venaissin, territoires pontificaux qui furent alors annexés par la France.

La généreuse Révolution vota, le 26 août 1789, les droits de l'homme pour tous... sauf pour les Juifs, séfarades ou ashkénases ; la Constituante ne les leur accorda, après beaucoup d'hésitation, que trois jours avant de se séparer, le 27 septembre 1791 : à partir de cette date, les Juifs devenaient des citoyens français comme les autres, nantis des mêmes droits et des mêmes devoirs. Ce statut social était unique en Europe à cette époque, et, hors d'Europe, il n'existait qu'aux jeunes États-Unis. Mais Napoléon, de même qu'il avait rétabli l'esclavage aux Antilles, où il avait pourtant disparu, rétablit des lois discriminatoires contre les Juifs qui, sans avoir eu les conséquences funestes des lois de Vichy du 3 octobre 1940 et du 14 juin 1941, sur le statut des Juifs en France, en sont déjà les annonciatrices : ce sont le règlement du 10 décembre 1806 (loi sur l'usure ne concernant que les Juifs, donc discriminatoire), les trois décrets du 17 mars 1808 (les plus importants, le premier a été appelé « le décret infâme »), le décret du 16 juin 1808 (sur les Juifs de Livourne) et le décret du 20 juillet 1808 (autre décret « infâme »). Ces textes sont fort longs, nous en extrayons ici les passages les plus significatifs.

## 1. Premier décret du 17 mars 1808 (4, Bull., 186, n° 3210)

Les Juifs n'étaient pas les seuls à prêter sur intérêt ; les banquiers ou assimilés, catholiques ou protestants, le faisaient aussi. Le décret est discriminatoire dans la mesure où il ne s'applique qu'aux Juifs. Par ailleurs, seuls les Juifs patentés (article 7) peuvent se livrer au commerce ou à d'autres négoces ; or ce type d'activités était le plus répandu parmi les Juifs, notamment en Alsace et en Lorraine : l'article 7 du décret leur ôtait tout moyen légal d'existence. L'article 16 est particulièrement « infâme ».

« TITRE I^er^

Art. I^er^. À compter de la publication du présent décret, le sursis prononcé par notre décret du 30 mai 1806, pour le paiement des créances des juifs, est levé.

2. Lesdites créances seront néanmoins mises aux dispositions ci-après.

3. Tout engagement pour prêt fait par des juifs à des mineurs, sans l'autorisation de leur tuteur ; à des femmes, sans l'autorisation de leur mari ; à des militaires, sans l'autorisation de leur capitaine si c'est un soldat ou sous-officier, du chef du corps si c'est un officier, sera nul de plein droit, sans que les porteurs ou cessionnaires puissent s'en prévaloir, et nos tribunaux autoriser aucune action ou poursuite.

[...]

4. Aucune lettre-de-change, aucun billet à ordre, aucune obligation ou promesse, souscrits par un de nos sujets non commerçant, au profit d'un juif, ne pourra être exigé sans que le porteur prouve que la valeur en a été fournie entière et sans fraude.

[...] »

« TITRE II

7. Désormais, et à dater du 1er juillet prochain, nul juif ne pourra se livrer à aucun commerce, négoce ou trafic quelconque, sans avoir reçu, à cet effet, une patente du préfet du département, laquelle ne sera accordée que sur des informations précises, et que sur un certificat : 1° du conseil municipal, constatant que ledit juif ne s'est livré ni à l'usure, ni à un trafic illicite ; 2° du consistoire de la synagogue dans la circonscription de laquelle il habite, attestant sa bonne conduite et sa probité.

8. Cette patente sera renouvelée tous les ans.

9. Nos procureurs généraux près nos cours sont spécialement chargés de faire révoquer lesdites patentes, par une décision spéciale de la cour, toutes les fois qu'il sera à leur connaissance qu'un juif patenté fait l'usure, ou se livre à un trafic frauduleux.

10. Tout acte de commerce fait par un juif non patenté sera nul et de nulle valeur. »

« TITRE III

16. Aucun juif non actuellement domicilié dans nos départements du Haut et du Bas-Rhin ne sera désormais admis à y prendre domicile.

Aucun juif non actuellement domicilié ne sera admis à prendre domicile dans les autres départements de notre empire, que dans le cas où il y aura fait l'acquisition d'une propriété rurale, et se livrera à l'agriculture, sans se mêler d'aucun commerce, négoce ou trafic.

Il pourra être fait des exceptions aux dispositions du présent article, en vertu d'une autorisation spéciale émanée de nous.

17. La population juive, dans nos départements, ne sera point admise à fournir des remplaçants pour la conscription : en conséquence, tout juif conscrit sera assujetti au service personnel. »

## 2. Deuxième décret du 17 mars 1808 (4, Bull., 187, n° 3237)

Ce décret organise le culte juif et les communautés juives de l'Empire français, à l'image des cultes catholique et protestant, avec une différence importante : les prêtres catholiques et les pasteurs protestants étaient payés par l'État, mais non point les rabbins. Dans chaque circonscription territoriale est institué un *consistoire*, subordonné à un *Consistoire central*, installé à Paris. Dans tous les cas, ce sont des assemblées de notables.

« Art. Ier. Il sera établi une synagogue et un consistoire israélite dans chaque département renfermant deux mille individus professant la religion de Moïse.

2. Dans le cas où il ne se trouvera pas deux mille israélites dans un seul département, la circonscription de la synagogue consistoriale embrassera autant de départements, de proche en proche, qu'il en faudra pour les réunir. Le siège de la synagogue sera toujours dans la ville dont la population israélite sera la plus nombreuse.

3. Dans aucun cas, il ne pourra y avoir plus d'une synagogue consistoriale par département.

4. Aucune synagogue particulière ne sera établie, si la proposition n'en est faite par la synagogue consistoriale à l'autorité compétente. Chaque synagogue particulière sera administrée par deux notables et un rabbin, lesquels seront désignés par l'autorité compétente.

5. Il y aura un grand rabbin par synagogue consistoriale.

[...]

11. Tout israélite qui voudra s'établir en France ou dans le royaume d'Italie devra en donner connaissance, dans le délai de trois mois, au consistoire le plus voisin du lieu où il fixera son domicile.

12. Les fonctions du consistoire seront :

1° De veiller à ce que les rabbins ne puissent donner, soit en public, soit en particulier, aucune instruction ou explication de la loi, qui ne soit conforme aux réponses de l'assemblée, converties en décisions doctrinales par le grand-sanhédrin ;

2° De maintenir l'ordre dans l'intérieur des synagogues, surveiller l'administration des synagogues particulières, régler la perception et l'emploi des sommes destinées aux frais du culte mosaïque, et veiller à ce que, pour cause ou sous prétexte de religion, il ne se forme, sans aune autorisation expresse, aucune assemblée de prières ;

3° D'encourager, par tous les moyens possibles, les israélites de la circonscription consistoriale à l'exercice des professions utiles, et de faire connaître à l'autorité ceux qui n'ont pas des moyens d'existence avoués ;

4° De donner, chaque année, à l'autorité, connaissance du nombre de conscrits israélites de la circonscription. »

## 3. Troisième décret du 17 mars 1808 (4, Bull., 187, n° 3238)

Décret administratif, prévoyant la distribution des synagogues dans l'Empire et la nomination des notables qui en seront les administrateurs.

## 4. Décret du 16 juin 1808, qui excepte les Juifs établis à Livourne du décret n° 1 précédent

« Art. I^er^. Les Juifs établis à Livourne, ne se livrant à aucun trafic illicite, ne sont pas compris dans les dispositions prescrites par notre décret du 17 mars 1808, contre les Juifs de quelques parties de l'empire.

2. L'exception accordée par l'article 19 dudit décret aux Juifs de Bordeaux, leur est applicable.

3. Notre ministre des finances est chargé de l'exécution du présent décret. »

## 5. Décret du 20 juillet 1808 concernant les Juifs qui n'ont pas de noms de famille et de prénoms fixes (4, Bull., 198, n° 3589)

« Art. I^er^. Ceux des sujets de notre empire qui suivent le culte hébraïque, et qui jusqu'à présent n'ont pas eu de nom de famille et de prénoms fixes, seront tenus d'en adopter dans les trois mois de la publication de notre présent décret, et d'en faire la déclaration pardevant l'officier de l'état civil de la commune où ils sont domiciliés.

2. Les juifs étrangers qui viendraient habiter dans l'empire, et qui seraient dans le cas prévu par l'article I^er^, seront tenus de remplir la même formalité dans les trois mois qui suivront leur entrée en France.

3. Ne seront admis comme noms de famille aucun nom tiré de l'Ancien-Testament, ni aucun nom de ville. Pourront être pris comme prénoms ceux autorisés par la loi du 11 germinal an II.

4. Les consistoires, en faisant le relevé des juifs de leur communauté, seront tenus de justifier et de faire connaître à l'autorité ceux

des juifs de leur communauté qui auraient changé de nom sans s'être conformés aux dispositions de la susdite loi du 11 germinal an II.

5. Seront exceptés des dispositions de notre présent décret les juifs de nos États ou les juifs étrangers qui viendraient s'y établir, lorsqu'ils auront des noms et prénoms connus, et qu'ils ont constamment portés, encore que lesdits noms et prénoms soient tirés de l'Ancien-Testament ou des villes qu'ils ont habitées.

6. Les juifs mentionnés à l'article précédent, et qui voudront conserver leurs noms et prénoms, seront néanmoins tenus d'en faire la déclaration, savoir : les juifs de nos États, par-devant la mairie de la commune où ils sont domiciliés ; et les juifs étrangers, par-devant celle où ils se proposeront de fixer leur domicile : le tout dans le délai porté en l'article Ier.

7. Les juifs qui n'auraient pas rempli les formalités prescrites par le présent décret, et dans les délais y portés, seront renvoyés du territoire de l'empire : à l'égard de ceux qui, dans quelque acte publié ou quelque obligation privée, auraient changé de nom arbitrairement et sans s'être conformés aux dispositions de la loi du 11 germinal, ils seront punis conformément aux lois, et même comme faussaires, suivant l'exigence des cas.

8. Notre grand-juge, ministre de la justice, et nos ministres de l'intérieur et des cultes, sont chargés de l'exécution du présent décret. »

# Annexe n° 26

# La police sous l'Empire

Le Consulat et surtout l'Empire se sont maintenus en France d'une part en vertu du prestige qu'apportaient au régime les innombrables victoires militaires remportées sur les champs de bataille par les généraux de Napoléon et, une fois sur quatre, par Napoléon lui-même, d'autre part grâce à l'action d'une police terriblement efficace sur le plan politique, moins, sans doute, sur le plan de l'ordre public. Dans cette ultime annexe, nous étudierons son organisation générale et nous donnerons quelques exemples de son action.

Fouché a créé la police moderne, aussi bien politique que criminelle. Sous son premier aspect, elle sera imitée, au XIXe et au début du XXe siècle, par la Russie des tsars et par l'Autriche impériale, puis, dans les années 30, par Mussolini, Hitler, Franco et autres assassins du genre humain ; Lénine et Staline ne copièrent pas Napoléon, ils se servirent de l'organisation que leur avaient laissée les tsars. Le système existe aussi dans nos modernes démocraties, amplifié par les progrès de l'informatique, mais il est plus feutré. Ils ont raison, les napoléophiles : Napoléon nous a laissé un bel héritage.

## 1. Organisation générale de la Police sous l'Empire

Le ministère de la Police générale fut créé par le Directoire, le 2 janvier 1796. Entre cette date et le 20 juillet 1799, c'est-à-dire pendant trente mois, neuf ministres de la Police se succédèrent à la tête de ce ministère ; le dixième, Joseph Fouché, fut nommé le 20 juillet 1799. Ce dernier mit en route la construction d'une police tentaculaire, mais il ne put aller jusqu'au bout de ses réformes car, le 15 septembre 1802, les services du ministère de la Police générale furent placés sous l'autorité du ministre de la Justice (le Grand Juge). Il fut rétabli par Napoléon le 10 juillet 1804, avec à nouveau Fouché à sa tête. Il comprenait un Secrétariat général (confié, jusqu'en 1815, à un ancien avocat au Parlement de Paris, Pierre-Dieudonné-Louis Saulnier, 1767-1838) et cinq *Divisions* : la *Police administrative*, la *Sûreté générale*, et trois autres divisions administratives.

Le territoire fut divisé en quatre *arrondissements* (ne pas les confondre avec les subdivisions départementales) :

– le premier arrondissement, confié au conseillé Réal, un ancien procureur, comprenait les 51 départements du nord, de l'ouest, et de l'est de la France, avec deux types de problèmes : les Chouans à l'Ouest et les contrebandiers à l'Est ;

– le deuxième arrondissement, confié à l'avocat protestant Pelet de Lozère, comprenait les départements du midi de la France et quelques-uns de l'Est (Bourgogne) ;

– le troisième arrondissement ne comptait que Paris (2 500 000 habitants à l'époque) ; il était confié au préfet de police de Paris, Louis-Nicolas Dubois, ancien magistrat ;

– le quatrième arrondissement concernait les départements au-delà des Alpes, il fut confié au magistrat Anglès.

Paris était, comme aujourd'hui, divisé en arrondissements, mais il n'y en avait que douze. La préfecture de Police comprenait un secrétariat général (confié au chansonnier Antoine-Auguste de Piis), une division de police politique (dirigée par Bertrand, puis par Boucheseiche), une division de police criminelle dirigée par un ancien Lieutenant de police du roi, Henry (c'est lui qui arrêta Vidocq et qui eut l'idée d'en faire un policier). Il y avait quatre commissariats de police par arrondissement, dirigés par des commissaires ; mais l'Empire ignorait les « agents de police », la force armée était confiée à la Garde municipale.

## 2. La police secrète

Ce fut l'institution la plus ignoble de l'Empire et l'on peut la comparer à la *Gestapo* allemande, aussi bien par son importance et ses ramifications, que par la nature de ses activités, qui consistaient en une inquisition systématique concernant non seulement les citoyens en vue – les politiques, les militaires, les fonctionnaires, les ecclésiastiques, les industriels, les financiers ou les intellectuels par exemple – mais aussi les particuliers, aussi insignifiants fussent-ils. Nous en connaissons bien les méthodes et leurs résultats par le patient et monumental travail accompli par Ernest d'Hauterive qui a publié les bulletins quotidiens que Fouché établissait pour l'Empereur (E. d'Hauterive, *La police secrète du premier Empire, Bulletins quotidiens adressés par Fouché à l'Empereur*, Paris, 1908-1964, 5 gros volumes dont les deux derniers ont été publiés par Jean Grassion) : ils contiennent près de 4 000 synthèses policières (une par jour pendant dix ans), portant sur des centaines de milliers de personnes ou d'affaires.

La Grande Armée qui partit mourir en Russie comptait peut-être 700 000 ou 800 000 hommes ; Fouché disposait, lui aussi, d'une Grande Armée de l'ombre, composée de dizaines de milliers de policiers, d'inspecteurs, de limiers, d'informateurs, d'indicateurs, d'espions, de mouches, professionnels ou collaborateurs occasionnels, qui, dans chaque rue de Paris, dans chaque commune aussi petite fût-elle, dans tous les lieux publics, chez tous les grands de l'Empire, dans les consulats et dans les ambassades, à l'étranger comme en France, observaient, guettaient, notaient tous les événements, suspects ou non, auxquels ils assistaient, écoutaient les propos des dîneurs dans les restaurants, des buveurs dans les cafés, et, inlassablement, rédigeaient d'innombrables fiches de police qui prenaient le chemin des gendarmeries dans les campagnes, des commissariats dans les villes et qui finissaient sur les bureaux du préfet de police à Paris, des secrétaires généraux des trois autres arrondissements policiers de la France.

Toutes ces informations, convenablement mises en ordre, rapprochées et comparées faisaient, chaque jour, l'objet d'un rapport de synthèse de la part du préfet de police, des conseillers d'État chargés des arrondissements de police, des colonels de gendarmerie, des commissaires spéciaux ; la synthèse finale parvenait entre les mains de Pierre-Marie Desmaret, un curé défroqué qui était devenu le chef de la Sûreté, c'est-à-dire de la division de la police secrète, au ministère de la Police générale, qui y apportait quelques perfectionnements, quelques touches personnelles, et venait les proposer à Fouché. La minute, ainsi corrigée, était recopiée en deux exemplaires : l'un restait au ministère de la Police, l'autre était porté à la Secrétairerie d'État impériale et remis en mains propres, par Fouché lui-même, au Secrétaire d'État impérial, c'est-à-dire au chef de cabinet de Napoléon, Hugues-Bernard Maret, où qu'il soit, à Paris ou à Dresde, à Saint-Cloud ou à Milan.

C'est ainsi que tous les soirs, l'Empereur pouvait prendre connaissance de cette feuille, appelée *Bulletin de Police*. À vrai dire, Fouché avait eu l'idée du *Bulletin* lors de son premier passage au ministère de la Police, avant 1802, mais il n'avait pas eu le temps, à l'époque, de constituer cette énorme chaîne d'informateurs et d'espions à laquelle nous venons de faire allusion ; à partir de juillet 1804, il allait pouvoir constituer de fabuleuses archives politiques et policières.

Imaginez Fouché dans son bureau du ministère de la Police générale, quai Voltaire. La journée s'est terminée et il a sous le bras un grand cahier d'une vingtaine de feuilles, liées par un ruban de soie verte : c'est le *Bulletin de Police* du jour. Il va le remettre à Maret qui, le soir même ou le lendemain, en parlera avec Napoléon s'il est à Paris ; s'il est en train de faire la guerre en Italie, en Allemagne ou en Pologne, Maret lui en résumera les informations essentielles dans une lettre, qui partira le soir même et atteindra son destinataire trois, quatre, huit jours plus tard, ou même davantage.

## 3. Un exemple de *Bulletin*

Voici le premier *Bulletin* établi par Fouché, deux jours après son retour au ministère de la Police, le 12 juillet 1804. Pour en comprendre la teneur, il faut savoir que la guerre avec l'Angleterre a repris en mai 1803 (rupture de la paix d'Amiens) et que les émigrés qui vivaient à Londres ont fomenté un complot, à la fin de l'année 1803, pour renverser Bonaparte, consul à vie. L'âme du complot était le chef chouan Cadoudal : il avait projeté un enlèvement à main armée du Premier Consul, suivi d'une prise de pouvoir par Pichegru, l'ancien chef de l'armée du Rhin au temps de la Convention, devenu néomonarchiste sous le Directoire. En octobre 1803, plusieurs chouans furent arrêtés à Paris et l'un d'eux, avant de mourir, déclara que Pichegru faisait partie des conjurés, ainsi que le général Moreau, le vainqueur des Autrichiens à Hohenlinden. L'enquête fut menée rondement. Moreau fut arrêté le 15 février 1804, Pichegru le 26 et Cadoudal le 9 mars. Pichegru fut retrouvé étranglé dans sa cellule le 6 avril, les deux autres furent jugés le 28 mai : Moreau, sans doute innocent, fut condamné à deux ans de prison et gracié par l'Empereur à la condition qu'il s'exile ; Cadoudal fut fusillé le 12 juin. Voyons maintenant ce que nous dit Fouché, avec un luxe de précisions, dans son *Bulletin* du 12 juillet.

« Bulletin du 23 messidor an XII

*Jeudi 12 juillet 1804*

**1** – D'Andigné. Évasion. – Le commandant de la citadelle de Besançon se plaint, par une lettre du 16 [*Messidor*], de ce qu'il a été suspendu et mis aux arrêts par suite de l'évasion de d'Andigné [*surnommé « le Grand Chouan », ce personnage avait été arrêté au moment du procès Cadoudal*], dans la nuit du 14 [*Messidor*]. Il entreprend de prouver que cet événement a été l'effet d'une force majeure ; qu'il avait pris pour la prévenir toutes les mesures que les localités pouvaient exiger.

On a constaté par procès-verbaux et informations que les barreaux de la fenêtre occupée par d'Andigné, ainsi que leurs traverses, avaient été sciés. On ignore comment l'instrument nécessaire à cette opération est parvenu au prisonnier.

Le commandant présume qu'il a été caché dans ses aliments, que le caporal de garde a négligé de vérifier ; qu'une fille chargée de les apporter a été l'intermédiaire de toutes les dispositions faites pour assurer l'évasion.

Il n'y avait point de sentinelles sous la fenêtre, mais pendant les trois nuits des 12, 13 et 14, il y a eu des orages continuels qui ont forcé les sentinelles à se tenir dans leurs guérites.

Il observe qu'il a quarante-trois ans de service, qu'il est couvert de blessures, qu'il a été chargé de la garde de plusieurs prisonniers beaucoup plus importants, notamment Bourmont.

Le préfet du Doubs, qui a transmis à la même date du 15 le procès-verbal de l'évasion, pense que d'Andigné, ne connaissant pas l'intérieur de la citadelle et n'étant pas sorti de la chambre voûtée dont il s'est évadé, a été guidé jusqu'au pont de secours, dans les différents détours et ouvrages où il a dû passer, par quelque employé infidèle qui n'est pas encore connu.

**2.** – Cadoudal. – Le Préfet du Morbihan a prévenu, au commencement de ce mois, que deux Cadoudal, père et frère de Georges, étaient partis par la diligence de Vannes et Rennes, annonçant le projet de se rendre à Paris, et qu'ils devaient y arriver le 13 [*Messidor*].

Sur cet avis, on présuma que le but de ce voyage était de savoir si les fonds considérables que possède Léridan [*complice de Cadoudal, qui n'a pas été arrêté*] ne provenaient pas de Georges et si ce complice du chef des conjurés qui lui survit n'était pas son fidèle commissaire.

Le préfet de police, chargé de surveiller avec soin leur arrivée, marque, à la date du 21 [*Messidor*], qu'aucun individu du nom de Cadoudal n'a paru à Paris ni à l'époque citée ni à aucune autre voisine.

(en marge) « Communiqué au préfet du Morbihan pour vérifier s'ils sont retournés dans leur foyer. »

**3** – Strangulation. – Le préfet de la Roer [*département en territoire allemand, qui avait pour chef-lieu Aix-la-Chapelle*] avait annoncé le suicide de Rondeau, économe de l'hôpital militaire d'Aix-la-Chapelle (*Bull.* du 18 messidor an XII). Il vient d'adresser au grand juge [*le ministre de la*

*Justice*] les procès-verbaux authentiques des 13 et 14 Messidor (2 et 3 juillet), qui constatent que le suicide a été l'effet d'une strangulation exactement semblable à celle de Pichegru. Rondeau a employé pour lien trois cravates de batiste et pour tourniquet le manche d'un martinet, dont les cordons ont été trouvés entrelacés dans les cravates.

On a rappelé, tant dans le *Bulletin* du 18 Messidor (7 juillet) que dans ceux des 5 et 15 Floréal (25 avril et 4 mai), deux autres exemples de pareille strangulation [*certains pensaient que Pichegru avait été étranglé par un mamlouk, homme de Napoléon ; l'exemple de Rondeau tend à montrer que la technique de strangulation n'avait rien d'extraordinaire*].

**4.** – ÉVÉNEMENTS DIVERS.

*Moreau.* Passage de M. et Mme Moreau à Perpignan. Mme Moreau refuse toute fête.

Lajolais conduit au fort de Bellegarde [*ce général avait trempé dans la conspiration de Cadoudal ; il avait été condamné à mort, mais sa peine avait été commuée en quatre ans d'internement au fort de Bellegarde*].

*Fausses dénonciations,* comme lieu de réunions de chouans, des châteaux de Kérozéré et Kerjean, et de la maison de Troujoli (Finistère) habitée par Percevaux, appartenant à de Kermenguy, chouan amnistié. Résultat de vengeance. Le Finistère est tranquille. »

# Orientations bibliographiques

## 1. Bibliographies générales

La bibliographie napoléonienne est immense et aucun auteur, aucun organisme n'a pu, à ce jour, en faire l'analyse complète. Trois auteurs, cependant, ont consacré une partie de leur vie de chercheur à ce sujet, qui évoque le mythe du tonneau des Danaïdes, et leur œuvre, considérable, est incomplète ; leurs ouvrages sont d'ailleurs très difficiles à trouver, et il faut les consulter dans les grandes bibliothèques :

– Frédéric Kircheisen, *Bibliographie napoléonienne. Collection de sources classées par ordre de matières,* Paris, 1908-1912 (seul le premier volume et le début du deuxième ont vu le jour, l'auteur en prévoyait neuf, pour les 70 000 titres qu'il avait retrouvés... sur 200 000 !

– Gustave Davois, *Bibliographie napoléonienne française jusqu'en 1908.*

– Albert Lumbroso, *Saggio di una bibliographia regionata per servire alla storia dell'epoca napoleonica (1894-1896).*

On peut aussi utiliser le *Catalogue de l'Histoire de France* de la Bibliothèque nationale et le dépouillement de la production française établi par le CNRS depuis 1956. L'étudiant ou l'amateur trouvera largement ce qu'il cherche dans les bibliographies proposées par les historiens contemporains dans leurs ouvrages, et en particulier :

– Georges LEFEBVRE, *Napoléon*, Paris, PUF, collection *Peuples et civilisations*, 1969.

– Jacques GODECHOT, *L'Europe et l'Amérique à l'époque napoléonienne*, Paris, PUF, collection *Nouvelle Clio*, 1967 (61 pages de bibliographie).

– Jean TULARD, *Napoléon*, Paris, Fayard, nouvelle édition revue et complétée, 1987 (la bibliographie est placée à la fin de chaque chapitre, et commentée).

## 2. Périodiques

*Revue de l'Institut Napoléon*, plutôt hagiographique jusqu'au début des années 1960, à tendance plus scientifique depuis 1965.

*Souvenir napoléonien*, revue consacrée surtout aux anecdotes, généalogies, etc., qui fourmille de documents intéressants la « petite histoire » de l'empereur et de l'Empire.

Il existe aussi d'intéressantes publications en Italie, aux Pays-Bas, en Belgique, aux États-Unis, en Allemagne, en Russie, etc. ; en Grande-Bretagne, on se reportera principalement à l'*English Historical Review* et à la revue *History*.

## 3. Sources manuscrites

Il faut les consulter – si on le peut – aux Archives nationales, où les fonds sont les plus nombreux, et dans les Archives ministérielles, départementales ou communales. Il existe aussi un *Catalogue général des manuscrits des bibliothèques de France*, et, bien entendu, des collections privées.

## 4. Quelques références classiques

– *La correspondance de Napoléon*, publiée par les soins de Napoléon III, Paris, 1858-1870, 32 volumes in-4° (contient plus de 33 000 lettres de Napoléon).

Les œuvres littéraires (peu nombreuses et littérairement sans intérêt) ont été publiées par divers auteur, dont :

– Jean TULARD, *Napoléon, œuvres littéraires*, Paris, 1968.

Parmi les grands classiques, on citera :

– THIERS, *Histoire du Consulat et de l'Empire*, 20 vol., Paris, 1845-1862.

– Frédéric MASSON, *Napoléon et sa famille*, 13 vol., 1897-1919.

– F. MASSON et BIAGGI, *Napoléon inconnu*, 2 vol., Paris 1895.

– A. CHUQUET, *La Jeunesse de Napoléon*, 3 vol., 1897.

– COSTON, *Biographie des premières années de Napoléon Bonaparte*, 2 vol., Paris, 1840 (pas toujours fiable).

– Jean THIRY, *Napoléon Bonaparte*, 28 vol., 1938-1975.

– DRIAULT, *Napoléon et l'Empire*, 5 vol., Paris 1912-1927.

– L. MADELIN, *Histoire du Consulat et de l'Empire*, 16 vol., Paris, 1936-1954.

– Jean TULARD (sous la direction de), *Dictionnaire Napoléon*, Paris, Fayard, 1987 (indispensable, même si certains articles sont un peu faibles).

– Jean TULARD et Louis GARROS, *Itinéraire de Napoléon au jour le jour, 1769-1821*, Paris, Librairie Jules Tallandier, 1992 (indispensable).

## 5. Les biographies récentes de Napoléon

Les deux spécialistes contemporains de Napoléon sont Jacques Godéchot et Jean Tulard, leurs travaux répondent à toutes les exigences de l'histoire scientifique ainsi, d'ailleurs, que ceux de Georges Lefebvre qui a inauguré, en France, l'approche objective et scientifique de l'histoire napoléonienne.

La plupart des autres auteurs contemporains brodent autour de la légende dorée ou de la légende noire de Napoléon et sont souvent suspects ; certains d'entre eux sont tombés dans l'hagiographie absolue, d'autres dans le pamphlet excessif et parfois haineux.

# INDEX

Remarque : dans le courant du texte de notre livre, le nom des membres de la famille de Napoléon a été orthographié « Buonaparte » (à l'italienne) jusqu'aux années 1770 environ ; par la suite c'est l'orthographe « Bonaparte » (à la française) qui a prévalu dans cette famille. Néanmoins, dans notre index, ils figurent tous à l'entrée « Bonaparte » et nous avons indiqué entre parenthèses l'orthographe italiennne, sauf pour Napoléon, ses frères et ses sœurs, qui ont tous francisé leur nom.

# Table des matières

*Directrice littéraire*
Huguette Maure

*Graphiste*
Pascal Vandeputte

*Attachées de presse*
Nathalie Ladurantie
Myriam Saïd-Errahmani
Sophie Hourdequin

*Composé par P.C.A.*
*Bouguenais 44340*

*Impression réalisée sur CAMERON par*
*BRODARD ET TAUPIN*
*La Flèche*

*pour le compte des Éditions Michel Lafon*
*en avril 1998*

*Imprimé en France*
Dépôt légal : avril 1998
N° d'impression : 1201U-5
ISBN : 2-84098-368-0
50-1664-7
ML 489